EGMONT R. KOCH

LIZENZ ZUM TÖTEN

 aufbau

EGMONT R. KOCH

LIZENZ ZUM TÖTEN

Die Mordkommandos
der Geheimdienste

 aufbau

Mit 56 Fotos

FSC
www.fsc.org
MIX
Papier aus ver-
antwortungsvollen
Quellen
FSC® C083411

ISBN 978-3-351-03546-4

Aufbau ist eine Marke der Aufbau Verlag GmbH & Co. KG

1. Auflage 2013
© Aufbau Verlag GmbH & Co. KG, Berlin 2013
Einbandgestaltung hißmann, heilmann, Hamburg
Satz und Reproduktion LVD GmbH, Berlin
Druck und Binden CPI – Clausen & Bosse, Leck
Printed in Germany

www.aufbau-verlag.de

»Diese besonderen Umstände staatlich befohlener Verbrechen befreien die Tatbeteiligten keineswegs von der strafrechtlichen Schuld. Jede staatliche Gemeinschaft darf und muss verlangen, dass sich jedermann von Verbrechen, auch von unter Missbrauch staatlicher Befugnisse geforderten, bedingungslos fernhält. Andernfalls wäre jede Ordnung aufgelöst und den politischen Verbrechen das Tor geöffnet.«

Der Bundesgerichtshof im Urteil gegen den KGB-Mörder Bogdan Staschinski, 19. Oktober 1962

INHALT

Die US-Geheimdienste

Der Mossad

7

Israels Inlandsgeheimdienste

Das Töten der Anderen

Anhang

Vorwort

Im Januar 2012, als gerade erste erschreckende Informationen über die mörderische Drohnenkampagne des US-Geheimdienstes CIA durchsickerten, der im Jahr zuvor in Waziristan (Pakistan) mehr als fünfhundert Menschen zum Opfer gefallen waren, gab das ZDF eine repräsentative Umfrage in Auftrag. Der Fernsehsender wollte damit ein neues Dokumentationsformat bewerben, dessen erster Beitrag unter dem Titel »Der Spion, den ich liebte« neue Einblicke in die illustre Welt der James Bonds dieser Welt versprach. Von Waziristan war in dem Stück natürlich keine Rede. Dafür machten die Ergebnisse einer repräsentativen Umfrage der Forschungsgruppe Wahlen sprachlos: 54 Prozent aller Deutschen seien der Meinung, dass auch der deutsche Geheimdienst, ähnlich wie CIA und Mossad, eine »Lizenz zum Töten« benötige; in der Generation der unter 24-Jährigen liege die Bereitschaft, Killerkommandos zu akzeptieren, sogar bei siebzig Prozent.

Die Erhebung ruft Erinnerungen an frühere Umfragen wach. Darin ging es um die Frage, ob in Deutschland für bestimmte Delikte die Todesstrafe eingeführt, also auf der Basis entsprechender Gesetze Schwerverbrecher, Sexual- und Kindesmörder hingerichtet werden sollten. Während sich noch 1977 zwei Drittel aller Bundesbürger dafür aussprachen, sank der Anteil in den nächsten Jahrzehnten drastisch; 2007 votierten 76 Prozent gegen die Todesstrafe.

Glaubt man der neuen Erhebung, hält eine Mehrheit so etwas wie eine Todesstrafe durch die Hintertür heute wieder für akzeptabel, nicht offiziell, denn das widerspräche dem liberalen, aufgeklärten Zeitgeist, sondern gewissermaßen inoffiziell, als erweiterte Befugnis für Agenten und Elitekräfte, die im Dunkeln operieren. Könnten sie nicht, wie in den Vereinigten Staaten oder in Israel, die Drecksarbeit fürs Vaterland übernehmen, um Terrorgefahren abzuwehren, ohne die freiheitliche, offene, humanistisch geprägte Gesellschaft gleich aufs Spiel zu setzen? Wäre Mord im Auftrag des Staates in Deutschland wirklich mehrheitsfähig? Kann es sein, dass sieben von zehn Jugendlichen aus der »Generation Ballerspiele« es für völlig okay halten, dass ihre Regierung Spezialkommandos aufstellt und Exekutionsaufträge erteilt?

Als am 27. Juni 1993 auf dem einsamen Provinzbahnhof von Bad Kleinen eine Festnahmeaktion der GSG 9 gegen die RAF-Spitze aus dem Ruder lief und der mutmaßliche Linksterrorist Wolfgang Grams zu Tode kam, keimte innerhalb weniger Tage der Verdacht auf, er sei von einem oder zwei Beamten der GSG 9 regelrecht exekutiert worden. Monatelang zog sich die Diskussion hin, viele Medien witterten mindestens einen Affektmord, die Gerüchte fanden immer wieder neue Nahrung, weil es unvorstellbare Versäumnisse des Bundeskriminalamts und eine groß angelegte Vertuschung (über die Rolle eines V-Manns) gab. Als sich nach den staatsanwaltschaftlichen Ermittlungen schließlich unzweifelhaft herausstellte, dass sich Grams mit seiner eigenen Waffe gerichtet hatte, ging ein erleichtertes Aufatmen durch die Republik. Die Elitepolizisten hatten nicht getötet, weder mit Vorsatz noch im Affekt.

Zwanzig Jahre und viele Terroranschläge später haben sich die Maßstäbe offenbar verschoben. Sicherheit scheint heute vor Rechtsstaatlichkeit zu gehen. Gezieltes Töten ist nach dem Gesetz Mord, es sei denn, es existiert eine konkrete Notwehrsituation. Es gibt den finalen Rettungsschuss der Polizei, der in entsprechenden Vorschriften fixiert und definiert wurde: Demnach ist eine gezielte Tötung als ultima ratio nur zulässig, wenn sie »das einzige Mittel zur Abwehr einer gegenwärtigen Lebensgefahr oder der gegenwärtigen Gefahr einer schwerwiegenden Verletzung oder körperlichen Unversehrtheit ist« (so steht es in vielen Landespolizeigesetzen). Die Bundeswehr darf in einem bewaffneten Konflikt oder Krieg gezielt gegnerische Soldaten töten, bewaffnete Zivilisten nur, sofern und solange sie unmittelbar an Kampfhandlungen beteiligt sind. Ein Drohnenangriff zur Unterstützung der eigenen Bodentruppen im Rahmen von militärischen Auseinandersetzungen wäre wohl gerechtfertigt, jede gezielte Attacke auf Menschen, deren unmittelbare Beteiligung an Kampfhandlungen nicht sicher ist, sondern nur vermutet wird, oder deren Beteiligung gar nicht unmittelbar, sondern vielleicht erst Wochen, Monate später erfolgen soll, wäre jedoch ein Bruch des internationalen Völkerrechts. Die Deutungshoheit liegt allerdings immer beim Angreifer. Er kann behaupten, ausreichende Informationen über diese oder jene Zielperson besessen zu haben. Er kann auch, wie in Waziristan geschehen, ganze Regionen unter eine Art Generalverdacht stellen, nach dem Motto, alle erwachsenen Männer dieser Gegend, die wir auf den Bildschirmen im CIA-Keller in Langley zu Gesicht bekommen, dürften Helfer oder wenigstens Sympathisanten von al-Qaida oder der Taliban und damit legitime Ziele sein. Irgendwie. Eine Überprüfung der Entscheidungen, die zu einem Todesurteil führen, ist ausgeschlossen. Rechtsstaat geht anders.

Dennoch will die Bundeswehr eigene Kampfdrohnen erwerben. Sie will an ihren Plänen sogar festhalten, obwohl sich der Eurohawk (die unbewaffnete Observationsdrohne) als gigantische Fehlinvestition erwiesen hat. Wozu eigentlich? Für die Landesverteidigung eignen sie sich kaum, weil sie im Luftkampf gegen feindliche Jagdflieger ohne Chance wären – und schon die unbewaffneten Aufklärungsdrohnen offenbar keine Fluggenehmigung für den deutschen Luftraum erhalten können. Bewaffnete Drohnen machen vornehmlich bei Auslandseinsätzen Sinn, in Regionen, in denen es um Kämpfer geht, die sich als Zivilisten tarnen, und nicht um den Krieg gegen reguläre Armeen mit regulären Luftstreitkräften. Wie am Hindukusch, wo ja die Sicherheit Deutschlands verteidigt werden muss. Wozu also brauchen unsere Generäle das militärische Spielzeug? Um beim munteren Jagen von Terroristen, vermeintlichen Terroristen oder wenigstens vermeintlichen Verdächtigen in anderen Regionen der Welt mitzumischen? Um gezielt zu töten?

In Washington und in Jerusalem hält man rechtliche oder gar moralische Diskussionen schon seit Jahren für bestenfalls akademisch. Mögen internationale Völker- und Menschenrechtler die Mordprogramme der Geheimdienste auch noch so vehement kritisieren, amerikanische und israelische Regierungsjuristen ignorieren alle Einwände oder verfassen ellenlange, aber fadenscheinige Abhandlungen, um die Hinrichtungen zu legitimieren. Die Vorgaben sind klar: Gut ist, was der Sicherheit des Landes dient oder zu dienen scheint, dem hat sich alles andere unterzuordnen. Das gilt für die gigantischen Überwachungsprogramme der NSA oder des israelischen Counterparts, der Unit 8200, und das gilt für die »Lizenz zum Töten« der CIA, des Shin Bet, des Mossad und anderer militärischer Spezialeinheiten. Im Zweifel für die Freiheit? Das hört sich heute nach nostalgischem Geschwafel an.

Und hat sich eigentlich schon einmal jemand mit der Frage befasst, ob diese Hinrichtungskampagnen allein durch die Kollateralschäden in der Zivilbevölkerung nicht weit mehr Hass und Wut und damit mehr Terrorismus produzieren als eliminieren? Zwischen 2010 und 2012 liquidierten amerikanische und israelische Geheimdienste im Kampf gegen den Terror mehr als zweitausend Menschen. »Ich sehe das nicht als eine effektive Methode, um Terrorismus zu bekämpfen«, kritisiert der frühere UN-Sonderberichterstatter, Philip G. Alston, die »gezielten Tötungen«. Da werde vielmehr »eine Liste« abgearbeitet. Alston: »Das kann man auf ewige Zeiten fortsetzen. Aber es wäre ein großer Fehler, zu glauben, wenn man Hundert, Tausend, Zehntausend tötet, könnte man den Terrorismus besiegen.«

Als ich vor vielen Jahren begann, mich mit dem Thema der gezielten Mordanschläge von Geheimdiensten zu befassen, gehörte vieles in den Bereich von Märchenerzählungen. James Bond eben. Sicher, es wurde viel gemunkelt über die Operationen des Mossad, die als Antwort auf das Massaker an israelischen Sportlern während der Olympischen Spiele 1972 gedacht waren. Aber es waren erst nur Gerüchte. Mit den Jahren wurde klar, dass es eigentlich um einen blinden Tötungsaktionismus der Israelis ging, um Rache an den Palästinensern an sich, nicht um Rache an den Hintermännern von München. Einige der Opfer des Exekutionsfeldzugs hatten mit der Planung des Anschlags im Olympiadorf nach heutigem Wissen nichts zu tun. Sie mussten sterben, weil sie leichte Ziele (wie Wael Zuaiter) oder den Israelis schon lange ein Dorn im Auge waren (wie Ali Hassan Salameh).

Bekannt waren darüber hinaus einige Mordanschläge osteuropäischer Geheimdienste. Das entsprach dem Feindbild während des Kalten Krieges. Dem KGB und der Stasi war alles zuzutrauen, wohl nicht ganz zu Unrecht. Erst eine Aufarbeitung durch den amerikanischen Kongress offenbarte, dass auch die CIA Menschen umbrachte, im Rahmen der Operation »Phoenix« in Vietnam sogar ziemlich systematisch. US-Präsident Richard Nixon hatte die scharfen Hunde von der Leine gelassen, und die bissen auch zu. Hinrichtungen außerhalb der Rechtsprechung, vor allem politische Morde, wurden danach per Dekret des Nixon-Nachfolgers Gerald Ford verboten. Das war 1976. Obwohl dessen *Executive Order* nie zurückgenommen wurde, fühlten sich die Präsidenten Bill Clinton, George W. Bush (schon vor 9/11) und Barack Obama nicht mehr an sie gebunden.

In Israel änderte sich die Praxis der gezielten Tötungen mit Beginn der Zweiten Intifada, des Aufstands der palästinensischen Jugend in der besetzten Westbank und im Gaza-Streifen im Jahr 2000. Damals erhielten auch andere israelische Geheimdienste und Spezialeinheiten eine »Lizenz zum Töten«, da der Mossad nur im Ausland, aber nicht in den Palästinensergebieten operierte. Als die Intifada im Februar 2005 beendet wurde, waren mehr als einhundert Palästinenser den Mordanschlägen zum Opfer gefallen. Gewalt und Gegengewalt: In der gleichen Zeit starben fünfmal so viele Israelis durch palästinensische Selbstmordanschläge. Nach 2005 hat sich das Verhältnis umgedreht: Fast einhundert gezielt getöteten Palästinensern stehen bis heute 55 Todesopfer auf israelischer Seite gegenüber. Das hängt mit Terrorbekämpfung durch wirksame Ausgrenzung (Zäune, Mauern) und effektiver Geheimdienstarbeit zusammen, sicherlich nicht mit der abschreckenden Wirkung von Hinrichtungen. Und durch amerikanische Drohnen kamen seit 2008 schätzungsweise zwischen 2500 und mehr als 4000 Menschen ums Leben, das ist etwa die gleiche Zahl von Opfern wie durch die Anschläge islamistischer Terroristen vor und am 11. September 2001 (siehe Anhang).

Body counting, Leichen zählen – ihre Opfer gegen unsere Opfer? Doch es ist kein Ende in Sicht. Das gezielte Töten ist gängige Praxis in Israel und in den Vereinigten Staaten geworden – daran ändert auch Obamas Moratorium vom Mai 2013 nichts Grundsätzliches. In der Westbank, im Gaza-Streifen, in Waziristan, im Jemen und in Somalia und bald womöglich auch in anderen Regionen der Welt geht die Menschenjagd weiter – und niemand scheint ihr Einhalt zu gebieten.

Nach dem Mossad-Mord in Dubai im Januar 2010 fragte die WDR-Redaktion *die story* bei mir an, ob ich Interesse hätte, einen Film über Israels »Lizenz zum Töten« zu drehen. Ich hatte. Auf zwei Recherchereisen reaktivierte ich alte Kontakte, vor allem zu Gad Shimron, einem ehemaligen Mossad-Agenten und späteren Journalisten. Wir tourten durchs Land, er zeigte mir historische Schauplätze und neue »Errungenschaften« wie die Grenzbefestigungen um Teile der Westbank; und wir saßen stundenlang in der Altstadt von Jerusalem zusammen, um uns über das Thema »gezielte Tötungen« auszutauschen. Shimron steht, wie sich herausstellte, der israelischen Politik kritisch gegenüber, vor allem »der Schießwut« der militärischen Spezialeinheiten; er sieht andererseits Exekutionen durch den Mossad wie jene an dem Hamas-Waffenhändler al-Mabhouh in Dubai durchaus als ultima ratio. Seinem differenzierten Urteil verdankt dieses Buch viel, auch wenn wir nicht in allen Fällen zu dem gleichen Ergebnis kommen. Das Buch des Mossad-Veteranen Jakob Meidad alias Anton Künzle über die Ermordung des Kriegsverbrechers Herberts Cukurs (»Der Tod des Henkers von Riga«), an dem Shimron journalistisch mitgewirkt hat, trägt meines Erachtens eher zur Legendenbildung als zur Wahrheitsfindung bei (siehe S. 153). Überhaupt scheint der »Mythos Mossad« bei weitem überschätzt, wenn man analysiert, wie stümperhaft und fahrlässig der Geheimdienst bisweilen vorgeht.

Ein ganz großer Dank gebührt jenen, die mir in Israel und in der palästinensischen Westbank bei den Recherchen behilflich waren, allen voran Anita Abdullah, aber auch Oren Geller, Asaf Zussman, Uri Blau, Shawan Jabarin, Samer Burnat, Sam Bahour, Salwa Duaibes, Hisham Sharabti, Majed Ghanayem, Ephraim Asculai, Ethan Bronner. Danken möchte ich auch jenen Gesprächspartnern, die mich mit der Argumentation der »offiziellen« israelischen Seite vertraut gemacht haben: Moti Kfir, Eliezer »Geizi« Tsafrir, Mishka Ben-David, Asa Kasher, Arye Shalicar, Iftach Spector, Amnon

Straschnov. Für ihre völkerrechtlichen Einschätzungen danke ich Heike Krieger, Philip G. Alston, Eyal Benvenisti und Mordechai Kremnitzer.

Für dieses Buch habe ich das Thema der Fernsehdokumentation, die im April 2013 in der ARD ausgestrahlt wurde, um die Hinrichtungskampagne der Vereinigten Staaten ausgeweitet und außerdem um spektakuläre historische Fälle. Dabei konnte ich auf veröffentlichtes wie auf unveröffentlichtes Material zurückgreifen. Bei der Rekonstruktion des Giftmordes an Wadi Haddad und der zeitgleich ablaufenden Entführung der »Landshut«, über die ich bereits 2010 eine ARD-Dokumentation »Tödliche Schokolade« produziert hatte, haben Tim Geiger und Thomas Skelton Robinson großartige Unterstützung geleistet; Christiane Stegemann, Mitarbeiterin des Stasi-Archivs BStU, hat nach unermüdlichem Suchen schließlich Unterlagen über den Gifttod eines Mannes in der Charité gefunden, bei dem es sich offensichtlich um Wadi Haddad handelt (siehe S. 191). Ein ganz großer Dank gebührt auch früheren Akteuren und Zeitzeugen wie Bassam Abu Sharif, Hans-Joachim Klein und Peter-Jürgen Boock sowie meiner Kollegin Nina Svensson. Nicht unerwähnt lassen möchte ich Wolfgang Welsch und Henning Sietz, die Dokumente und Fotos zur Verfügung stellten.

Last not least: Viele Informationen und ebenso viele Einsichten verdanke ich einer Reihe von israelischen, amerikanischen und deutschen Quellen, die an dieser Stelle auf ihre namentliche Erwähnung ausdrücklich verzichten. Bei vielen bin ich auf große Sympathie mit diesem Buchprojekt gestoßen, weil sie selbst mit der systematischen Verletzung rechtsstaatlicher Prinzipien und moralischer Werte inzwischen große Probleme haben.

Egmont R. Koch

Bremen, 30. Juni 2013

Richten ohne Richter – die Mordkampagnen der Geheimdienste

> »Politisch ist das eine vorteilhafte Sache – niedrige Kosten, keine amerikanischen Opfer, hinterlässt den Eindruck von Stärke … im eigenen Lande hat das nur Vorteile. Unpopulär ist es nur im Ausland. Jene Schäden, die es den nationalen Interessen zufügt, werden sich erst auf lange Sicht zeigen.«
> *Dennis C. Blair, ehemaliger Direktor der nationalen US-Nachrichtendienste, über das amerikanische Exekutionsprogramm durch bewaffnete Drohnen.*

Es war eine Szene, die den Ruf des jungen, liberalen Rechtsprofessors an der Spitze des Landes nachhaltig beschädigen sollte; wie sie zustande kam, wurde später in der *New York Times* enthüllt.

An diesem 19. Januar 2010 haben sich im Situation Room des Weißen Hauses rund zwei Dutzend Sicherheitsberater zur üblichen wöchentlichen Lagebesprechung eingefunden. »Terror Tuesday Meeting« heißen die Treffen im internen Regierungsjargon. Die Geheimdienstleute werden den Präsidenten über aktuelle Erkenntnisse im Kampf gegen al-Qaida und den internationalen Terrorismus informieren, sein Einverständnis für diese und jene Operation einholen, die im Krieg gegen den islamistischen Terror ansteht; und sie werden ihm ihre neueste »Nominierungsliste« präsentieren. Reine Routine. Das bürokratische Ritual eines Tötungsprogramms.

Die *short list* ist das Ergebnis vieler geheimer Videokonferenzen von vielleicht mehr als einhundert Mitarbeitern des amerikanischen Sicherheitsapparates in den Wochen zuvor. Jeder darf seine Vorschläge einbringen. Sie beraten dann auf

Perfektionierte Tötungsmaschinerie: Abschuss einer Hellfire-Rakete von einer Predator-Drohne

sicheren Standleitungen über Biografien, Gefährdungspotentiale, Verbindungen zu den bekannten Netzwerken und über neueste Informationen aus der Region. Sicherlich diskutieren sie auch darüber, ob es zivile Opfer geben könnte und ob ihre Zahl als »verhältnismäßig« angesehen werden kann. Es wird dabei offenbar durchaus hart miteinander gestritten. Die CIA spielt oft ihre »Kandidaten« für die pakistanisch-afghanische Grenzregion in den Vordergrund, wo die Drohnen unter ihrem Kommando stehen. Da müssen die Vertreter anderer Geheimdienste und des Pentagon aufpassen, nicht ins Hintertreffen zu geraten. Manchmal dauere es fünf oder sechs Sitzungen, schreibt die *New York Times*, bis der Fall von allen Seiten beleuchtet, überprüft und abgewogen worden sei. Erst wenn ihn im Laufe dieses Findungsprozesses nicht irgendjemand aufgrund irgendwelcher neuen Erkenntnisse wieder streiche und das Fenster für einen Vollzug immer noch offen sei, werde er nominiert und dem Präsidenten beim »Terror Tuesday Meeting« vorgelegt.

Irgendwann in diesen Wochen blickt der Präsident in einem der Todesurteile auf das Foto eines zwanzigjährigen

Töten in bequemen Sesseln: Kommandostand für Predator-Drohnen

Deutschen: Bünyamin Erdogan aus Wuppertal sei in einem usbekischen Camp zu einem islamistischen Terroristen konvertiert, so wird er lesen, der junge Mann soll an der Vorbereitung von Selbstmordanschlägen in Waziristan beteiligt sein. Obama wird ein Häkchen daran machen. *Approved.*

Barack Obama ist noch frisch im Amt, noch immer schlägt ihm große Sympathie entgegen. Er ist der erste amerikanische Farbige, der es ins Weiße Haus geschafft hat, er verfügt über Charisma und die seltene Gabe, Menschen durch sein Auftreten, seine Reden, seine Ausstrahlung zu begeistern. Doch der Präsident hat sich offenbar längst mit der Notwendigkeit arrangiert, Entscheidungen von großer Tragweite zu treffen, Entscheidungen, die in eklatantem Widerspruch stehen zu dem, was er im Wahlkampf versprochen hat: das Ende der Folter (die sein Vorgänger »kreative Verhörmethoden« nannte), die Schließung von Guantanamo und überhaupt die Verpflichtung auf amerikanische Werte selbst im Kampf gegen die ärgsten Feinde des Landes, islamistische Terroristen. Es ist anders gekommen. Noch könnte er auf die Bremse treten, könnte der verheerenden Entwicklung Einhalt gebieten. Er ist der *Commander in Chief*, er hat das letzte Wort – auch in diesem schmutzigsten aller schmutzigen Kriege. Aber an jedem Dienstagmorgen wird sein Votum über Leben und Tod erwartet. An diesem Dienstag im Januar 2010 stehen fünfzehn Al-Qaida-Verdächtige aus dem Jemen auf der »Nominierungsliste«.

Einer seiner Geheimdienstleute legt Obama die Dossiers vor. Für sie hat sich im Regierungsapparat der Begriff *baseball cards* eingebürgert, als seien darauf die sportlichen Eckdaten und Saisonleistungen von Baseball-Cracks verzeichnet. Diese »Karten« enthalten jedoch ein Foto, in der Regel einen heimlichen Schnappschuss, und eine kurze Biografie des Delinquenten. In dieser Woche geht es um einige Männer und Frauen, eigentlich Jungen und Mädchen, die über Wurzeln im Westen verfügen, also konvertiert sind. Sogar einige amerikanische Staatsbürger zählen dazu. Bei allen wird befürchtet, dass sie womöglich in ihre Heimatländer zurückkehren, um dort Unheil anzurichten.

»Wie alt sind diese Leute?«, fragt der Präsident, »wenn sie anfangen, Kinder einzusetzen, kommen wir in eine ganz andere Phase!«

Die Frage ist berechtigt: Bei zwei der fünfzehn Namen auf der Liste handelt es sich um Teenager, ein Mädchen sieht sogar jünger aus als die auf ihrem Steckbrief genannten 17 Jahre. Obama will noch einmal wissen, auf welche Erkenntnisse in- und ausländischer Geheimdienste die Vorentscheidung zurückgeht. Viele der ausgewählten Personen, über deren Leben er in den nächsten Minuten entscheidet, werden keiner konkreten Straftat bezichtigt. Es geht also bei ihrer Tötung nicht um Strafe, gleichsam als Ersatz für ein Gerichtsurteil, das es nicht geben kann, weil der Arm der amerikanischen Justiz nicht bis nach Pakistan oder in den Jemen reicht. Um was geht es dann? Um Rache für 9/11? Oder geht es um Vorbeugung, wie die Geheimdienste zu betonen nicht müde werden? Müssen die Amerikaner sie umbringen, bevor sie Amerikaner umbringen können? Die ihnen vorliegenden Informationen, so versichern die Sicherheitsexperten ihrem Präsidenten, lassen befürchten, dass die jungen Menschen in ihren Heimatländern Terroranschläge verüben werden. Vielleicht auch in den Vereinigten Staaten. Das lehrt zumindest die Erfahrung. Aber berechtigt diese Sorge dazu, einen staatlichen Mord vor der vermeintlichen Tat zu befehlen? Ohne Anklage, ohne Prozess, ohne das Recht auf Verteidigung und ohne ein Urteil? Gibt es ein höheres Interesse als die rechtsstaatlichen Werte einer Demokratie, die auf Gewaltenteilung basiert?

Zu diesem Zeitpunkt, im Januar 2010, ein Jahr nach seiner Amtseinführung, hat sich Barack Obama schon sehr oft den Vorschlägen und Wünschen seiner Berater gebeugt: 549 Menschen sind im Jahr 2009 durch amerikanische Drohnen, die den Namen »Raubtier« (»Predator«), »Falke« (»Global Hawk«) oder »Sensenmann« (»Reaper«) tragen, ins Jenseits befördert worden, in Pakistan, Afghanistan, im Jemen; später wird noch das afrikanische Somalia dazu kommen. Das ist mehr als in den acht Regierungsjahren von George W. Bush zusammen. Beim größeren Teil (etwa 350 Toten) handelte es sich offenbar um militante Mitglieder von al-Qaida oder anderer Terrornetzwerke, bei dem Rest um Zivilisten, die zur falschen Zeit am falschen Ort waren (etwa 250 Tote). Auch bei einer angeblich so präzisen, fast »chirurgischen« Tötungsmethode wie Raketenabschüssen aus Drohnen gab und gibt es, wenig überraschend, Kollateralschäden.

Es ist nicht überliefert, wie oft Barack Obama an jenem Terror-Dienstag den Daumen hob oder senkte, bekannt ist aber, dass er den Rest des Jahres 2010 so viele Todesurteile wie noch nie unterschrieben haben muss. Die Zahl der Hingerichteten stieg nach inoffiziellen Schätzungen der Stiftung *The National Security Studies Program* auf 849. Bis zu einem

»Moratorium«, das Obama Ende Mai 2013 nach massiven Protesten und zunehmenden Widerständen auch unter seinen Anhängern versprach, starben durch die Mordkommandos der CIA und des Pentagon zwischen 2500 und 4000 Menschen. Natürlich ist die genaue Zahl geheim. Bislang legte weder die CIA noch die Regierung Rechenschaft ab über ihre gezielten Tötungen.

Die Mordserie des Weißen Hauses wird von Kritikern wie dem ehemaligen Direktor der nationalen Nachrichtendienste Dennis C. Blair bereits mit dem Phoenix-Programm in Vietnam verglichen. Ein schwerwiegender Vorwurf. Der Navy-Admiral a. D. trat im Mai 2010 von seinem Posten zurück, nachdem er wegen eines versuchten Anschlags auf Flug 253 der Northwest Airlines ein halbes Jahr zuvor in Misskredit geraten war. Im Jahr 1969, auf dem Höhepunkt der systematischen »Neutralisierung« vietnamesischer Zivilisten, die angeblich mit den Vietcong kooperierten, erhielten die Mordkommandos der CIA Zielvorgaben für die monatliche Eliminierung von vermeintlichen oder tatsächlichen Kollaborateuren. Bis zum Ende von Phoenix starben mehr als 20000, manche sprechen von 40000 Vietnamesen durch amerikanische Killer (siehe S. 74). Wiederholte sich die Geschichte? Fördert Präsident Obama großflächiges und umfassendes Vorgehen gegen Islamisten, so wie es damals die CIA unter Präsident Richard M. Nixon (in Vietnam) gegen Kommunisten tat?

Die außergerichtliche Hinrichtung vermeintlicher Staatsfeinde hat in Ländern wie den Vereinigten Staaten und Israel eine gewisse Tradition. Bereits im Jahre 1953 verfasste ein CIA-Spezialist einen maschinengeschriebenen Ratgeber für Exekutionen, bei dem er zunächst politische Morde unter die Lupe nahm, um dann daraus Lehren für möglichst perfekte Mordanschläge zu ziehen (siehe S. 38). In Israel schickten zur gleichen Zeit Anhänger des späteren Ministerpräsidenten

Frostiger Abschied: Der ehemalige Chef der amerikanischen In-
landsnachrichtendienste Dennis C. Blair vergleicht Obamas Drohnenkampagne mit dem Phoenix-Programm, bei dem Anfang der
siebziger Jahre Tausende von Vietnamesen exekutiert wurden.

(und Friedensnobelpreisträgers) Menachem Begin Brief- und
Paketbomben an deutsche Politiker, darunter den damaligen Bundeskanzler Konrad Adenauer. Die Methode wurde
später vom Mossad übernommen und gegen deutsche Nazi-
Raketenforscher in Ägypten eingesetzt (siehe S. 139). Wo Israel seine Sicherheit beeinträchtigt sah und sieht, sei es durch
palästinensischen Terrorismus, sei es durch die Entwicklung
von Massenvernichtungswaffen in feindlich gesinnten Ländern, sanktionierte die Regierung prophylaktische Exekutionen.

Aber auch andere westliche Demokratien, die sich rechtsstaatlichen Prinzipien verpflichtet haben, entschieden sich
im Zweifelsfall für das Mittel des Gegenterrors, wenn sie
sich durch Terror bedroht sahen: Der Spezialeinheit SAS der
britischen Armee war es während des Nordirland-Konflikts

erlaubt, gezielte Tötungen vorzunehmen, wenn es Anhaltspunkte dafür gab, dass eine Operation der IRA unmittelbar bevorstand und auf diese Weise verhindert werden konnte. Am 8. Mai 1987 planten IRA-Terroristen einen gewaltigen Sprengstoffanschlag auf eine zu diesem Zeitpunkt unbemannte Royal Ulster Constabulary im nordirischen Loughgall. Der britische Geheimdienst erfuhr davon, möglicherweise durch einen Spitzel in der IRA, und teilte der SAS alle Einzelheiten wie die Zahl der Angreifer und den Zeitpunkt des Angriffs mit. Dann versteckten sich 24 SAS-Kräfte um die Polizeistation und warteten, was passieren würde. Acht Terroristen kamen zur vorhergesagten Zeit und fuhren einen mit neunzig Kilogramm Semtex beladenen Traktor direkt vor das Eingangstor. Als sie den Sprengstoff zündeten, eröffneten die versteckten SAS-Kräfte das Feuer. Alle IRA-Leute kamen im Kugelhagel um, obwohl sie alle Schutzwesten trugen. Erschossen wurde auch ein Unbeteiligter, ein zufällig vorbeifahrender Mann, der gerade von der Arbeit kam. Zeugen sagten überdies aus, dass drei der IRA-Terroristen bereits wehrlos am Boden gelegen hätten, als sie liquidiert wurden.

Nach Ansicht des Europäischen Gerichtshofes waren bei dem Hinterhalt schon deshalb die Menschenrechte der irischen Männer verletzt worden, weil die britische Regierung hinterher eine völlig unzureichende Aufklärung der Ereignisse betrieben habe. Kritiker warfen der britischen Regierung ein regelrechtes Massaker vor, schließlich sei die Polizeistation nicht besetzt gewesen. Wer wie in Laughgall einen Hinterhalt lege, der müsse auch versuchen, die Täter festzunehmen und vor Gericht zu stellen, statt sie kaltblütig hinzurichten.

Ebenfalls in den achtziger Jahren gründete die spanische Regierung eine geheime Einsatztruppe namens *Grupos Antiterroristas de Liberación* (GAL). Einziger Gegner waren die baskischen Separatisten, vor allem die ETA. Aus den Operationen der neugegründeten Eliteeinheit entwickelte sich sehr schnell ein schmutziger Krieg. Zwischen 1983 und 1987 wurden Hunderte von Basken von der GAL entführt und gefoltert, um an Informationen über Terroristen zu gelangen. 28 Morde wurden später gezählt, darunter viele Hinrichtungen; ein Drittel der Opfer, so stellte sich heraus, hatten keinerlei Verbindungen zur ETA. Die willkürlichen Gräueltaten kamen ans Licht, einige Mitglieder der GAL wurden vor Gericht gestellt und verurteilt. Wieder einmal endete die »Lizenz zum Töten in einem politischen, moralischen und rechtlichen Desaster«, schreibt der Politikwissenschaftler Avery Plaw in seinem Buch »Targeting Terrorists«. Wo die Gewaltenteilung und damit die Kontrolle der Exekutive außer Kraft gesetzt wird, sind die Folgen leicht absehbar.

Heute klingen die Rechtfertigungen für die Liquidierung von Al-Qaida-Terroristen und anderen gewaltbereiten Islamisten ähnlich wie damals während der IRA- und ETA-Konflikte. Immer geht es um Sicherheit für die Bürger des eigenen Staates, also um die Sorge vor neuen Anschlägen. Diese Begründung ist schon deshalb fadenscheinig, weil der Hydra, heiße sie nun al-Qaida, Hamas oder damals IRA und ETA, stets neue Köpfe nachwachsen, gleichgültig wie systematisch das Ungeheuer enthauptet wird. Die Effektivität ist höchst zweifelhaft, von der Legitimität ganz zu schweigen.

Die Rechtfertigung der Regierungsjuristen damals wie heute: Bei Terroristen handele es sich gewissermaßen um Krieger ohne Uniform, und auch in einem so genannten asymmetrischen Krieg, bei dem sich nicht zwei Heere, sondern einer Armee kämpfende Zivilisten gegenüberstünden, dürften diese wie feindliche Soldaten getötet werden, wo immer sie sich aufhalten, gezielt und ungezielt. Das sei internationales Völkerrecht. Dieses Völkerrecht sehe jedoch den Status des zivilen Kämpfers nur für solche Fälle vor, bei denen er sich direkt und unmittelbar an feindseligen Handlungen beteiligte, entgegnen die Kritiker.

Dagegen wiederum argumentieren die Regierungen, es falle ohnehin unter Notwehr, weil konkrete terroristische Anschläge durch gezielte Tötungen verhindert würden. Terroristen seien gewissermaßen »tickende Zeitbomben«, die sofort und nachhaltig entschärft werden müssten. Aber geht es wirklich um vorsorgliche Selbstverteidigung? Steht nicht vielmehr die abschreckende Wirkung von extralegalen Hinrichtungen im Mittelpunkt? Völlig in Abrede gestellt werden zudem Rache und Vergeltung, obwohl gerade diese Motive vielfach offen zu Tage treten, so wie bei der Hinrichtungskampagne des Mossad nach dem Attentat an israelischen Sportlern während der Olympischen Spiele in München 1972 (siehe S. 166).

Am 4. Oktober 2010 wird Obamas Todesurteil gegen den Deutschen Bünyamin Erdogan unweit des Dorfes Mir Ali in Waziristan vollstreckt. Der Tod kommt wie immer aus heiterem Himmel. Das Opfer ist wahrscheinlich kein Unschuldslamm. Der junge Deutschtürke will sich womöglich an den Kämpfen gegen die pakistanische Armee beteiligen. Vielleicht will er auch als Bombenbauer nach Deutschland zurückkehren. Die Staatsanwaltschaft Düsseldorf hat bereits ein Ermittlungsverfahren wegen Vorbereitung einer schweren staatsgefährdenden Gewalttat eingeleitet, für die es einen neuen Paragraph 89a im Strafgesetzbuch gibt. Seit 9/11 ist es üblich, dass die Amerikaner solche Erkenntnisse vom deutschen Verfassungsschutz übermittelt bekommen. Auf diese Weise dürfte auch Bünyamins Handynummer, die Handynummer einer Kontaktperson in der Türkei und die Adresse eines Cafés in Pakistan den Weg in das elektronische Gehirn der amerikanischen National Security Agency (NSA) gefunden haben. Ob und wie diese Daten später halfen, die Zielkoordinaten für den Drohnenangriff festzulegen, ist bis heute ungeklärt.

Mitschüler haben den Deutschtürken als beliebten Jungen, Lehrer als guten Schüler in Erinnerung. Sie vermuten, dass Bünyamin im Frühsommer 2010 auf Wunsch seines Vaters Hassan aufbrach, um bei den Gelehrten den Koran zu studieren, zusammen mit seinem 23-jährigen Bruder Emrah und dessen junger Frau. »Aus eigenem Antrieb hätte er das nicht gemacht«, ist Ergin Celikel überzeugt, auf dessen Bauernhof Bünyamin sich manchmal sein Taschengeld aufbesserte. Vieles ist schleierhaft und soll es wohl auch nach dem Willen deutscher Behörden bleiben. Warum machten die Brüder in Usbekistan Station? Wurden sie dort indoktriniert?

Die gezielte Tötung des Deutschen bringt die Bundesregierung in Bedrängnis. Denn bei einem gewaltsamen Tod eines eigenen Staatsbürgers im Ausland sind die zuständigen Behörden gehalten, den Hintergründen nachzugehen. Das aber kann leicht zu diplomatischen Verwicklungen mit den Amerikanern führen. Und wer will das schon? »Ein sehr ernster Vorgang, den man moralisch, politisch und rechtlich bewerten muss«, tönt der Staatsminister im Auswärtigen Amt Werner Hoyer vor dem Bundestag. Und das ist es dann. Der Generalbundesanwalt legt zunächst »einen Prüfvorgang« an, um nähere Erkenntnisse zu sammeln, eröffnet irgendwann ein Ermittlungsverfahren wegen des Verdachts eines Kriegsverbrechens nach dem Völkerstrafgesetzbuch.

Am 1. Juli 2013 stellt Karlsruhe die Ermittlungen wieder ein »mangels eines für eine Anklageerhebung hinreichenden Verdachts«. Bemerkenswert ist die Begründung: Der amerikanische Drohneneinsatz, dem Bünyamin Erdogan zum Opfer fiel, sei Teil bewaffneter Auseinandersetzungen zwischen afghanischen Aufständischen und der pakistanischen Regierung gewesen, »die faktisch von den USA unterstützt werde«. Faktisch. Das ist angesichts der massiven Widerstände der Regierung in Islamabad gegen die amerikanischen Drohneneinsätze in Waziristan eine durchaus gewagte Interpretation. Denn die CIA tötet die Kämpfer dort ja nicht, um die pakistanische Armee zu unterstützen, sondern um islamistischen Terrorismus an der Wurzel auszurotten. Nach amerikanischer Lesart war er eine »tickende Zeitbombe« – zum Abschuss freigegeben. Die nicht genehmigten US-Operationen im pakistanischen Luftraum stellen einen massiven Verstoß gegen die Souveränität des Landes dar. Man stelle sich vor, die CIA würde auf deutschem Territorium mit Hellfire-Raketen auf militante Islamisten schießen. Mit seiner Auslegung der Exekution Bünyamin Erdogans bewegt sich der Generalbundesanwalt deshalb auf sehr dünnem Eis.

Erst stirbt der Mensch, dann stirbt das Recht. Als er den Friedensnobelpreis annahm, sagte Obama, sein Land müsse sich auch auf dem Schlachtfeld vorbildlich verhalten. Stattdessen illustriert seine Drohnen-Kampagne ein geradezu entfesseltes Tötungsprogramm. Wo sein Vorgänger George W. Bush Terrorverdächtige fangen, verschleppen und foltern ließ, ist Barack Obama dazu übergegangen, sie gleich aus sicherer Distanz liquidieren zu lassen. Bevor er Ende Mai 2013 dem ferngesteuerten Töten und damit seinem eigenen Treiben eine Art Besinnungspause verordnete, hatte er sich vielhundertfach zum Herrn über Leben und Tod aufgeschwungen. Er handelte als Richter und Exekutor in einer Person. Ein zynischer Präsident.

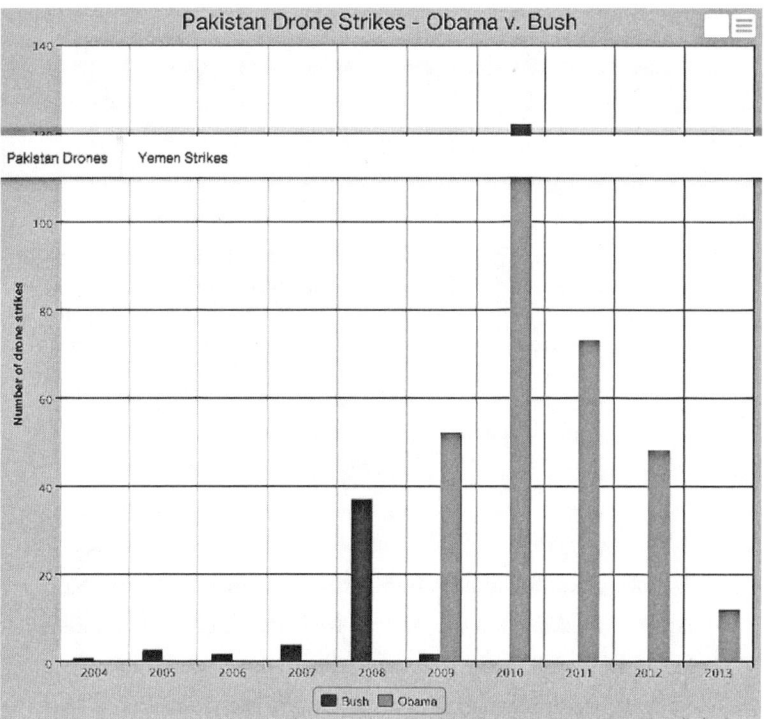

Im letzten Jahr der Ära Bush 2008 begann das Hinrichtungsprogramm der CIA und des Pentagon mit Hilfe unbemannter Drohnen,
das unter Obama drastisch forciert wurde (Quelle: The National Security Studies Program/Stichtag: 15. Juni 2013).

DIE US-GEHEIMDIENSTE

Tötet Osama!

>»Das Gesicht war durch mindestens eine Schusswunde ent-
stellt und blutbedeckt. Ein Einschuss in der Stirn hatte die
rechte Schädelseite eingedrückt. Die Brust war von mehreren
Kugeln durchlöchert. Er lag in einer ständig größer werden-
den Blutlache. Als ich in die Hocke ging, um die Leiche näher
zu betrachten, kauerte sich auch Tom neben mir nieder. ›Ich
glaube, das ist unser Junge‹, sagte Tom.«
> *Navy-SEAL Mark Bissonette in seinem Buch »No Easy Day«*
> *über den Tod von Osama bin Laden*

Es sollten keine Gefangenen gemacht werden, das war von
Anfang an klar, auch wenn es hinterher aus dem Weißen
Haus hieß, ER habe sich einer Festnahme widersetzt, die
SEALs hätten also in Notwehr gehandelt. Tatsächlich war
ER nicht einmal vorbereitet, sich zu verteidigen, seine Ma-
karow und eine AK-47 waren nicht geladen.

Nein, bei der Operation »Neptuns Speer« handelte es sich
um eine *find-and-kill-mission*. Wohin auch hätten ER, seine Familie, sein Personal, seine Vertrauten, seine Beschützer gebracht, wo vor Gericht gestellt werden sollen? Die Elitetruppe
Navy-SEALs, denen der Angriff auf das Haus in Abbottabad
und auf den meistgesuchten Mann auf dieser Welt anvertraut
wurde, sind zudem nicht darauf spezialisiert, Menschen in
Gewahrsam zu nehmen, es sind durchtrainierte, technisch
bestens ausgestattete Vollstrecker. *Find and kill* eben.

Der Plan wurde von langer Hand vorbereitet. Als die
Handy-Ortung von Ahmed al-Kuwaiti, bin Ladens Kurier
und Vertrautem, die CIA zu dem Haus geführt hatte, nachdem alle Informationen durch Agenten vor Ort so gut wie
möglich abgeklärt worden waren, stand sehr bald fest, wie

die Operation ablaufen sollte. Abbottabad liegt rund sechzig Kilometer nördlich der pakistanischen Hauptstadt Islamabad und gilt wegen der Lage in einem Tal als eine der schönsten Städte des Landes. »Neptuns Speer« würde also wieder einmal Pakistan, den wichtigsten amerikanischen Verbündeten in der Region, vor den Kopf stoßen, dem Washington mit seinem Drohnenprogramm schon viel zugemutet hatte. Aber es war unvermeidlich. Völlig undenkbar schien den Amerikanern, die von Al-Qaida-Sympathisanten durchsetzten pakistanischen Sicherheitsorgane und Geheimdienste vorab über das Vorhaben zu informieren. Dann hätte man auch gleich einen Navy-SEAL mit Megafon vor die große Moschee von Abbottabad stellen können.

Der Plan sah so aus: Zwei Black-Hawk-Hubschrauber mit Stealth-Technik, die eine Radarerkennung erschwert, sollten im Schutze der Nacht vom afghanischen Dschalalabad aus zum Zielobjekt in Abbottabad fliegen, an Bord insgesamt 22 SEALs, ein Techniker und ein CIA-Dolmetscher. Zwei größere Chinook-Helikopter vom Typ CH-47 würden fünfzehn Flugminuten von bin Ladens Anwesen entfernt mit einem Rescue-Team aus SEALs und Reservetreibstoff für die Black Hawks landen und die Entwicklung abwarten.

Mark Bissonette war einer aus der Gruppe jener SEALs, die am 1. Mai 2011 in Dschalalabad die beiden Black Hawks bestiegen, und er ist der einzige, der mit seinem Wissen an die Öffentlichkeit ging, nachdem er den Dienst quittiert hatte (»No Easy Day«). Weil sein Pseudonym Mark Owen schnell geknackt wurde, muss Bissonette jetzt die Juristen des Weißen Hauses fürchten, die ihm Geheimnisverrat vorwerfen – und die Rächer von al-Qaida. Sein Zeugnis über die Ereignisse im Haus von bin Laden unterscheidet sich in einigen Details von den Darstellungen anderer Autoren, vor allem in der entscheidenden Frage: Welches Ziel war für die Operation tatsächlich ausgegeben worden, *dead or alive*?

Niemand zweifelt ernsthaft an der Seriosität von Bissonette, selbst wenn der Ghostwriter dessen Erinnerungen mitunter wie in alten Groschenheften umgesetzt hat. Auch der renommierte Journalist Mark Bowden, der ein eigenes Buch über das Ende bin Ladens herausbrachte (»The Finish«), verlässt sich darin auf den Ex-SEAL Bissonette. Er hält dessen Bericht »für zutreffender« als die Geschichte, die er bei seinen eigenen Recherchen in amerikanischen Sicherheitskreisen aufgetischt bekam. Auch das ist bezeichnend: Die Obama-Administration, in der Bowdens Quellen vornehmlich anzusiedeln sein dürften, versuchte offenbar, den Eindruck zu verwischen, es habe sich von Anfang an um eine gezielte Tötung des Al-Qaida-Chefs gehandelt.

»Infil« nennen die amerikanischen Militärs in ihrem Hang zu Abkürzungen die »Infiltration«, das Anpirschen und Eindringen. Es ist Sonntag, der 1. Mai 2011, 14 Uhr. »Infil« ist gerade angelaufen. Im Lagebesprechungsraum des Weißen Hauses versammelt sich Obamas Kriegskabinett; der Hausherr hat den Vormittag auf dem Golfplatz verbracht, ist gerade erst zurückgekehrt. In Pakistan, mehr als 11000 Kilometer entfernt und auf der Uhr acht Stunden weiter, bricht die Nacht an, als die beiden Stealth-Hubschrauber aus dem Hangar geschoben werden.

Am Rande des Flugfelds von Dschalalabad warten die beiden SEAL-Teams »Chalk One« und »Chalk Two« auf Admiral William McRaven, den Chefplaner der Operation. Er kommt »ohne großes Trara«, spricht »vor allem über die strategische Ebene«, wird sich Bissonette später erinnern. Dessen Gedanken schweifen ab zu denen, die sie im Zielobjekt vermuten und deren Kenndaten und Fotos er in einem Heftchen dabei hat, das jetzt in einer Brusttasche steckt: bin Ladens engsten Vertrauten Ahmed al-Kuwaiti, der eigentlich Ibrahim Said Ahmad Abd al-Hamid heißt, dessen Bruder Abrar und beider Familien, bin Ladens drei Ehefrauen

Amal, Siham und Khayriya, seine Söhne Khalid und Hamza und seine Töchter Safiyah, Miriam und Sumaya. Eineinhalb Stunden dauert der Flug, er verläuft ohne Zwischenfälle.

Im Weißen Haus vertreibt sich Barack Obama unterdessen die Zeit mit Kartenspielen. »Ich werde hier nicht bleiben, ich halte die Anspannung nicht aus«, sagte der Präsident nach Erinnerung seines damaligen persönlichen Assistenten Reggie Love zu seinem Team im Krisenraum, in den die Jagd auf bin Laden via Satellit übertragen wird. Daraufhin verschwindet er mit Love und dem Fotografen des Weißen Hauses im privaten Esszimmer, um sich beim Kartenspiel abzulenken.

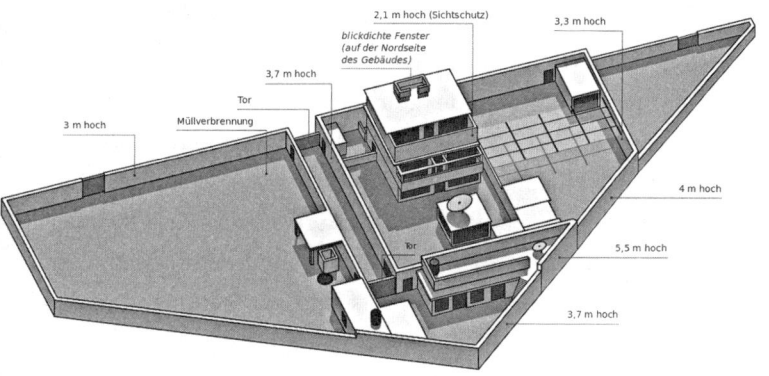

Versteck in Abbottabad: In dem von einer hohen Mauer umgebenen Haus lebte Osama bin Laden mit seiner Familie sowie einigen Vertrauten.

Es ist weit nach Mitternacht, als die Hawks das Anwesen in Abbottabad erreichen, das völlig im Dunkeln liegt. Auch in den umliegenden Häusern brennt kein Licht. Kurz bevor sich die SEALs aus Bissonettes »Chalk One« über dem Dach des Zielobjekts abseilen können, gerät der Helikopter ins Trudeln, macht eine Neunzig-Grad-Drehung, sackt durch und bohrt sich mit der Nase in den weichen Untergrund. Eine Bruchlandung im Garten des Erzfeindes. Das Hinterteil des Hawk lehnt von innen an der drei Meter hohen Außenmauer des Anwesens, ragt über sie hinweg. Zum Glück ist niemand verletzt. Schnell verlassen die Elitesoldaten die Kabine unter den sich noch immer ächzend drehenden Rotorblättern. »Wir waren innerhalb der Mauern und am Leben«, schreibt Bissonette, auch wenn der Crash die Bewohner des Hauses und die ganze Nachbarschaft geweckt haben dürfte, »konnten wir unseren Auftrag immer noch erfüllen«. »Chalk Two« hat die Havarie über dem Dach des Hauptgebäudes gesehen und sofort entschieden, außerhalb der Mauern aufzusetzen, in der Nähe des Haupttores.

Was jetzt folgt, ist einstudierte Antiterror-Choreografie. Die SEALs kennen jede Ecke des viertausend Quadratmeter großen Anwesens mit den verschiedenen Hofabschnitten, Mauern, Toren, Nebenhäusern. Mit Hilfe gestochen scharfer Satellitenbilder und heimlich vor Ort gemachter Fotos haben sie ihren Einsatz an Modellen immer wieder geübt. Verschiedene Teams schwärmen aus, um von verschiedenen Seiten in das zweistöckige Haus vorzudringen. Überall werden Außentore und Stahltüren aufgesprengt, auf dem Dach geht ein Scharfschütze in Stellung, draußen patrouillieren zwei SEALs (»assaulter«) mit einem scharfen Hund. Nichts bleibt dem Zufall überlassen. Bissonettes Team »säubert« einen der Innenhöfe und stürmt dann zum Haupthaus, um den Angriff zu unterstützen.

Plötzlich »fetzte ein Feuerstoß aus einer Kalaschnikow durch das Glas einer Tür«, schreibt Bissonette, »ich rollte zur Seite, als die Kugeln wenige Zoll über meinen Kopf vorbeipfiffen«. Ahmed al-Kuwaiti sitzt in der Falle, aber er will sich nicht kampflos ergeben. Bissonette und sein Teamkollege schießen sofort zurück. Dann hören sie eine Frau aus dem Zimmer rufen, Sekunden später taucht sie mit einem Bündel im Arm im Schussfeld auf. Die Laserpunkte ihrer Waffen tanzen um ihren Kopf. Al-Kuwaitis Frau Mariam presst einen Säugling an ihre Brust: »Ihr habt ihn erschossen, er ist tot!«

»Ich sah ein Paar Füße in der Tür des Schlafzimmers. Ich konnte nicht wissen, ob er noch lebte, und ich ging kein Risiko ein. Ich legte an und gab mehrere Schüsse ab, damit al-Kuwaiti mit Sicherheit ausgeschaltet war«, schreibt der SEAL. Natürlich ist Bissonettes Geschichte billigste Lanzer-Belletristik, ein Epos über die ganz harten Jungs für die ganz harten Fälle. Und doch ist sie ein authentisches Zeugnis dafür, dass es sich bei der Mission »Neptuns Speer« um eine blutige Hinrichtungsorgie handelte, die auch keine Rücksicht auf Frauen nahm: »Der *point man* feuerte … sofort einen Schuss ab. Die Kugel traf den Bewohner, der später als Abrar al-Kuwaiti identifiziert wurde; er verschwand in dem Zimmer. Langsam rückte das Team weiter in den Flur bis zu der Tür vor. Abrar al-Kuwaiti war verwundet und krümmte sich auf dem Boden. Gerade als die Soldaten erneut das Feuer eröffneten, warf sich seine Frau Bushra schützend vor ihn. Der zweite Feuerstoß tötete beide.«

Schüsse auf einen Menschen, der sich schon verwundet am Boden krümmt, Schüsse auf eine offensichtlich wehrlose Frau – nach allgemeinem Verständnis müsste ein solches Verhalten wohl als Kriegsverbrechen eingestuft werden, wenn man die Kommando-Operation im pakistanischen Abbottabad für eine Maßnahme in einem Krieg (gegen den Terror) hielte. Wäre es eine Bestrafungsaktion, die vornehmlich der Befriedigung der eigenen Rachegelüste dienen soll, dann wäre sie, obwohl nach 9/11 und den Tausenden amerikanischer Al-Qaida-Opfer menschlich verständlich, erst recht ein Verbrechen, das in Pakistan wie in den Vereinigten Staaten verfolgt werden müsste. Mark Bissonette macht sich über solche Fragen von Recht und Moral keine großen Gedanken. Er hat einen Befehl auszuführen und dessen wichtigster Teil ist noch nicht erledigt.

Sein Team arbeitet sich in den ersten Stock des Haupthauses vor, jedes Zimmer wird durchsucht, »gesäubert«, wie sie das nennen. Sie steigen über Leichen hinweg, die Marmorfliesen am Boden »sind durch das Blut noch rutschiger geworden«. Im Treppenhaus streckt unvermittelt ein Mann seinen Kopf um die Ecke, zieht ihn gleich wieder zurück. Ein junger Kerl, vielleicht zwanzig Jahre alt, er trägt keinen Bart. Bin Ladens Sohn? »›Khalid‹, flüstert der SEAL. ›Khalid.‹ Alle im Anwesen mussten die Hubschrauber gehört haben … auch die Schüsse im Gästehaus … und die Sprengungen an den Toren und Eingängen. Aber jetzt war wieder alles still. Man hörte nur noch Schritte. Aber dann hörte der Mann auf dem Treppenabsatz plötzlich, dass jemand seinen Namen flüsterte. Woher kennen sie meinen Namen?, könnte er sich gefragt haben. Schließlich hatte vermutlich die Neugier gesiegt, und er hatte gewagt, den Kopf vorzustrecken, um zu sehen, wer ihn beim Namen gerufen hatte. Im selben Augenblick schoss ihm der Assaulter direkt ins Gesicht. Sein Körper rollte ein paar Stufen hinunter und blieb auf dem Treppenabsatz liegen.«

Jetzt kommt der zweite Stock. Bislang hat es wenig Widerstand gegeben. Nur die beiden al-Kuwaiti-Brüder haben sich gewehrt und zu ihren Waffen gegriffen. Vielleicht hätte auch Khalid geschossen, wenn ihm Zeit dazu geblieben wäre. »Im Grunde taten wir hier nichts anderes, als Räume in einem Gebäude zu säubern«, schreibt Bissonette.

Als die SEALs die Treppe hoch kommen, sind die Nerven aufs Äußerste angespannt. Aus den Dossiers der CIA wissen sie, dass sich Osama und seine Frauen wahrscheinlich in diesem Stockwerk aufhalten. Immer noch ist es stockfinster. Nur durch die Nachtsichtbrillen erscheint alles wie in grüne Farbe getaucht. Dann öffnet ER die Tür seines Schlafgemachs, um einen Blick in den Flur zu riskieren. Augenblicklich fallen zwei schallgedämpfte Schüsse, die sich in seinen Schädel bohren. Es gelingt ihm noch, sich in das Zimmer zurückzuziehen. Haben sie ihn erwischt? So unspektakulär?

Vorsichtig nähern sich die Soldaten der Tür, die noch offen steht. Der Mann an der Spitze des Teams, der so genannte *point man*, richtet sein Gewehr in das Zimmer, späht vorsichtig hinein. Er kann die Silhouetten von zwei weinenden und auf Arabisch schimpfenden Frauen erkennen. Die jüngere, Amal, will sich auf den *point man* stürzen, doch der stößt sie um.

Auch Bissonette und sein Kollege dringen jetzt in das Zimmer vor, behalten den Mann im Auge, der auf dem Boden liegt. Er trägt eine hellbraune Tunika, die schon mit Blut getränkt ist. ER liegt bereits im Sterben.

»Die Schüsse des *point man* hatten ihn an der rechten Seite in den Kopf getroffen. Blut und Hirnmasse quollen auf der Seite aus seinem Kopf. Er krümmte sich und bäumte sich in Todeszuckungen auf. Der andere SEAL und ich richteten unsere Laser auf ihn und feuerten mehrmals. Die Kugeln schlugen in seinen Körper. Er … rührte sich nicht mehr.«

Es war der 2. Mai 2011, fast zehn Jahre nach 9/11, das Ende einer Jagd. Osama Bin Laden wurde von amerikanischen Spezialagenten aufgespürt, gestellt und exekutiert. Um 23.35 Uhr an jenem Tag, als es keinen Zweifel mehr an der Identität des Getöteten gab, wandte sich Barack Obama an die amerikanische Öffentlichkeit. Er sprach über die Anschläge des 11. September, die sich »in unser nationales Gedächtnis eingebrannt« hätten, nannte die Operation eine gerechte Sache. Das Wort Vergeltung kam ihm nicht über die Lippen.

»Ich autorisierte eine Operation, um bin Laden zu ergreifen und der Gerechtigkeit zu übergeben. Meiner Anweisung folgend haben die Vereinigten Staaten heute eine zielgerichtete Operation gegen das Anwesen im pakistanischen Abbottabad gestartet. Ein kleines Team von Amerikanern hat die Operation mit außerordentlichem Mut und ebensolchem Geschick ausgeführt. Kein Amerikaner wurde verletzt. Sie haben Sorge getragen, zivile Opfer zu vermeiden. Nach einem Feuergefecht haben sie Osama bin Laden getötet und seinen Leichnam in Gewahrsam genommen.«

So versuchte der amerikanische Präsident Barack Obama die Geschichte des Gemetzels von Abbottabad zu klitten.

Ein Ratgeber

> »Gezielte Tötungen können selten mit reinem Gewissen ausgeführt werden. Menschen, die moralisch empfindsam sind, sollten deshalb nicht damit beauftragt werden.«
>
> *CIA-Ratgeber für gezielte Tötungen, 1953*

Der Autor des internen Ratgebers lässt keinen Zweifel daran, dass er weiß, wovon er schreibt: Bei einem Attentat (»assassination«) handele es sich um »die geplante Tötung einer Person, die nicht unter der Gerichtsgewalt des Killers« stehe, die aber »ausgewählt« worden sei, weil »ihr Tod der Organisation Vorteile bringt«.

Dem Verfasser ist auch klar, dass er gerade niederschreibt, was eigentlich nicht zu Papier gebracht werden darf: »Instruktionen für die Durchführung von Exekutionen sollten niemals aufgezeichnet werden«, schreibt er, gezielte Tötungen würden auch niemals von irgendeiner offiziellen Stelle »angeordnet oder autorisiert«, die Entscheidungsgewalt müsse »auf ein absolutes Minimum an Personen beschränkt« sein, vor allem aber: »Es darf keinen Bericht geben!«

Irgendwann im Herbst 1953 erhielt der ungenannte Experte der CIA den Auftrag, eine Art Leitfaden für das mörderische Geschäft seines Geheimdienstes zu erstellen. Vielleicht holte er externe Empfehlungen von Profikillern der Mafia ein, vermutlich konsultierte er Waffenexperten, Psychologen und Ärzte, sicherlich extrahierte er die wesentlichen Faktoren aus historischen Attentaten wie jenen an

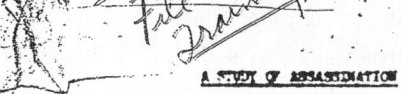

A STUDY OF ASSASSINATION

DEFINITION

Assassination is a term thought to be derived from "Hashish", a drug similar to marijuana, said to have been used by Hassan-Ben-Sabah to induce motivation in his followers, who were assigned to carry out political and other murders, usually at the cost of their lives.

It is here used to describe the planned killing of a person who is not under the legal jurisdiction of the killer, who is not physically in the hands of the killer, who has been selected by a resistance organization for death, and whose death provides positive advantages to that organization.

EMPLOYMENT

Assassination is an extreme measure not normally used in clandestine operations. It should be assumed that it will never be ordered or authorised by any U. S. Headquarters, though the latter may in rare instances agree to its execution by members of an associated foreign service. This reticence is partly due to the necessity for committing communications to paper. No assassination instructions should ever be written or recorded. Consequently, the decision to employ this technique must nearly always be reached in the field, at the area where the act will take place. Decision and instructions should be confined to an absolute minimum of persons. Ideally, only one person will be involved. No report may be made, but usually the act will be properly covered by normal news services, whose output is available to all concerned.

Eine »Studie zur Durchführung von Hinrichtungen« nannte der unbekannte CIA-Autor seinen Agentenratgeber im Jahre 1953

Caesar, Lincoln und Trotzki, um seine eigenen Ratschläge zu erarbeiten und zu formulieren. Der Hintergrund seiner Analyse war dabei durchaus sehr konkreter Natur: Die Pläne für eine CIA-Operation, Deckname *PBSuccess*, bei der seine Empfehlungen erstmals in die Tat umgesetzt werden sollten, lagen fertig in der Schublade, sogar eine Liste mit 58 Namen potentieller Opfer, bei denen die Verhaltensregeln zur Anwendung kommen sollten. Als die Unterlagen über *PBSuccess* mehr als vierzig Jahre später zur Veröffentlichung freigegeben wurden, steckte die damalige Ausarbeitung in einem Ordner, der mit »Trainingsprogramm« beschriftet war.

»Die Techniken, die zur Anwendung kommen, werden davon abhängen, ob das Opfer die Gefahr nicht ahnt, die Gefahr ahnt und nicht beschützt wird oder ob es beschützt wird. (Erstere) werden als ›einfach‹ bezeichnet, die (zweiten) als ›bedrohlich‹, (letztere) als ›beschützt‹.

Wenn der Mörder mit dem Opfer sterben soll, wird die Tat ›verlustreich‹ genannt, wenn er fliehen soll, ›sicher‹ bezeichnet. Es muss festgehalten werden, dass es hier keine Kompromisse geben kann. Der Täter darf nicht lebend in die Hände des Feindes fallen.

Eine weitere Unterscheidung ist durch die Notwendigkeit begründet, den Umstand zu vertuschen, dass das Subjekt tatsächlich Opfer einer gezielten Tötung wurde und nicht Opfer eines Unfalls oder natürlicher Ursachen. Wenn eine Vertuschung wünschenswert ist, nennt man die Operation ›geheim‹, wenn Verheimlichung unnötig ist, wird sie als ›offen‹ bezeichnet, und wenn der Mord Öffentlichkeit erfordert, um effektiv zu sein, trägt er die Bezeichnung ›terroristisch‹.

Gemäß dieser Definition war die Ermordung von Julius Caesar ›sicher‹, ›einfach‹ und ›terroristisch‹, die von Huey Pierce Long ›verlustreich‹, ›geschützt‹ und ›offen‹«, heißt es im Ratgeber für gezielte Tötungen von 1953. Caesar starb am 15. März 44 v. Chr. durch 23 Dolchstiche einer Gruppe von Senatoren im römischen Theater des Pompeius; der amerikanische Senator Huey Pierce Long fiel am 8. September 1935 zwei Kugeln aus der Pistole des Attentäters Carl Weiss zum Opfer, der daraufhin von Leibwächtern und Polizisten erschossen wurde.

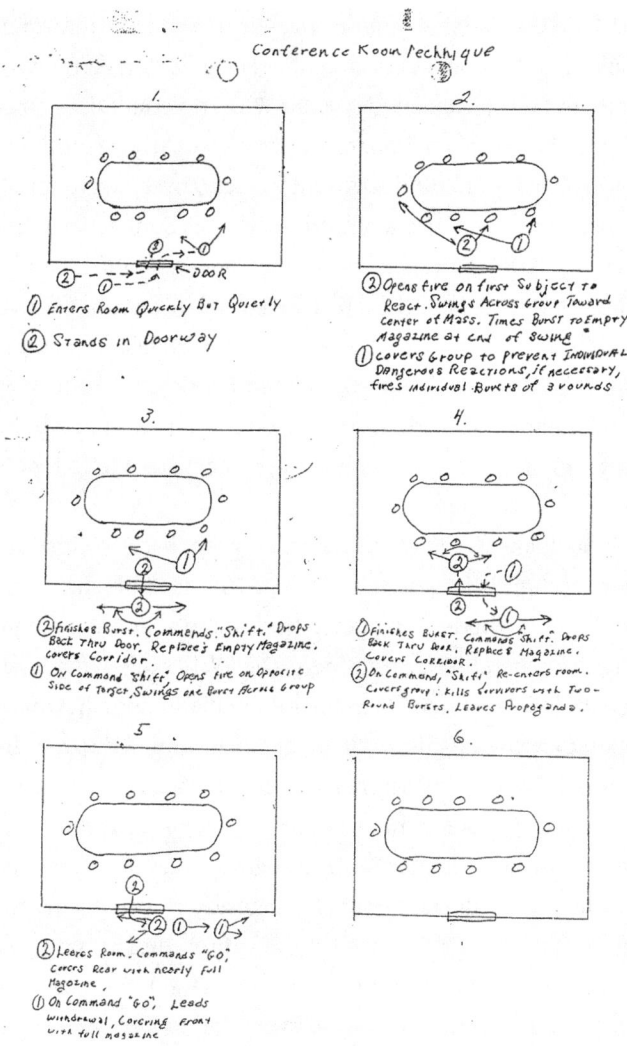

Conference Room Technique

1.
① Enters Room Quickly But Quietly
② Stands in Doorway

2.
② Opens fire on first Subject to React. Swings Across Group Toward Center of Mass. Times Burst to Empty Magazine at end of Swing
① Covers Group to Prevent INDIVIDUAL Dangerous Reactions, if necessary, fires individual Bursts of 3 rounds

3.
② Finishes Burst. Commands "Shift." Drops Back Thru Door. Replaces Empty Magazine. Covers Corridor
① On Command "Shift", Opens fire on Opposite Side of Target. Swings one Burst Across Group

4.
① Finishes Burst. Commands "Shift." Drops Back Thru Door. Replaces Magazine. Covers Corridor
② On Command, "Shift" Re-enters room. Covers group: kills survivors with Two-Round Bursts. Leaves Propaganda.

5.
② Leaves Room. Commands "GO". Covers Rear with nearly Full Magazine.
① On Command "GO", Leads Withdrawal, Covering Front with full magazine

6.

Zeichnung aus dem CIA-Ratgeber zur Erläuterung, wie nur zwei Agenten mehrere Teilnehmer während einer Sitzung mit automatischen Waffen ermorden können.

Anfang 1953 sah die neue Administration des US-Präsidenten Dwight D. Eisenhower mit wachsender Sorge die politische Linksdrift in seinem südlichen Nachbarland Guatemala. Dort hatte Präsident Jacobo Árbenz Guzmán im November

41

1950 die Wahlen gewonnen, eine ehrgeizige Landreform in Gang gesetzt und dabei brachliegende Felder von *United Fruit* an Hunderttausende armer Bauern verteilt. Der amerikanische Bananen-Konzern bezichtigte Árbenz deshalb, eine rote Marionette des Kreml zu sein, und sorgte durch seinen großen politischen Einfluss, der bis zum neuen CIA-Direktor Allen W. Dulles persönlich reichte, dafür, das Gespenst eines sowjetischen Brückenkopfs in Zentralamerika auch in Washington an die Wand zu malen. Dabei verfügte die CIA mangels eigener Spione im Lande über keine harten Fakten, ob Präsident Árbenz oder die kommunistische Partei Guatemalas tatsächlich nach Moskaus Pfeife tanzte (was sie nicht taten).

Erste Pläne für einen von der CIA gesponserten Umsturz waren schon 1952 geschmiedet worden, sie hatten im Laufe des Jahres an Bedeutung gewonnen, dann aber unter einem unglücklichen Stern gestanden. Die Wahl war damals auf den im Exil lebenden Oberst der guatemaltekischen Armee, Oberst Carlos Castillo Armas, gefallen. Ihm versuchte die CIA eine als Landmaschinen getarnte Lieferung Waffen zukommen zu lassen (Operation *PBFortune*). Zweimal musste der Transport in letzter Minute abgesagt oder abgebrochen werden, weil Informationen durchgesickert waren, ein dritter Versuch scheiterte, weil die Motoren des Schmuggelschiffes auf hoher See ausfielen. Im März 1953 versuchte Castillo Armas mit seinen rund zweihundert *Desperados* dennoch, eine abgelegene Garnison in Guatemala einzunehmen, wurde jedoch aufgerieben und konnte mit seinen Leuten gerade noch nach Honduras entkommen.

Da *PBFortune* offenbar die nötige »Fortune« fehlte, benannte die CIA ihre Operation in *PBSuccess* um, was ihr allein dadurch mehr »Erfolg« bescheren sollte. Oberst Castillo Armas (Deckname: »Calligeris«) begann damit, spezielle »K-Kommandos« aufzustellen, Todesschwadronen, die guatemaltekische Kommunisten und Árbenz-Anhänger sofort nach der Invasion ermorden sollten. Über den CIA-Agenten mit dem Decknamen »Seekford« ließ er dem Hauptquartier des Geheimdienstes zwei Listen mit 58 Namen (Kategorie 1) und 74 Namen (Kategorie 2) übermitteln. Die Zusammenstellung enthielt auch schon genaue Angaben über die Wohn- und Büroadressen der zu tötenden oder zu internierenden Personen. Die Hit-Teams aus Soldaten in ziviler Kleidung sollten aus Nicaragua, Honduras und El Salvador nach Guatemala eingeschleust werden, um den Job zu erledigen.

Der Plan schien der CIA machbar. Allerdings stellte das Projekt auch für den US-Geheimdienst ein gewisses Neuland dar. Über die akademische Frage, wie sich gezielte Tötungen effektiv und möglichst unbemerkt bewerkstelligen lassen, lagen intern offenbar keine Untersuchungen und Ausarbeitungen vor. Das war der Zeitpunkt, als der unbekannte Experte ins Spiel kam und den Auftrag erhielt, sich einmal grundsätzlich mit dem perfekten Mord zu befassen und einen Leitfaden für ein Trainingsprogramm der guatemaltekischen »K-Kommandos« auszuarbeiten: »Ein Mensch kann auf viele Arten getötet werden. Aber dabei wird von den Tätern oft übersehen, dass sie gar keine Gewissheit haben, (dass das Opfer wirklich tot ist), weil sie durch die Schwere ihrer Tat emotional unter Druck stehen. Die spezifische Technik, die zum Einsatz kommt, mag von einer großen Zahl von Variablen abhängen. Eines aber gilt in jedem Fall: Der Tod muss absolut sicher sein! Das Attentat auf Hitler schlug fehl, weil die Verschwörer dieser Sache nicht die nötige Aufmerksamkeit geschenkt hatten« (CIA-Ratgeber für gezielte Tötungen, 1953).

Im Januar 1954 begann die Ausbildung von Castillos Killerkommandos in Honduras – entlang der Empfehlungen des unbekannten CIA-Fachmanns für gezielte Tötungen. Zur gleichen Zeit gab es jedoch einen Disput innerhalb des CIA-Hauptquartiers und mit dem State Department über »die Liste der 58«. Ein in den später freigegebenen Dokumenten zitierter Geheimdienst-Officer der CIA argumentierte, allein »die Eliminierung derjenigen in den hohen Positionen der Árbenz-Regierung ist ausreichend, um sie zum Kollaps zu bringen … und dafür sei eine kleinere Anzahl von vielleicht zwanzig ausreichend«. Dabei verwendeten die Geheimdienst-Offiziere den Ausdruck *disposal list*, was sich mit »Entsorgungsliste« übersetzen lässt, eine Liste zu entsorgender Menschen in Guatemala.

Bei einem weiteren Treffen hochrangiger CIA-Leute am 9. März 1954 wurde diese Forderung durch den Vorschlag ergänzt, für die Attentate lieber »Trujillos Pistoleros« einzusetzen, die hätten mehr Erfahrungen mit Liquidationen. Rafael Leónidas Trujillo Molina, der Diktator der Dominikanischen Republik, galt damals noch als enger Verbündeter der Vereinigten Staaten. Er sollte die Unterdrückung seines Volkes Jahre später so weit treiben, dass die Amerikaner einen kommunistischen Umsturz befürchteten. Und da Trujillo sich weigerte, als Präsident zurückzutreten, fiel auch er, obschon das genaue Gegenteil eines Kommunisten, einem von der CIA unterstützten Plot zum Opfer (siehe S. 69).

Während der CIA-Stationschef versuchte, mit Dollars die Unterstützung führender guatemaltekischer Militärs zu erkaufen, aber nur ein Kabinettsmitglied gewinnen konnte, forderte der amerikanische Botschafter in Guatemala City ein militärisches Eingreifen. Drei Tage später trafen Kriegsschiffe und U-Boote der US-Marine vor der Küste ein, um die Versorgung des Landes zu blockieren. Am 26. Mai überflog eine Maschine der CIA den Präsidentenpalast im Tiefflug und warf Anti-Árbenz-Flugblätter ab. Es begann eine Terrorkampagne gegen das kleine Land. Gezielte Falschmeldungen und psychologische Kriegführung führten zu panischen Reaktionen in Regierungskreisen. Der US-Botschafter erbat noch einmal dringend Unterstützung aus der Luft: »Bombardieren! Ich wiederhole: Bombardieren!«

Am 16. Juni 1954 drangen ein paar Hundert von der CIA eher spärlich ausgerüstete Rebellen aus verschiedenen Richtungen in Guatemala ein. Oberst Castillo Armas selbst kam in einem zerbeulten Lastwagen und mit einhundert Mann über die Grenze von Honduras. Die meisten starben innerhalb weniger Stunden. Der Umsturz drohte zu scheitern, bevor er richtig begonnen hatte. Als das CIA-Hauptquartier seine Felle davonschwimmen sah, legte es den Schalter um und bat Präsident Eisenhower, eine Luftoperation zu genehmigen. Am 25. Juni bombardierten drei *Thunderbolts*, die erst Stunden zuvor in einem Blitzdeal in den Besitz der nicaraguanischen Luftwaffe übergegangen waren, den Exerzierplatz des größten Militärstandortes in Guatemala City. »Präsident Arbenz, der sich bis zur Besinnungslosigkeit betrank, erkannte durch seinen Nebelschleier, dass er von den Vereinigten Staaten angegriffen wurde«, schreibt der *New York Times*-Journalist Tim Weiner in seinem Buch »Legacy of Ashes«.

Am 27. Juni trat Arbenz in einer öffentlichen, anti-amerikanischen Hassrede von seinem Amt zurück und suchte in der mexikanischen Botschaft um Asyl nach. Er und insgesamt 120 Regierungsmitglieder und Kommunisten erhielten von der neuen Regierung Castillo Armas' freies Geleit nach Mexiko.

»Gelungen war der Putsch größtenteils aufgrund von roher Gewalt und schierem Glück«, so Weiner, doch als die CIA Wochen später dem Präsidenten im Weißen Haus einen Lagebericht erstattete, verkauften sie Eisenhower eine geschönte Version, sprachen von ihrer Mission als einem »Meisterwerk«.

»Es wurde eine Auswahl von Attentätern getroffen, mit dem Training begonnen und provisorische ›Hit-Listen‹ erstellt«, fasste der CIA-Historiker Gerald K. Haines 1995 nach einer Auswertung aller geheimen Unterlagen seinen Bericht über das Hinrichtungsprogramm der CIA zusammen, es gebe in den vorliegenden Papieren jedoch »keinen Anhaltspunkt dafür, dass tatsächlich Guatemalteken exekutiert wurden«. *Case closed.*

Aber was passierte nach dem Umsturz in Guatemala mit den grundlegenden Erkenntnissen über das lautlose und effektive Töten? Ganz sicherlich verschwand die Expertise nicht in den Tiefen des CIA-Archivs, es ist davon auszugehen, dass sie auch später herangezogen wurde, wenn Mordanschläge in Erwägung gezogen, geplant oder konkret organisiert wurden. Etwa zur gleichen Zeit begann auch der israelische Geheimdienst Mossad, Attentate und außergerichtliche Hinrichtungen als Waffe zu entdecken, und, erstaunlich genug, einige der späteren Morde zeigten eine frappierende Übereinstimmung mit den Ratschlägen der CIA. Das mag daran gelegen haben, dass es generell gültige Prinzipien gab, Feinde gezielt zu liquidieren, ohne sich erwischen zu lassen; es kann aber auch bedeuten, dass die Empfehlungen der CIA aus dem Jahre 1953 Pate standen für eine ähnliche Ausarbeitung des israelischen Geheimdienstes:

»Bei ›sicheren‹ Exekutionen sollte der Attentäter über die gewöhnlichen Qualitäten eines Geheimagenten verfügen. Er sollte entschlossen, mutig, intelligent, einfallsreich und physisch durchtrainiert sein. Falls spezielle Ausrüstungen wie Handfeuerwaffen oder Drogen nötig sind, so ist klar, dass er außergewöhnliche Fähigkeiten besitzen muss.

Mit Ausnahme von ›terroristischen‹ Exekutionen ist es wünschenswert, dass sich der Attentäter nur kurzzeitig in der Gegend aufhält. Er sollte nur ein absolutes Minimum an Kontakten mit dem Rest der Organisation haben und seine Anweisungen nur mündlich von einer einzigen Person erhalten. Seine sichere Evakuierung nach der Tat ist absolut unerlässlich, aber auch hier sollten die Kontakte so begrenzt wie möglich sein. Es ist vorteilhaft, dass die Person, die die

Befehle erteilt, auch für die Durchführung des Rückzugs oder der Deckung verantwortlich ist« (CIA-Ratgeber für gezielte Tötungen, 1953).

Diese allgemeinen Empfehlungen aus dem CIA-Ratgeber für gezielte Tötungen klingen wie eine Jobbeschreibung israelischer Kidon-Agenten. Das ist jene Gruppe von Mossad-Spezialisten, die das breit gefächerte Handwerk des gezielten Tötens beherrschen und es spätestens seit dem palästinensischen Anschlag auf die israelische Mannschaft während der Olympischen Spiele 1972 in München immer wieder ausüben. Sicherlich wurden über die Jahre ein paar Regeln ergänzt und aktualisiert. Es kamen Innovationen aus der Pharmazie, der Technik und der Elektronik hinzu, schließlich beschäftigt der Mossad ein ganzes Heer von Naturwissenschaftlern, darunter Toxikologen und Chemiker, in deren Labors neue effektive und nicht nachweisbare Stoffe, Tinkturen, Medikamente, Betäubungsmittel und Todesdrogen synthetisiert wurden. Mit Strychnin und Arsen, die der CIA-Experte 1953 empfahl, würde der Mossad heute sicherlich keinen Giftmord mehr durchführen.

Die taktischen Empfehlungen aus dem Jahre 1953 dagegen scheinen heute so gültig wie damals, als es darum ging, Kommunisten in Guatemala ins Jenseits zu befördern.

Der Taschenspieler

> »Zauberei und Magie ... sind auch das Handwerk des Teufels und von bösen Geistern!«
>
> John Mulholland im Vorwort seines »Book of Magic«, 1963

»Ladies and Gentlemen, the one and only John Mulholland!« Die Radio City Music Hall tobt. Im Kegel des Scheinwerferlichts erscheint ein etwas schlaksiger, lächelnder Mittfünfziger im Smoking auf der Bühne, der Großmeister der amerikanischen Illusionskünstler, eine Legende der Zauberei zu Lebzeiten.

New York im Frühjahr 1953. Im fernen Korea kämpfen tapfere GIs gegen die roten Aggressoren aus dem Norden, in Afrika kriechen überall die Kommunisten aus ihren Löchern, der Weltfrieden scheint bedroht. Überall auf dem Globus herrscht der Kalte Krieg mit den Sowjets und ein heißer, womöglich nuklear geführter Krieg liegt in der Luft. Verunsicherung hat sich ausgebreitet in den Vereinigten Staaten. In solchen Zeiten gewinnt die Welt der Illusion, in der alles so spielend erscheint, an Faszination, als hoffe jeder insgeheim, auch die düsteren Perspektiven einer militärischen Konfrontation mit einem Fingerschnippen oder einem beschwörenden Abrakadabra vertreiben zu können.

Die Reihen der Radio City Music Hall sind meist bis auf den letzten Platz gefüllt, wenn John Mulholland und seine Magie auf dem Programm stehen. Mit seinen schlanken Händen zieht er die Blicke der Zuschauer magnetisch an, lenkt die Aufmerksamkeit mit ein paar geschmeidigen Bewegungen auf seine linke, während sich der Trick selbst in seiner rechten Hand abspielt. Seine Fingerfertigkeit, seine Ausstrahlung begeistern auch einen 34-jährigen Doktor der Naturwissenschaften, der im Publikum sitzt und die Show gebannt verfolgt: Dr. Sidney Gottlieb, CIA-Officer und Leiter der Abteilung Special Operations. Gottliebs Besuch der Vorstellung besitzt einen professionellen Hintergrund. Der Geheimdienstmann plant, den Hexenmeister mit den fixen Händen als Berater zu verpflichten. Er soll ein Handbuch verfassen, »top secret« versteht sich.

Die Tricks des großen Meisters sollen CIA-Agenten in die Lage versetzen, tödliche Pillen und Tinkturen aus Gottliebs Giftarsenal unbemerkt in die Cocktailgläser oder Kaffeetassen sowjetischer Spione, kommunistischer Rädelsführer oder

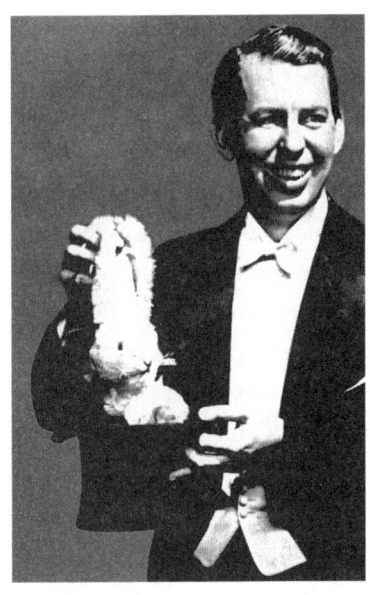

Der Magier als Handlanger: John Mulholland zauberte nicht nur Kaninchen aus dem Zylinder, er lehrte CIA-Agenten auch tödliche Tricks.

Staatschefs anderer Länder zu schleusen, deren politische Absichten den amerikanischen Interessen diametral entgegen stehen.

Sidney Gottlieb kam am 3. August 1918 in New York als Sohn jüdischer Emigranten aus Ungarn zur Welt – mit Klumpfüßen. Jahrelang konnte er nicht richtig gehen, musste sich drei chirurgischen Eingriffen unterziehen, bis der Geburtsfehler einigermaßen korrigiert war. Und dann war da noch ein anderes Handicap: Sid stotterte. Aber auch dieser Mangel wurde therapeutisch behoben. 1939 begann er ein Studium der Agrarwissenschaften, 1943 promovierte er in Chemie. Nach mehreren Jobs in verschiedenen US-Ministerien und an der University of Maryland schloss sich Gottlieb 1951 der CIA an. »Sid wollte eine Art Schuld gegenüber dem Staat begleichen«, erinnerte sich sein Studienfreund Stanley Mehr später, »weil er aufgrund seiner Klumpfüße nicht in der Lage gewesen war, als Soldat im Zweiten Weltkrieg zu dienen«.

Gottlieb fand bei seinem Dienstantritt in der Abteilung TSS (Technical Services Staff), die sich mit der technischen

Ausrüstung von Geheimagenten befasste, wissenschaftliche Empfehlungen eines unbekannten Beraters aus dem November 1949 vor. Es sei in ihrem Geschäft »wichtig, nur Leichen zurückzulassen, bei denen auch durch umfangreiche Untersuchungen die tatsächliche Todesursache nicht festzustellen ist, vielmehr muss der Eindruck eines Unfalltodes, Selbstmordes oder natürlichen Ablebens erweckt werden«. Der Experte schlug zum Beispiel vor, Natriumfluoracetat als Pulver oder Tablette in die Nahrung zu mischen oder eine winzige Dosis Tetraethylblei auf die Haut zu träufeln. Beides garantiere »einen schnellen Tod«. Damit war der Weg vorgezeichnet, den Sidney Gottliebs Geheimdienstkarriere nehmen sollte.

Irgendwann Ende 1952 oder Anfang 1953 müssen sich Gottlieb und Mulholland erstmals über den Weg gelaufen sein. Dokumentiert ist ein Treffen am 13. April 1953, auf dem der CIA-Offizier den Magier fragte, ob der sich vorstellen könne, einen Agentenratgeber zu verfassen. Eine Woche später signalisierte Mulholland sein Einverständnis: »Wenn es gewünscht wird, kann ich sofort anfangen«, schrieb er. Es war der Beginn einer wundersamen Beziehung zwischen dem Giftmischer der CIA und dem vermutlich größten amerikanischen Zauberer seiner Zeit.

John Mulholland, am 9. Juni 1898 in Chicago geboren, hatte schon mit 15 Jahren sein öffentliches Debüt gegeben, später sein Studium abgebrochen und sich als Buchhändler und Kunstlehrer durchgeschlagen, ehe er ab 1927 als Illusionskünstler, Lehrmeister für den Nachwuchs und Autor zahlreicher Zauberbücher Karriere machte. Seit 1930 gab er die Zeitschrift *The Sphinx* heraus, eine angesehene Fachzeitschrift seines Gewerbes, im Juni beendete er diese Tätigkeit wieder, vornehmlich wegen der Doppelbelastung als Künstler und CIA-Berater.

Mit Begeisterung stürzte sich Mulholland in das zunächst auf sechs Monate und dreitausend Dollar Honorar begrenzte Abenteuer, ein Handbuch für Agenten zu verfassen. Da er seine Schüler nie kennen lernen würde, ihnen also nicht physisch zur Hand gehen konnte, mussten seine Tricks blind funktionieren. Anderenfalls stand das Leben der Männer und Frauen auf dem Spiel. In diesem Geschäft gebe es keine zweite Chance, hatte Gottlieb gesagt. Tagsüber probierte und modifizierte Mulholland seine Tricks, mit deren Hilfe einmal Menschen getötet werden sollten, und feilte an den Texten; abends stand er auf der Bühne.

Warum verpflichtete sich der Meisterzauberer dem Bösen? Lange Jahre rätselten Zeitgenossen und Freunde von damals über die Motive des eigentlich liberalen und freigeistigen Amerikaners. Er selbst konnte nicht mehr befragt werden, da die ersten entlarvenden Unterlagen über die anrüchige Zusammenarbeit mit der CIA erst 1977, sieben Jahre nach seinem Tod, ans Licht kamen. »John hat das nicht aus politischer Überzeugung getan«, glaubt George N. Gordon, ein früherer Kollege, »sondern weil seine Regierung ihn darum bat.« Mulholland war ein Patriot – wie Gottlieb. Schon 1944, als die amerikanischen Soldaten nach Europa geschickt wurden, erfüllte es den Künstler mit Stolz, dass in vielen Drillichtaschen eine Miniaturausgabe seines Bestsellers »The Art of Illusion« steckte, als Ablenkung für die Gefechtspausen. Offenbar empfand er es als Pflicht, seine Fähigkeiten in den Dienst des Landes zu stellen. Und er fühlte sich wohl auch von der Geheimdienstofferte geschmeichelt. Selbstverständlich könne, »wenn gewünscht, der Fortschritt seiner Arbeit alle zwei Wochen überprüft werden«, schrieb er an Gottlieb, als fiebere er jedem konspirativen Treffen entgegen. Der große Magier war offenbar fasziniert von den Abgründen in der klandestinen Welt, in der man sich so leichtfüßig über moralische Spielregeln und gesetzliche Beschränkungen hinwegsetzte. Die noch junge CIA zog damals mit ihren »covert operations«, verdeckten Operationen, viele Ostküsten-Intellektuelle in den Bann. Gesucht wurden »the very best men«, junge, tatkräftige, intelligente, aber auch skrupellose Absolventen der Elite-Universitäten, die sich bedenkenlos in den Dienst der vermeintlich richtigen und gerechten Sache stellten.

Im November 1953 lieferte Mulholland seine ersten fünf Kapitel bei der CIA ab. Doch er wies auch gleich auf Lücken bei der Ausarbeitung hin: Beim Einsatz von Agentinnen müssten beispielsweise völlig andere Techniken verwendet werden als bei deren männlichen Kollegen. Dass geschlechtsspezifische Gepflogenheiten zu beachten sind, wenn es um die Ermordung gegnerischer Spione oder politischer Feinde geht, erschließt sich erst, wenn man einen der Tricks aus Mulhollands Ratgeber, der bekannt wurde, unter die Lupe nimmt. Und der geht etwa so:

Der CIA-Mann sitzt mit seinem Opfer am Tisch, vor beiden steht, sagen wir, ein Whiskey-Glas. Das potentielle Opfer möchte eine Zigarette rauchen. Der Agent holt mit der linken Hand blitzschnell eine Streichholzschachtel aus der Tasche, fasst sie mit Daumen und Zeigefinger, zündet mit der rechten Hand das Streichholz an und führt es an die Zigarette. Damals wäre das als ein Akt gebotener Höflichkeit zu verstehen gewesen, deshalb verschwendet der Todgeweihte keinen Gedanken an böse Absichten dahinter, konzentriert sich vielmehr auf die Flamme, um sich nicht versehentlich an ihr zu verbrennen. Diese Ablenkung nutzt der Agent, führt die Streichholzpackung in seiner linken wie zufällig über das Glas, kratzt mit dem Mittelfinger ein auf der Rückseite fixiertes, gut getarntes Pulver ab und lässt es unter der Hand in den Whiskey rieseln, wo es sich sofort und ohne sichtbare Spuren auflöst.

Da es schwer vorstellbar war, dass sich eine Frau in einer solchen Situation in vergleichbarer Weise einem Mann nähert, lag es auf der Hand, dass Mulholland für weibliche

CIA-Agenten andere Tricks und Täuschungen ersinnen musste. Sidney Gottlieb war offenbar sehr angetan von der Professionalität seines Beraters und verlängerte das Projekt erst bis zum Frühjahr, dann bis zum Herbst 1954. Zwischen dem Magier und dem Giftmischer hatte sich ein enges Vertrauensverhältnis entwickelt. Ende desselben Jahres war das Handbuch »C.I.A. Manual of Trickery And Deception« fertig, mit eingängigen Illustrationen von des Meisters eigener Hand. Er stellte eine perfekte Ergänzung des Ratgebers für gezielte Tötungen aus dem Jahre 1953 dar. Belegt ist die weitere Zusammenarbeit zwischen Sid und John bis ins Jahr 1958, zuletzt erhielt Mulholland einen CIA-Sold von zweihundert Dollar die Woche.

Im Jahre 1963 veröffentlichte John Mulholland sein »Book of Magic«, in dem er viele seiner Taschenspielertricks offenlegte, in dem er aber auch einen Bogen zu Hexerei und schwarzer Kunst schlug: »Zauberei und Magie«, so schrieb er im Vorwort, »sind auch das Handwerk des Teufels und von bösen Geistern«. Er wusste, wovon er sprach.

Wie viele Menschen seinen Tricks zum Opfer fielen, dürfte ewiges Geheimnis der CIA bleiben, wenn es überhaupt jemals irgendwo festgehalten wurde: Über tote Spione und feindliche Opfer blieben also der Nachwelt keine Zeugnisse erhalten. Es ist jedoch davon auszugehen, dass Mulhollands Zauberwerk, später in irgendeiner Form einging in neue Trainingsprogramme für staatliche Mordkommandos, zum Beispiel für israelische Kidon-Agenten, die vielen ihrer potentiellen Opfer bei der Tat nahe kommen, anders als ihre amerikanischen Kollegen, die Staatsfeinde heute vornehmlich aus unbemannten Drohnen und sicherer Distanz liquidieren.

Das Komitee

»Mr. Schwarz: ›Als Sie gefragt wurden, Lumumba umzubringen, oder wie immer man das bezeichnet hat, haben Sie daran gedacht, das abzulehnen? Und falls nicht, warum nicht?‹
Mr. Gottlieb: ›Angesichts meines Jobs zu jener Zeit und der Verantwortung, die ich in dem lautlosen Krieg trug, hätte mein Standpunkt der eines Kriegsdienstverweigerers sein können, war es aber nicht. Ich glaubte, dass man eine Entscheidung auf höchster Ebene diskutiert und getroffen hatte, und dass es jetzt an mir war, die Sache, so unerfreulich sie auch sein mochte, durchzuführen.‹«

CIA-Officer Dr. Sidney Gottlieb bei seiner Vernehmung durch das Church-Komitee, 9. Oktober 1975

Es war eine unruhige Zeit in den Vereinigten Staaten. Nach dem Rücktritt von Richard M. Nixon wegen der Watergate-Affäre im August 1974 enthüllte der Reporter Seymour Hersh im Dezember 1974 in einer Artikelserie der *New York Times* die heimliche Bespitzelung Tausender amerikanischer Bürger, darunter Abgeordnete, Journalisten und Schauspieler, die der Geheimdienst für Gegner des Vietnamkrieges gehalten hatte; außerdem berichtete Hersh über geheime CIA-Operationen zur Ermordung ausländischer Staatschefs. Die Veröffentlichungen gingen zurück auf eine interne Untersuchung des Geheimdienstes, die von dessen Direktor James R. Schlesinger Anfang Mai 1973 in Auftrag gegeben worden war. Schlesinger hatte damals als Reaktion auf Vorwürfe, die CIA sei in Watergate involviert gewesen, alle Dokumente über Fälle zusammenstellen lassen, bei denen sich Offiziere des Geheimdienstes über geltendes Gesetz oder eigene Vorschriften hinweggesetzt hatten. Schon am 8. Mai hielt der Inspector General der CIA, eine Art interner Chef-Ermittler, erste Erkenntnisse über »potentiell beschämende Agency-Aktivitäten« in einem Memorandum fest, klassifiziert als »secret/eyes only«. Am Ende stand eine Loseblatt-Sammlung von 693 Seiten, die als die »Familienjuwelen« der

Agency in die Annalen der amerikanischen Zeitgeschichte einging; inzwischen hatte William E. Colby das Amt als neuer CIA-Direktor und Schlesinger-Nachfolger angetreten. Und der musste sich jetzt damit herumschlagen.

Die »Schatzkiste« hatte nicht alle Pretiosen der CIA enthalten. Denn eigentlich wollte schon Schlesingers Amtsvorgänger Richard Helms, kurz nachdem er von Nixon als CIA-Direktor abberufen worden war, alle heißen Papiere vernichten. Rein vorsorglich. Mit Helms beschloss seinerzeit auch dessen Vertrauter Dr. Sidney Gottlieb, die Agency zu verlassen und in den Ruhestand zu gehen, jener Mann also, der die Zusammenarbeit mit dem Magier John Mulholland zwanzig Jahre zuvor zu verantworten hatte. Als eine ihrer letzten gemeinsamen Operationen säuberten Helms und Gottlieb ihre Panzerschränke und jagten am 30. und 31. Januar 1973 alle diskreditierenden Akten durch den Reißwolf. Am 2. Februar protestierte der Chef des *Record Centers* vehement, aber zu spät. Helms und Gottlieb übersahen allerdings, dass sieben Kartons mit Kopien der streng geheimen Unterlagen bereits zu den Finanzprüfern der Budgetabteilung gegangen waren, um Gottliebs Ausgaben zu überprüfen. So überlebten einige zeitgeschichtlich wertvolle Stücke aus dieser Sammlung. Und brachten die beiden letztendlich als Zeugen vor eine parlamentarische Untersuchungskommission.

Die Familienjuwelen, die Ausforschung von US-Bürgern, geheime Pläne zur Hinrichtung unliebsamer Politiker im Ausland – das alles war dem amerikanischen Kongress Anfang 1975 entschieden zu viel. Er installierte einen Ausschuss mit dem halsbrecherischen Titel *US Senate Select Committee to Study Governmental Operations with Respect to Intelligence Activities*, der bald nur noch das »Church-Committee« nach dem Ausschussvorsitzenden, Senator Frank Church, genannt wurde. Der agile Demokrat setzte sich zum Ziel, Licht in das Dunkel der verdeckten Operationen des mächtigen Geheimdienstes zu bringen, der sich offenbar jeder politischen Kontrolle entzogen hatte. Auf Capitol Hill, dem Sitz des amerikanischen Kongresses, begann das Großreinemachen.

Am 17. September 1975 hatte William E. Colby seinen großen Auftritt vor dem Church-Komitee. Er wollte ihn nutzen, um sich als »honoriger Mann« zu präsentieren (so der Titel seiner drei Jahre später erschienen Memoiren), der mit der zweifelhaften Vergangenheit der Agency brach und alle Familienjuwelen auf den Tisch legte. In seinem Hauptquartier war ihm das schon im Vorfeld verübelt worden, einige stellten ihn sogar als »Verräter« an den Pranger, es bestehe keine Notwendigkeit, argumentierten sie, das Parlament über die geheimsten Pläne und Schandtaten der CIA ins Bild zu setzen. Doch Colby hatte sich nicht beirren lassen.

Er demonstrierte den Mitgliedern des Komitees zum Beispiel eine Dart-Pistole, die über eine Entfernung von annähernd einhundert Metern nahezu geräuschlos winzige Pfeile mit tödlichem Gift verschießen kann, durch die Kleidung hindurch. Dabei seien nur Gerichtsmediziner, die über eine sehr qualifizierte Ausbildung und neueste technische Ausstattung verfügten, überhaupt in der Lage, die tatsächliche Todesursache zu ermitteln. Er selbst habe erst kürzlich von dem Projekt *MK-NAOMI* und dem so genannten »Mikro-Bioinkubator« erfahren, könne deshalb nicht sagen, ob er schon gegen Menschen zum Einsatz gekommen sei. »Wir haben dazu keine Dokumente in den Tresoren gefunden«, versicherte der CIA-Direktor, allerdings verstehe sich von selbst, dass bei solchen Aktivitäten in der Regel »auch keine Dokumentation der konkreten Nutzung« erfolge. Colby bezog sich dabei auf eine Aussage des Projektmitarbeiters Dr. Stevens, der zu Protokoll gegeben hatte, es sei bei *MK-NAOMI* »ein völlig übliches Verfahren gewesen, wenig oder gar nichts zu Papier zu bringen«. Die ehrwürdigen Senatoren trauten ihren Ohren nicht.

Colbys Mitarbeiter hatten ihrem Chef einen umfangreichen Sprechzettel über das Geheimprojekt *MK-NAOMI* mit auf den Weg ins Capitol gegeben. Darin hieß es, die Dart-Pistole sei entwickelt worden, um Wachhunde einer nordvietnamesischen Botschaft irgendwo im südostasiatischen Raum geräusch- und schmerzlos aus dem Verkehr zu ziehen, damit Agenten das Gebäude heimlich verwanzen konnten; danach sollten die Tiere mit einem zweiten Schuss aus der Waffe wieder zum Leben erweckt werden. Die ehrwürdigen Senatoren fanden das wenig amüsant.

MK-NAOMI war 1952 ins Leben gerufen und im Februar 1970, nach einer Direktive von Präsident Nixon, alle Aktivitäten zur biologischen Kriegsforschung unverzüglich einzustellen, wieder beendet worden. Nach dem Bau der Dart-Pistole, soviel ließ sich noch rekonstruieren, waren im Rahmen des Projekts verschiedene Keime und Toxine, also Giftstoffe aus Organismen, gereinigt und gelagert worden, für den Einsatz der CIA bei verdeckten Operationen, Anschlägen und Attentaten.

Außerdem hatten Gottliebs Leute den Auftrag erhalten, Selbstmordpillen (»L-pills«) zu entwickeln, als letzten Ausweg für amerikanische Agenten, die in Feindeshand gefallen waren und fürchteten, unter Folter Geheimnisse zu verraten. Dafür isolierten die Wissenschaftler der CIA-Abteilung *Special Operations* in aufwändigen Laborapparaturen das sogenannte *Paralytic Shellfish Poison* (Deckname: »SS«), ein extrem potentes Neurotoxin, das von mikroskopisch kleinen Meeresalgen produziert und von Muscheln angereichert wird. Am Ende lagerten im Arsenal der CIA, in Gebäude 1412 auf dem Areal von Camp Detrick in Frederick/Maryland, zehn biologische und sechs chemische Extrem-Gifte, um Menschen zu töten oder wenigstens nachhaltig außer Gefecht zu setzen, darunter einhundert Gramm Anthraxsporen, zwanzig Gramm Venezuelan equine encephalomyelitis-Virus und drei Gramm Tuberkulose-Bazillen, außerdem zehn Gramm Enterotoxin für Lebensmittelvergiftungen, zwei Gramm tödliches Schlangengift und mehr als fünf Gramm »SS«; zwei Gefäße mit insgesamt fast elf Gramm »SS« verschwanden aus einem wenig genutzten Labor der CIA in Washington, ohne eine Spur zu hinterlassen. Theoretisch reichte die Menge des Neurotoxins aus, um damit fünf- bis sechstausend Menschen zu töten. Gottliebs Biowaffen blieben auch nach Nixons Direktive 1970 in den beiden Kühlschränken seiner Abteilung – für alle Fälle.

Drei Wochen nach Colby musste Gottlieb zu seiner Zeugenvernehmung vor dem Church-Komitee erscheinen. Er kam in Begleitung eines Anwalts, war aus Indien angereist, wo er seit seinem Ruhestand als Freiwilliger in einem Krankenhaus arbeitete, als wolle er Soll und Haben seiner Lebensbilanz ins Lot bringen. Allerdings war dem Giftmischer der CIA für seine Aussage Immunität und strikte Geheimhaltung zugesichert worden, er durfte in einer nicht-öffentlichen Sitzung aussagen, im Abschlussbericht wurde seine Identität später durch den Aliasnamen »Victor Scheider« geschützt. Es wurde eine lange und intensive Befragung durch Senator Frank Church und seine Kollegen.

Über die Jahre, so räumte Dr. Sidney Gottlieb ein, habe er immer wieder Gespräche mit der CIA-Spitze geführt, bei denen es um verdeckte Mordanschläge auf ausländische Politiker gegangen sei. Die amerikanische Regierung besaß damals wenig Skrupel, Staatschefs oder Repräsentanten von Ländern zu eliminieren, die mit dem Kommunismus liebäugelten, das hatte der US-Geheimdienst beim Plot gegen den linksgerichteten Jacobo Árbenz in Guatemala bereits im Frühjahr 1954 unter Beweis gestellt (siehe S. 42). Später dann hatte der damalige Direktor Allen W. Dulles einen Plan sanktioniert, den irakischen General Abdul Karim Kassem zu ermorden, der ebenfalls mit der kommunistischen Ideologie sympathisierte. Auf Gottliebs Vorschlag hin ließ die CIA dem Iraker auf geeigneten Kanälen ein Taschentuch mit Monogramm zustellen, das wahrscheinlich mit Bruzellose-Bakterien verseucht war, allerdings wusste hinterher niemand, ob das Objekt auch sein Ziel erreicht hatte; der General lebte jedenfalls noch, wurde jedoch kurze Zeit später auf offener Straße erschossen, was der Frage, ob der Giftanschlag erfolgreich gewesen war oder nicht, akademischen Charakter verlieh. Und dann ging Gottlieb auch noch auf die Sache mit Patrice Lumumba ein, dem frei gewählten kongolesischen Premierminister.

1960 war ein entscheidendes Jahr für den afrikanischen Kontinent: Mehr als ein Dutzend Länder erlangten die Unabhängigkeit von ihren Kolonialmächten. Und überall standen sowjetische Militärberater parat, um das politische Vakuum sofort auszunutzen. In Washington fürchtete die Eisenhower-Administration vor allem, dass der an Kupfer und Diamanten reiche Kongo in die Hände des kommunistischen Ostblocks fallen könnte. Rohstoffquellen spielten bei den Amerikanern seit jeher eine große Rolle, wenn es um die vermeintlichen Interessen der »freien Welt« ging, eine viel größere als der Export der Demokratie und ihrer Ideale.

Nach der Unabhängigkeitserklärung des Kongo, mit der das Ende der brutalen Kolonialherrschaft Belgiens besiegelt werden sollte, landeten belgische Fallschirmjäger in der Hauptstadt, um die Lage unter Kontrolle zu bringen. Lumumba akzeptierte daraufhin das Angebot aus Moskau, Flugzeuge, Lastwagen und Fachleute zu entsenden. Die Sowjetunion sah es als eine willkommene Gelegenheit, einen Fuß in die Tür zu bekommen, CIA-Direktor Dulles dagegen als untrügliches Alarmzeichen, dass es Handlungsbedarf gab. Er schickte seinen Brüsseler Statthalter Lawrence R. Devlin nach Léopoldville.

Am 18. August 1960 kabelte Devlin eine verschlüsselte Nachricht an sein Hauptquartier in Langley/Virginia, Lumumba sei zwar sehr populär, aber auch ein verkappter Kommunist: »Botschaft und Station glauben, dass der Kongo klassischen kommunistischen Versuch erlebt, die Macht zu übernehmen … entscheidende Phase nicht weit entfernt. Unabhängig davon, ob Lumumba tatsächlich Commie ist oder sich nur als Commie gibt, um seinen Einfluss zu sichern, der Einfluss anti-westlicher Kräfte steigt fortwährend, und es verbleibt wahrscheinlich nur wenig Zeit, ein zweites Kuba zu verhindern …«

Allen W. Dulles sah sich in seinen schlimmsten Befürchtungen bestätigt und trug seine Einschätzung noch am selben Tag im Nationalen Sicherheitsrat vor. Nach Ende seiner Ausführungen im Weißen Haus habe sich Präsident Eisenhower an seinen Geheimdienstchef gewandt und kategorisch erklärt, Lumumba müsse beseitigt werden. Dann habe für ungefähr 15 Sekunden Totenstille geherrscht, räumte der Protokollant des Sicherheitsrats später in einer geheimen Zeugenaussage ein. Acht Tage später kabelte Dulles an Devlin zurück: »Auf höchster Ebene klare Entscheidung, wenn (Lumumba) weitermachen kann, wird er einer kommunistischen Machtübernahme den Weg bereiten … mit schrecklichen Folgen für die Interessen der freien Welt. Wir schließen daraus, dass seine Beseitigung ein vorrangiges Ziel unser verdeckten Operationen sein muss …«

Ende August 1960 trat der Plan, Lumumba gewaltsam zu beseitigen, in seine konkrete Phase. Sidney Gottlieb bekam den Auftrag, sein Arsenal an Giften und Keimen zu durchforsten und einen sinnvollen Vorschlag zu machen. Welche Krankheit könnte den afrikanischen Politiker ereilen, ohne dass sofort ein Verdacht auf die Amerikaner fiele? Tuberkulose? Anthrax? Hasenpest? Gottliebs Wahl fiel auf das Botulinumtoxin, der konzentrierte und deshalb innerhalb von Stunden tödliche Wirkstoff der Fleischvergiftung.

Gottlieb schlug deshalb seinen Vorgesetzten vor, das Toxin mit einer feinen Nadel in Lumumbas Zahnpasta zu injizieren oder ersatzweise unter sein Essen zu mischen. Dem Church-Komitee erzählte er ausführlich, wie er die Vorbereitungen traf. Er packte Phiolen mit dem Gift, Gummihandschuhe, Spritzen und eine Atemmaske in seinen Koffer, außerdem eine Chlorlösung, mit der das Toxin nötigenfalls unwirksam gemacht werden konnte. Danach traf er seine Reisevorbereitungen mit einem Zwischenstopp in Paris.

»Er wird um den 27. September eintreffen und sich als ›Joe aus Paris‹ bei Ihnen melden. Sie sollten Joe dann schnellstmöglich treffen. Er wird sich dann entsprechend ausweisen und seinen Auftrag erklären«, kabelten die CIA-Headquarters am 19. September 1960 an CIA-Posten Léopoldville.

Am 26. September trifft Gottlieb mit den Ampullen in Léopoldville ein. Auf dem Weg vom Flughafen zum »Safehouse« der Agency, in Devlins altem Peugeot 403, schildert »Joe« ihm seinen Plan, während aus dem Autoradio laute Musik dudelt, ein alter Agententrick, um der Gegenseite, die vielleicht über versteckte Wanzen mithört, die Arbeit zu erschweren. »Um Himmels Willen«, entfährt es dem CIA-Mann, als Gottlieb die Katze aus dem Sack gelassen hat, »wer hat das abgesegnet?« – »Der Präsident!«

Aber wie sollte das Gift in Lumumbas Zahnpasta oder in Lumumbas Essen kommen? Der Premierminister hält sich in der Residenz des vormaligen belgischen Generalgouverneurs auf, einem Gelände hoch über dem Kongo-Fluss, er steht zudem unter dem Schutz von Friedenstruppen der Vereinten Nationen. Formal ist Lumumba vom kongolesischen Präsidenten abgesetzt worden, doch er weigert sich, seine Absetzung zu akzeptieren. Und die Amerikaner fürchten seinen Einfluss noch immer. Doch so sehr Gottlieb sein

Hirn auch martert, es kommt ihm keine zündende Idee, wie sie Lumumba das Toxin unterschieben könnten. Frustriert beendet er am 5. Oktober seinen Besuch im Kongo und fliegt nach Hause zurück.

»Joe hat einige Dinge hier gelassen, die weiterhin von Nutzen sein können. Stations-Chef wird versuchen, die Umsetzung der Op fortzuführen« (Kabel CIA-Posten Léopoldville an CIA-Headquarters vom 7. Oktober 1960).

Tatsächlich hat Lawrence Devlin gar nicht vor, den Plan in die Tat umzusetzen. Später wird er in einer geheimen Zeugenaussage einräumen, er habe sich geschämt. Damals traut er sich aber nicht, das seinem Boss Allen W. Dulles zu übermitteln, schließlich scheint die Operation von oben abgesegnet, von ganz oben sogar. Doch Agenten in fernen Ländern führen oft ein Eigenleben, und sie nehmen sich bisweilen auch die Freiheit, Entscheidungen ohne weitere Rücksprache zu treffen. Langley ist weit weg, und diese Bürokraten im Hauptquartier haben oft keine Ahnung, wie es draußen wirklich zugeht. Also holt Devlin unter größter Vorsicht die Ampullen mit dem Toxin aus seinem Tresor, geht damit zum Ufer des Kongo und vergräbt sie dort.

Zurück in Washington wird Sidney Gottlieb umgehend zum Rapport gebeten. Vorwürfe habe es keine gegeben, teilt er den Senatoren des Ausschusses bei seiner Befragung im Oktober 1975 mit, Dulles und seine Leute hätten allerdings sämtliche Vergiftungspläne damals ad acta gelegt.

»Wenn möglich, Kommando beauftragen mit der Entführung von Lumumba durch Überfall auf seinen Wohnsitz!« (Kabel CIA-Headquarters an CIA-Posten Léopoldville vom 15. Oktober 1960).

»Bin nicht in der Lage gewesen, jemand aus seinem Umfeld zu gewinnen, fordere schnellstmögliche Lieferung von Präzisionsgewehr ausländischer Herkunft mit Zielfernrohr und Schalldämpfer. Man kann hier gut zur Jagd gehen, wenn

Maschinengewehrsalve statt Gift: Der charismatische kongolesische Premierminister Patrice Lumumba kurz nach seiner Gefangennahme im Januar 1961.

Lichtverhältnisse günstig sind« (Kabel CIA-Posten Léopoldville an CIA-Headquarters vom 17. Oktober 1960).

Am 1. Dezember 1960 wird Patrice Lumumba nach einem Putsch seines Gegenspielers Colonel Joseph Mobutu gefangen genommen, in die Provinz Katanga verschleppt und dort am 17. Januar 1961 von einem belgischen Offizier mit einer Salve aus seiner Maschinenpistole exekutiert. Am selben Tag noch kabelt die CIA-Basis in Elisabethville, der Hauptstadt von Katanga, nach Langley: »Besten Dank für Patrice. Wenn wir gewusst hätten, dass er kommt, hätten wir eine Schlange für ihn gebraten!«

Die parlamentarische Untersuchungskommission kam 1975 zu dem Ergebnis, es gäbe keine gesicherten Zusammenhänge zwischen dem geplanten Giftanschlag der CIA und der späteren Ermordung Lumumbas. Andererseits zeigten sich Frank Church und seine Kollegen schockiert, dass die amerikanische Regierung bereit gewesen sei, den gewählten Premierminister eines anderen Landes zu ermorden, obwohl der kein Verbrechen begangen und noch nicht einmal eine

Drohung an die Adresse der Vereinigten Staaten gerichtet hatte. Lumumbas einziger Fehler war, dass er Beistand von den Sowjets suchte, um sein auseinanderbrechendes Land zusammenzuhalten. Damit stand er den US-Interessen in Afrika im Wege. Das reichte für das Todesurteil des scheidenden Präsidenten Eisenhower. Es dauerte mehr als fünfzig Jahre, bis die belgische Justiz im Dezember 2012 den Tod Lumumbas strafrechtlich aufzurollen begann.

Als Sidney Gottlieb aus Léopoldville zurückgekehrt war, wartete schon ein neuer Auftrag auf ihn. Zwischen 1960 und 1965, so fand das Church-Komitee heraus, hatte der US-Geheimdienst im Rahmen der »Operation Mongoose« mindestens acht Projekte organisiert, die alle das Ziel verfolgten, den kubanischen Führer Fidel Castro zu ermorden; an den meisten Vorhaben war Gottlieb unmittelbar beteiligt.

Am 1. Januar 1959, nach einem harten dreijährigen Guerillakrieg, waren Castros Truppen triumphal in Havanna einmarschiert und hatten das autoritäre, aber amerikafreundliche Regime von Fulgencio Batista gestürzt. Eine neue Regierung wurde gebildet, Castro machte sich am 16. Februar zum Premierminister des Inselstaates und begann wenig später mit der Verstaatlichung amerikanischer Unternehmen. Das löste erst Wirtschaftssanktionen aus, später ein komplettes Embargo. Noch größeren Zorn zog er sich zu, als er sich ein sozialistisches Modell für die Entwicklung seines Drittweltlandes zu eigen machte und enge Beziehungen mit der Sowjetunion anstrebte. Ein Stützpunkt Moskaus im amerikanischen Hinterhof – das konnte und wollte die Eisenhower-Administration unter keinen Umständen akzeptieren. CIA-Direktor Allen W. Dulles ließ ab Dezember 1959 konkrete Mordpläne schmieden. Ein von der CIA trainierter Scharfschütze sollte Castro aus der Distanz erledigen, doch das erwies sich als undurchführbar. Im August 1960 arbeitete der Geheimdienst an einer Verschwörung mit

Hilfe von Exilkubanern: »Können wir einen richtig gefährlichen Kubaner rekrutieren?«, erkundigte sich der Operationsleiter der Einsatzkräfte für die Zuckerinsel. Die Antwort war negativ. Zwar wimmelte es in Miami von Leuten, die sich aus Havanna abgesetzt hatten, und nur zu gern bereit gewesen wären, dem neuen Machthaber das Licht auszublasen, aber inzwischen hatten sich auch Castros Agenten unter die Leute gemischt und auf diese Weise viel über die verdeckten Operationen der CIA erfahren.

Viele Vorbereitungen für den Schlag gegen das Regime liefen parallel. Könnte der kommunistische Diktator, wenn schon nicht umgebracht, dann vielleicht öffentlich lächerlich gemacht werden? Irgendjemand brachte dann die *dirty tricks* von Sidney Gottlieb und John Mulholland ins Spiel. Allein aus ihrer Werkstatt sind sieben Attentatspläne überliefert:

Plan Nr. 1: Das Rundfunkstudio in Havanna, aus dem Castro regelmäßig feurige Ansprachen an sein Volk richtete, sollte heimlich mit LSD oder einem anderen halluzinogenen Aerosol eingenebelt werden, in der Hoffnung, dass der *Máximo Líder* seine Sprache nicht mehr unter Kontrolle hätte und einen erheblichen Imageverlust bei seinen Anhängern erleiden würde. Nicht realisierbar – die Idee wanderte in den Orkus.

Plan Nr. 2: Während einer Auslandsreise sollten Castros Schuhe in aller Heimlichkeit von einem CIA-Agenten mit Thallium präpariert werden, einem langsam wirkenden Gift, das Haarausfall nach sich zieht. Ein barhäuptiger, bartloser Führer verlöre seine Ausstrahlung, prophezeiten die Psychologen, die Kubaner würden ihn binnen kürzester Zeit aus dem Amt und von der Insel jagen. Undurchführbar – Castro sagte die Reise ab.

Plan Nr. 3: An dem Riff, an dem Castro am liebsten tauchen ging, sollte eine kleine Mine platziert und von einem Mini-U-Boot aus zur Explosion gebracht werden.

Als sich die militärischen Spannungen mit der Entdeckung sowjetischer Mittelstreckenraketen auf Kuba erheblich verschärften, wurde die alberne Psychostrategie durch klare Zielvorgaben ersetzt: *Kill Castro*, egal wie!

Plan Nr. 4: Die CIA beschaffte eine Kiste mit Castros Lieblingszigarren und impfte sie mit Botulinumtoxin, und zwar in einer so hohen Dosierung, dass jeder, der eine der Havannas auch nur mit seinen Lippen berühren würde, innerhalb kürzester Zeit elendig zu Tode käme. Die Zigarren wurden nach Kuba geschleust, fanden ihren Weg aber offenbar nicht bis ins Zentrum der Macht.

Anfang 1961 übernahm John F. Kennedy das Amt als 35. Präsident der Vereinigten Staaten. Eine der ersten Aufgaben, die er CIA-Chef Dulles auftrug: Exilkubaner bei der Vorbereitung einer Invasion zu unterstützen, um die Kommunisten von der Insel zu vertreiben. Die Mission endete im April 1961 in der kubanischen Schweinebucht mit einem Desaster, das Dulles den Kopf kostete. Der neue Boss des Geheimdienstes, John McCone, setzte mit Kennedys Segen dort wieder an, wo die CIA Ende 1960 aufgehört hatte: bei der Planung von Anschlägen – mit Gift und anderen Waffen (»Operation Mongoose«). Auch Sid Gottlieb war wieder dabei.

Plan Nr. 5: Die CIA nahm über einen Mittelsmann Kontakt auf mit dem in Chicago residierenden *Mobster* John Roselli (»Handsome Johnny«). Dessen Casinos in Havanna waren mit der Revolution geschlossen worden, sodass Roselli Rache geschworen hatte. Der Vorschlag, Castro zu vergiften, kam ihm sehr gelegen. Mit Hilfe von Rosellis mächtigen exilkubanischen Mafia-Freunden in Florida, darunter Santo Trafficante, wurden entsprechende Vorbereitungen getroffen. Einer von der Cosa Nostra besaß beste Kontakte zu einem hochrangigen Offiziellen in Castros persönlichem Umfeld, und der steckte tief in seiner Schuld. Er sollte dem

Diktator heimlich eine Gelatinekapsel mit dem tödlichen Botulinumtoxin in einen Cocktail oder unter sein Dinner mischen, so wie es John Mulholland in seinem CIA-Ratgeber detailliert beschrieben hatte (siehe S. 52). Der Abgesandte der CIA traf sich mit den Mafiosi in Miami, händigte ihnen in einer Cremedose sechs tödliche Kapseln aus – und einen Leih-LKW voller Waffen. Angeblich gaben Mittelsmänner der Gangster die Giftration an Castros damalige deutsche Freundin Marita Lorenz weiter, die sich jedoch in letzter Minute weigerte, den Geliebten zu ermorden und das Toxin in der Toilette hinunterspülte.

Plan Nr. 6: Castro sollte über einen Mittelsmann ein mit Pilzen verseuchter Taucheranzug zugespielt werden, der zu einer schrecklichen Hauterkrankung geführt hätte (Eumycetoma), bekannt als »Madura foot«. Der Plan musste Anfang 1963 verworfen werden, weil der Máximo Lider gerade schon einen Anzug von einem amerikanischen Anwalt erhalten hatte. Doch zum Glück gab es schon eine Alternative in der Schublade der CIA-Tüftler:

Plan Nr. 7: Dem kubanischen Diktator sollte über einen Mittelsmann ein wertvoller Kugelschreiber geschenkt werden. Das speziell entwickelte Schreibgerät konnte über eine feine Nadel Nikotinsulfat, ein hochwirksames Gift, bekannt unter dem Namen »Black Leaf 40«, unbemerkt in die Hand des Benutzers absondern. Alles war vorbereitet, ein kubanischer Dissident für die Übergabe angeheuert worden. Doch dann machten aktuelle Ereignisse auch diesen Plan zunichte: Am 22. November 1963 fand in Paris die Übergabe des präparierten Geschenks für Fidel Castro statt. Es sei »wahrscheinlich«, so stellte das Church-Komitee nach seinen umfangreichen Ermittlungen fest, »dass genau in jener Minute, in der sich der CIA-Officer und der kubanische Agent trafen … in Dallas Präsident John F. Kennedy erschossen wurde«.

Sidney Gottlieb zeigte während der eineinhalbstündigen Anhörung vor den Senatoren keine emotionale Regung. Höflich, fast unterwürfig, beantwortete er die Fragen, ohne allerdings viel preiszugeben. Sein Erinnerungsvermögen an viele Vorgänge, so der 57-Jährige, sei sehr getrübt. »Eine letzte Frage noch«, meldete sich der Rechtsberater des Komitees Frederick A. O. Schwarz Jr. zu Wort. Als der Auftrag gekommen sei, Lumumba zu eliminieren, »haben Sie daran gedacht, das abzulehnen?«

Gottlieb stutzte einen Moment, richtete seinen Blick weg vom Fragesteller auf den Boden und murmelte dann etwas von »lautlosem Krieg« und »Verantwortung«. »Ich glaubte, dass man eine Entscheidung auf höchster Ebene diskutiert und getroffen hatte, und dass es jetzt an mir war, die Sache, so unerfreulich sie auch sein mochte, durchzuführen.«

Nach seiner Befragung durch die Senatoren zog sich Gottlieb mit seiner Frau Margaret nach Kalifornien zurück, um ein neues Leben zu beginnen. Der ehemalige Stotterer schrieb sich an der San José State University ein, für ein Studium der Logopädie, das er einige Jahre später mit einem Diplom abschloss. Danach kehrte er an die Ostküste zurück, eröffnete eine Sprachschule und widmete sich vornehmlich der Behandlung kleiner Kinder, die, wie er selbst in frühen Jahren, gegen das Stottern kämpften. Sidney Gottlieb starb im März 1999, ohne sich jemals wieder über seine Tätigkeit als Giftmischer der CIA ausgelassen zu haben.

Das Church-Komitee recherchierte drei weitere Fälle politischer Morde, die der US-Geheimdienst angeregt, unterstützt oder wenigstens geduldet hatte: Trujillo, Diem und Schneider. Über die ersten beiden Fälle lag den Senatoren bereits ein 133 Seiten starker Geheimbericht des Generalinspekteurs der CIA aus dem Jahre 1967 vor, den seinerzeit Präsident Lyndon B. Johnson in Auftrag gegeben hatte, nachdem Einzelheiten über politische Morde durchgesickert waren. Darin hieß es, die Mörder von Trujillo und Diem seien »von der US-Regierung ermutigt, aber nicht gesteuert« worden. Das wollte das Komitee gern noch einmal selbst überprüfen.

Generalissimo Rafael Leónidas Trujillo Molina, der korrupte Diktator der Dominikanischen Republik, unterdrückte sein Land seit fast dreißig Jahren mit Gewalt und Einschüchterung, was alle amerikanischen Regierungen und die amerikanische Geschäftswelt in diesen Jahrzehnten nicht hinderte, ihn als strammen Antikommunisten zu unterstützen und zu päppeln. »Er hatte seine Folterkammern, politische Morde waren an der Tagesordnung«, berichtet Anfang 1961 das US-Generalkonsulat nach Hause (die diplomatischen Beziehungen waren im Vorjahr abgebrochen und das Botschaftspersonal abgezogen worden).

Trujillo musste weg, denn in seinem Reich hatte sich inzwischen soviel Hass aufgestaut, dass nach amerikanischen Befürchtungen jederzeit eine kommunistische Revolution drohte – wie schon in Kuba. Dwight D. Eisenhower hatte zwei Senatoren nach Santo Domingo geschickt, um den Präsidenten zu einem Rücktritt zu bewegen, doch der hatte entrüstet abgelehnt. Daraufhin entschloss sich die CIA, eine Verschwörergruppe mit Maschinengewehren zu unterstützen, deren Ziel es war, den Diktator zu beseitigen, ohne eine sozialistische Neuausrichtung anzustreben. Der in Santo Domingo zurückgebliebene US-Konsul erhielt die vom neuen Präsidenten John F. Kennedy persönlich gebilligte Anweisung: »Es ist uns egal, ob die Dominikaner Trujillo umbringen. Das ist soweit in Ordnung. Aber wir möchten unter keinen Umständen, dass irgendetwas an uns hängen bleibt!«

Am 30. Mai 1961 geriet Trujillo zu nächtlicher Stunde außerhalb der Hauptstadt in einen Hinterhalt der Verschwörer und wurde erschossen. Ob dazu von der CIA gelieferte

Waffen benutzt wurden, ließ sich später nicht mit Gewissheit sagen. Der Tyrann war tot, doch die geplante Beseitigung seines Regimes misslang dennoch, weil sein Sohn schnell genug nach Zepter und Macht griff. Er ließ später die von den Amerikanern unterstützten Attentäter verhaften und hinrichten.

Der Ausschuss fand zwar keine harten Fakten, dass die CIA direkt an der Ermordung beteiligt gewesen war, wohl aber dafür, dass sie wissentlich eine Gruppe unterstützt hatte, deren erklärtes Ziel der Tod Trujillos gewesen sei. Offensichtlich stellte der dominikanische Präsident keine Bedrohung für amerikanische Staatsbürger dar, auch herrschte kein Kriegszustand zwischen beiden Ländern, die amerikanische Unterstützung der Attentäter müsse somit als Komplizenschaft bei einer Exekution eingestuft werden, schrieben Church und seine Kollegen in ihren Abschlussbericht. Sie nannten die CIA-Operation »unmoralisch und illegal«. Das gelte ebenso für den vergleichbaren Fall des südvietnamesischen Präsidenten Ngo Dinh Diem zwei Jahre später. Auch Diem war eigentlich ein »Liebling« der Amerikaner gewesen, die Kennedy-Administration brauchte einen Stabiltätsfaktor gegen den kommunistischen Norden des geteilten Landes. Eine blutig niedergeschlagene Demonstration und anschließende Selbstverbrennungen buddhistischer Mönche brachte dann die Wende. In einem Fernschreiben der CIA-Station in Saigon an das Hauptquartier in Langley wurde unverblümt die Unterstützung eines Coups zur Liquidierung Diems gefordert. CIA-Direktor John McCone kabelte zurück, die Vereinigten Staaten sollten dabei nicht »in die Lage kommen, eine Exekution stimuliert, unterstützt oder auch nur geduldet zu haben«. Es war ein klares Signal an die Putschisten, die es so verstanden, wie es gemeint war: »Ihr habt freie Bahn, aber verschont uns mit den Details!«

Am 1. November 1963 putschte das Militär, nahm den Präsidentenpalast ein. Verzweifelt versuchte Diem in letzter Minute, die Unterstützung des amerikanischen Botschafters in Saigon zu erhalten, doch der ließ ziemlich unverblümt erkennen, dass Washington sich nicht in die inneren Angelegenheiten Südvietnams einmischen werde. Diems Uhr war abgelaufen. Dem Präsidenten und seinem jüngeren Bruder gelang es zunächst, über unterirdische Geheimgänge aus dem Palast zu fliehen. Später wurden sie jedoch von Suchtrupps gestellt und dann erschossen. Die beiden von Kugeln durchsiebten Leichen fand man einen Tag später in einem abgestellten Lieferwagen.

Einen weiteren Mord mit CIA-Beteiligung, den die Untersuchungskommission unter die Lupe nahm, war der an dem chilenischen Oberbefehlshaber General René Schneider. Nach Salvador Allendes Wahlsieg am 4. September 1970 begann die Nixon-Administration umgehend damit, Pläne gegen ihn zu schmieden. Sicherheitsberater Henry Kissinger sah in Allende einen linken Diktator wie Fidel Castro in Havanna, befürchtete dementsprechend »kubanische Verhältnisse« und befürwortete deshalb drastische Maßnahmen: einen US-finanzierten Umsturz mit Hilfe des chilenischen Militärs, sogar gegen die Ratschläge des amerikanischen Botschafters in Santiago, der zur Mäßigung riet: »Nehmen Sie Verbindung zu den Militärs auf und lassen Sie sie wissen, dass die Regierung der USA eine militärische Lösung anstrebt und dass sie jetzt und in Zukunft unsere Unterstützung haben ... Schaffen Sie zumindest eine für Putschabsichten günstige Atmosphäre!« (Kabel der CIA-Headquarters im Auftrag von Kissinger an die CIA-Station Santiago vom 6. Oktober 1970).

Für die geplante Verschwörung gab es jedoch ein großes Hindernis: General Schneider. Obwohl er keineswegs mit Allendes sozialistischem Kurs sympathisierte, sah er sich der Verfassung seines Landes verpflichtet – und damit dem gewählten Präsidenten. Nur zwei Wochen nach Allendes Wahlsieg entschied die CIA deshalb, wohl mit Kissingers Segen oder zumindest Duldung, den loyalen chilenischen Oberbefehlshaber aus dem Weg zu schaffen. Gedacht war an eine Entführung, die Auflösung des chilenischen Parlaments und Machtübernahme durch die Militärs.

Nach Erkenntnissen des Church-Komitees zahlte die CIA Schneiders Widersachern unter General Roberto Viaux mindestens 120000 Dollar Bargeld, stellte ihnen Tränengas-Granaten und Maschinengewehre, bei denen die Seriennummern herausgefräst worden waren, für die Entführung Schneiders zur Verfügung. Doch die Amerikaner sorgten sich, ob Viaux der richtige Mann für den Job ist: »Es wurde festgestellt, dass ein Putschversuch allein durch Viaux und mit den ihm derzeit zur Verfügung stehenden Kräften scheitern würde ... Drängen Sie ihn, seine Planungen auszudehnen ...« (Kabel der CIA-Headquarters im Auftrag von Kissinger an die CIA-Station Santiago vom 13. Oktober 1970).

Zwei Anschläge der Verschwörer schlugen fehl. Beim dritten Versuch am 22. Oktober 1970 stoppten Viauxs Männer den Wagen des Generals an einer Kreuzung in Santiago und umstellten ihn. Nach späteren Darstellungen der Soldaten habe der Militärchef sofort zu seiner neben ihm liegenden Waffe gegriffen und sei deshalb in Notwehr erschossen worden. Die größte Hürde für einen Militärcoup gegen Allende war damit beseitigt. Der Staatsstreich selbst fand jedoch erst drei Jahre später, am 11. September 1973, unter Führung des Armeegenerals Augusto Pinochet statt. Salvador Allende starb im Präsidentenpalast, erschossen entweder von Putschisten oder, in vermeintlich auswegloser Lage, von eigener Hand. Die Verwicklung der CIA in den Mord an General Schneider schien dem Church-Komitee ausreichend gesichert, auch wenn keine direkte Autorisierung

8 May 1973

MEMORANDUM FOR: Executive Secretary, CIA Management Committee

SUBJECT: Potentially Embarrassing Agency Activities

The Office of the Inspector General has records on the following sensitive subjects that either have been or might in the future be the source of embarrassment to the Agency.

The report of the Board of Inquiry in the case of Hans Tofte. The Tofte affair was fully exposed in public, of course, but the report itself is closely held within the Agency. This office was designated as the custodian of the report, and we have the only surviving copy.

An annex to the Inspector General's report of survey of the Technical Services Division done in 1963. The annex deals with experiments in influencing human behavior through the administration of mind or personality altering drugs to unwitting subjects.

An Inspector General report of investigation of allegations that the Agency was instrumental in bringing about the assassination of President Diem. The allegations were determined to be without foundation.

An Inspector General report of investigation of allegations that the Agency was instrumental in bringing about the assassination of President Trujillo. The investigation disclosed quite extensive Agency involvement with the plotters.

An Inspector General report of investigation of allegations that the Agency conspired to assassinate Fidel Castro. The story first appeared in Drew Pearson's column and has since appeared in Jack Anderson's column. While the columns contained many factual errors, the allegations are basically true.

00425

Bei einer internen Untersuchung in der CIA kam 1973 ans Licht, dass der Geheimdienst bei der Ermordung des Diktators der Dominikanischen Republik, Trujillo, und bei zahlreichen Komplotten gegen Fidel Castro seine Finger im Spiel hatte.

der Verbrechen durch amerikanische Agenten nachweisbar war.

Zum Schluss ihrer Ermittlungstätigkeit schlug die Kommission noch ein düsteres Kapitel CIA-sanktionierter Morde und Gräueltaten auf: das Phoenix-Programm in Südostasien. Das Engagement des US-Geheimdienstes in Südvietnam begann schon im Jahre 1962, als Berater eng mit der Regierung in Saigon zusammen arbeiteten, um paramilitärische Organisationen gegen den kommunistischen Norden aufzubauen; 1965 wurde die Kooperation noch einmal intensiviert. 1967 dann, als sich die militärische Lage nicht wirklich verbessert hatte, initiierte die Agency ein spezielles Programm, das den Decknamen »Phoenix« erhielt und Anfang 1968, kurz nach der Tet-Offensive, realisiert wurde: die systematische »Neutralisierung« von verdeckt operierenden zivilen Helfern des Vietcong (»National Liberation Front«) und dessen regulärer Einheiten und Guerillatruppen. Dabei wollte die CIA den Begriff »Neutralisierung« zunächst durchaus offen gehandhabt wissen: Die Mitglieder des VCI-Netzwerkes (»Vietcong civilian infrastructure«) sollten verhört, gefoltert, zum Wechseln der Fronten gezwungen, gefangengenommen oder umgebracht werden.

»Wir hatten mit dem Start des Programms eine Menge zu tun«, bekannte William E. Colby vor einem Kongressausschuss 1971, »wir entwickelten die Ideen, diskutierten die Notwendigkeiten und entwickelten einige der Methoden«. Der spätere CIA-Chef kannte das Land, er war bis 1962 für die Agency an der Botschaft in Saigon stationiert gewesen, danach hatte er als Kommandeur *Civil Operations and Rural Development Support* (*CORDS*) das Geheimprojekt Phoenix in Vietnam geleitet.

Die Sache eskalierte, als die Amerikaner begannen, monatliche Vorgaben für verhörte, gefangengenommene oder getötete Vietcong-Helfer zu machen. In den *Vietnam Infor-*

mation Notes des amerikanischen State Department stand damals eine genaue Zahl: »Das Ziel für 1969 ist die Eliminierung von 1800 VCI pro Monat.«

415 amerikanische »Militärberater« waren 1970 im Rahmen von Phoenix aktiv. Einer von ihnen, Barton Osborne, sagte später vor dem Parlamentsgremium aus: Tausende vietnamesischer Zivilisten, die im Verdacht standen, die kommunistische Guerilla zu unterstützen, mit ihr zu sympathisieren oder die sich einfach nur zur falschen Zeit am falschen Ort aufhielten, seien nur deshalb gefoltert und getötet worden, um die Quoten zu erfüllen. »Ich wüsste von keinem Häftling, der ... ein Verhör überlebt hätte. Sie starben alle! ... Die Mehrheit wurde entweder zu Tode gefoltert oder aus dem Helikopter geworfen.« Es habe überdies »niemals eine überzeugende Begründung für die Behauptung« gegeben, dass »irgendeines dieser Individuen tatsächlich mit dem Vietcong zusammenarbeitet«, fügte Osborne hinzu, er nannte Phoenix »ein steriles, unpersönliches Mordprogramm«, das »vergleichbar mit den Gräueltaten der Nazis« sei.

Das Church-Komitee, das sich 1975 noch einmal mit der Rolle der CIA im Rahmen von Phoenix befasste, kam zu dem Ergebnis, dass zwischen Anfang 1968 und Mai 1971, also über einen Zeitraum von dreieinhalb Jahren, 20 587 Vietnamesen dem geheimen Mordprogramm zum Opfer gefallen waren. Heute gibt es sogar Anhaltspunkte dafür, dass die Zahl der Opfer mit bis zu 40 000 doppelt so hoch lag.

Angesichts der von ihm ermittelten Fälle hatte der Ausschuss am Ende keine Zweifel, dass die CIA verschiedene Mordkomplotte gegen ausländische Staatsoberhäupter und vietnamesische Zivilisten geplant, organisiert und durchgeführt hatte; weit weniger eindeutig blieb, ob alle Pläne von ganz oben, also aus dem Weißen Haus, oder auch nur vom Direktor des Geheimdienstes abgesegnet worden waren. Abteilungen wie jene von Sidney Gottlieb schienen den Senatoren eine Art Eigenleben geführt zu haben, ohne ausreichende Kontrolle und ohne die Vermittlung bestimmter Wertmaßstäbe. Offenbar wähnten sich einige Offiziere des Dienstes in dem guten Glauben, Exekutionen seien eine Art »zulässiges Instrument« amerikanischer Außenpolitik. Dabei hatten Frank Church und seine Kollegen mit Ausnahme der Vietnam-Erfahrungen lediglich politische »plots« analysiert, nicht jedoch Exekutionen, die von der CIA an gegnerischen Spionen, Überläufern oder Agenten vorgenommen wurden, also die eher gewöhnliche »Drecksarbeit« in Zeiten des Kalten Krieges.

Die Tätigkeit des Church-Komitees hatte weitreichende Folgen: Zum einen wurden sowohl im Senat als auch im Abgeordnetenhaus zwei permanente Ausschüsse ins Leben gerufen, um die parlamentarische Kontrolle der US-Geheimdienste zu verstärken. Zum zweiten erließ US-Präsident Gerald Ford die *Executive Order* Nr. 11905, in der festgelegt wurde, dass »kein Mitarbeiter der amerikanischen Regierung sich an politischen Exekutionen oder entsprechenden Konspirationen beteiligen darf«. Die auf Ford folgenden Präsidenten erneuerten diese Befehle nicht nur, sie verschärften sie sogar: Jimmy Carter verzichtete in seiner EO Nr. 12306 auf die Einschränkung »politische«, verbot also alle Arten von Exekutionen. Ronald Reagan wiederum übernahm zwar in seiner EO Nr. 12333 Carters Formulierung, fügte aber einen klarstellenden Satz an: »Indirekte Beteiligung: Keine Behörde der Geheimdienstgemeinde darf sich an Aktivitäten beteiligen oder irgendeine Person mit Aktivitäten beauftragen, die nach dieser Anweisung verboten sind.« Reagans Anweisung Nr. 12333 ist bis heute in Kraft.

Die Jagd beginnt

>»Nach den Gesetzen, die für bewaffnete Konflikte gelten, ist die Tötung einer Person, die eine ständige Bedrohung für die Vereinigten Staaten darstellt, ein Akt der Selbstverteidigung und keine Hinrichtung.«
>
> *US-Präsident Bill Clinton, Dezember 1998*

Beirut, Libanon, 18. April 1983. Niemandem fällt der zerbeulte Pick-up auf, obwohl die Last den Wagen offensichtlich regelrecht in die Knie zwingt. Er fährt für Beiruter Verhältnisse extrem langsam, was sich hinterher nicht nur durch das große Gewicht erklären würde, sondern auch durch die Natur seiner Ladung. Der Fahrer folgt dem fließenden Verkehr, der um diese Mittagszeit sehr heftig ist und ihn immer wieder zum Bremsen zwingt, wobei er höllisch aufpasst, dass er seinem Vordermann nicht zu dicht auffährt. Dann nähert er sich dem siebenstöckigen Gebäude der US-Botschaft, drosselt sein Tempo, um nach links, über die Gegenfahrbahn abzubiegen, was ein wütendes Hupkonzert hinter ihm auslöst. Aber das nimmt der Mann wahrscheinlich gar nicht mehr wahr, er ist jetzt voll darauf konzentriert, seinen Job, den letzten in seinem Leben, planmäßig zu Ende zu bringen. Er drückt das Gaspedal bis zum Anschlag durch, Richtung Eingangspforte, die der Pick-up mühelos durchbricht, weil er schon so viel Fahrt aufgenommen hat, dass die Wachposten ihre Waffen nicht mehr in Anschlag bringen können. Sekundenbruchteile später holpert der Wagen die paar Stufen zur Eingangshalle hoch. In dem Moment, in dem er als gigantische Bombe durch die Tür kracht, es ist genau 13.03 Uhr Ortszeit, wird Beirut von einer gewaltigen Explosion erschüttert. »Der ganze Mitteltrakt des Botschaftsgebäudes stieg Dutzende von Metern in die Luft, blieb dort scheinbar eine Ewigkeit lang schweben und stürzte dann in einer Wolke aus Staub, menschlichen Körperteilen, Holzsplittern und Papierfetzen in sich zusammen«, erinnert sich Robert Baer, ehemaliger CIA-Officer, der sich damals gerade auf einen Einsatz im Nahen Osten vorbereitete. 63 Menschen sterben, darunter 17 Amerikaner; unter den Toten sind sechs CIA-Beamte. Auch Bob Ames, der Beauftragte der Agency für die Region, kommt ums Leben. Er ist auf Besuch in Beirut und hat nur kurz in der Botschaft vorbei geschaut. »Bobs Hand, an der noch der Ehering steckte, fand man eine Meile vor der Küste im Wasser treiben«, schreibt Baer.

Obwohl der Anschlag schmerzlich für die amerikanische Seele und das amerikanische Prestige ist, weigert sich US-Präsident Ronald Reagan, dem Libanon den Rücken zu kehren. Die Hisbollah, auf deren Konto der Angriff geht, beginnt umgehend damit, weitere Anschläge vorzubereiten. Am 23. Oktober 1983 fliegen zwei mit Sprengstoff beladene Lastwagen gleichzeitig in die Luft, einer in den Baracken der US Marines in der Nähe des Flughafens von Beirut, ein zweiter auf dem französischen Stützpunkt im Libanon; 241 Marines und 58 französische Fallschirmjäger kommen ums Leben. Nach späteren Geheimdienstberichten steht Hisbollah-Drahtzieher Imad Mughniyeh während der beiden Explosionen auf dem Dach eines Hochhauses in Beirut, um die Anschläge mit dem Fernglas zu beobachten. Jetzt glaubt auch Reagan keine andere Wahl zu haben, als die Marines aus dem Libanon abzuziehen. Es ist der erste große Erfolg von Hisbollah-Selbstmordanschlägen – und eine Wende in der amerikanischen Politik.

Reagan unterzeichnet die *National Security Directive 138*, in der ein Wechsel von »passiven zu aktiven Verteidigungsmaßnahmen« gefordert wird, und in der er die CIA auffordert, »Kapazitäten zu entwickeln, um Gruppen und Individuen zuvorkommen zu können, die Anschläge gegen amerikanische Interessen planen«. Hat er auch gezielte Tötungen im Auge, obwohl er an der EO 12333 nicht rührt?

Am 5. April 1986, ziemlich genau drei Jahre nach dem ersten Hisbollah-Anschlag von Beirut, kommt es zu einem Sprengstoffattentat in der Berliner Diskothek *La Belle*, die regelmäßig von US-Soldaten besucht wird. Zwei GIs und eine türkische Frau sterben, mehr als zweihundert Menschen werden verletzt. Die libysche Urheberschaft oder wenigstens Finanzierung des Anschlags scheint schnell gesichert, sodass Reagan am 14. April zu einem groß angelegten Vergeltungsschlag ausholt (»Operation El Dorado Canyon«). Der Bombenangriff konzentriert sich auf drei Ziele in der Umgebung von Tripolis, darunter die *El Azzizya* Kaserne, Wohnsitz und Hauptquartier des libyschen Machthabers Colonel Muammar al-Ghadafi. Ghadafi bleibt zwar unverletzt, aber seine Adoptivtochter stirbt in den Trümmern. Zwar dementierte die US-Regierung, der libysche Herrscher sei Ziel der Operation gewesen; später wurde allerdings bekannt, dass neun der 18 amerikanischen Maschinen, die am Angriff beteiligt waren, das Zelt, in dem Ghadafi normalerweise nächtigte, im Visier hatten. Sollte der Machthaber also gezielt getötet werden? Es muss damals im Nationalen Sicherheitsrat zu Diskussionen darüber gekommen sein, ob mit dem Angriffsbefehl nicht EO 12333 verletzt worden sei. Doch der US Army Judge Advocate General (JAG) wies dem Präsidenten später einen Argumentationsweg aus dieser Sackgasse: »Die Anwendung militärischer Schlagkraft in Friedenszeiten gegen einen bekannten Terroristen oder eine Terrororganisation ist nach dem internationalen Recht legitimiert als Selbstverteidigung und stellt keine Exekution dar.« Anders als Trujillo, Lumumba oder Castro sei Ghadafi nicht nur der Staatschef eines fremden Landes, sondern auch ein internationaler Terrorist. Diese Interpretation bestimmt die rechtliche und moralische Rechtfertigung der Vereinigten Staaten bis zum heutigen Tage. Sie besagt, dass im Krieg gegen den Terror alle Mittel erlaubt sind, auch gezielte Tötungen von Terroristen.

Der Absturz des Fluges *Pan Am 103* über der schottischen Kleinstadt Lockerbie am 21. Dezember 1988 ging erneut auf das Konto des von Ghadafi gesponserten Terrorismus, war vielleicht auch Rache für den Tod seiner Adoptivtochter. Danach änderte sich die Bedrohungslage für die Vereinigten Staaten jedoch entscheidend: Als die Regierung George Bushs nach Saddam Husseins Invasion in Kuwait mehr als 30000 Soldaten in die Region, nach Saudi Arabien, Katar und Bahrein verlegten, betrachtete al-Qaida das als einen entscheidenden Grund, in den Dschihad zu ziehen – den heiligen Krieg gegen die Feinde des Islam und gegen eine jüdisch-amerikanische Verschwörung. »Der Feind marschierte in das Land unserer islamischen Gemeinschaft ein, verletzte ihre Ehre, vergoss ihr Blut und besetzte ihre Heiligtümer«, schrieb Osama bin Laden später in einem offenen Brief, den er als moralische Legitimation verstand für das, was kommen sollte.

Am 26. Februar 1993 explodierte in der Parkgarage des World Trade Centers in New York eine Autobombe. Sechs Menschen starben, mehr als eintausend wurden verletzt. Fast genau zwei Jahre später ging in Pakistan einer der Attentäter, Ramzi Ahmed Yousef, ins Netz, wurde an die Amerikaner ausgeliefert und zu einer Gefängnisstrafe von 240 Jahren verurteilt. Der in einem von bin Ladens Camps ausgebildete Yousef war bei dem Anschlag in Manhattan von seinem Onkel Khalid Sheikh Mohammed beraten und finanziert worden, dem späteren Chefplaner des Anschlags vom 11. September – auf das gleiche Zielobjekt. Der Scheich wurde in Katar gesichtet, verschwand aber im Untergrund, bevor er festgesetzt werden konnte.

1996 ordnete US-Präsident Bill Clinton eine Neuorganisation der Antiterrorpolitik an: Eine schlagkräftige Truppe von einem Dutzend CIA-Offizieren mit dem Decknamen »Alec Station« wurde gegründet, die sich ausschließlich damit befassen sollte, Informationen über bin Laden und al-Qaida zu beschaffen und einzuordnen. Schon bald wurden Zusammenhänge zwischen dem islamistischen Terrornetzwerk und Anschlägen auf US-Truppen in Aden (1992), Somalia (1993) und auf den Philippinen (1994/95) entdeckt. Die CIA-Spezialisten sammelten Hinweise und Nachrichten aus der ganzen Welt. Ihr Ergebnis im Jahre 1997: »Al-Qaida besitzt ein Militärkommando, das Operationen gegen amerikanische Interessen plant und versucht, an nukleares Material zu kommen.« Dann wurde in New York Anklage gegen bin Laden erhoben, und die CIA begann damit, den Terrorchef in Afghanistan aufzuspüren und festzunehmen. *Dead or alive* – tot oder lebendig. Doch ein geplanter Zugriff der CIA am 23. Juni 1998 musste wieder abgeblasen werden, weil hohe Regierungsbeamte ein »unvermeidliches Missverständnis« für den Fall befürchteten, dass bin Laden bei der Operation starb. Das würde vor der Weltöffentlichkeit so aussehen, als sei er zielgerichtet von den Amerikanern exekutiert worden. Diesen Eindruck gelte es zu vermeiden. Der *Executive Order* 12333, die zuletzt unter Reagan verschärft worden war, die Clinton aber unverändert gelassen hatte, wurde noch einmal Rechnung getragen.

Am 7. August 1998 kam es zu zwei verheerenden Bombenanschlägen gegen die amerikanischen Botschaften in Dar es Salaam/Tansania und Nairobi/Kenia; mehr als zweihundert Menschen starben, Tausende wurden verletzt. Al-Qaida übernahm die Verantwortung, später stellte sich heraus, dass die beiden Terrorattacken von Osama bin Laden persönlich organisiert und überwacht worden waren. Daraufhin ordnete Clinton »Operation Infinite Reach« an, einen Militärschlag mit Hilfe von Cruise Missiles gegen Ausbildungscamps von al-Qaida in der afghanischen Provinz Khost. Und er machte der amerikanischen Bevölkerung in einer Rede an die Nation deutlich, dass er bereit war, harte

Maßnahmen anzuordnen. Ziel sei nicht mehr ausschließlich, bin Laden zu stellen, anzuklagen und zu verurteilen, sondern vielmehr, ihn mit militärischen Mitteln zu jagen und zu töten. Zwar vermied der Präsident, al-Qaida den Krieg zu erklären, aber im Prinzip lief es darauf hinaus.

Wenn es sich um einen bewaffneten Konflikt zwischen zwei Staaten gehandelt hätte, wäre, völkerrechtlich gesehen, ein Angriff auf das militärische Führungspersonal des Gegners erlaubt. Bei al-Qaida handelte es sich allerdings nicht um einen Staat, sondern um ein internationales Terrornetzwerk, das im Völkerrecht nicht vorgesehen war. Mehr noch: Eine militärische Operation gegen dieses Netzwerk wäre automatisch ein feindseliger (unerlaubter) Akt gegen jenen Staat, in dem es angegriffen wird. Aber über diese Bedenken setzte sich Clinton hinweg, als er amerikanische Marschflugkörper am 20. August 1998 gegen Ziele in Afghanistan auf den Weg schickte. Das Ziel der Operation sei, verkündete die US-Regierung, terroristische Infrastrukturen zu zerstören, vor allem aber »bin Laden und seine führenden *lieutenants* zu töten«. Gleichzeitig griff die US-Luftwaffe im Sudan an, bombte die Fabrik al-Shifa im Norden der Hauptstadt Khartum in Schutt und Asche, in der vornehmlich Anti-Malaria-Medikamente produziert wurden. CIA-Experten hatten eine finanzielle Verbindung zwischen dem Unternehmen und bin Laden, und dann auch noch in Bodenproben aus der Umgebung der Anlage verräterische chemische Spuren entdeckt, sie waren deshalb der Überzeugung, in al-Shifa würden Grundstoffe für ein künftiges Nervengas-Arsenal von al-Qaida produziert oder gelagert. Diese Einschätzung ist bis heute umstritten. In Afghanistan kamen etwa zwei Dutzend Menschen bei »Infinite Reach« ums Leben, bin Laden und seine Kommandeure waren nicht darunter; der Luftschlag in Khartum tötete einen Arbeiter, weit mehr Menschen, Schätzungen gehen in die Tausende, könnten in den

Folgemonaten und -jahren durch den Ausfall lebensrettender Präparate gestorben sein.

Am 20. Dezember 1998 lagen »Alec Station« erneut Erkenntnisse über den Aufenthaltsort bin Ladens vor. Die CIA-Sondergruppe erbat vom Weißen Haus die Genehmigung für einen Angriff, die aber verweigert wurde. Begründung: Falls bin Laden inzwischen das Weite gesucht hätte, wäre der zu erwartende Kollateralschaden nicht zu rechtfertigen. Die Agency schien genervt über das schwerfällige Genehmigungsverfahren, das ihr keine Möglichkeit einräumte, schnell zu reagieren, sie ließ sich deshalb am 25. Dezember 1998 vom Weißen Haus eine Art Generalvollmacht ausstellen, bin Laden ermorden zu dürfen. Clinton unterschrieb. Der Präsident wollte ihn nicht mehr *dead or alive*, der Präsident wollte ihn tot.

CIA-Chef George Tenet indes legte Clintons Autorisierung, die seine Leute selbst formuliert hatten, sehr defensiv aus, er glaubte nach wie vor, eine Tötung bin Ladens sei nur dann erlaubt, wenn bei dem Versuch, ihn gefangen zu nehmen, etwas schiefgehe. Im Februar 1999 und noch einmal im Mai 1999 blieben deshalb zwei Möglichkeiten ungenutzt, den Terrorchef zu liquidieren, weil Tenet sich nicht traute oder moralische Skrupel hatte – oder beides zusammen. Der damalige Chef von »Alec Station« räumte später ein, »es wäre so viel einfacher gewesen, ihn zu töten«, als ihn festzunehmen. Der Präsident erneuerte seine Erlaubnis zum gezielten Töten noch einmal im Juli 1999, aber es ergab sich dann keine Möglichkeit mehr.

Am 12. Oktober 2000, in den USA lief gerade der Präsidentschafts-Wahlkampf auf Hochtouren, näherte sich im Hafen von Aden im Jemen ein kleines Boot dem vor Anker liegenden Zerstörer *USS Cole*. Die Detonation von mehreren Tonnen Sprengstoff riss ein riesiges Loch in die Außenwand, tötete siebzehn und verletzte vierzig weitere Besatzungsmitglieder. Innerhalb von vier Wochen lagen »Alec Station« ausreichende Hinweise dafür vor, dass Osama bin Laden persönlich die Planung und logistische Vorbereitung des Anschlags überwacht hatte. Doch diesmal blieb eine amerikanische Antwort aus. Das lag zum einen an der Hängepartie zwischen George W. Bush und Clintons Vize Al Gore, die nach der Wahl am 7. November das Land für mehr als vier Wochen paralysierte, zum anderen daran, dass die neue Administration des Republikaners Bush, nachdem der Supreme Court ihn zum Wahlsieger erklärt hatte, zunächst mit anderen Dingen beschäftigt war.

Und dann kam der 11. September 2001, der Tag, an dem bin Laden erneut zuschlug, diesmal so schmerzhaft und verlustreich wie nie zuvor, der Tag aber auch, an dem die Vereinigten Staaten beschlossen, dem Rechtsstaat eine Auszeit zu gewähren.

Neunzehn Al-Qaida-Terroristen bringen nahezu gleichzeitig vier vollgetankte amerikanische Linienmaschinen in ihre Gewalt, um sie als fliegende Bomben zu benutzen. American Airlines Flug AA 011 und United Airlines Flug UA 175 krachen in die beiden Türme des World Trade Centers in Manhattan, die daraufhin kollabieren; American Airlines Flug AA 077 wird von den Hijackern in das Pentagon gelenkt, United Airlines Flug UA 093 stürzt im US-Staat Pennsylvania ab. Fast dreitausend Menschen finden den Tod.

Noch am selben Abend, unmittelbar nach seiner Fernsehansprache an die Nation, gibt Präsident George W. Bush seinen Geheimdienstleuten weitgehend freie Hand für alle denkbaren Gegenmaßnahmen. Was die geschockte Regierung darunter versteht, wird in den nächsten Wochen nach und nach sichtbar: Krieg gegen Afghanistan, dessen Taliban-Regime al-Qaida massive Unterstützung gewährt hatte; Verbringung von verdächtigen Terroristen oder Talibankämpfern in geheime Verstecke (»black sites«) vor allem in Ländern, die für ihre Folterpraktiken bekannt sind; Errichtung eines Gefangenenlagers in Guantanamo Bay auf Kuba, außerhalb der amerikanischen Gesetzgebung; Internierung von Verdächtigen ohne zeitliches Limit und ohne die Möglichkeit, gegen die Entscheidung ein ordentliches Gericht anzurufen; Einführung sogenannter »weitergehender Verhörtechniken« wie Aufhängen, Elektroschocks, Scheinertränkungen (»waterboarding«) und Psychoterror; Verschärfung der schon unter Clinton beschlossenen Jagd auf Verantwortliche von al-Qaida mit der Maßgabe, sie gezielt zu töten, statt festzunehmen.

Bush bestätigte damals ausdrücklich die Interpretation seines Amtsvorgängers, solche Exekutionen seien kein Verstoß gegen Reagans noch immer gültige *Executive Order* 12333. Dessen Vorschrift betreffe politische Hinrichtungen, schließe aber weder die Tötung eines Terroristen »im Rahmen einer verdeckten Operation« noch »die Ermordung bin Ladens« aus. Das amerikanische Parlament gewährte dem Präsidenten einen Freibrief, gegen Terroristen mit militärischen Mitteln vorzugehen, anstatt sie von Justiz und Polizei verfolgen zu lassen. Die *Authorization for Use of Military Force* (*AUMF*) bedurfte allerdings einer rechtlichen Untermauerung. Argumentative Verrenkungen waren die Folge, an denen aber zunächst niemand in den Vereinigten Staaten großen Anstoß nahm. So befanden die Experten einerseits, dass feindliche Kämpfer, Guerilla und Terroristen unter das Kriegsrecht fielen, ihre gezielte Tötung damit a priori nicht illegal sein könne; sie würden andererseits aber nicht, Kriegsrecht hin oder her, den Schutz der Genfer Konvention und der amerikanischen Anti-Folter-Gesetzgebung genießen, als dürfe man sie zu einer Art »Freiwild« erklären, mit dem der amerikanische Staat alles machen dürfe, was ihm in den Sinn komme, sie quälen, ihnen Schmerzen zufügen – und sie ermorden.

Ende Oktober 2001 begannen Pentagon und CIA mit der Umsetzung der »Politik der harten Hand«. Ihre Wahl fiel dabei auf eine neue Waffe für gezielte Tötungen: die Drohne Predator (»Raubtier«). Bis dahin wurden die unbemannten Flugkörper lediglich zur Observierung eingesetzt. Sie kreisten hoch oben am Himmel über Afghanistan, Pakistan und dem Jemen, waren nahezu geräuschlos und mit bloßem Auge nicht sichtbar, und lieferten in Echtzeit über Satelliten ein Bild in den Kommandostand, der sich weit weg, irgendwo auf einem amerikanischen Militärstützpunkt befinden konnte. Ergaben sich bei der Beschattung zum Beispiel eines Camps oder Dorfes auf der anderen Seite des Globus Hinweise auf einen gesuchten Terroristen, dann half das dem Lagebild der CIA, hatte aber zunächst keine unmittelbaren Konsequenzen, es sei denn durch einen Angriff mit Marschflugkörpern. Für die israelischen Streitkräfte boten die Observationsdrohnen schon seit zehn Jahren eine Option, weil sie die Lufthoheit über den besetzten palästinensischen Gebieten besaßen: Hatten sie einen Terroristen erfasst, konnte die Exekution durch einen Raketenangriff von einem Helikopter aus erfolgen, dem die Zielkoordinaten übermittelt worden waren. So geschehen erstmals 1992 bei der Ermordung des Hisbollah-Führers Mussawi im Süd-Libanon (siehe S. 284). Aber für die CIA war es eine neue Erfahrung: Die mit Hellfire-Raketen bewaffneten Drohnen, die inzwischen ihre Bahnen am Himmel über Afghanistan zogen, konnten den Feind nicht nur aufspüren, sondern auch töten.

Die erste Bewährungsprobe kam Mitte November 2001, kurz nach dem Einmarsch amerikanischer Truppen. Hoch über einem Haus in der Nähe von Kabul feuerte ein Predator eine Rakete ab, die das Gebäude in Schutt und Asche legte. In den Trümmern starb Mohammed Atef, 57 Jahre alt. Er stand in den Vereinigten Staaten wegen seiner Mitwirkung an den Anschlägen von Tansania und Kenia unter Anklage, und galt zudem als einer der Planer der Anschläge vom 11. September. Vier Wochen zuvor war Präsident Bush im FBI-Hauptquartier das erste Exemplar eines Fahndungsplakats mit 22 gesuchten Terroristen überreicht worden. An der Spitze standen: Osama bin Laden, darunter zwei seiner *lieutenants*, der Ägypter Dr. Ayman al-Zawahiri und Mohammed Atef. Nach seiner Rückkehr ins *Oval Office* hatte Bush das Plakat mit Fotos und geheimen biografischen Daten der *most wanted* in einen Ordner seines Schreibtischs gelegt, seine persönliche Liste zum Abstreichen gewissermaßen. Als Atefs Tod drei Tage nach der Drohnenattacke von den Taliban bestätigt wurde, holte der Präsident seine *scorecard* heraus und malte ein großes X über das Foto des Terroristen.

Es folgte eine Reihe von schweren Rückschlägen. Erst blieben im Dezember 2001 bei der Schlacht um Tora Bora, einem Höhlenkomplex in den *White Mountains* an der afghanisch-pakistanischen Grenze, in dem sich bin Laden und seine Gefolgschaft sowie führende Taliban auf der Flucht vor den alliierten Truppen verschanzt hatten, Erfolge aus; bin Laden konnte sich zu Fuß oder auf dem Rücken eines Maultieres über schmale Pfade nach Pakistan absetzen. Danach musste die CIA die Meldung revidieren, Ayman al-Zawahiri, bin Ladens Stellvertreter, sei getötet worden. Wieder hatte George W. Bush seine persönliche »Hitliste« der Al-Qaida-Terroristen aus der Schublade geholt und das Foto des Ägypters mit einem X versehen. Zu voreilig. Das musste er jetzt mühsam, aber pflichtbewusst wieder ausradieren.

Phoenix revival

»Die Predator-Drohne ist die Waffe der Wahl, aber es könnte auch jemand sein, der ihnen eine Kugel in den Kopf jagt.«
John Rizzo, ehemaliger CIA-Jurist, der die jeweiligen Angriffsziele für Drohnen-Exekutionen bestätigen musste

»Warum haben sie das gemacht? Warum haben die Amerikaner Daraz getötet? Wir haben nichts, nichts! Und jetzt habt ihr uns auch noch Daraz genommen!«
Die sechzehnjährige Nichte des in Zhawar Kili getöteten Daraz Khan, 2002

Am 4. Februar 2002 starren mehrere Analysten der CIA gebannt auf ihre hochauflösenden Monitore und beobachten die eingehenden Bilder einer Drohne hoch über der abgelegenen Region Zhawar Kili in der afghanischen Provinz Paktia. Bei der Ansiedlung handelte es sich um die Reste einer ehemaligen Taliban-Basis aus den achtziger Jahren, als die islamistischen Kämpfer noch Mudschaheddin genannt wurden, mit den Amerikanern verbündet waren und als Vorhut gegen den sowjetischen Imperialismus dienten. Zwei große Schlachten mit der Roten Armee fanden hier statt. 1998 schickte US-Präsident Bill Clinton mehrere Tomahawk-Marschflugkörper in die Region, als Rache für die Anschläge auf amerikanische Botschaften in Afrika, weil Zhawar Kili inzwischen als Al-Qaida-Camp galt (siehe S. 82). Und Ende 2001, nach dem Einmarsch der US-Truppen, bombardierte die Air Force das Areal erneut. In Zhawar Kili steckt viel Metall im Boden.

Dem Drohnenpersonal der CIA fällt plötzlich ein hoch aufgeschossener Mann auf, der sich enthusiastisch mit zwei anderen Afghanen zu unterhalten scheint. Er trägt einen langen Kaftan. Die Leute im Kontrollraum zoomen heran. Noch näher. Ist er bewaffnet? Einer meint, der sehe ja aus wie bin Laden. Stille. Dann bekommt er Zustimmung von den Kollegen. Haben sie tatsächlich den leibhaftigen Al-Qaida-Chef vor sich? Hat er sich hierhin nach Zhawar Kili zurückgezogen? Wie elektrisiert verfolgen sie das Verhalten der Männer am Boden.

Es fällt bis heute unter strengste Geheimhaltung, welche Informationslage damals in den entscheidenden Minuten im Kontrollraum herrschte. Einige Wochen zuvor hatte ein Geologe der University of Cincinnati versichert, er habe ein Video im Internet, das bin Laden im Oktober 2001 zeige, auf die im Hintergrund zu erkennenden Gesteinsformationen untersucht und dabei festgestellt, dass die Aufnahmen in der Gegend von Zhawar Kili gemacht worden seien. Er selbst habe dort unlängst Proben genommen. Trug dieser Befund zu der Entscheidung bei, die jetzt anstand? Lagen andere Erkenntnisse über bin Ladens Aufenthalt vor?

Am Ende ihrer kurzen Diskussion sind die Drohnenkrieger der CIA offenbar überzeugt, dass es sich tatsächlich um den meistgesuchten Mann der Welt handelt. Vielleicht spielt auch so etwas wie Jagdfieber eine Rolle, das die Blicke verzerrt und die Sinne trübt. Jedenfalls erbittet die Crew die Freigabe für einen Raketenangriff auf die drei Männer.

Der 31-jährige Daraz Khan und seine Freunde haben an diesem Tag schon einen langen Fußmarsch hinter sich. Mehr als 15 Kilometer sind sie durch die schneebedeckten Berge aus ihrem Heimatdorf Lalazha hierher gewandert, um auf den Bombenfeldern der amerikanischen Luftwaffe nach Reststoffen zu suchen. Die Männer sind Schrottsammler. Fünfzig Cents bringt ihnen eine Kamel-Ladung Alteisen in Pakistan, auf der anderen Seite der Grenze. Jetzt ruhen sie sich gerade aus.

Es dauert ein paar Minuten, bis die Genehmigung zum Abschuss im Kontrollraum eintrifft. In der Zwischenzeit zeigt das Bild des Predators, dass sich die Männer offenbar aus dem Blickfeld zurückgezogen haben. Doch dann fängt die Kamera den Langen wieder ein. Er steht mit den zwei anderen unter ein paar Bäumen, gestikuliert, scherzt möglicherweise mit ihnen.

Ein Daumen drückt auf einen Knopf, ein Computer sendet einen Befehl zu dem unbemannten Fluggerät, ein Raketentreibsatz wird gezündet. All das geht blitzschnell, automatisch und geschmeidig über die Bühne. Auf die Technik scheint Verlass. Zischend geht das Geschoss auf die kurze Reise. Dann schlägt die Hellfire mit einer ungeheuren Wucht ein. Explodiert. Als sich der Staub gelegt hat, zeigt sich ein Bild der Verwüstung. Ein großer Krater klafft im Boden, dort wo eben noch die drei Männer standen. Von ihnen fehlt jede Spur. Sie haben sich in brennende Luft aufgelöst.

Nach der Operation schickt das Pentagon ein Untersuchungsteam nach Zhawar Kili – und seine Pressesprecher an die Medienfront: Es sei zwar nicht bin Laden gewesen, räumt Konteradmiral John Stufflebeem Tage später gegenüber Journalisten ein, es habe sich gleichwohl um »angemessene Zielobjekte« gehandelt. Angemessene Zielobjekte? Keinesfalls »gab es Anhaltspunkte dafür, dass unschuldige Männer« im Visier der Drohnen gewesen sein könnten. Bei der Überprüfung der genauen Umstände vor Ort habe sich nach ersten Berichten gezeigt, dass neben »kleinen Stückchen menschlicher Überreste« auch Dokumente gelegen hätten, darunter englischsprachige Kreditkartenabrechnungen und Flugpläne, sowie ein leerer Karton für ein Radio und ein Säckchen, in dem üblicherweise AK-47-Munition transportiert werde. Stufflebeem: Das zeige deutlich, dass die Opfer »keine Kleinbauern waren, die da oben ihre Felder bestellten«. Es ist der zynische Versuch des amerikanischen Verteidigungsministeriums, zu legitimieren, was nicht legitimiert werden kann.

»Warum haben die Amerikaner Daraz getötet?«, klagt die sechzehnjährige Nichte des getöteten Schrottsammlers gegenüber Journalisten, die in Lalazha mit Verwandten und Freunden der drei CIA-Opfer sprechen. »Wir haben nichts, nichts! Und jetzt habt ihr uns auch noch Daraz genommen!«

Bei der Kampagne gezielter Tötungen aus unbemannten Flugobjekten sollten sich in den nächsten Jahren Erfolge an Misserfolge reihen, jedenfalls wenn man sich den militärischen Blickwinkel zu eigen macht: Auf der Jagd nach HVTs (»high value targets«) kam es zu jeder Menge Kollateralschäden, die CIA und Pentagon aber der höheren Ziele wegen in Kauf nahmen: Am 3. November 2002 wurde im nördlichen Jemen ein Auto von der Hellfire eines Predators getroffen: Qaed Salim Sinan al-Harethi, einer der Verantwortlichen für den Anschlag auf die *USS Cole*, vier jemenitische Terroristen und der amerikanische Staatsbürger Kamal Derwish kamen ums Leben. Er hatte andere Amerikaner für die Ausbildung in Al-Qaida-Camps rekrutiert. Ein bereitstehender Airforce-Hubschrauber setzte ein Team an der Einschlagstelle ab, es sollte Proben nehmen von den menschlichen Überresten, aber auch sonstige Spuren in dem zerstörten Wagen sichern. Die Leute stießen auf Kommunikationsinstrumente oder das, was davon übriggeblieben war, und die Chemiker konnten später Sprengstoff nachweisen. Das alles veranlasste die US-Regierung, mit der Liquidierung nicht hinter dem Berg zu halten. Es habe sich um eine »taktisch sehr erfolgreiche Operation« gehandelt, ließ der damalige Pentagon-Staatssekretär Paul D. Wolfowitz verlauten. Als die Medien nachfragten, ob dies eine Abkehr von der bisherigen Linie gegen gezielte Tötungen sei, schließlich habe sich das Weiße Haus immer sehr kritisch zur israelischen Praxis geäußert, verwies ein Regierungssprecher auf eine Einschätzung von Vizepräsident Dick Cheney aus dem August 2001, also vor 9/11: »Wenn sie (die Israelis) zum Beispiel eine Organisation haben, die einen Selbstmordanschlag durchgeführt hat oder durchführen will, und sie haben Anhaltspunkte, um wen es sich handelt und wo er lebt, ich denke, dass es dann eine gewisse Rechtfertigung dafür gibt, dass sie versuchen wollen, sich durch eine vorbeugende Aktion zu schützen.«

Nach der Exekution von al-Harethi und seinen Glaubensbrüdern kramte George W. Bush erneut seine persönliche Liste hervor und machte ein dickes Kreuz durch einen der dort gezeigten 22 Köpfe.

Noch weigerte sich die Bush-Regierung, öffentlich einzuräumen, man jage jetzt den Rest der dreckigen zwei Dutzend auf Bushs Liste mit denselben Methoden wie die Israel Defense Forces (IDF) und die israelischen Geheimdienste. Im Gegenteil: Die Einschätzung gegenüber »gezielten Tötungen im israelisch-palästinensischen Konflikt hat sich nicht verändert«, gab ein Sprecher des State Department bekannt, weigerte sich in dem Zusammenhang aber, über die Ermordung al-Harethis zu sprechen. Die damalige Administration »schien den Standpunkt einzunehmen, ihre eigenen geheimen Exekutionen seien aus nicht völlig ersichtlichen Gründen gerechtfertigt«, während die offene Handhabung dieser Politik durch die Regierung in Jerusalem »nicht gerechtfertigt« sei, schreibt Avery Plaw von der University of Massachusetts in seiner profunden Analyse »Targeting Terrorists«.

Erstaunlich genug, ließ die CIA bis 2005 keine Drohnenangriffe mehr durchführen. Gab es Bedenken innerhalb der Regierung? Plaw glaubt, die Pause sei vielmehr dadurch verursacht gewesen, dass durch den Krieg in Afghanistan und den Einmarsch in den Irak »enorme finanzielle Ressourcen« gebunden gewesen seien. Kurzum: Es fehlte Geld, um neue Drohnen anzuschaffen. Erst in der Nacht des 7. auf den 8. Mai 2005 schickte die CIA wieder einen Predator auf Jagd – diesmal am pakistanischen Himmel. Gesucht wurde Haitham al-Yemeni. Da der US-Geheimdienst befürchtete, der angeblich hochrangige Al-Qaida-Mann könnte in den Untergrund abtauchen und damit von ihrem Radar verschwinden, verfolgten Agenten seit einer Woche seine Bewegungen am Boden und übermittelten dann die Koordinaten für sein Fahrzeug an die Drohne. In Nord-Waziristan an der pakistanisch-afghanischen Grenze erspähte der CIA-Raubvogel im Infrarotmodus sein Opfer und ließ es dann nicht mehr aus den Augen. Der Abschuss des Autos war dann reine Formsache.

Nach 2005 entwickelte sich aus den vereinzelten Operationen gegen die führenden Köpfe von al-Qaida, die mit 9/11 oder wenigstens der Führungsstruktur des Terrornetzwerkes in irgendeinem Zusammenhang standen, zum persönlichen Abhaken auf der Liste des Präsidenten, eine neue Strategie des gezielten Tötens. Je mehr Jagddrohnen einsatzfähig waren, desto größer wurde der Kreis möglicher Ziele. Aus der Liste der 22 Führungspersonen müssen seinerzeit Aufstellungen Hunderter von Al-Qaida-Mitgliedern und Taliban geworden sein, und es ging auch nicht mehr nur, rückwärts gerichtet, um Rache und Vergeltung, sondern, vorwärts gerichtet, um Prävention und vorsorgliche Terrorbekämpfung. Die CIA glaubte offenbar, es könne nicht schaden, den Entzündungsherd weiträumig zu beseitigen.

Das alles geschah unter strengster Geheimhaltung. Eine zweite Debatte nach den öffentlichen Diskussionen über Foltervorwürfe wollte die Bush-Administration unbedingt vermeiden. Dreißig Jahre nach den Befunden des Church-Komitees und dem Erlass einer *Executive Order* über den Verzicht von Exekutionen, trotz der immer wieder geübten Kritik an der israelischen Hinrichtungspolitik, etablierte das Weiße Haus nunmehr selbst ein geheimes Tötungsprogramm zur Bekämpfung des Terrorismus. Und davon sollte die Öffentlichkeit nichts erfahren. Das hing wohl auch damit zusammen, dass es seit diesen Jahren eine »starke Abneigung gegen verdeckte Operationen« unter den Amerikanern gab, wie Plaw glaubt.

Das geheime Wissen über al-Qaida und die Taliban lag bei der CIA, ebenso die Deutungshoheit über die Rolle der Zielpersonen innerhalb des Terrornetzwerks und natürlich auch die Kontrolle über die Zielprogrammierung der Killerdrohnen. Die Agency sicherte sich damit paramilitärische Schlagkraft für verdeckte Operationen, und das alles weitgehend ohne parlamentarische oder gar öffentliche Kontrolle; gleichzeitig geriet ihr eigentlicher Auftrag, das Sammeln und Bewerten von Nachrichten, ins Hintertreffen. Neben dem Predator verfügten die Amerikaner seit September 2007 zudem über einen zweiten, größeren Drohnentyp, der nach Einsätzen verlangte und der auch gleich klar und unmissverständlich, seiner Aufgabe angepasst, Reaper getauft worden war (zu Deutsch »Sensenmann«). Der Reaper ist mit zwei lasergelenkten Bomben und vier Hellfire-Raketen bestückt.

Mit dem »Sensenmann« kam es dann auch zu einer deutlichen Erhöhung der Quoten: Während es zwischen 2004 und 2007 nicht einmal eine Handvoll Operationen pro Jahr gegeben hatte, kletterte die Zahl 2008, im letzten Amtsjahr von Präsident Bush, auf 37 Einsätze (301 Tote). Doch wer geglaubt hatte, der neue Mann im Weißen Haus würde die CIA-Kampagne des gezielten Tötens im pakistanisch-afghanischen Grenzgebiet umgehend einstellen oder wenigstens herunter fahren, sah sich bitter enttäuscht. 2009 segnete Barack Obama insgesamt 52 *find-and-kill*-Operationen in Pakistan ab, die Gesamtzahl der Opfer lag bei 549. Im Jahre 2010 kletterte die Zahl sogar auf 122 mit insgesamt 849 Toten. Das sind inoffizielle, aber seriöse Angaben der Stiftung *The National Security Studies Program*, denn natürlich legte bislang weder die CIA noch die Obama-Administration Rechenschaft über den staatlichen Serienmord ab (siehe S. 29).

Darüber hinaus genehmigte der mit dem Friedensnobelpreis ausgezeichnete Barack Obama auch Operationen im

Stolz auf die Todesurteile: John Rizzo, Rechtsberater der CIA, äußerte sich über das »sehr geschäftsmäßige Verfahren«, wie der Geheimdienst mutmaßliche Terroristen jagt und tötet.

Jemen, wo der amerikanische »Sensenmann« fortan immer häufiger am Himmel aufkreuzte. Obamas Drohnenkampagne erwies sich als eine Art Wiedergeburt des Tötungsprogramms in Vietnam. *Phoenix revival.* Nach der Untersuchung von *The National Security Studies Program* starben bis Ende Mai 2013, als Obama das Programm erstmals in Frage stellte, in Pakistan zwischen 2000 und 3300 Menschen durch gezielte Tötungen und im Jemen noch einmal zwischen 580 und 820 (siehe Anhang S. 371).

John Rizzo war einst einer der verantwortlichen Juristen in der CIA im Kampf gegen al-Qaida. Erst unterstützte er enthusiastisch das Folterprogramm von George W. Bush, dann die Drohnenkampagne von Barack Obama. Er gab oft das letzte Okay an die Piloten, die vom Keller der Agency aus ihre fliegenden Raubtiere und »Sensenmänner« mit Joystick und Tastatur über West-Pakistan dirigierten, wenn sie Einheimische ins Visier nahmen, die irgendjemand aus den Etagen über ihnen als gefährlich eingestuft hatte. Seit 2009 ist Rizzo pensioniert, ein Technokrat des Tötens im Ruhestand. Rizzo legt bei Gesprächen mit Journalisten Wert darauf, dass er hinterher nicht wörtlich zitiert wird, er ahnt offenbar, dass oft die Pferde mit ihm durchgehen, wenn er über seine damalige Arbeit spricht. Im Februar 2011 hielt sich Tara McKelvey, eine Reporterin von *Newsweek,* offenbar nicht an die Verabredung oder Rizzo hatte vergessen, darauf hinzuweisen. Es war jedenfalls ziemlich ungeheuerlich, was ihr der vormalige CIA-Jurist da bei Steak und Côtes du Rhone in einem Washingtoner Restaurant anvertraute – und was sie hinterher veröffentlichte. Das laufe alles »sehr geschäftsmäßig ab«, sagte er zum Beispiel über die Jagd nach vermeintlichen Terroristen, »bevor kleine Stückchen« aus ihnen gemacht würden. »Wir arbeiten im Prinzip eine Liste ab.« An einer Stelle drückte er der Journalistin den Zeigefinger auf die Stirn als handele es sich um eine Pistole. »Wie viele Jura-Professoren können schon von sich behaupten, dass sie Todesurteile unterschrieben haben?«

Nach Veröffentlichung seines »Interviews« mit *Newsweek* eröffnete das US-Justizministerium ein Ermittlungsverfahren wegen Geheimnisverrats gegen John Rizzo.

DER MOSSAD

Die verbotene Stadt

»Sie bringen dir bei, wie man, wenn man so will, ein Krimineller im Staatsdienst wird. Der Staat gibt dir die Erlaubnis, einzubrechen, zu stehlen und viele nicht sehr nette Sachen mit anderen Menschen zu machen.«

Gad Shimron, ehemaliger Mossad-Agent

Wer aus dem Norden Israels kommend auf der Autobahn Nr. 2 Richtung Tel Aviv fährt, passiert bei Herzliya auf der linken Seite ein großes Einkaufszentrum mit Multiplex-Kino: »Cinema City«. Unmittelbar danach, hinter einer mit Stacheldraht bewehrten hohen Mauer, folgt das Hauptquartier des israelischen Auslandsgeheimdienstes Mossad. Auf der den Spionen zugewandten Seite der Shopping Mall existieren keine Fenster, was vermutlich eine unabdingbare Voraussetzung für die Erteilung einer Baugenehmigung war. Und dennoch scheint diese Nähe ein Widerspruch in sich: Der so legendäre wie mysteriöse Nachrichtendienst – hautnah neben einem öffentlichen Kino mit Einkaufsläden und viel Publikumsverkehr?

Von oben, bei *google earth*, erkennt man (bei offenbar gebotener Unschärfe) ein von mehreren Schnellstraßen eingeschnürtes, schätzungsweise zehn Hektar großes Gelände (Koordinaten: 32'08'32.92 N und 34'48'14.32 O). Der ältere Teil des Areals mit dem Gebäude, in dem der Direktor des Geheimdienstes seine Büros hat, und einem kugelförmigen Wasserspeicher liegt auf einem Hügel, östlich davon befindet sich ein riesiger Parkplatz, nördlich schließt sich ein offensichtlich neuerer, wabenförmiger Komplex an. Tagaus, tagein fahren Zehntausende von Pendlern auf ihrem Weg von und nach Tel Aviv an der Geheimdienstzentrale vorbei. Wenn sich der Verkehr auf dem *flyover* zur Autobahn Nr. 5 staut, können die wartenden Autofahrer das Treiben in der verbotenen Stadt aus der Ferne beobachten. Doch alle Israelis wissen, dass solche Blicke nicht erlaubt sind. Auf allen Landkarten ist die Geheimdienstzentrale ein weißer Fleck, sie darf nicht fotografiert oder auch nur beschrieben werden. Israelische Autoren, die über den Mossad berichten, winden sich oft in ihren Formulierungen, wenn sie über das Headquarter sprechen, bezeichnen es zum Beispiel als Areal an einem Autobahnkreuz im Norden von Tel Aviv. Bis vor einigen Jahren war selbst der Name des Mossad-Chefs ein öffentliches Tabu. Inzwischen wurde der Schleier ein wenig gelüftet. Der israelische Auslandsgeheimdienst verfügt heute sogar über einen Auftritt im Netz (www.mossad.gov.il).

Der volle Name des am 13. Dezember 1949 auf Veranlassung des ersten israelischen Ministerpräsidenten David Ben-Gurion gegründeten Nachrichtendienstes lautet auf Hebräisch *HaMossad l'Modi'in u'l'Tafkidim Meyuchadim*, was man mit *Institut für Nachrichtengewinnung und spezielle Aufgaben* übersetzen könnte. Das ist auch heute noch eine ziemlich präzise Umschreibung seiner Aufgaben: Spionage und verdeckte Operationen. Auch ein Motto hat sich das »Institut« irgendwann gegeben, man kann es auf der englischsprachigen Internetseite des Mossad nachlesen: »Where no counsel is, the people fall, but in the multitude of counselors there is safety«. Was damit gemeint ist, erschließt sich auch dem Sprachkundigen nicht auf Anhieb. Die Wortwahl treffe nicht die Vieldeutigkeit der hebräischen Begriffe, urteilen die beiden Mossad-Spezialisten Yossi Melman und Dan Raviv, sie schlagen eine Übersetzung vor, die dem Mossad wohl gefallen würde: Ohne hinterhältige Pläne wird Israel sterben; aber wenn es eine Vielfalt von Informationen gibt, wird Israel errettet.

Ein paar Tausend Mitarbeiter arbeiten für den Mossad, aber längst nicht alle gehen in der »verbotenen Stadt« ihrem Spionagehandwerk nach. Der Geheimdienst kann in aller Welt auf ein engmaschiges Netz sogenannter *Sajanim* zurückgreifen, das sind freiwillige Helfer, die sich entweder aus israelischen Staatsbürgern oder jüdischen Sympathisanten rekrutieren. Sie leisten bereitwillig logistische Unterstützung, ohne viel zu fragen, vor allem ohne in die Operationen eingeweiht zu werden.

Der Mossad gliedert sich in mehrere große Abteilungen, die größte wird *Tsomet* genannt, das hebräische Wort für »Kreuzung«; hier werden Informationen gesammelt und Spione in der ganzen Welt geführt, vor allem aber im Nahen und Mittleren Osten; *Tsomet* verfügt über Niederlassungen im Ausland, in der Regel handelt es sich um die Residenturen an den israelischen Botschaften, gelegentlich aber auch um Firmen hinter unverdächtiger Fassade. *Keshet* (»Regenbogen«) ist zuständig für Observationen und Abhörmaßnahmen. Und es gibt *Caesarea*, benannt nach der antiken Stadt Caesarea Maritima, die später eine wichtige Festung für die Kreuzritter wurde; deren Ruinen liegen auf halbem Wege zwischen Tel Aviv und Haifa.

Die Caesarea-Einheit kann man als den schlagenden Arm des Mossad bezeichnen, sie führt Operationen im feindlichen Ausland durch; ihre Agenten werden »Kämpfer« oder »Kombattanten« an einer unsichtbaren Front genannt. Innerhalb von Caesarea wiederum gibt es eine Gruppe von Spezialisten, die sich *Kidon* nennt, was im Hebräischen »Bajonett« oder »Speerspitze« heißt und durchaus sinnbildlich gemeint ist: Es handelt sich um die Mörder des Mossad. Die genaue Zahl der Kidon-Agenten ist streng geheim, sicher scheint jedoch, dass sie entweder völlig abgeschottet in Israel leben und sich so gut wie nie im Headquarter blicken lassen, oder dass sie im Ausland unter einer ausgetüftelten

Legende ein halbwegs normales Leben als »Schläfer« führen. Natürlich haben diese »Spezialkräfte«, die den Sprengsatz zünden, das Gift einflößen, auf lange Distanz mit ruhiger Hand ein Loch in Köpfe schießen oder dem Gegner mit Kraft und geschicktem Griff das Genick brechen, eine »spezielle Ausbildung« erfahren, sagt Gad Shimron, der selbst viele Jahre als Caesarea-Kämpfer auf dem Buckel hat, allerdings nie für Kidon tätig war. Man könnte sagen: Sie genossen eine Ausbildung zum Berufskiller.

Israel tötet gezielt – in den besetzten palästinensischen Gebieten und im Ausland. Die Zielpersonen, über die Spitzen des Mossad und der anderen Geheimdienste gewissermaßen zu Gericht sitzen und deren Todesurteil dem jeweiligen Regierungschef zur Vollstreckung vorschlagen, gelten als Staatsfeinde, bedrohen die Sicherheit des Landes und seiner Bürger. Die *targets* fallen in zwei Kategorien: Terroristen und Wissenschaftler, deren Projekte die Existenz Israels gefährden; nur in Einzelfällen gehörten die Opfer nicht der einen oder der anderen Gruppe an. Dabei werden »leise« und »laute« Hinrichtungen unterschieden, »leise« sollen unter keinen Umständen auf die Regierung in Jerusalem als Auftraggeber und die Agenten des Geheimdienstes als Täter hinweisen, »laute« sollen genau das Gegenteil bewirken, Angst und Schrecken verbreiten oder anderen Staaten eine »Nachricht« fernab diplomatischer Kanäle zukommen lassen.

Exekutionen im befreundeten Ausland müssen schon deshalb möglichst geräuschlos über die Bühne gehen, damit der Regierung in Jerusalem die Möglichkeit eines »glaubwürdigen Dementis« bleibt: »Plausible deniability« heißt das im diplomatischen Jargon. Im Israel feindlich gesinnten Ausland geht es oft um »verdeckte Morde« – das Opfer soll gewaltsam sterben, ohne Spuren eines Gewaltverbrechens zu hinterlassen. Das hängt in erster Linie damit zusammen, den Kidon- und Caesarea-Agenten eine sichere Heimkehr

Profis unter sich: Der ehemalige Mossad-Agent Gad Shimron (links) lud nach dem Ende der DDR deren ehemaligen Spionagechef Markus (»Mischa«) Wolf nach Israel ein.

zu ermöglichen. Würden sie auf frischer Tat ertappt, drohte ihnen in der Regel der Galgen.

Der »Memune« in Herzliya, wie der Mossad-Direktor genannt wird, ist also ein mächtiger Mann in Israel, er kann über Leben und Tod entscheiden. »Memune« ist eine Bezeichnung aus dem Talmud, mit ihr wird der Erste unter Gleichen charakterisiert (»der Auserwählte«). Eine weniger biblische Bezeichnung für die Position lautet: *Ramsad*, im Hebräischen eine Abkürzung für *Rosh ha-Mossad*, »Chef des Mossad«. Mit den moralischen Fragen, die sich aus ihrer Entscheidungsgewalt ergeben, sind die meisten Memunen sehr robust umgegangen. Ähnlich wie die sechs ehemaligen Direktoren des israelischen Inlandsgeheimdienstes Shin Bet in dem Dokumentarfilm »The Gatekeepers«, die plötzlich ihre Zweifel an den außergerichtlichen Exekutionen entdeckten und – gemeinsam sind wir stark – auch publik machten, besaßen wahrscheinlich auch die wechselnden Regierungschefs in Jerusalem und deren Ramsads nuancierte Auffassungen über die Recht- und Zweckmäßigkeit von gezielten Tötungen. In der Regierungszeit des Memunen

Für die einen Helden, für die anderen Mörder: Der ehemalige Agentenausbilder des Mossad, Moti Kfir, in der Gedenkstätte der israelischen Geheimdienste.

Nahum Admoni (von 1982 bis 1989) lag die Zahl der bekannt gewordenen Hinrichtungen relativ hoch (10), in jener seines Nachfolgers Shabtai Shavit (von 1989 bis 1996) deutlich niedriger (3); unter Danny Yatom (1996 bis 1998) und Efraim Halevy (1998 bis 2002) gab es überhaupt keine Liquidierungen im Ausland, was allerdings wohl auch dem großen Fiasko des Mossad 1997 in Amman geschuldet war (siehe S. 248); erst unter Meir Dagan (2002 bis 2010) stieg die Zahl der Mordanschläge wieder (6).

Nur etwa fünfhundert Meter Luftlinie von der »verbotenen Stadt« entfernt, direkt gegenüber dem Haupteingang der Unit 8200, in der die Lauscher und Hacker des Militärgeheimdienstes Aman arbeiten, liegt eine Gedenkstätte. »In Erinnerung an die Gefallenen der israelischen Geheimdienste« steht am Eingang. Das Memorial ist öffentlich zugänglich, auch wenn es zu keinem offiziellen Touristenprogramm zählt. Viele Namen sind hier in Stein gemeißelt – und die entsprechenden Todestage. Einige ihrer Geschichten, die nicht länger der Geheimhaltung unterliegen, kann man auf Hebräisch nachlesen, in einem holzgetäfelten Raum bei gedämpfter Klaviermusik von einer Endlosschleife. Es sind spannende Zeugnisse darunter, wie zum Beispiel jenes von Shalom Dani, eines Holocaust-Überlebenden, der in den fünfziger Jahren zum

102

Meisterfälscher des Mossad aufstieg. Er fabrizierte Pässe für Tausende marokkanischer Juden und verhalf ihnen damit zur Flucht; danach wurde er nach Argentinien abkommandiert, um die Entführung des Kriegsverbrechers Adolf Eichmann mit nachgemachten Papieren zu unterstützen.

Auf vielen Seiten der dicken Bücher finden sich allerdings nur Fotos und Namen – aber keine Geschichten. Sie wurden nicht und werden womöglich nie von den Zensoren freigegeben. Für andere verdiente Kämpfer gibt es noch weniger, nur eine allgemeine Inschrift:»Denjenigen gewidmet, deren Schleier noch nicht gelüftet und deren Namen noch nicht preisgegeben werden kann.« Hier ehren die Geheimdienste auch Männer und Frauen, die nach herkömmlicher Einschätzung Mörder sind.»Keiner von ihnen ist ein Killer«, empört sich der ehemalige Mossad-Ausbilder Moti Kfir über diese Einschätzung,»sie waren Soldaten auf einem permanenten Schlachtfeld!« Und während er weiter blättert und sich vieler Gesichter und Namen aus seiner eigenen Schaffenszeit erinnert, fügt er trotzig hinzu:»Wir ziehen es vor, uns zu schützen, bevor wir getötet werden, und eine Möglichkeit dabei ist, unseren Feind anzugreifen, bevor er es tun kann.«

Vorbeugende Notwehr könnte man das nennen.

Kormans Reisen

»Du musst entscheiden, was weniger gefährlich und riskant ist für deinen Kämpfer. Ein bestimmtes Risiko muss dabei in Kauf genommen werden.«

Moti Kfir, ehemaliger Mossad-Ausbilder

Sharjah ist ein kleines Scheichtum der Vereinigten Arabischen Emirate (UAE) am Persischen Golf, eigentlich eine Großstadt mit knapp einer Million Einwohner. Auf der anderen Seite der berühmten Straße von Hormus liegt der Iran.

Die Entfernung von Sharjah nach Bandar Abbas beziehungsweise Bandar Lengeh beträgt etwa 150 bis 200 Kilometer.
Zweimal in der Woche verkehren Katamarane der iranischen *Valfajr Shipping Lines* zwischen dem Port Rashid Terminal im Emirat Sharjah und den beiden iranischen Hafen-
städten, die Überfahrt dauert fünf bis sechs Stunden. Früher
gab es auch eine Autofähre, die deutlich länger brauchte, sie
wurde inzwischen aber eingestellt, offenbar wegen zu geringer Auslastung.

Beim Mossad wird man das bedauert haben. Denn das direkt nebenan liegende Emirat Dubai gilt als religiös gemäßigt
und westlich geprägt, mit architektonischen Superlativen,
endlosen Shopping Malls und jeder Menge Luxus und Glit-
zer. Es ist seit Jahren ein beliebter Tummelplatz für Agenten
jeder Herkunft. Im alten Hafen am Dubai Creek, rund um
den berühmten Gewürzmarkt von Deira, sind viele iranische
Banken und Transportunternehmen anzutreffen, die jedem
Geschäft aufgeschlossen gegenüberstehen, ohne allzu viele
Fragen zu stellen. Seit Beginn des UN-Embargos haben sich
die Schmuggler und Schieber von Deira mit dem »kleinen
Grenzverkehr« auf den hölzernen Frachtkähnen, die oft in
Dreierreihen an der Kaimauer liegen, eine goldene Nase ver-
dient.

Offenbar ist das islamische Dubai auch eine Operationsbasis für den Mossad, weil sich der Iran von hier aus viel
besser infiltrieren lässt als über die großen Flughäfen des
Landes. Die israelischen Agenten, die sich mit unverdächti-
gen internationalen Pässen in den Emiraten bewegen, fühlen sich hier fast wie zu Hause. Sie können iranische Besu-
cher und Geschäftsleute aushorchen oder gar anwerben,
und sie können *undercover* in Deira als Bootsleute für eine
Passage in den Iran anheuern oder als Rucksack-Touristen
von Sharjah aus mit dem Schnellboot übersetzen.

Am frühen Abend des 25. August 2009 geht im Port Rashid

Manipulierter Pass des Mossad-Agenten Adam Korman, der mit diesen Papieren in den Iran reiste.

ein junges Paar an Bord des Katamarans nach Bandar Abbas. Man kann vermuten, dass die beiden mit schweren Rucksäcken, Sonnenbrillen und Reiseführern unterwegs sind: Adam Marcus Korman, der gerade 34 Jahre alt geworden ist, und seine 26-jährige Freundin Nicole Sandra McCabe kommen aus Australien; wie spätere Ermittlungen der Polizei ergeben werden, sind sie am 20. August mit *Emirates*-Flug EK 381 aus Hongkong in Dubai eingetroffen. Sie haben dann offenbar ein paar Tage mit Sonnenbaden und Sightseeing verbracht und wollen jetzt zur nächsten Station ihrer *backpacker*-Tour aufbrechen, die sie am nächsten Morgen erreichen werden. Ihr Ticket Nr. 858823-735 hat schon vor Wochen ein Freund vor Ort gekauft, jetzt legen die beiden ihre australischen Pässe mit den Nummern L 4819236 (Korman) und L 4041765 (McCabe) vor und nehmen ihre reservierten Plätze ein. Alles scheint seine Richtigkeit zu haben.

Zur selben Zeit gehen in Israel Adam Marcus Korman (34) und Nicole Sandra McCabe (26) ihrem gewohnten Leben nach. Korman ist australischer Herkunft aus Melbourne, arbeitet als Geigenbauer in einem Apartment am Rothschild Boulevard in Tel Aviv, seine Frau hat gerade das erste Kind zur Welt gebracht; McCabe stammt ebenfalls aus Melbourne, hat vor kurzem in Israel geheiratet. Tatsächlich sind sich Korman und McCabe nie begegnet, weder in Australien noch in Israel, schon gar nicht reisen sie gerade gemeinsam über Sharjah in den Iran. Die beiden sind Opfer des Mossad geworden. Er hat ihre Identitäten »entliehen«, um mit deren Hilfe streng geheime Operationen im Ausland durchzuführen, zu der Zeit gerade im Land des Erzfeindes Iran.

Welche Aufgabe die beiden israelischen Agenten nach ihrer Ankunft in Bandar Abbas haben, ob sie Kontakte zu iranischen Oppositionsgruppen auffrischen, die Lebensumstände iranischer Kernphysiker auskundschaften oder Bodenproben aus der Nähe iranischer Atomanlagen nehmen sollen, um in ihnen den Anteil hochangereicherten Urans ermitteln zu können – niemand weiß es. Die Spionage-Aufgaben für Caesarea-Kombattanten dürften in einem Land, das nach einer Atombombe strebt und Israel von der Landkarte ausradieren möchte, ungeheuer vielfältig sein. Urlaub machen und Kulturschätze besichtigen steht sicherlich nicht auf dem Programm des Agentenpärchens, und wenn, dann nur aus Gründen der Tarnung.

Am 12. Januar 2010, nur wenige Monate nach der heimlichen Einreise der beiden Agenten, fällt der fünfzigjährige iranische Nuklearexperte Massoud Alimohammed in Teheran einem Bomben-Anschlag zum Opfer. Er ist bereits der dritte iranische Atomwissenschaftler, der heimtückisch ermordet wird. Haben Korman und McCabe im Hintergrund an der Vorbereitung des Anschlags mitgewirkt? Oder steht die nächtliche Überfahrt von Sharjah nach Bandar Abbas vielleicht in Zusammenhang mit dem Versuch der Israelis, Kontakte mit der sunnitischen Terrorgruppe Mujahedin-e-Khalq (Jundallah) zu vertiefen, die Wochen zuvor, im Mai

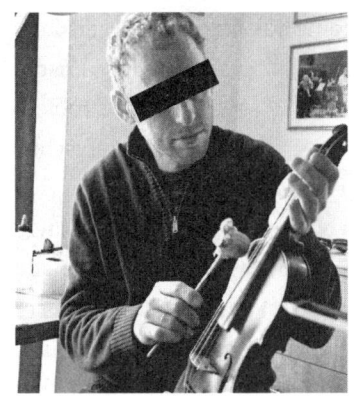

Ahnungslos oder naiv: Der Geigenbauer Adam Korman, dessen Pass vom Mossad für gefährliche Operationen missbraucht wurde, lebt in Tel Aviv.

2009, während eines schiitischen Festes in einer Moschee in Zahedan, durch einen Selbstmordanschlag 25 Menschen getötet und mehr als einhundert Gläubige verletzt hatte? Der Mossad unterstützte damals die von Pakistan aus operierende Terrorgruppe, um das schiitische Regime in Teheran zu destabilisieren und Anschläge auf Atomphysiker vorzubereiten. Die Agenten operierten dabei »unter falscher Flagge«, sie gaben vor, Mitarbeiter der CIA zu sein und warfen mit Bündeln von Dollars um sich, um mit den Anführern von Jundallah ins Geschäft zu kommen (siehe S. 271).

Es war eine geheimdienstliche Himmelfahrtsmission. Hätten die Iraner sie erwischt, wären sie vermutlich öffentlich gehenkt worden – so wie der Mossad-Agent Eli Cohen am 18. Mai 1965 auf dem Märtyrer-Platz in Damaskus. Aber anders als damals hätten die Iraner 2009 nur den Namen Adam Korman im Internet googeln müssen, um auf einen gleichnamigen und gleichaltrigen Geigenbauer und Musiker australischer Herkunft in Tel Aviv zu stoßen. Und auch von der echten Nicole McCabe hätten sich Spuren im Netz finden lassen. Wenn eine simple Recherche in der virtuellen Welt das fast sichere Todesurteil für das Agentenpärchen bedeutet hätte – ist das dann nicht purer Leichtsinn?

»Ein bestimmtes Risiko muss in Kauf genommen werden«, sagt Moti Kfir, »es gibt keine hundertprozentigen Operationen!« Kfir war viele Jahre lang Ausbilder der »Frischlinge« an der Mossad-Akademie. Es sei das große Problem des Geheimdienstes, dass seine »Kämpfer« in der arabischen Welt oder im Iran logischerweise nicht mit israelischen Pässen operieren könnten, räumt er ein. Deshalb gerieten junge Einwanderer, vornehmlich wenn sie aus Australien, Kanada oder England nach Israel kämen, fast automatisch ins Visier des Nachrichtendienstes. »Das war zu meiner Zeit so – und das ist heute nicht anders«, fügt Kfir an, will dann aber über Details lieber nicht mehr preisgeben.

Soviel ist bekannt: Bei der Übergabe ihres neuen israelischen Passes werden die Neubürger diskret gefragt, ob sie »der Regierung« ihre australischen, kanadischen oder englischen Identitätsdokumente für eine gewisse Zeit zur Verfügung stellen könnten, sie hätten für ihre Auslandsreisen ja nunmehr israelische Papiere. Viele lassen sich aus Loyalität gegenüber ihrem neuen Heimatland auf dieses Spiel ein, ohne zu hinterfragen, was denn diese Regierung mit den Dokumenten zwischenzeitlich anzustellen gedenke. Da Pässe heute in der Regel als fälschungssicher gelten und durch die internationale Datenvernetzung jederzeit und überall überprüfbar sind, können auch die Fälscher der Geheimdienste, die mit ausgeklügelten Methoden und speziellen Drucktechniken arbeiten, keine komplett neuen Pässe produzieren. Gebraucht werden deshalb echte Dokumente.

So könnte zum Beispiel der Mossad seinen Agenten mit den Papieren, sagen wir, nach Toronto schicken, um dort persönlich mit seinen eigenen Fotos einen neuen kanadischen Pass zu beantragen. Begründung: der alte laufe demnächst ab. Da das Passfoto vielleicht schon zehn Jahre alt ist, fällt dem Beamten womöglich nicht auf, dass eine andere, gleichaltrige, ähnliche Person den Antrag stellt. Auch die

Unterschrift verändert sich mit der Zeit und lässt sich leicht einüben. Solange untrügliche Identitätsmerkmale wie der Fingerabdruck nicht in den Reisepapieren festgehalten werden, bleiben solche Manipulationen möglich und gehören bei allen Nachrichtendiensten zum alltäglichen Geschäft (siehe S. 124).

Beim Pass des Agenten Korman dürfte es sich allerdings um den Originalpass des Geigenbauers Korman handeln, denn er wurde im November 2003 an der australischen Botschaft in London ausgestellt. Damals arbeitete der Australier für einen Violin-Reparaturbetrieb in der britischen Metropole, er wanderte erst 2005 nach Israel aus. Es ist deshalb davon auszugehen, dass der Mossad ihm bei der Einbürgerung den australischen Pass abschwatzte und dann das Foto nachträglich manipulierte.

Nicole McCabe, deren Pass 2003 in Melbourne gedruckt wurde, und Adam Korman reisten wahrscheinlich seit 2006/2007 als Agentenpärchen des Mossad durch die Welt und zahlten sogar mit derselben Kreditkarte. Ihre Aufgabe: mit den geborgten Identitäten als »Kriminelle im Staatsdienst«, wie Ex-Mossad-Agent Gad Shimron es formuliert, »zu spionieren, einzubrechen, zu stehlen und andere, nicht sehr nette Dinge mit anderen Menschen zu machen«.

Am 18. Januar 2010 um 23 Uhr taucht Adam Korman erneut in Dubai auf, er kommt mit Flug EK 098 aus Rom, diesmal ohne Nicole McCabe, aber in Begleitung von fünf Kollegen. Sie gehören zu einem Mordkommando des Mossad, das den Hamas-Waffenhändler Mahmoud al-Mabhouh liquidieren soll. Der wird zu Verhandlungen mit iranischen Lieferanten im Emirat erwartet.

Ein lauter *hit* – der Fall Mabhouh

»Wenn die Entscheidung für eine Exekution gefallen ist, muss die Taktik der Operation geplant werden, und zwar basierend auf einer Abschätzung der Situation, ganz wie bei militärischen Operationen. Die erste Abschätzung wird Informationslücken und möglicherweise die Notwendigkeit aufzeigen, spezielle Gerätschaft zu produzieren oder zu konstruieren.«

CIA-Ratgeber für gezielte Tötungen, 1953

Das *Al Bustan Rotana* in Dubai ist eines der üblichen Luxushotels in der Nähe internationaler Flughäfen, die vornehmlich von Geschäftsreisenden frequentiert werden, deren enger Zeitplan wenig Spielraum für Besichtigungen und Kultur lässt. Neben einer kühnen Architektur, von der das kleine Emirat am Golf ein reiches Spektrum zu bieten hat, findet der gestresste Manager alles, was er braucht: eine imposante Lobby mit unzähligen Sitzgruppen für seine Meetings, Konferenzräume, mehrere Restaurants, Pools und Spa drinnen wie draußen, Tenniscourt – Fünf-Sterne-Standard eben.

Am 19. Januar 2010 um 15.24 Uhr trifft der Geschäftsmann Mahmoud al-Mabhouh in der Nobelherberge ein. Die auf den Eingangsbereich ausgerichtete Überwachungskamera zeichnet auf, wie er, einen Rollkoffer hinter sich herziehend, die Lobby betritt. Der etwas untersetzte Palästinenser trägt ein schwarzes Ledersakko über einem blauen Pullover, er kommt aus Damaskus, hat bei der Einreise nach Dubai einen falschen Pass vorgelegt. Der 48-Jährige ist für Nachschub an Waffen für die Hamas verantwortlich. Sie werden über die Häfen im Sudan nach Ägypten und dann über Tunnel in den Gaza-Streifen geschmuggelt. Seine in Dubai geplanten Gespräche mit Vertretern der iranischen Revolutionsgarden über neue Lieferungen erfordern deshalb höchste Diskretion.

110

»Von dem Moment an, als er in Dubai gelandet war, wurde er von zehn Agenten in Empfang genommen und observiert«, weiß Gad Shimron, der selbst oft genug an solchen Operationen teilgenommen hat. Al-Mabhouh galt aber nicht nur als Chef-Logistiker des fortwährenden Raketenbeschusses auf den Süden Israels, der Mossad hatte auch noch eine alte Rechnung mit ihm zu begleichen: Er war 1989, zusammen mit dem Palästinenser Abu Sahib, an der Ermordung von zwei israelischen Soldaten in der Negev Wüste beteiligt und hätte damit später sogar geprahlt: Bei einem der beiden Morde seien sie mit dem Auto aus dem Gaza-Streifen eingesickert. »Wir haben uns als orthodoxe Juden mit Kippas auf dem Kopf getarnt«, bekannte er gegenüber *Al Jazeera*, »wir trafen auf den Soldaten und luden ihn auf Hebräisch ein, mit uns zu fahren«. Abu Sahib habe ihn dann nach einer Fahrstrecke von vielleicht drei Kilometern mit mehreren Schüssen aus seiner Beretta niedergestreckt, direkt ins Gesicht. »Ich hörte, wie er seinen letzten Atemzug ausstieß, und das war's dann.«

Doch für die Operation *Plasma Screen*, die Exekution al-Mabhouhs, war nicht so sehr Rache das Motiv, sondern die Hoffnung des israelischen Geheimdienstes, mit seiner Ermordung den Nachschub an Waffen für den militärischen Flügel der Hamas zum Erliegen zu bringen, wenigstens vorübergehend. Die Unit 8200 des Militärgeheimdienstes Aman überwachte seit langem al-Mabhouhs Telefon- und E-Mail-Verkehr, man wusste, dass er regelmäßig nach Dubai flog, um sich mit iranischen Unterhändlern zu treffen. Dort sollten die Caesarea- und Kidon-Agenten zuschlagen. Geplant war eine leise Exekution. Niemand sollte je erfahren, dass al-Mabhouh in einem Hotel in Dubai eines nicht-natürlichen Todes gestorben wäre.

Anfang Januar 2010 legte Mossad-Chef Meir Dagan seinem Ministerpräsident einen fertigen Plan vor und erbat grünes Licht für den »*hit*«. Benjamin Netanjahu zögerte nicht lange, obwohl es bei der geplanten Hinrichtung des Hamas-Funktionärs Khaled Meshal im September 1997 in Amman, für die er ebenfalls die politische Verantwortung getragen hatte, zu einem Fiasko gekommen war (siehe S. 248). Aber Dubai war nicht Amman, mit den Scheichs am Golf gab es keine diplomatischen Beziehungen, und die Emirate waren, anders als Jordanien, nicht von großer strategischer Bedeutung für Israel. Das restliche Risiko einer solchen Operation in Feindesland glaubte Netanjahu eingehen zu können.

Um 15.25 Uhr, eine Minute nachdem er das *Al Bustan Rotana* betreten hat, steht der Waffenhändler, von einer weiteren Kamera beobachtet, an der Rezeption, legt seinen Pass vor und bekommt eine Magnetkarte für sein Zimmer ausgehändigt. Ihm fällt nicht auf, dass links und rechts neben ihm zwei Tennisspieler mit ihren Handys hantieren und dabei wild mit ihren Schlägern gestikulieren. Einer der beiden hat ein Handtuch um den Hals geschlungen, als habe er gerade ein schweißtreibendes Match auf dem Hotelcourt beendet. Als al-Mabhouh von einer Bediensteten zum Fahrstuhl geleitet wird, folgen ihm die als Sportsleute verkleideten Caesarea-Agenten. Sie wollen ganz sicher gehen, dass sie al-Mabhouhs Zimmernummer richtig aufgeschnappt haben. Der Palästinenser fährt in den zweiten Stock und verschwindet in Nr. 230. Direkt gegenüber liegt Nr. 237. Das findet einer der beiden als Tennisspieler getarnten Agenten heraus, der scheinbar gedankenverloren den Flur entlang schlendert, und plötzlich kehrt macht, als habe er sich in der Etage geirrt. Er leitet die Information über Nr. 237 sofort an seinen Kollegen Peter Elvinger weiter, der genau dieses Zimmer zwanzig Minuten später telefonisch im *Al Bustan Rotana* reserviert.

Eingefangen von mehr als einem Dutzend Überwachungskameras, beginnt eine tödliche Choreografie der Mossad-

Als das spätere Opfer Mabhouh von einer Bediensteten zu seinem Hotelzimmer gebracht wird (hinten), verfolgen ihn zwei Mossad-Agenten im Tennis-Outfit.

Agenten. Das Observationsteam im sportlichen Outfit wird sich noch mehr als eine Stunde in der Lobby des Hotels herumdrücken, ohne Verdacht zu erregen und dann durch ein Touristenpaar ersetzt, wie es in den Emiraten zu Tausenden unterwegs ist. Es handelt sich wahrscheinlich um die Agenten Chester Halvey und Ivy Brinton. Allerdings wird später das Überwachungsvideo entlarven, dass Halveys rauschender Vollbart, den er unter einem breitkrempigen Strohhut trägt, ziemlich offensichtlich angeklebt wurde. Eine Maskenbildnerin gehörte offensichtlich nicht zu den fünfzehn bis zwanzig »Kombattanten« des Teams. Alle Caesarea-Agenten haben ihre Reise nach Dubai in europäischen Metropolen angetreten: Die Vorhut ist bereits einen Tag vorher, um 6.45 Uhr morgens, aus Zürich kommend, auf dem Scheich Rashid Terminal gelandet. Die drei Agenten sind offenbar für eher periphere logistische Aufgaben eingeteilt, vielleicht als Quartiermeister. Sie werden am 19. Januar schon um 20.40 Uhr, zu einem Zeitpunkt, als al-Mabhouh gerade sein Leben aushaucht, das Land wieder verlassen, sicherheitshalber erst mit einem Flug gen Osten nach Hongkong, und von dort dann in entgegengesetzter Richtung zurück nach Zürich. Überhaupt scheint, dass Mossad-Agenten während einer Operation die meiste Zeit in Flugzeugen verbringen, um ihre Spuren zu verwischen.

In der Nacht vom 18. auf den 19. Januar trifft das operative Kommando aus Paris ein: Kevin Daveron und Gail Folliard. Die beiden angeblich irischen Staatsbürger sind wie Korman/McCabe im Jahr zuvor als Pärchen getarnt, sie steigen auch gemeinsam in einem Doppelzimmer ab. Um 10.30 Uhr am nächsten Morgen treffen sich beide in einer Shopping Mall mit anderen Teammitgliedern. Auch dort zeichnet eine Kamera auf. Noch trägt Daveron eine modische Glatze, Folliard ihr blondes Haar offen. Nachmittags verschwinden beide auf Toiletten eines Hotels, um sich für ihren Job zu verkleiden. Später wird man auf den Überwachungsvideos erkennen, wie Daveron mit dunklem Haarteil, Oberlippenbart und Brille, Folliard mit schwarzer Perücke aus ihren Kabinen kommen. Die Maskerade hat Methode: Die beiden werden vor Publikum das Orchester der Attentäter dirigieren und deshalb sehr exponiert sein.

Um 16.23 Uhr, eine Stunde nach seiner Ankunft, geht al-Mabhouh zum Shoppen. Allein. Er fühlt sich offenbar sicher in Dubai. Seine Leibwächter sollen erst am nächsten Tag aus Syrien nachreisen, wenn die Verhandlungen mit den Iranern beginnen. Für den Rest des Tages hat sich der Palästinenser den Besuch eines nahegelegenen Einkaufszentrums vorgenommen, er braucht dringend ein Paar neue Schuhe.

In der Lobby des *Al Bustan Rotana* läuft al-Mabhouh einem seiner Henker fast über den Weg: Kevin Daveron betritt das Hotel just in dem Moment, als der Palästinenser es über eine andere Tür verlässt. Der Ire übernimmt von Peter Elvinger die elektronische Schlüsselkarte für Zimmer Nr. 237 sowie dessen Koffer und fährt in den zweiten Stock. Das Zimmer direkt gegenüber von al-Mabhouhs Nr. 230 ist jetzt die Operationsbasis für die Exekution. Wenig später trifft auch seine Partnerin Folliard ein. Elvinger dagegen hat seinen Job erledigt, er begibt sich direkt zum Flughafen und wird Dubai Richtung Doha und weiter nach Zürich verlassen.

Um 18.32 Uhr, zwei Stunden später, trifft das erste Kidon-Team ein. Die beiden mit Testosteron vollgepumpten Muskelmänner, die vor Kraft kaum gehen können, verschwinden in Zimmer 237. Es handelt sich wahrscheinlich um Melvyn Mildiner und Stephen Hodes. Zwei Minuten später folgt ihnen ein zweites *hit*-Team. Die beiden Agenten, vermutlich Michael Bodenheimer und Paul Keeley, tragen schwere Rucksäcke, in denen sie ihr Henkerswerkzeug transportieren. Mildiner, Hodes und Keeley reisen mit britischen Papieren, Bodenheimer mit einem deutschen Pass.

Alles verläuft nach Plan, die Killer sind vor Ort, in unmittelbarer Nähe des Opfers, das allerdings noch unterwegs ist; auf dem Flur patrouillieren Daveron und Folliard. Mit einem Stapel Papiere unter dem Arm und ihrem Handy am Ohr erwecken sie den Eindruck, gerade extrem wichtige Telefonate zu führen, die keinen Aufschub dulden. Tatsächlich fällt ihnen die Aufgabe zu, den Gang für die nächsten Minuten frei zu halten.

Um 20 Uhr versuchen die Caesarea-Agenten offenbar, das elektronische Schloss von Zimmer 230 zu manipulieren, um den beiden Kidon-Teams Zugang zu al-Mabhouhs Zimmer zu verschaffen. Gerade in dem Moment tritt ein Hotelgast aus dem Fahrstuhl, Daveron kann seinen Kollegen gerade noch signalisieren, ihr Werk schnell zu vollenden, während er den Mann ablenkt und sehr geschickt für dreißig lange Sekunden in ein Gespräch ohne Sinn verwickelt. Alles das ist später auf dem Überwachungsvideo zu erkennen.

Als al-Mabhouh um 20.24 Uhr mit einer Einkaufstüte ins Hotel zurückkehrt, läuft er beim Verlassen des Aufzugs Daveron und Foillard beinahe in die Arme. In seinem Zimmer warten bereits seine Mörder. Zehn Minuten später, so schätzt später die Polizei, wird der palästinensische Waffenhändler exekutiert. Der Todeskampf ist heftig. Die Muskelmänner werfen ihr Opfer auf das Bett, dabei brechen mehrere Latten unter der Matratze. Die anderen beiden injizieren ihm gewaltsam und in hoher Dosierung das Narkosemittel Succinylcholin, das innerhalb von Sekunden zu einer völligen Erschlaffung der Muskulatur führt. Al-Mabhouh, der sich eben noch heftig gewehrt hat, ist jetzt völlig paralysiert. Vielleicht lesen die Agenten ihm noch sein Todesurteil vor, das haben sie bei früheren Exekutionen gelegentlich gemacht. Dann ersticken sie ihn entweder mit einem Kissen des Hotelbetts oder sie verwenden einen im Rucksack mitgebrachten Defibrillator, der nicht nur einen Herzschlag in Gang setzen, sondern ihn bei höchster Einstellung auch stoppen kann. Es soll in jedem Fall wie ein natürlicher Tod aussehen.

Um 20.46 Uhr verlassen die vier Kidon-Agenten das Hotel. Einer der vier Attentäter hat in der Aufregung vergessen, seinen Gummihandschuh auszuziehen. Das Video zeigt ihn vor dem Fahrstuhl nervös von einem Bein aufs andere tänzeln, als hätte Adrenalin das Kommando in seinem Körper übernommen. Die Mörder sollen als erste vom Tatort verschwinden, das ist eine eiserne Regel, denn ihnen drohte, wenn sie erwischt würden, die Todesstrafe. Eine Minute später verlässt Gail Folliard das Hotel, sie hat sich bei einem Kollegen eingehakt, als wären sie ein vertrautes Ehepaar; fünf Minuten später macht sich Kevin Daveron auf den Weg, er hat die beiden Zimmer noch einmal genauestens abgesucht, damit keine Spuren zurückbleiben; gleichzeitig verschwindet auch das als Touristenpärchen getarnte Observationsteam. Etwa eine Viertelstunde nach der Hinrichtung sitzen die neun Mossad-Agenten, die unmittelbar an der Hinrichtung im *Al Bustan Rotana* beteiligt waren, in verschiedenen Taxis zum nahegelegenen internationalen Flughafen.

Um 3.15 Uhr in der Nacht nehmen Bodenheimer und Keeley den Flug EK 384 nach Hongkong, und von dort geht es wieder zurück nach Frankfurt; mit an Bord ist auch Adam Korman. Um 4.40 Uhr besteigen Mildiner und Hodes EK

Minutenlanger Todeskampf: Die Mörder des Mossad erwarten al-Mabhouh in seinem Zimmer, injizieren ihm ein Narkosepräparat und ersticken ihn vermutlich mit einem Kissen.

761 nach Johannesburg, kehren dann von dort nach Europa zurück, nach Amsterdam. Fünf Stunden später setzen sich die letzten Caesarea-Agenten aus Dubai ab. Die Zielperson ist tot, alle »Kämpfer« sind in Sicherheit – Operation *Plasma Screen* gilt in Tel Aviv zunächst als großer Erfolg des Mossad. Es wird weitere vier Stunden dauern, bis al-Mabhouhs Leiche in Zimmer 230 entdeckt wird.

An der Tür hängt noch immer das Schild »Please do not disturb«. Schon mehrfach hat der Zimmerboy geklopft, aber keine Antwort erhalten. Um 13.30 Uhr am 20. Januar 2010 verschafft er sich Zugang zu Zimmer 230 – und sieht den leblosen Körper eines vollständig bekleideten Mannes auf dem Bett. Er alarmiert sofort die Hotel-Security. Eine andere Version besagt, al-Mabhouhs Ehefrau sei besorgt gewesen, weil sie ihren Mann telefonisch nicht habe erreichen können, sie habe deshalb das Hamas-Büro in Damaskus gebeten, jemanden in Dubai ins Hotel zu schicken. Erst aufgrund dieser Intervention sei das Zimmer geöffnet – und die Leiche überhaupt identifiziert worden, weil al-Mabhouh ja unter falschem Namen eingecheckt hatte.

Ein für das *Al Bustan Rotana* zuständiger Arzt wird gerufen, er stellt Tod durch Herzversagen fest. Die offizielle Obduktion im Leichenschauhaus des Emirats bestätigt Stunden später den Befund. Die Hamas akzeptiert die Erklärung zunächst, nicht aber al-Mabhouhs Familie. Ihr Mann sei kerngesund gewesen, beschwert sich die Witwe, ein plötzlicher Herztod daher sehr unwahrscheinlich. General Dhahi Khalfan Tamim, der 59-jährige Polizeichef von Dubai, wimmelt die Hamas zunächst ab, als sie auf weitergehende Untersuchungen drängt, er will keinen neuen Skandal. Es wäre bereits das dritte Gewaltverbrechen in Dubai innerhalb von zwei Jahren: im Juli 2008 wurde eine bekannte libanesische Sängerin und Exfreundin eines ägyptischen Tycoons ermordet und im März 2009 ein tschetschenischer Gangster. Monatelang schrieben die Zeitungen darüber, was wiederum den Herrscher, Mohammed bin Rashid, wenig amüsierte, denn er verlangt Ruhe und Ordnung in seinem Königreich, schon um dessen Attraktivität als Finanzplatz und Feriendomizil nicht zu beeinträchtigen. Immerhin lässt der Polizeigeneral sich die Überwachungsvideos von al-Mabhouhs Hotelflur kommen. Zu seiner eigenen Überraschung sieht er tatsächlich sehr merkwürdige Akteure auf den Aufnahmen, die den Gang rauf und runter eilen. Jetzt scheint auch Tamim elektrisiert. Sollte es sich um einen Anschlag der Israelis gehandelt haben?

Im Mossad-Hauptquartier herrscht unterdessen erste Verunsicherung. Es ist genau das eingetreten, was Meir Dagan auf jeden Fall verhindern wollte: dass Zweifel am natürlichen Tod al-Mabhouhs auftauchen. Doch das sollte erst der Anfang sein. Tamim veranlasst, dass Gewebe- und Blutproben von al-Mabhouhs Leiche an ein anerkanntes toxikologisches Labor in Frankreich geschickt werden. Eine Woche später treffen die Ergebnisse im Polizei-Hauptquartier ein: Es sind Spuren von Succinylcholin nachweisbar. Außerdem

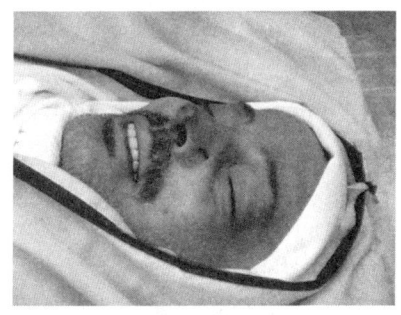

Erst leise, dann laut: Mabhouhs Hinrichtung sollte wie ein natürlicher Tod aussehen. Nachdem erste Zweifel aufgetaucht waren, ließ sich der Mord jedoch im Detail rekonstruieren.

könnte es sich bei den Rötungen im Bereich der Brust des Opfers um minimale Verbrennungen durch die Elektroden eines Defibrillators handeln. Tamim weiß jetzt, dass er keine Wahl hat, eine Kehrtwende machen und die exzellenten Fähigkeiten seiner Behörde unter Beweis stellen muss. Und er stellt sie unter Beweis, sehr zum Verdruss des Mossad-Chefs und der israelischen Regierung.

Als erstes lässt er aus der Datenbasis der Immigrationsbehörde sämtliche Namen zusammenstellen, die kurz vor dem vermeintlichen Anschlag ein- und kurz danach wieder ausgereist sind; dann vergleicht er deren Pässe mit den Angaben aus dem Hotelregister und den beim Einchecken aufgenommenen Videoaufnahmen; seine Leute vernehmen Taxifahrer, Hotelangestellte, das Personal von Leihwagenfirmen, verfolgen die elektronischen Zahlungen mit Kreditkarten und die am Tatort durchgeführten Telefonate zurück; gleichzeitig überprüfen sie sämtliche in den fraglichen 48 Stunden gemachten Aufzeichnungen der Überwachungskameras im Flughafen, vor und im *Al Bustan Rotana* und in nahegelegenen Hotels und Einkaufszentren. Am Ende werden sie Tausende Stunden Videomaterial aus Hunderten von Kameras gesichtet haben – eine Sisyphos-Arbeit, doch sie zeigt Erfolge: Nach und nach entsteht ein Bewegungsbild für zunächst elf, danach 27 und am Ende weit mehr als dreißig angebliche Mossad-Agenten. Dabei ist allerdings übersehen worden, dass bei der virtuellen Schleppnetzfahndung auch mutmaßliche Agenten hängen geblieben sind, die mit der Exekution von al-Mabhouh überhaupt nichts zu tun hatten, sondern in den Emiraten gerade andere Aufträge erledigten, auch für andere Geheimdienste, oder die in der fraglichen Zeit zufällig auf der Durchreise waren.

Am 16. Februar 2010 präsidiert Generalleutnant Tamim einer bestens vorbereiteten internationalen Pressekonferenz, um die erste Gruppe von elf verdächtigen Agenten zu präsentieren. Er hat seine Polizeiuniform gegen die übliche Landestracht ausgetauscht, Kaftan und Kufiya, was immer für ein Signal er damit aussenden will. Das Observationsteam habe »hochentwickelte Techniken« benutzt, teilt er den Medienvertretern mit, damit sei al-Mabhouh nach seiner Ankunft auf dem internationalen Flughafen bis zum *Al Bustan Rotana* verfolgt worden. Insgesamt deute sehr viel auf einen Anschlag des Mossad hin. Tamim genießt seinen Auftritt, setzt kunstvolle Pausen, präsentiert am Ende sogar einen Videomitschnitt zur Tat. Er hat 2007 einen aufsehenerregenden Raub bei einem Juwelier in der *Wafi Mall* aufgeklärt, er hat 2008 den Mörder der libanesischen Actrice überführt, er hat 2009 das Gewaltverbrechen an dem tschetschenischen Warlord erfolgreich zum Abschluss gebracht – aber dies hier ist die Krönung seiner Karriere, sein Triumphzug. Die ausländische Presse lobt seinen Mut und seine Entschlossenheit, die Fernsehsender in den Emiraten bringen Sondersendungen am laufenden Band.

Im amerikanischen Konsulat in Dubai indes reibt man sich verwundert die Augen: »Die Veröffentlichung der Ergebnisse so sensibler Ermittlungen kam überraschend, angesichts der sonstigen Praxis, alle sicherheitsrelevanten Informationen vor der Öffentlichkeit zu schützen«, kabelte ein US-Diplomat am 17. Februar an das State Department in Washington. »Ihre Motivation ist unklar«, und er frage sich, »was sie als nächstes vorhaben«. Einen Tag später erscheinen auf der Internetseite von Interpol auf Antrag der Emirate internationale Haftbefehle (*red notice*) für die ersten elf Personen, die mit falschen Pässen eingereist und an dem Mord an al-Mabhouh beteiligt waren.

Auch in der verbotenen Stadt in Herzliya sind inzwischen sämtliche Alarmlampen auf Rot gesprungen. Aus der leisen Exekution ist ein »lauter *hit*« geworden. Der Mossad hat die Fähigkeiten des Polizeichefs Tamim und des ihm zuarbeitenden *Directorate for Security* ebenso unterschätzt wie die Abneigung des Herrschers, wieder einmal alles unter den diplomatischen Teppich zu kehren. Im Gegenteil: Jetzt hängt er alles an die große Glocke.

Und Tamim macht mit unverändertem Eifer weiter. Ihm kommt dabei zu Hilfe, dass Dubai gleichsam ein Überwachungsstadtstaat par excellence ist, eine Niederlassung des »Großen Bruders«. Alle Angaben der Kreditkartenfirmen, der Telefongesellschaften, der Autoverleiher werden geprüft und verknüpft, Videokameras gibt es ohnehin überall, in Hotels, auf öffentlichen Plätzen, in Einkaufszentren, entlang der Schnellstraßen. Gesichter und Nummernschilder können gescannt und ausgewertet werden. Es ist selbst Agenten einer israelischen Spezialeinheit unter solchen Umständen unmöglich, keine Spuren zu hinterlassen.

Und manchmal hilft auch »Kommissar Zufall«: Eine Überwachungskamera vor einem Hotel hat die Spiegelung eines weißen Kleinbusses mit abgedunkelten Scheiben im Eingangsbereich eingefangen, auf den gerade mehrere Agenten zustreben, dann aber abrupt abstoppen. Das veranlasst die Ermittler zu der These, einer der Komplizen könnte womöglich mit einem sehr ähnlichen Fahrzeug unterwegs sein. Sie überprüfen daraufhin alle Autoverleiher, mit dem Ergebnis, dass ein ganz ähnlicher weißer Minivan von einem Christopher Lockwood angemietet worden ist. Der Engländer passt zunächst nicht ins Schema: Er reist mit einem echten britischen Pass, und er ist mit 61 Jahren viel älter als die anderen Verdächtigen – und vielleicht auch zu alt für einen nervenaufreibenden Spionagejob. Doch dann fördert ein Datenabgleich zutage, dass Lockwood im Jahre 2008 einen blauen Mercedes Kombi mit der damals noch existierenden Autofähre von Sharjah in den Iran überführt hat. Rückfragen bei den britischen Behörden ergeben, dass der Wagen später wieder nach England zurückgebracht wurde und seitdem verschwunden ist. Und als die Polizeibeamten dem Vertreter der iranischen *Valfajr Shipping Lines* in Dubai ein Foto von Lockwood vorlegen, glaubt der, es könnte sich dabei um den Mann gehandelt haben, der die Tickets für das australische Agentenpärchen Adam Korman und Nicole McCabe gekauft hat, als die beiden im August 2009 mit dem Katamaran nach Bandar Abbas übersetzten (siehe S. 105).

Noch aufregender werden die Ermittlungen, als sich herausstellt, dass der Engländer im Jahre 1994 eine Namensänderung bei den britischen Behörden beantragt hatte und auch genehmigt bekam: Christopher Lockwood hieß eigentlich Yehuda Lustig, wurde am 23. Februar 1948 als Sohn eines jüdischen Auswanderers in Palästina geboren, das damals unter britischer Kontrolle stand. Allerdings fiel dieser Yehuda Lustig – und hier wird die Geschichte völlig mysteriös – als Soldat im Oktober 1973 im Yom-Kippur-Krieg, bei einem Gefecht auf dem Sinai. Er wurde damals auf dem Friedhof von Gedera als Märtyrer beigesetzt, auch die Internetseite *in memoriam* der israelischen Streitkräfte (IDF) erinnert an ihn. Daraus ergibt sich für die Rechercheure der Polizei in Dubai fast zwingend, dass der Anmieter des weißen Vans weder Lustig noch Lockwood heißt. Offenbar hat der Mossad die Papiere eines zwanzig Jahre zuvor in Israel gefallenen britischen Soldaten genutzt, um sich damit in Großbritannien einen Pass zu erschleichen und dann in einem zweiten Schritt durch einen Namenswechsel nutzbar zu machen, weil der Name Yehuda Lustig für einen israelischen Agenten nicht in Frage kommen kann. Als Engländer Christopher Lockwood machte ein Unbekannter dann Karriere im israelischen Geheimdienst – womöglich als eine Art *Mister-fix-it*, als Mann für alle Eventualitäten.

Auf Veranlassung der Behörden in Dubai erweitert Interpol am 8. März 2010 den internationalen Haftbefehl. Nunmehr werden 27 Caesarea-Agenten per *red notice* gesucht. Besonders ärgerlich für den Mossad: Mit einem Schlag sind 27 Pässe »verbrannt«, die echten, mit erfundenen Geschichten und großem Aufwand im Ausland besorgten (wie im Falle Lustig/Lockwood) ebenso wie die manipulierten, von Einwanderern nach Israel geborgten (wie im Falle Korman/McCabe). Im Regierungsviertel in Jerusalem ist man wenig amüsiert. Es ist für Benjamin Netanjahu nach Amman 1997 wieder eine Exekution seines Geheimdienstes, die völlig aus dem Ruder läuft. Hinter den Kulissen jedoch gilt vorläufig die Losung: Alles ist gut, al-Mabhouh lebt nicht mehr – und keiner der »Kämpfer« wurde gefasst.

Nur wenige Wochen später, im Mai 2010, legt Philip G. Alston, Völkerrechtler an der New York University, im Auftrag des *UN Human Rights Council* eine Studie über »gezielte Tötungen« vor, in der er Israels Politik gezielter Tötungen kritisiert. Inzwischen ist sein Mandat bei den Vereinten Nationen beendet und er kann, losgelöst von diplomatischer Rücksichtnahme, noch klarer Stellung nehmen: »Wir geraten in einen Zustand internationaler Anarchie, wenn ein Geheimdienst eine solche Operation gegen jemanden beschließen und dann in einem fremden Land ausführen kann«, schimpft der Menschenrechtler über den Mord in Dubai.

Am 4. Juni 2010 wird am Flughafen in Warschau bei der Passkontrolle ein Mann namens Uri Brodsky verhaftet. Die

Bundesanwaltschaft in Karlsruhe hat ihn zwei Monate zuvor wegen geheimdienstlicher Agententätigkeit zur Fahndung ausgeschrieben und verlangt jetzt von Polen seine Auslieferung. Die Geschichte illustriert, welchen Aufwand der Mossad treibt, um seinen Caesarea- oder gar Kidon-»Kombattanten« sichere Papiere zu beschaffen, und wie sehr es ihn schmerzt, dass nach Dubai so viele Pässe geschreddert werden müssen.

Jener israelische Agent, der mit einem deutschen Pass auf den Namen Michael Bodenheimer nach Dubai einreiste und der allem Anschein nach einer der beiden Killer aus dem zweiten *hit*-Team war, die al-Mabhouh ums Leben brachten, tauchte knapp ein Jahr vor dem Anschlag in der Kanzlei eines Kölner Rechtsanwalts auf. In seiner Begleitung damals: ein israelischer Staatsbürger namens Alexander Verin, der als Berater und Dolmetscher fungiert. Der Rechtsvertreter erhielt den Auftrag, beim Bundesverwaltungsamt (BVA) in der Kölner Barbarastraße einen Pass für ihn zu beantragen. Das Bundesverwaltungsamt gehört zum Bundesministerium des Innern und ist mit einer Vielzahl von administrativen Aufgaben befasst, dazu zählt die sogenannte »Anspruchseinbürgerung«, wie das im Bürokratendeutsch heißt. Und genau darum ging es dem israelischen Agenten und seinem Begleiter.

Frühere deutsche Staatsangehörige, so steht es im Grundgesetz, denen im Dritten Reich »die Staatsangehörigkeit aus politischen, rassischen oder religiösen Gründen entzogen worden ist«, können diese in einer Art Schnellverfahren zurückerhalten; das gilt auch für deren Nachkommen. Dieser Mann sei der Sohn von Hans Bodenheimer, führte Verin das Wort in der Kanzlei, während der Agent schwieg, und der sei ein vor den Nazis geflohener Jude, mithin stehe seinem Sohn ein deutscher Pass zu. Zum Beweis legte er Papiere vor, darunter eine angebliche Hochzeitsurkunde der Eltern Bodenheimers. Der Anwalt versprach, sich um das Anliegen zu kümmern.

Der angebliche Michael Bodenheimer nahm sich eine Wohnung in einer schäbigen Mietskaserne in Kölner Bahnhofsnähe, über einem Pizzaservice. Er sollte offenbar über einen festen Wohnsitz in Deutschland verfügen, damit ihm Post zugestellt werden konnte. Am 16. Juni 2009 reichte sein Anwalt den Antrag beim BVA ein, einige Zeit später bekam Bodenheimer seinen deutschen Pass vom Einwohnermeldeamt der Stadt Köln ausgehändigt, mit dem er sofort aus Deutschland verschwand.

In Dubai trat er ein halbes Jahr später wieder in Erscheinung. Als sein Name auf der Interpol-Liste der gesuchten Mabhouh-Attentäter auftauchte, sah sich die Bundesanwaltschaft in Karlsruhe gezwungen, ein Aktenzeichen anzulegen und Ermittlungen gegen Bodenheimer und seinen Helfer Alexander Verin einzuleiten, wegen geheimdienstlicher Agententätigkeit, Urkundenfälschung und anderer Delikte. Die Recherchen ergaben recht schnell, dass es sich bei dem Mann, der sich mal Verin, mal Varin oder auch Uri Brodsky nannte und mit wechselnden Pässen auftrat, offenbar um einen Mossad-Logistiker handelt, der ständig auf Achse ist. Das alles reichte Karlsruhe für einen internationalen Haftbefehl.

Die Papiere auf den Namen Brodsky, so stellte sich heraus, stammten augenscheinlich von dem unbescholtenen Psychologen und Psychiater Uri Brodsky aus Kiryat Ono bei Tel Aviv, der 15 Jahre zuvor aus Sankt Petersburg nach Israel eingewandert war; wahrscheinlich hatte er irgendwann bei den russischen Heimatbehörden einen neuen Pass beantragt und diesen dem Mossad überlassen. Vielleicht arglos, vielleicht bewusst. Nachdem von den Fachleuten in der »verbotenen Stadt« ein neues Foto in den echten Pass hinein gedoktert worden war, reiste der Agent Brodsky mit den Papieren of-

CONNECTING POLICE FOR A SAFER WORLD

HOME   ABOUT INTERPOL   NEWS AND MEDIA   MEMBER COUNTRIES

Back to Search result

🔲 ALIAS BODENHEIMER, ALIAS MICHAEL

LEGAL STATUS

Present family name : **ALIAS BODENHEIMER**
Forname : **ALIAS MICHAEL**
Sex : Male
Language spoken :
Nationality :

OFFENCES

Von Interpol gesucht: Einer der Agenten, die al-Mabhouh in Dubai ermordeten, benutzte einen echten Pass auf den Namen Michael Bodenheimer, den sich der Mossad bei deutschen Behörden erschlichen hatte.

fenbar jahrelang durch die weite Welt. Heute hier, morgen dort. Ein Beispiel für das Jahr 2005, dokumentiert auf zwei Seiten seines Passes: 21. August in Bukarest, 12. September in Johannesburg, 8. Oktober Ankunft in Berlin-Tegel, weiter am 12. Oktober mit dem Zug über Dresden, Bad Schandau nach Prag, 18. Oktober durch den Kanaltunnel nach England, 1. November wieder in Johannesburg, 8. November auf der Insel Zanzibar.

Am 4. Juni 2010 war in Warschau erst einmal Schluss mit der Vielfliegerei. Der polnische Grenzbeamte gab den Namen Brodsky in seinen Computer ein, und der antwortete mit einer Alarmmeldung. Minuten später klickten die Handschellen – und im Hauptquartier in Herzliya hatte man ein Problem mehr.

Der Agent war kaum in Gewahrsam genommen, da begann auch schon ein diplomatisches Tauziehen hinter den Kulissen. Die deutsche Justiz bestand auf Auslieferung, im politischen Berlin gab es keinerlei Wünsche, die Affäre diskret zu regeln. Interne Begründung: Mit Hilfe eines Passes, den sie sich erschlichen hatten, einen Mord zu begehen, sei dreist, dabei den Passantrag mit der angeblichen Verfolgung durch die Nationalsozialisten zu begründen, geradezu unverschämt gewesen. Bei aller Sensibilität der deutsch-israelischen Beziehungen – die Regierung wollte nicht einfach zur Tagesordnung übergehen. Zur gleichen Zeit intervenierte der israelische Botschafter bei der polnischen Regierung; Anwälte in Warschau und Tel Aviv wurden in Bewegung gesetzt, sie sollten alle juristischen Möglichkeiten ausnutzen, um eine Überstellung an die deutsche Justiz zu verhindern. Es gehört zu den eisernen Regeln des Spionagegeschäftes, einen Agenten, der erwischt wurde, selbst wenn er sich einen schlimmen Anfängerfehler geleistet und verschiedene Legenden vermischt hatte, sicher wieder nach Hause zu holen: mit Geld und guten Worten, mit Tricks, Lügen und Drohungen, notfalls sogar mit Gewalt.

Zwei Monate nach der Verhaftung atmeten die Rechtsvertreter der israelischen Regierung auf, die Richter des Berufungsgerichtes in Warschau wählten den Königsweg: Zwar verfügten sie die Auslieferung Brodskys nach Deutschland, aber lediglich wegen »mittelbarer Falschbeurkundung«, also Urkundenfälschung, nicht aber wegen Spionage. Das aber bedeutete, dass der Generalbundesanwalt das Verfahren an ein Kölner Gericht abgeben musste – und dass dem Agenten lediglich eine Geldstrafe drohte. Und genauso kam es: Am 12. August 2010 wurde der Israeli überstellt, deutsche Anwälte hatten die weiteren Schritte schon vorbereitet. Sie hinterlegten eine Kaution von 100 000 Euro, zwei Tage danach konnte Uri Brodsky nach Israel ausfliegen, ohne dass ihn irgendjemand überhaupt zu Gesicht bekommen hätte; Wochen später wurde das Verfahren gegen eine Geldbuße von 60 000 Euro eingestellt.

Bei der Exekution al-Mabhouhs in Dubai wurden neben dem deutschen Pass von Michael Bodenheimer zwölf britische, sechs irische, vier französische und vier australische Pässe benutzt, was naturgemäß zu erheblichen diplomatischen Verstimmungen vor allem in London führte. Denn dort hatte man von den Israelis bereits nach der Ermordung von Ali Hassan Salameh mehr als dreißig Jahre zuvor die Zusicherung erhalten, dass britische Papiere nie mehr bei solchen Operationen missbraucht würden (siehe S. 235). Alles Lüge, alles Schein. Die öffentliche Empörung gehöre zu den Ritualen der Diplomatie, sagt Ex-Caesarea-Agent Gad Shimron, »nach außen sagen sie ›na, na, na, das ist aber nicht nett, was ihr mit unseren Pässen gemacht habt!‹, aber hinter verschlossenen Türen erklären die Vertreter derselben Länder dann ›bravo, gut gemacht, macht so weiter, das ist der Weg, wie man Terrorismus bekämpft.‹«

Auch Generalleutnant Tamim in Dubai hatte erwogen, ein Auslieferungsersuchen nach Warschau zu schicken, den Plan dann aber verworfen. Unklar blieb, ob seine Entscheidung in einem Zusammenhang stand mit zwei Morddrohungen, die er erhalten haben will. Der Absender sei »ziemlich sicher der Mossad« gewesen, erzählte er Ende September 2010 der emiratischen Tageszeitung *al-Ittihad*. Erst sei eine E-Mail eingegangen (»Wenn Sie weiterhin plaudern, sollten Sie darauf achten, was hinter Ihrem Rücken passiert!«), dann ein Anruf bei einem Verwandten (»Sagen Sie Tamim, es sei besser für ihn, seine Klappe zu halten«). Bei dem Anrufer, so hätten seine Leute herausgefunden, habe es sich um einen »pensionierten Mossad-Agenten« gehandelt. Details nannte er nicht. Danach wuchs Gras über die Sache, gemessen an den diplomatischen Verwicklungen unmittelbar nach der Affäre erstaunlich schnell. Für Israel blieb der Staatsmord folgenlos. Wieder einmal.

Seit sechzig Jahren schon richtete Israel seine Staatsfeinde hin. Dubai war nur die bislang letzte einer ganzen Reihe von Exekutionen des Mossad im Ausland, vielleicht die spektakulärste, weil sie durch die Überwachungsvideos gewissermaßen unter den Augen der Weltöffentlichkeit stattfand. Immer wieder kam die Regierung in Jerusalem damit durch. Sie schwieg und ließ die Zeit verstreichen.

Bombe im Brockhaus – der Fall Adenauer

»Das wird ein Krieg auf Leben und Tod. Es gibt keinen Deutschen, der nicht unsere Väter ermordet hat. Adenauer ist ein Mörder! Jeder Deutsche ist ein Mörder!«
Der spätere israelische Premierminister und Friedensnobelpreisträger Menachem Begin bei einer Rede am 7. Januar 1952 vor seinen Anhängern

»Ich war Bombenkonstrukteur ... seit ich 14 Jahre alt war und hatte als Sprengstoffexperte im Bergbaubetrieb ... in Beit Nebala in Israel gearbeitet. Ich hatte kein Problem, an Sprengstoffe und Sprengkapseln heranzukommen.«
Bekenntnis des Adenauer-Attentäters Elieser Sudit

Vorsichtig löst Karl Reichert den Knoten des merkwürdigen Pakets, das vor ihm liegt. Dann zieht er die Schnur ab, lässt sie auf den Boden fallen. Anschließend entfernt der Sprengmeister behutsam das Packpapier mit dem von Hand, aber in holprigem Deutsch geschriebenen Adressaufkleber (»An dem Bundeskanzler Dr. Konrad Adenauer«), Stück für Stück, bis ein kobaltblauer Pappschuber mit einem Buch zum Vorschein kommt. Auf dessen Rücken erkennt er den Titel des Werkes: Der kleine Brockhaus, zweiter Band, L–Z. Wer würde dem Bundeskanzler der Bundesrepublik Deutschland ein Lexikon schicken? Reichert ist jetzt fast sicher, an dem Geschenk muss etwas faul sein. Es ist der 27. März 1952, kurz nach 18 Uhr.

Neugierig treten mehrere Polizisten und zwei Lokalreporter, die sich mit Reichert in den Kellerraum des Münchner Polizeipräsidiums gewagt haben, um die Überprüfung der mysteriösen Sendung zu beobachten, dichter an das Buch heran. Sie assistieren mit Taschenlampen, doch der Sprengmeister in der dunkelblauen Uniform eines Münchner Feuerwehrmannes kann nichts Verdächtiges erkennen. Er trennt deshalb mit ruhiger Hand die Rückseite des Schubers auf. Aber auch dahinter sind keine Drähte verborgen. Also doch blinder Alarm?

Der Journalist Henning Sietz hat für sein bemerkenswertes Buch »Attentat auf Adenauer« die damaligen Akten der bayerischen Ermittlungsbehörden aufgestöbert und eine akribische Rekonstruktion dessen vorgenommen, was folgen sollte: Reichert zieht das Lexikon ganz heraus und legt es auf einem Rohrstutzen ab, der ihm als Unterlage dient. Er fordert die umstehenden Helfer und die beiden Journalisten auf, weiter zurückzutreten, überlegt einen Moment, wie er vorgehen soll, und trifft dann eine verheerende Entscheidung. »Nach den Aussagen der Augenzeugen«, schreibt Sietz, »sah er sich das Buch aufmerksam von allen Seiten an, legte es dann in die rechte Hand, um es mit der linken aufzuschlagen«. Das Aufklappen des Buchdeckels setzt einen versteckten Mechanismus in Gang.

Es ist 18.20 Uhr, als die Bombe explodiert. Die Druckwelle reißt dem Sprengmeister beide Unterarme ab, jagt ihm Hunderte von Metallstücken, Kabelresten und Schrauben ins Gesicht und in den Oberkörper. Reichert ist sofort bewusstlos, aufs Schwerste verletzt; hinter ihm liegen zwei Streifenbeamte im Kellerstaub, ein dritter Polizist, der an der Tür stand, ist von der Wucht der Detonation an die gegenüberliegende Wand des Kellergangs geschleudert worden; die beiden Reporter stehen unter Schock, taumeln in Richtung Treppenaufgang. Vier Stunden später stirbt der Münchner Brandmeister Karl Reichert, ohne das Bewusstsein wieder-

Tödliche Lektüre: Nachbau eines in einem Lexikon versteckten Sprengsatzes, mit dem radikale Israelis Konrad Adenauer ermorden wollten.

erlangt zu haben. Eine Stofffaser aus dem Einband des *Brockhaus*, so ergibt die Obduktion, ist durch das linke Auge ins Gehirn eingedrungen. Die verletzten Polizeibeamten überleben den Anschlag, der eigentlich dem ersten Bundeskanzler der noch jungen Republik gegolten hatte: Konrad Adenauer.

In jenen Märzwochen des Jahres 1952 verhandelten deutsche und israelische Regierungsdelegationen im holländischen Wassenaar bei Den Haag über milliardenschwere Reparationszahlungen an Israel, mit denen Überlebende des Holocaust unterstützt werden sollten. Beide Seiten waren zum Erfolg verdammt: Adenauer brauchte eine Einigung als Signal an die westlichen Verbündeten, dass Nachkriegsdeutschland zu seiner Schuld stand, der israelische Regierungschef David Ben-Gurion benötigte das Geld, um einen drohenden Staatsbankrott abzuwenden. In Israel jedoch gab es heftige Widerstände gegen die Politik der Wiedergutmachung. Das deutsche Volk habe kaltblütig sechs Millionen Juden hingemetzelt und wolle sich jetzt mit Geld freikaufen, wiegelte Menachem Begin, Chef der national-konservativen Cherut-Partei, Tausende von Demonstranten in Jerusalem auf. »Adenauer ist ein Mörder!«, rief er seinen Anhängern zu, und die skandierten »Adenauer ist ein Mörder!« Dann versuchte der Mob, das Parlament, die Knesset, zu stürmen. Die Cherut war aus der zionistischen Untergrundorganisation Irgun hervorgegangen, im Hebräischen IZL (»Etzel«) abgekürzt. Auf das Konto der IZL gingen im israelischen Unabhängigkeitskrieg mehrere Terroranschläge mit Hunderten von Toten, darunter im Juli 1946 der Bombenanschlag auf das *King David Hotel* in Jerusalem und im April 1948 ein Massaker im palästinensischen Dorf Deir Yassin. Aus der Cherut entwickelte sich später die Likud-Partei – und Menachem Begin wurde irgendwann nicht nur israelischer Ministerpräsident, sondern erhielt sogar den Friedensnobelpreis – für die Aussöhnung mit Ägypten.

1952 jedoch befand sich Begin in einem persönlichen »Kriegszustand mit Deutschland«, und er wollte es durchaus nicht bei verbalen Angriffen belassen, wandte sich deshalb an einen Mann, den er aus dem Untergrund kannte: Elieser Sudit. Sudit war 1925 in Bessarabien (heute ein Teil von Moldawien, Rumänien und der Ukraine) geboren worden, als junger Mann nach Palästina ausgewandert und hatte sich dort der Irgun angeschlossen. Bei einem Banküberfall raubte er Säcke voller Kleingeld, die von den Briten beschlagnahmt worden waren. Weil er sogar hinter einzel-

Der »Bettler« – ein Mörder: Elieser Sudit, hier mit seiner Frau und
dem späteren Premierminister Menachem Begin, war nicht nur der
Drahtzieher des Attentats auf Adenauer, sondern 13 Jahre später
auch einer der Beteiligten an der Tötung von Herbert Cukurs (siehe
S. 154)

nen Münzen her kroch, die dabei unter einen Tisch gerollt
waren, erhielt er den Spitznamen »Kabtzan« (»Bettler«). Sudit machte später ebenfalls Karriere – als Bombenexperte
erst der Irgun und des Mossad.

»Sudits Schwiegervater war mit Begin befreundet«, fand
Henning Sietz bei seinen Recherchen heraus, »sie trafen sich
dann unter konspirativen Bedingungen« und verabredeten,
»irgendetwas zu machen«. Es wurde ein Organisationsko-
mitee aus Cherut-Mitgliedern, ehemaligen Irgun-Kämpfern
und Agenten des neugegründeten Auslandsgeheimdienstes
Mossad gegründet, das ein Attentat auf Adenauer und die
deutsche Delegation in Wassenaar vorbereiten sollte, um damit die Verhandlungen zu torpedieren. Sietz: »Sudit hat sich
dann als Aktivist angeboten, Begin hat dem zugestimmt«.
Viele der Erkenntnisse über die von Begin sanktionierten
Bombenanschläge gehen auf die 1994, zwei Jahre nach Begins Tod, im Selbstverlag und nur auf Hebräisch erschiene-
nen Memoiren »Kabtzans« zurück, in denen dieser in einem
heroischen Tonfall über seine heldenhaften Taten Rechen-

schaft ablegt. Er sei es gewesen, der den Sprengsatz in den *Brockhaus* für Konrad Adenauer eingebaut habe.

Die Ermittlungen der Münchner Polizei, die noch in der Nacht des tödlichen Anschlags begonnen hatten, konzentrierten sich zunächst auf die Aussagen von zwei Burschen, dem dreizehnjährigen Bruno Beyersdorf und dessen zwölfjährigem Freund Werner Breitschopp, denen es zu verdanken war, dass das Buchgeschenk nicht nach Bonn an das Kanzleramt geschickt wurde. An jenem Nachmittag hatte ein Unbekannter die beiden vor dem Hauptbahnhof angesprochen, sie könnten sich drei Mark verdienen, wenn sie dieses Päckchen für ihn zur Post brächten; es sei bereits ausreichend frankiert. Er selbst müsse dringend seinen Zug erwischen. Doch dann stellten die willigen Botenjungen fest, dass sie der Fremde, der es angeblich so eilig hatte, den ganzen Weg verfolgte und sich dabei hinter Fußgängern zu verstecken versuchte. »Da hab ich mir 'denkt, da stimmt doch was nicht«, erzählte Bruno später einem Reporter der *Abendzeitung*. Die beiden sprachen einen Stationsbeamten der Straßenbahn an, der das Päckchen einem zufällig vorbeikommenden Schutzpolizisten in die Hand drückte. Auch der fand den Adressaten reichlich ungewöhnlich und rief eine Funkstreife herbei, die Bruno und Werner samt ihres mysteriösen Postgutes zum Polizeipräsidium brachte.

Noch am Abend der Explosion konnte die Polizei eine erste Täterbeschreibung veröffentlichen, wobei Bruno und Werner vor allem ein Detail in Erinnerung geblieben war, das später zu einer Identifizierung eines der Attentäter führen sollte: Der Mann besaß eine auffallende Fingerverstümmelung. Die Münchner Polizei löste die größte Fahndung seit Kriegsende aus, rief eine Sonderkommission ins Leben und setzte eine Belohnung von fünftausend Mark aus, die später auf 15000 Mark erhöht wurde; das Bundeskriminalamt schickte seine Sprengstoffspezialisten und andere Ermittlungsexperten in die bayerische Landeshauptstadt.

Präzise beschreibt Sudit in seinen Memoiren, wie er damals das Lexikon im Pariser Hotelzimmer aushöhlte, um Platz für den Sprengsatz zu schaffen. Die Sprengkapseln hatten sie in Zigarren versteckt, die Zünder in den dazugehörigen Zigarrenhülsen. Der Sprengstoff selbst war von einer Schwägerin, einer Laborantin, in zwei braune Flaschen eines Asthma-Medikaments abgefüllt worden. Dennoch musste Sudit improvisieren, für zwei Selbstauslöser verwendete er Sprungfedern aus der Matratze des Hotelbetts. Am Ende zog er vorsichtig zwei Sicherungsdrähte heraus und machte die Buchbombe damit scharf. Danach ging er daran, zwei wesentlich kleinere Briefbomben zu basteln, für die auch schon eine Verwendung vorgesehen war.

Am 31. März 1952, vier Tage nach dem Münchner Anschlag, trifft in der Deutschen Botschaft in Den Haag eine Postsendung ein, die an die deutsche Delegation für Wiedergutmachung adressiert ist. Ein Angestellter der Poststelle schlitzt den Umschlag halb auf, bemerkt dann seinen Irrtum, denn die Delegation ist im Hotel *Wittebrug* abgestiegen; deshalb schickt er sofort einen Boten mit dem dicken Kuvert los. Im *Wittebrug* nimmt sich eine Sekretärin des bereits halb geöffneten Briefes an, äugt zufällig vorher durch den Schlitz, wobei ihr ein Stück Draht auffällt. Sie legt den Umschlag ungeöffnet zur Seite und alarmiert ihren Vorgesetzten, schließlich hatte die niederländische Polizei erst morgens vor einem Anschlag gewarnt.

Der Umschlag enthält rund dreißig Gramm Sprengstoff TNT (Trinitrotoluol), eine flache Batterie, eine Zündpille britischer Herkunft und einen Mechanismus, der – wie Henning Sietz recherchierte – »durch einen innerhalb des Kuverts festgeklebten Faden ausgelöst werden sollte«. Hätte der Botschaftsmitarbeiter in Den Haag oder die Sekretärin im *Wittebrug* den Inhalt herausgezogen, wäre der Sprengsatz explodiert. Dreißig Gramm TNT hätten unweigerlich die Verstümmelung von Händen und Armen sowie eine irreversible Zerstörung des Gehörs zur Folge gehabt. Mindestens. Briefbomben dieser und anderer Bauart sollten in den folgenden Jahrzehnten zu einem Markenzeichen des Mossad werden. Dahinter steckte nicht immer die Absicht, den Empfänger zu töten, wohl aber, ihn schwer zu verletzen und ihm gewissermaßen eine letzte Warnung zukommen zu lassen (siehe S. 150).

In der Briefbombe an »die deutsche Delegation für Wiedergutmachung« steckte eine Erklärung, die im Wortlaut übereinstimmte mit einem Schreiben, das einen Tag später den Pariser Büros amerikanischer Nachrichtenagenturen zugespielt wurde. Darin bekannte sich eine »Organisation jüdischer Partisanen«, hinter der die von Menachem Begin initiierte Gruppe stand, zu den Anschlägen in München und Wassenaar: »Am 27. 3. 1952 haben unsere Kameraden ihre erste Aktion auf deutschem Boden ausgeführt. Ein mit Sprengstoff gefülltes Buch ist an den Kanzler des Volkes der Meuchelmörder, Dr. K. Adenauer, geschickt worden.« Und weiter hieß es: »Wir befinden uns im Krieg mit dem Volk der Meuchelmörder. Ein Krieg bis zum Ende der Generationen, ein Krieg, den die deutschen Väter und Söhne an ihrem eigenen Fleisch spüren werden. Reparationen? Ja, wir werden sie ihnen zahlen … Die erste Rate haben wir ihnen gerade geschickt, und viele andere werden folgen.«

Es landete sogar noch ein weiterer Sprengsatz im *Wittebrug*. Er wurde von einem israelischen Geheimdienstmann entschärft, der einen Tag nach dem ersten Anschlag zusammen mit niederländischen Polizeibeamten überraschend im Hotel auftauchte und darauf bestand, die eingegangene Post für die deutsche Delegation zu inspizieren. Dabei stieß er tatsächlich auf einen zweiten Umschlag der »jüdischen Par tisanen«. Die israelische Regierung hatte offenbar zwischenzeitlich erheblichen Druck auf die Cherut ausgeübt, von der zweiten Briefbombe erfahren und sofort ihre Sicherheitsleute an der israelischen Botschaft in Den Haag alarmiert. David Ben-Gurion wollte unbedingt verhindern, dass die Verhandlungen in Wassenaar an einem Terroranschlag seiner eigenen Landsleute scheiterten.

Überhaupt scheint es in den Wochen nach München und Wassenaar zu verstärkten Geheimdienstaktivitäten in aller Welt gekommen zu sein, um die Hintergründe des versuchten Adenauer-Attentats zu beleuchten. Erst gingen beim BKA Informationen aus nachrichtendienstlichen Quellen ein, dass ein gewisser Dov Lutan alias Dov Liothan alias Jakov Hewel die *Brockhaus*-Bombe nach München gebracht und bei einem Textilhändler jüdischer Abstammung in Frankfurt Station gemacht habe; dann trafen Meldungen aus Paris ein, dort seien fünf israelische Staatsangehörige festgenommen worden, darunter vier Mitglieder der Cherut-Partei. Sie stünden möglicherweise mit dem Anschlag in Verbindung. Dabei habe man fünf Pistolen, eine Maschinenpistole und Munition sichergestellt. Die Männer wurden einen Tag später wieder auf freien Fuß gesetzt und umgehend des Landes verwiesen; der fünfte, in dessen Apartment die Waffen gefunden worden waren, blieb in Haft und wurde später zu einer dreimonatigen Gefängnisstrafe verurteilt. Es handelte sich um den »Bettler«: Elieser Sudit. Als der Chef der Münchner Sonderkommission allerdings nach Paris reiste, um Sudit zu verhören und genaue Informationen über die anderen Israelis zu erhalten, stieß er bei den Kollegen auf verschlossene Ohren und Türen. Die Franzosen befürchteten offenbar diplomatische Verwicklungen und lehnten jede Kooperation ab. Paris sollte in den nächsten Jahrzehnten der wichtigste Mossad-Stützpunkt in Europa und Ausgangspunkt für zahllose Exekutionen werden.

Goldene Armbanduhren als Belohnung: Konrad Adenauer empfängt Werner Breitschopp (links) und Bruno Beyersdorf im Bundeskanzleramt, um sich bei ihnen zu bedanken.

Die Ermittlungen in München liefen zunächst weiter. Beamte des neugegründeten bayerischen Landeskriminalamtes identifizierten einen Josef Kronstein als den Mann mit dem verstümmelten Finger, der als Helfer des Bombenboten Dov Lutan fungiert und den beiden Jungen am Münchner Hauptbahnhof das brisante Päckchen anvertraut hatte. Zu einer Anklage kam es jedoch nie. Alle Hintermänner waren längst abgetaucht oder nach Israel zurückgekehrt. Irgendwann endeten alle Ermittlungen im Nichts, das öffentliche Interesse war längst erlahmt, sämtliche Berichte wurden zur Geheimsache erklärt. Obwohl Buchautor Henning Sietz keine Hinweise fand, dass von Adenauer im Interesse der deutsch-israelischen Beziehungen in die Ermittlungen eingegriffen worden wäre, gab es doch wohl ein stillschweigendes Einvernehmen des Bundeskanzlers mit Ben-Gurion, den Fall nicht eskalieren zu lassen. Sonst hätte die Bundesregierung am Ende noch Auslieferungsanträge an Israel stellen müssen, woran nur wenige Jahre nach dem Holocaust beide Seiten kein Interesse haben konnten.

Am 10. September 1952, rund fünf Monate nach dem Tod des Sprengmeisters Karl Reichert, unterzeichneten Konrad Adenauer und der israelische Außenminister Moshe Sharett im Rathaus von Luxemburg den Wiedergutmachungsvertrag: Deutschland erklärte sich bereit, Reparationen im Gesamtwert von etwa 3,5 Milliarden Mark an Israel zu leisten.

Operation Damokles – der Fall Kleinwächter

«Manchmal sind Hinrichtungen von führenden Wissenschaftlern ein Mittel der Wahl! … Ich denke, das macht einen gewissen Sinn.»

Gad Shimron, ehemaliger Mossad-Agent

In den frühen Abendstunden des 20. Februar 1963, auf einer Landstraße am Rande des Schwarzwalds: Prof. Dr.-Ing. Hans Kleinwächter, Chef eines Werkes für elektronische Steuerungsgeräte, ist mit seinem Wagen auf dem Heimweg. Kurz vor seinem Haus in Lörrach, hinter einer unübersichtlichen Kurve, versperrt plötzlich ein quergestelltes Fahrzeug die Straße. Kleinwächter erkennt das Auto erst spät, muss voll auf die Bremse treten, um eine Kollision zu verhindern. Aus der Dämmerung taucht schemenhaft eine Gestalt auf, tritt an den Wagen heran. Vielleicht hat es einen Unfall gegeben und jemand benötigt Hilfe, schießt es Kleinwächter durch den Kopf. Stattdessen zieht der Mann, ohne ein Wort zu verlieren, eine Pistole mit Schalldämpfer und drückt ab. Doch die Kugel verfehlt ihr Ziel. Aus einem zweiten Fahrzeug springt ein weiterer Killer auf die Straße, er hat eine Maschinenpistole im Anschlag, will sofort das Feuer eröffnen, doch seine Waffe streikt. Kleinwächter überlebt wie durch ein Wunder, kann die Flucht ergreifen.

Auf dem Beifahrersitz des zweiten Autos sitzt ein weiterer Mann, der nicht in das Geschehen eingegriffen hat, aber jetzt lauthals über das Ungeschick seiner Leute flucht: Isser Harel, der Chef des israelischen Geheimdienstes Mossad. Es war ihm ein persönliches Anliegen, der Exekution Klein-wächters beizuwohnen, die gerade kläglich gescheitert ist. Das israelische Mordkommando macht sich schleunigst aus dem Staub; in der Innenstadt von Lörrach wechseln die bei-den Attentäter den Fluchtwagen, setzen sich damit in die Schweiz ab. Harel kehrt nach Paris zurück, von wo aus er die Operation in Deutschland gesteuert hat.

Nur etwa zwei Wochen später sieht die wegen Mordver-suchs ermittelnde Freiburger Staatsanwaltschaft einen über-raschenden Zusammenhang mit Ereignissen, die kurz nach dem Mordversuch in Basel stattgefunden haben. Sie bean-tragt deshalb einen Haftbefehl gegen den 42-jährigen Öster-reicher Dr. Otto Franz Joklik und den 33-jährigen Yosef Ben Gal aus Tel Aviv, der sich als Beamter des israelischen Erzie-hungsministeriums ausgegeben hat. Die beiden befinden sich inzwischen wegen einer anderen Geschichte in Schwei-zer Gewahrsam. Sind sie auch die Täter von Lörrach?

Und dies war die andere Geschichte: Otto Joklik hatte nach den Ereignissen in Lörrach anonym bei einer Heidi Goercke in Freiburg angerufen, der 25-jährigen Tochter des Raketenfachmanns Prof. Paul Goercke, eines Kollegen Klein-wächters. Die beiden Ingenieure arbeiteten damals zusam-men an einem Forschungsprojekt in Ägypten, das Israel als Gefahr für seine Sicherheit erachtete. »Wenn ihr das Leben ihres Vaters etwas wert sei«, so hatte Joklik am Telefon ge-droht, solle Heidi am 2. März zu einem persönlichen Ge-spräch ins Hotel *Drei Könige* nach Basel kommen. Da ihr Va-ter in Kairo nicht erreichbar war, wandte sich die junge Frau verängstigt an die Freiburger Polizei, die wiederum die Kol-legen in Basel alarmierte.

Als Heidi Goercke zusammen mit ihrem jüngeren Bruder zum verabredeten Zeitpunkt in der Nobelherberge *Drei Kö-*

nige erscheint, sind alle Tische des Restaurants entweder von getarnten Kriminalbeamten besetzt – oder von den Schweizern verwanzt worden. Durch die Gänge eilen Polizisten, die ihre Uniform vorübergehend gegen eine Livree eingetauscht haben. In den Nebenstraßen des Hotels wartet ein Großaufgebot von zivilen Polizeifahrzeugen auf die Ankunft des mysteriösen Anrufers, der pünktlich in Begleitung eines zweiten Mannes auftaucht.

Mehr als vier Stunden dauert das Treffen, jedes Wort wird heimlich mitgeschnitten. Joklik und Ben Gal, der eigentlich Baruch Presher heißt und Mossad-Offizier ist, setzen die Geschwister erneut massiv unter Druck. Sie sollen ihren Vater überzeugen, seine Tätigkeit in Ägypten aufzugeben, anderenfalls werde ihm »etwas passieren«. Die Kinder verstehen dies als unverhohlene Morddrohung – und so ist es auch gemeint. Als Joklik und Ben Gal das *Drei Könige* verlassen, folgen ihnen diskret mehrere Schweizer Kriminalbeamte. Die beiden Agenten nehmen einen Schnellzug nach Zürich, wo sie sich an jenem Abend noch auf einem Maskenball vergnügen und dort konspirativ einen weiteren Mossad-Kämpfer treffen, den in Deutschland geborenen Josef Reismann alias Joe Ra'anan. Er ist Isser Harels Operationschef in der Bundesrepublik. Observation und Gegenobservation: Nach dem Fest in Zürich muss Reismann hilflos mit ansehen, wie seine Leute von der Kantonspolizei verhaftet werden. Er informiert sofort Harel in Paris.

Das Freiburger Amtsgericht erlässt Haftbefehl gegen Joklik und Ben Gal wegen versuchten Mordes, ein Auslieferungsersuchen der Staatsanwaltschaft an die Schweiz ist in Vorbereitung. Damit wird für den Mossad-Boss der Boden in Europa endgültig zu heiß. Am 8. März 1963 fliegt Harel zurück nach Tel Aviv, um Regierungschef David Ben-Gurion zu beichten, dass es bei der »Operation Damokles« leider einen Rückschlag gegeben habe.

Isser Harel hatte nach dem Anschlag auf Adenauer, an dem der Mossad allerdings nur am Rande beteiligt gewesen war, den Ruf zum Direktor des Auslandsgeheimdienstes erhalten, zum Memunen. Harel wurde 1912 im russischen Witebsk als Isser Halperin in eine wohlhabende Essigdynastie geboren, die Familie verlor nach der Oktoberrevolution jedoch ihren gesamten Besitz und wanderte verarmt nach Lettland aus. Mit 18 Jahren ging er nach Palästina, schloss sich im Unabhängigkeitskrieg der israelischen Untergrundarmee Hagana an und leitete ab 1942 deren Nachrichtendienst. Als zweiter »Memune« in der Geschichte des Mossad rekrutierte Harel Mitte der fünfziger Jahre eine Reihe von prominenten Figuren aus jüdischen Terrororganisationen, die alle gegen die britischen Besatzer gekämpft hatten: aus der Hagana, aus der radikalen Irgun (darunter den Sprengstoffexperten Elieser Sudit) oder aus der noch radikaleren »Gang« des Abraham Stern, die sich aus der Irgun abgespalten hatte, darunter den späteren Premierminister Yitzhak Shamir. Shamir erhielt 1956 den Auftrag, unter diplomatischem Deckmantel von Paris aus eine Gruppe von Agenten für *ad hoc*-Operationen aufzubauen, die auch für Anschläge und Exekutionen verantwortlich sein sollte.

Für den Job verpflichtete Shamir eine Reihe erfahrener »Stern-Gangster«, allesamt skrupellose Kämpfer, die das Handwerk des Tötens beherrschten. Harel waren viele dieser willfährigen Killer eher suspekt, er traute ihnen nicht über den Weg, ließ sie deshalb außerhalb Israels stationieren; er brauchte sie zwar, um ausländische Staatsfeinde zu liquidieren, wollte aber unter allen Umständen verhindern, dass sie als Gruppe ein Eigenleben in Israel führen konnten. Gezieltes Töten war Ben-Gurion ein verhasster Gedanke, er stellte diese Option gleichwohl nicht in Frage, solange es sich um Exekutionen handelte, die er selbst sanktioniert hatte. Alleingänge wie die eigenmächtige Ermordung des arabischen

Doppelagenten Ali Qassem durch den Chef des israelischen Militärgeheimdienstes im November 1948 oder das Adenauer-Attentat durch Parteimitglieder der Cherut 1952 stießen dagegen auf seinen heftigen Widerstand.

Im Juli 1956 kam es zu den ersten beiden außergesetzlichen Hinrichtungen des noch jungen Staates Israels: Der damalige Chef des Militärgeheimdienstes, Brigadegeneral Yehoshafat Harkabi, wollte etwas gegen die aus den feindlich gesinnten arabischen Nachbarstaaten Ägypten und Jordanien nach Israel einsickernden palästinensischen Kämpfer unternehmen. Er hatte deshalb Ben-Gurion gleich zu Jahresanfang empfohlen, den Terrororganisationen die Köpfe abzuschlagen, um ein Zeichen zu setzen. Sechs Monate dauerte die Entscheidungsfindung im Kabinett, dann erhielt Harkabi grünes Licht. Die Wahl fiel auf Colonel Mustafa Hafez, Chef des ägyptischen Nachrichtendienstes in Gaza, und auf Colonel Salah Mustafa, den ägyptischen Militärattaché an der Botschaft im jordanischen Amman. Die Anschläge waren ein riskantes Unterfangen, denn der Geheimdienst musste gewissermaßen über Bande spielen.

Wie Adenauer sollte auch Hafez mit einer in einem Buch versteckten Bombe getötet werden. Das Päckchen für den Colonel war allerdings an den Polizeiinspektor in Gaza gerichtet und sollte ihm von einem Mittelsmann übergeben werden, dem gesagt worden war, es seien darin geheime Codes aufgelistet. Die Israelis gingen davon aus, dass der Bote das Buch deshalb nicht beim Polizeichef, sondern stattdessen bei Hafez persönlich abliefern werde. Der Plan ging auf: Am 11. Juli 1956 explodierte die Bombe in den Händen des ägyptischen Geheimdienstmannes, der tödliche Verletzungen erlitt; der Bote, der in der Nähe stand, verlor sein Augenlicht. Tags darauf erhielt Colonel Mustafa in Amman eine baugleiche Paketbombe, angeblicher Absender: das Hauptquartier der UN-Beobachter im Lande. Auch der

Militärattaché starb innerhalb weniger Stunden an den Folgen der Druckwelle.

Am 29. Oktober 1956 marschierte die israelische Armee in den Sinai ein. Die Verstaatlichung des Suezkanals durch den ägyptischen Alleinherrscher Gamal Abdel Nasser und die Blockade des israelischen Hafens Eilat komme einer Kriegserklärung gleich, erklärte die Regierung in Jerusalem, die Militäroperation sei deshalb gerechtfertigt. Auch Frankreich und Großbritannien waren über Nassers Verstaatlichung erzürnt und beteiligten sich an der Aktion. Nach sieben Tagen stand die Sinai-Halbinsel vollständig unter israelischer Kontrolle. Doch die erhoffte Destabilisierung des Regimes in Kairo blieb aus. Nasser saß fest im Sattel und blieb damit auch weiterhin Israels gefährlichster Feind. In den Wochen zwischen der Besetzung des Sinai und dem Rückzug der Streitkräfte im Januar 1957 ließ der Mossad-Memune Harel deshalb mehrfach Pläne für eine Ermordung Nassers ausarbeiten. Eine der Ideen: Ein Mossad-Agent könnte das komplette Bürogebäude der *Suez Canal Authority* mit einem mächtigen Sprengsatz in die Luft jagen, wenn Nasser dort nach dem israelischen Abzug, wie erwartet, eine flammende Rede an das ägyptische Volk halten würde. Doch Ben-Gurion weigerte sich, seine Zustimmung zu geben. Er sah vor allem die Risiken eines politischen Mordes. Erst fünf Jahre später gelang es Harel und seinem Mann fürs Grobe, Yitzhak Shamir, ihren Regierungschef von der Notwendigkeit neuer Hinrichtungen durch den Mossad zu überzeugen. Dabei ging es nicht um Nasser selbst, sondern um deutsche Experten, die am Bau von Hitlers V2 in Peenemünde mitgewirkt hatten und nunmehr den Ägypter mit ebensolcher Raketentechnologie aufrüsteten.

In der Militärfabrik Nr. 333 in Heliopolis im Norden von Kairo hatte Nasser schon Ende der fünfziger Jahre mit dem Aufbau einer Produktion von Mittelstreckenraketen begonnen. Ziel war einerseits, die Abhängigkeit Ägyptens von den bisherigen Rüstungslieferanten Sowjetunion und Großbritannien zu reduzieren, andererseits Israel in Schach zu halten, das bereits über entsprechende Trägersysteme verfügte. Zwei Raketentypen standen auf der Wunschliste: die *El-Safir* mit einer Reichweite von 280 Kilometern und die zweistufige *El-Kahir* mit einer Reichweite von 560 Kilometern. Parallel dazu trieb Nasser in den Fabriken Nr. 36 und Nr. 135 in Heluan, eine halbe Autostunde von Kairo entfernt, den Bau eines überschallschnellen Militärjets voran. Für beide Projekte brauchte er Technologie und Knowhow, die er in Deutschland zu finden hoffte, wo, fünfzehn Jahre nach Kriegsende, noch immer geballtes Wissen aus Hitlers Rüstungsschmieden anzutreffen war.

Mit großformatigen Anzeigen in überregionalen deutschen Tageszeitungen begann Ägypten seinerzeit, Spezialisten anzuwerben: »Flugzeugwerk in Nordafrika sucht Fachkräfte jeder Art«, Bewerbung erbeten unter Chiffre. Wer Interesse bekundete, bekam Post aus Zürich, wo ein Landsmann von Nasser residierte, der Diamanten-, Gold- und Waffenhändler Prinz Hassan Sayed Kamil. Der ägyptische Adelige hatte zusammen mit dem Kriegsministerium in Kairo zwei Schweizer Tarnfirmen gegründet, über die der Deal mit den deutschen Experten eingefädelt wurde, und später auch, zur Umgehung etwaiger Embargobestimmungen, das Geschäft mit Rüstungstechnik »Made in Germany«.

Im Jahre 1960 gelang es den Ägyptern, Eugen Sänger anzuwerben, einen prominenten Ingenieur, der während des Zweiten Weltkrieges an der Heeresversuchsanstalt in Peenemünde an der V2 gearbeitet hatte und inzwischen Professor in Stuttgart und Vorstand des von ihm gegründeten Forschungsinstituts für Physik der Strahlantriebe war. Der Pionier ließ sich mit viel Geld ködern: Anfang 1960 sagte Sänger zu, für Kairo eine »Höhenforschungsrakete« zu entwickeln und einige seiner fähigsten Leute mitzubringen; Honorar: zwei Millionen Mark.

Es dauerte nicht lange, bis der Mossad von dem Vertrag erfuhr; die israelische Regierung begann damit, über diplomatische Kanäle erheblichen Druck auf Bonn auszuüben. Sänger reagierte verschreckt und kündigte seine Mitarbeit bei den Ägyptern wieder auf, ein Schritt, der ihm womöglich damals das Leben rettete. Sängers Mitarbeiter beharrten jedoch auf ihren lukrativen Kontrakten mit den Ägyptern und siedelten wenigstens zeitweilig nach Kairo über, unter ihnen der ehemalige Geschäftsführer des Sänger-Instituts, Heinz Krug, die Peenemünde-Veteranen Paul Goercke und Wolfgang Pilz sowie Hans Kleinwächter, der Elektronikfachmann aus Lörrach; hinzu kam noch ein halbes Dutzend Nachwuchskräfte. Insgesamt bestand das Team für Heliopolis aus zehn bis zwölf Fachkräften aus Baden-Württemberg und einem merkwürdigen Experten aus Österreich: Prof. Dr. Otto F. Joklik.

Otto Joklik war ein Mann von imposanter Gestalt – und ebenso imposantem Selbstbewusstsein; sein Name war echt, seine akademischen Titel offenbar nicht; unklar ist, ob er von Mossad-Chef Isser Harel als Agent in die Gruppe der Raketenbauer eingeschleust wurde (wozu ihn der Geheimdienst vermutlich mit einer glaubwürdigeren Legende ausgestattet hätte), oder ob der Memune einem Schwindler auf den Leim gegangen war, der in Kairo sein Glück gesucht –und es dann in Tel Aviv gefunden hatte. Den Ägyptern hatte Joklik 1961 seine Dienste bei der Entwicklung von »Hochenergie-Kobalt-Raketenköpfen« für die *El-Safir* und die *El-Kahir* angeboten und dafür radioaktiven Schrott über die Schwester des ägyptischen Projektleiters organisieren lassen. Den deutschen Koryphäen in Heliopolis kam Joklik damals wie ein Spinner vor.

Aus den Jahren 1957 bis 1960 sind zwar ein paar populär-

146

wissenschaftliche Veröffentlichungen auf dem Gebiet der Strahlentechnik und Radiologie überliefert, die Jokliks Namen tragen und zum Teil sogar in der Deutschen Nationalbibliothek archiviert sind. Dagegen gab es keine Haarlem University in den Niederlanden, an der er 1960 promoviert und dort noch im selben Jahr zum Assistenzprofessor für Radiobiologie ernannt worden sein will. In den siebziger Jahren trat Joklik als Direktor eines Institute of Advanced Technology and Biotechnology in Wien auf, das nur in seiner Phantasie und unter der Adresse seiner Privatwohnung existierte; über diese Anschrift verschob er Jahre später, 1972/73, amerikanische Laser-Technologie, die unter Embargo stand, nach Moskau, was ihm damals viel Ärger einbrachte. Danach sei er für die Industrial Development Organisation der Vereinten Nationen (*UNIDO*) tätig gewesen, schreibt er in seinem Lebenslauf; das wiederum scheint zu stimmen. In den neunziger Jahren bezeichnete er sich als »Erfinder«, besaß ein Patent zur Trinkwasseraufbereitung und bekleidete als »Seine Exzellenz, Prof. Dr. Otto Joklik« das Amt eines »Grand Commander« im erzkatholischen Malteserorden.

Die Agenten-Groteske um Otto Joklik beginnt im Mai 1962 in Wien. Auch nach Prof. Eugen Sängers frühzeitiger Demission als Leiter des ägyptischen Raketenprojekts übt Jerusalem starken Druck auf Bonn aus. »Die deutsche Regierung kann nicht untätig bleiben, wenn 18 Jahre nach dem Sturz des Hitler-Regimes, das Millionen von Juden vernichtete, wieder einmal Angehörige dieses Volkes für Handlungen verantwortlich sind, die der Zerstörung des Staates Israel dienen«, empört sich die israelische Außenministerin Golda Meir in der Knesset. Aber die Bundesregierung sieht keine Möglichkeit, gegen die wissenschaftlichen Söldner in Ägypten vorzugehen. Die defensive deutsche Haltung erbost ganz besonders Mossad-Chef Isser Harel.

Eines Tages nimmt Joklik Verbindung mit den Israelis auf, vermutlich kontaktiert er während eines Heimaturlaubs die Botschaft in Wien und bietet seine Spionagedienste an. Über sein Motiv, die Seiten zu wechseln, kann nur spekuliert werden: Vielleicht sind ihm die Ägypter auf die Schliche gekommen, dass es keine Haarlem University gibt, er mithin ein Scharlatan ist, vielleicht sieht er auch nur die Chance, als Überläufer seine Besoldung deutlich zu erhöhen. Sein Sohn Michael wird später Wert auf die Feststellung legen, dass sein Vater »nie beim Mossad« war. Sonst möchte er nichts sagen. Die Familie sei im übrigen der Meinung, »dass wir die Toten in Frieden ruhen lassen sollten«.

Es dauert nicht lange, bis Jokliks Angebot beim Memunen in Tel Aviv landet. Er lässt den Österreicher sofort nach Israel einfliegen. Es folgen eine Reihe von Verhören, in denen die Mossad-Leute herausfinden wollen, ob es sich bei ihrer neuen Quelle womöglich um einen Spitzel der Gegenseite handeln könnte. Doch Harel erstickt sofort jeden aufkommenden Zweifel an der Seriosität Jokliks im Keim, er vertraut ihm, decken sich doch dessen Ausführungen weitgehend mit seinen eigenen Befürchtungen: Nassers Leute sind dabei, entsprechende Sprengköpfe für die neuen Mittelstreckengeschosse mit radioaktivem Abfall zu bestücken, das Projekt laufe, so Joklik, unter der Tarnbezeichnung »Ibis 1«. Noch viel gefährlicher aber seien Pläne unter dem Decknamen »Cleopatra«, atomare, biologische und chemische Massenvernichtungswaffen für die Raketenköpfe zu entwickeln. Ägypten und Cleopatra – das klingt für den Memunen völlig plausibel. Jeden Einwand seiner eigenen Ägypten-Experten, sie hätten noch nie von »Ibis 1« oder »Cleopatra« gehört, Joklik binde dem Mossad einen Bären auf, wischt Harel vom Tisch. Vielmehr wähnt er sein Land in großer Gefahr, deshalb sei es jetzt an der Zeit für geeignete Maßnahmen durch Yitzhak Shamirs »harte Jungs«. Auch ein Name für die Operation fällt ihm sofort ein: »Damokles«, das Schwert über unseren Köpfen.

Auf verschwiegenen Kanälen erfährt der stellvertretende Verteidigungsminister Shimon Peres von Jokliks Anwesenheit in Israel, er verlangt, dass der Österreicher auch von seinen Leuten vernommen werden könne. Harel lehnt ab. Peres wendet sich an David Ben-Gurion, droht sogar mit Rücktritt. Am Ende des erbitterten Streits entscheidet der Premierminister, dass der Chef des Geheimdiensts Lakam, der für die Sicherheit des israelischen Atomprojekts verantwortlich ist, die Quelle aus Österreich vernehmen soll; er besitze das nötige Fachwissen, um Joklik zu überprüfen. Das Ergebnis ist niederschmetternd: Die Informationen des Österreichers seien so zweifelhaft wie der ganze Mann selbst. Doch der Memune lässt sich nicht beirren. »Operation Damokles« ist inzwischen angelaufen und nicht mehr aufzuhalten. Zur großen Verwunderung seiner engsten Mitarbeiter schickt Harel den Überläufer Joklik sogar als Mossad-Spezialagenten nach Deutschland, immerhin kennt er die deutschen Raketenforscher, die jetzt liquidiert werden sollen, von Angesicht zu Angesicht.

Am 7. Juli 1962 stürzt ein zweimotoriges Charterflugzeug des ägyptischen Geschäftsmanns Prinz Hassan Sayed Kamil bei Riesenbeck in Westfalen ab. In den Trümmern stirbt seine Gattin, er selbst hat kurzfristig umdisponiert, kommt deshalb mit dem Leben davon; die genaue Absturzursache lässt sich angeblich nicht ermitteln. Zwei Monate später, am 11. September 1962, entführen unbekannte Täter den in Heliopolis tätigen Dr. Heinz Krug, der gerade in München seine Familie besucht; der Wagen wird in der Nähe seiner Villa gefunden. Am 8. Oktober reist Isser Harel persönlich nach Paris, um »Damokles« vor Ort zu überwachen. Die damalige Chronologie der Ereignisse legt den Gedanken nahe, dass er an geheimen Verhören von Krug teilgenommen haben könnte, der bis heute verschwunden bleibt. In einem anonymen Schreiben wird Monate später behauptet, der Deutsche sei im November 1962 liquidiert worden.

Am 27. November 1962 öffnet Hannelore Wende, die Sekretärin von Professor Wolfgang Pilz, dem Chefkonstrukteur des deutschen Raketenteams in Ägypten, einen in Hamburg aufgegebenen Luftpostbrief. Dabei explodiert eine Sprengladung: Wende verliert ihr Augenlicht und wird im Gesicht grässlich entstellt. Einen Tag später gibt ein Mann in der Hansestadt ein Luftpostpaket mit wissenschaftlicher Fachliteratur für den »Herrn Direktor der Raketenfabrik in Heliopolis« auf; als Absender ist eine Buchhandlung in Stuttgart genannt. Als ein ägyptischer Mitarbeiter auf der Poststelle die Lieferung öffnet, detoniert eine Bombe. Insgesamt fünf Menschen kommen ums Leben, zehn werden verletzt. Ein zweites Paket wird rechtzeitig in Kairo abgefangen und mit einem Röntgengerät durchleuchtet, auch hier steckt in zwei der Bücher Sprengstoff. Das war das vorläufige Ende einer Briefbombenkampagne, der jemand im Mossad-Hauptquartier mit einem Sinn für schwarzen Humor den Decknamen »post mortem« gegeben hatte.

Anfang 1963 schließlich nehmen Harel, Yitzhak Shamir in Paris und Josef Reismann in Deutschland die Exekution von Hans Kleinwächter in Angriff. Sie wissen, dass er regelmäßig zwischen Kairo und Lörrach pendelt. Agenten kundschaften seine Lebensumstände und Gewohnheiten aus, observieren seine Firma und sein privates Umfeld, legen den Plan für das Attentat fest. Joklik und Ben Gal sind zumindest an den Vorbereitungen, möglicherweise auch am Anschlag selbst beteiligt. Dann folgt die Episode mit der Goercke-Tochter in Basel und die Verhaftung der beiden Agenten in Zürich.

Am 15. März 1963 geht die Schweizer Justiz mit einer Pressemitteilung über die Verhaftung der beiden israelischen

Der Malteserritter – ein vormaliger Agent: Otto Joklik war (hier 1997) Anfang der sechziger Jahre an Mordanschlägen des Mossad in Ägypten und Deutschland beteiligt.

Spione an die Öffentlichkeit, die Staatsanwaltschaft Freiburg stellt einen Auslieferungsantrag, schließlich wiegt der Vorwurf des versuchten Mordes schwerer als jener der Nötigung und Erpressung. Das politische Jerusalem steht unter Schock, Regierungschef Ben-Gurion tobt, Isser Harel sieht sich in die Enge getrieben. Als letzten Versuch, zu retten, was nicht mehr zu retten ist, beginnt er damit, Informationen über Ägyptens Pläne an israelische Journalisten durchzustechen, die diese aber nur über ihre Korrespondenten in Europa veröffentlichen dürfen. Er will auf diese Weise den Eindruck erwecken, die undichte Stelle sei dort und nicht in Tel Aviv zu suchen. Die Folge ist eine geradezu hysterische Pressekampagne über ägyptische Science-Fiction-Waffen, mit denen deutsche Wissenschaftler nunmehr dafür Sorge trügen, dass es doch noch zu einer »Endlösung« der jüdischen Frage komme. Die diplomatischen Drähte zwischen Jerusalem und Bonn glühen, den sensiblen Beziehungen droht ein schwerer Rückschlag, und das alles nur, weil der Memune Harel wie blind und besessen für die »Operation Damokles« gekämpft hat – und inzwischen für sein Überleben an der Spitze des Geheimdienstes kämpft.

Auf einer Ressortbesprechung im Bonner Bundeskanzleramt wurden damals die möglichen Folgen diskutiert: Trotz der diversen Mordanschläge auf deutsche Staatsbürger, so heißt es da, hätten »die deutschen Behörden alle diese Vorfälle mit größter Diskretion behandelt«. Erst als »die Verhaftung der beiden Agenten« bekannt gegeben worden sei, habe das »erhebliche Nervosität in Israel ausgelöst«. Bei alledem sei sehr zweifelhaft, ob ABC-Waffen überhaupt in Ägypten entwickelt werden können. »Auch das von Israel übergebene Material vermittelt keinen Anhaltspunkt dafür«, steht im Protokoll. Am Ende der Sitzung stimmte die Runde darin überein, dass der Bitte des Botschaftsrats aus der Israel-Mission in Köln entsprochen und »zum gegenwärtigen Zeitpunkt keine weitere Erklärung abgegeben werde«.

Selbst David Ben-Gurion, eigentlich ein enger Freund und Förderer Isser Harels, zweifelte nach einem persönlichen Gespräch am 25. März mehr denn je daran, dass »ehemalige Nazis in Ägypten Atomwaffen, bakterielle und chemische Kampfstoffe herstellen«. Der Memune antworte, sein Nachfolger werde »die notwendigen Unterlagen beibringen«, knallte die Tür zu und setzte sein Rücktrittsgesuch auf. Der Premierminister verübelte seinem Geheimdienstchef vor allem, dass er auf den offensichtlichen Hochstapler Otto Joklik hereingefallen war und dadurch die fragilen Beziehungen zu Deutschland aufs Spiel gesetzt hatte. »Ich bedaure die Trennung von einem so loyalen und verdienstvollen Mann«, sagte er zur offiziellen Verabschiedung, »aber ich kann seine politische Haltung in dieser Frage nicht billigen«.

Auch Josef Reismann alias Joe Ra'anan trat von seinem Posten als Operationschef für Deutschland zurück. Otto Joklik und Yosef Ben Gal wurden in Zürich zu einer zweimonatigen Haftstrafe verurteilt und auf freien Fuß gesetzt, da sie bereits vier Monate in Untersuchungshaft gesessen hatten; das deutsche Auslieferungsersuchen war von den Schweizer Behörden schon vorher abgelehnt worden. Für Joklik endete damit die Karriere als Agent der Israelis. Ben Gal alias Baruch Presher kehrte zu seinem Standort nach Paris zurück. Dort traf er sich noch einmal in einem kleinen russischen Restaurant mit seinem ehemaligen Boss Isser Harel, der gerade mit seiner Frau auf Urlaubsreise durch Europa tourte. Sie bestellten eine Flasche Wodka und stießen auf die guten alten Zeiten an, die erst wenige Wochen zurücklagen.

Gemetzel im Strandhaus – der Fall Cukurs

> »Aufgrund der schweren gegen Herbert Cukurs erhobenen Anklagen und wegen seiner nachweislich persönlichen Verantwortung für den Mord an 30 000 Männern, Frauen und Kindern und insbesondere wegen der schrecklichen Grausamkeit, die er bei der Ausführung seiner Verbrechen demonstrierte, haben wir beschlossen, über den Angeklagten Herbert Cukurs das Todesurteil zu sprechen. Das Todesurteil wurde am 23. Februar 1965 vollstreckt.
> Diejenigen, die niemals vergessen werden.«
> *Wortlaut eines Bekennerschreibens über die Ermordung des mutmaßlichen Nazi-Kriegsverbrechers Herbert Cukurs*

Paris, 1. September 1964. Jakob Meidad, angeblich ein Geschäftsmann aus Israel, schlendert am Ufer der Seine entlang, verweilt hier und dort, um seine Umgebung zu beobachten und sich zu vergewissern, »dass ich allein war und nicht von einem der zahlreichen Geheimdienste beschattet wurde, die damals in Paris eine rege Tätigkeit entfalteten«. So wird sich der Mossad-Agent Meidad (Deckname »Jitzchak«) mehr als dreißig Jahre später in einem Buch an den Beginn einer Operation erinnern, die er selbst für seinen größten Coup hielt.

Sein Ziel an diesem Morgen ist eine unscheinbare Mietwohnung in der Avenue de Versailles im exklusiven 16. Arrondissement, in unmittelbarer Nähe der Seine. Joav hat ein Treffen angesetzt, es geht um eine neue Operation, bei der Meidad die wichtigste Rolle spielen soll. Hinter Joav verbarg sich möglicherweise Yitzhak Shamir, der spätere Premierminister. Auch Elieser Sudit, der zwölf Jahre zuvor eine

Bombe für Konrad Adenauer gebaut und das Leben des Münchner Polizisten Karl Reichert auf dem Gewissen hatte, ist nach Paris gekommen; er soll unter dem Decknamen Oswald Taussig einen Part bei der geplanten Operation übernehmen. Er war inzwischen vom Mossad mit der Erstellung einer Liste von flüchtigen Nazi-Kriegsverbrechern beauftragt worden, die der Geheimdienst aufspüren, entführen und in Jerusalem vor Gericht stellen wollte. Und genau darum sollte es gehen.

Der Agent klingelt an der Tür des Apartments. Nach einer Weile hört er, wie sich drinnen Schritte nähern. Es dauert weitere Sekunden, bis Joav die Tür öffnet, »er hatte sich erst durch das Guckloch vergewissert, dass es sich wirklich um einen geladenen Gast« handelt, schreibt Meidad. Die Begrüßung ist kurz, aber herzlich, es gilt keine Zeit zu verlieren. »Ab jetzt heißt du Anton Künzle! Du kannst schon mal anfangen, dich daran zu gewöhnen«, sagt Joav, noch bevor sein Kollege an einem kleinen Kaffeetisch Platz nehmen kann. »Anton Künzle? Klingt Deutsch!«

»Österreichisch!«, korrigiert Joav, »deine Legende ist schon gestrickt!«

Jitzchak war damals ein vielseitig im Ausland einsetzbarer »Kämpfer« des Mossad, er hatte schon im Mai 1960 als Logistiker an der Entführung des NS-Kriegsverbrechers Adolf Eichmann aus Argentinien mitgewirkt. Erst viele Jahre später stellte sich allerdings heraus, dass die Operation äußerst dilettantisch vorbereitet und durchgeführt worden war, keineswegs so abenteuerlich, wie es noch heute in den meisten Büchern nachzulesen ist.

Geboren wurde Jakob Meidad, dessen Identität erst nach seinem Tod im Juli 2012 gelüftet wurde, 1919 in Breslau als Sohn eines Arztes, der im Ersten Weltkrieg als Sanitätsoffizier in der deutschen Reichswehr gedient hatte und mit dem »Eisernen Kreuz« ausgezeichnet worden war. Nach der

Machtergreifung der Nationalsozialisten bestürmte der vierzehnjährige Teenager seine Eltern, Deutschland den Rücken zu kehren und nach Palästina überzusiedeln. Doch sie lehnten es ab, ihre Heimat zu verlassen und wurden später in den Konzentrationslagern Theresienstadt bzw. Auschwitz ermordet.

Der junge Jakob schlug sich nach Palästina durch, lebte bei einer Pflegefamilie in Haifa, trat als erster jüdischer Siedler Palästinas der britischen Royal Artillery bei, diente im Unabhängigkeitskrieg in der Untergrundarmee Hagana als Kanonier, machte danach Karriere in der israelischen Armee (IDF) und stieg zum Kommandeur der Artillerieschule auf. 1955 wechselte er dann zum Auslandsgeheimdienst Mossad. Nach dem Urteil seines früheren Mossad-Kollegen Moti Kfir war Jitzchak alias Jakob so etwas wie der geborene Spion. Er konnte mit Glatze und Bauch und »in seiner stillen, introvertierten Art völlig unscheinbar« sein, konnte »leicht in der Menge untertauchen, ohne dass jemand ihn bemerkt oder später wiedererkannt hätte«. Daneben habe er noch andere Eigenschaften für ein Leben als Agent besessen, erinnert sich Kfir: »Er war klug und wendig, selbstsicher, vertrauenerweckend, mutig und umsichtig, sprach sieben Sprachen fließend.« Was Kfir in seiner Aufzählung vergaß: Meidad war gut im Erfinden von Geschichten. Auch die Story seines spektakulärsten Einsatzes, die er 1997 von dem israelischen Journalisten und Ex-Mossad-Agenten Gad Shimron aufschreiben ließ, zeichnet sich nicht gerade durch die reine Wahrheit aus. Für seine Memoiren wählte er übrigens »Anton Künzle« als Pseudonym, jenen Namen, der ihm an jenem Septembermorgen 1964 in Paris »verliehen« worden war.

Joav eröffnet seinen Plan, der mit dem Hauptquartier abgestimmt ist: »In wenigen Monaten, am 8. Mai 1965, wird die Welt den zwanzigsten Geburtstag des Sieges über Nazi-Deutschland begehen … und schon jetzt ist zu hören, dass es Zeit sei, einen Schlussstrich zu ziehen«, empört er sich, »wir Israelis und Juden haben die Pflicht, dem entgegenzuwirken!«

Tatsächlich hatte im Deutschen Bundestag eine Diskussion darüber begonnen, ob das seit 1871 geltende Verjährungsgesetz, das eine Frist von zwanzig Jahren für die Strafverfolgung von Mord vorsah, auch für Völkermord und die Verbrechen der Nationalsozialisten gelten solle. Es gab durchaus namhafte Stimmen im politischen Bonn, die das so sahen. Das aber würde bedeuten, dass nach dem 8. Mai 1965 die schlimmsten Gräueltaten des Dritten Reichs nicht weiter verfolgt werden könnten, es sei denn, ein neues Gesetz würde eine parlamentarische Mehrheit finden.

»Es ist absolut inakzeptabel, dass Tausende von Nazi-Verbrechern … jetzt aus ihren Löchern schlüpfen und ihren Lebensabend in aller Ruhe und Gelassenheit, ohne Angst vor Verhaftung und Verfolgung, verbringen können«, fährt Joav fort. Deshalb sei beschlossen worden, »einen der grausamsten und sadistischsten Nazis«, der »eigenhändig die Köpfe von Kleinkindern zertrümmert, Greise erschossen und Frauen misshandelt« habe und heute unbehelligt in Brasilien lebe, zu liquidieren. Mit dieser Operation werde der Mossad »die öffentliche Meinung beeinflussen« und ein klares Signal an die deutschen Abgeordneten senden. Dann macht Joav eine Kunstpause, um seinen folgenden Worten mehr Gewicht zu geben: »Der Nazi, der jetzt an der Reihe ist, heißt Herbert Cukurs« (in vielen Originaldokumenten wird der Vorname »Herberts« statt »Herbert« verwendet; in diesem Buch heißt Cukurs durchgängig »Herbert«).

Schon an dieser Stelle wirft Meidas Buch »Der Tod des Henkers von Riga« unzählige Fragen auf: Warum »jetzt an der Reihe«? Bis dahin hatte Israel noch keinen Nazi-Kriegsverbrecher exekutieren lassen. Adolf Eichmann war aus Argentinien verschleppt worden, um ihn in Jerusalem vor

Gericht stellen zu können; er wurde dann in einem rechtsstaatlichen Verfahren zum Tode verurteilt und Monate später hingerichtet. Warum also, anders als bei Eichmann, jetzt eine Exekution ohne öffentlichkeitswirksamen Prozess und ohne Urteil?

Und warum ausgerechnet Herbert Cukurs? Weil aus der südamerikanischen Diaspora genügend Informationen über ihn vorlagen, er mithin ein leichtes Ziel schien? Bereits im Jahre 1950 war der Lette, der sich nach dem Krieg über Schweden und Frankreich nach Brasilien abgesetzt hatte, ins Visier der jüdischen Gemeinde in Rio de Janeiro geraten. Sie warf ihm vor, für die Hinrichtung von 30 000 Juden im von der Wehrmacht besetzten Lettland verantwortlich gewesen zu sein. Die brasilianische Tageszeitung *Imprensa Popular* veröffentlichte am 19. Juli 1950 einen Artikel, in dem es hieß, Cukurs stehe angeblich als Nr. 17 auf der Liste der meistgesuchten Nazi-Kriegsverbrecher, sogar seine genaue Wohnadresse in Rio wurde veröffentlicht. Daraufhin randalierten eines Abends junge Juden vor seinem Haus, sie wollten gegen die von ihm beantragte Einbürgerung protestieren. Cukurs beschloss, Rio den Rücken zu kehren. In der jüdischen Gemeinde geriet er danach in Vergessenheit – in Brasilien, nicht aber in Israel.

Während des Eichmann-Prozesses berichtete Anfang Mai 1961 der Holocaust-Überlebende Eliser Kashat auch über die deutschen Massaker an lettischen Juden. Cukurs sei einer der schlimmsten Kollaborateure gewesen, erzählte er. »Ich habe mit eigenen Augen gesehen, wie er Frauen und Kinder erschoss, auch wenn er heute behauptet, den Juden geholfen zu haben.« Und in Kanada gab der Holocaust-Überlebende Raphael Schub zu Protokoll: »Cukurs befahl, Benzinbehälter in der Synagoge von Riga auszuschütten und Feuer zu legen. Wer zu fliehen versuchte, wurde niedergeschossen.« Es gibt viele Aussagen dieser Art, einige von ihnen gingen in eine Bewertung des US-Geheimdienstes CIA ein: »Es wurde berichtet, dass Captain Cukurs im März 1945 Mitglied der lettischen Nazi-Organisation Perkonkrusts ... und als Beteiligter eines berüchtigten Exekutionskommandos sehr aktiv bei der Hinrichtung von Juden war.«

Cukurs war zweifellos ein Kriegsverbrecher, auch wenn die jüdische Gemeinde in Riga ihn heute eher für einen Mitläufer hält. Vielleicht war er nicht persönlich verantwortlich für die Massenerschießungen lettischer Juden, aber er war beteiligt und hatte ohne jeden Zweifel Blut an seinen Händen. Gut möglich, dass der Mossad ihn bedeutungsvoller machen wollte, als er war, um ihn als Zielobjekt für die geplante Operation zu legitimieren, die Ende September 1964 in die entscheidende Phase trat.

Jakob Meidad hatte noch in Paris damit begonnen, sich einen Oberlippenbart wachsen zu lassen und eine dickumrandete Brille zu tragen. Das war aber auch schon genug der Mimikry, denn »mit meiner fortschreitenden Glatze, meinem rundlichen Bauch und meinem zufriedenen Gesichtsausdruck« habe er immer glaubwürdig gewirkt. Auch der vom Mossad gefälschte Pass sah professionell aus. Die Voraussetzungen für eine stimmige Legende als Österreicher Anton Künzle, der in Rotterdam seinen Geschäften nachgeht, würde dagegen einige Zeit in Anspruch nehmen: ein Bankkonto eröffnen, ein Postfach einrichten, Visitenkarten drucken lassen, ein Visum für Brasilien beantragen. Er sammelte in Holland alle Belege, die seinen Wohnort bestätigen konnten, Busfahrscheine, Kinokarten, Rechnungen, um sie später in seine Hosen und Jackets stopfen zu können. In seinem Koffer lagen nur Kleidungsstücke, die in Österreich gekauft waren, sogar Seife und Zahnbürste stammten von dort. Sein Auftrag war klar: Er sollte in Brasilien als reicher europäischer Investor auftreten, mit Cukurs in Kontakt kommen, sein Vertrauen gewinnen und ihn dann in eine Falle locken.

Der Täter als Opfer: Herbert Cukurs (links) soll an Kriegsverbrechen gegen Juden in Lettland beteiligt gewesen sein; Jacob Meidad alias Anton Künzle (rechts) sollte Cukurs mit Hilfe einer Schlägertruppe entführen.

Cukurs lebte inzwischen mit seiner Familie am einsamen Ufer eines Stausees am Stadtrand von São Paulo, er bot dort mit drei Wasserflugzeugen Rundflüge für ausländische Touristen an. Meidad reiste nach Brasilien, lernte den Alt-Nazi kennen, es gelang ihm sogar, als angeblicher Kriegsveteran und »Bruder im braunen Geiste« eine Art freundschaftlicher Beziehung zu seinem späteren Opfer aufzubauen. Er wurde ins Haus der Familie Cukurs eingeladen, mal zum Brandy auf der Terrasse, mal zu »Kaffee und Kuchen im Haus der Bestie«, wie der Mossad-Agent es später in seinem Buch formulierte. Nach mehreren Monaten war der Umgang so eng geworden, dass Meidad glaubte, den Köder auswerfen zu können, trotz aller Skepsis, die zwischenzeitlich immer wieder in Cukurs aufflackerte. Er bot dem Kriegsverbrecher ein gemeinsames Geschäftsprojekt in Montevideo an. Cukurs biss an.

Shangrilá, in der Nähe des internationalen Flughafens von Montevideo, 23. Februar 1965. Unter dem Vorwand, für die zu gründende Firma geeignete Mietobjekte zu suchen, hat sich Meidad alias Künzle mit verschiedenen Immobilienmaklern verabredet. »Wir besichtigten mehrere Häuser … wie gewohnt führte Cukurs die Gespräche«, heißt es in der Geschichte des ehemaligen Mossad-Manns. Um die Mittagszeit steht noch eine Strandvilla in der Avenida Colombia auf dem Programm. Meidad geht voraus, zieht aus der Hosentasche den Schlüssel, den ihm angeblich der Hausbesitzer anvertraut hat. Herbert Cukurs folgt ein paar Schritte hinter ihm. »Ich drückte auf die Klinke, die weiße Tür öffnete sich nach innen … Da bot sich mir ein seltsamer, um nicht zu sagen komischer Anblick«, schreibt Meidad. Da »standen aufgereiht und halbnackt die Männer des Einsatzkommandos«. Sie fallen sofort über Cukurs her. Doch der Lette ist »für sein Alter noch gut in Form«, er kämpft »wie ein verwundetes Tier«, versucht, an seine Waffe zu kommen, die er immer bei sich trägt.

»Einer hielt plötzlich einen Vorschlaghammer in der Hand und schlug damit auf den Kopf des Nazi-Verbrechers ein. Blut spritzte in alle Richtungen«, heißt es bei Meidad. Die Attentäter hatten das offenbar befürchtet und sich deshalb bis auf die Unterhosen ausgezogen, um ihre Kleidung »nicht mit Blut zu besudeln«. Aber warum wurde der Kriegsverbrecher nicht sofort mit ein paar Kugeln niedergestreckt? Später wird man lediglich einige Einschüsse in den Wänden des Hauses finden, sie stammen entweder aus Cukurs' Waffe oder der des Mossad-Agenten.

»Nach dem ursprünglichen Plan« hätte Cukurs zunächst »überwältigt … werden sollen«, schreibt Meidad in seinem Buch »Der Tod des Henkers von Riga«. »Wir wollten ihm das Urteil verkünden« und »ihm eine Anklageschrift verlesen« – in dieser Reihenfolge. Es sollte ihm »klar werden,

Mehr Dichtung als Wahrheit: Nach seinem Tod 2012 wurde die Identität des Mossad-Attentäters und Buchautors Anton Künzle bekannt. Sein richtiger Name: Jakob Meidad.

dass die Geschichte mit Anton Künzle … nur dazu gedient hatte, die Rache im Namen seiner unschuldigen Opfer zu vollziehen«. Danach sollte ihm »eine Kugel in den Kopf gejagt werden«. War also tatsächlich von Anfang an eine Exekution beabsichtigt, weil ein schriftliches »Todesurteil« ja vorher zu Papier gebracht worden sein musste?

Doch dem Schlägertrupp des Mossad gelingt es nicht, den kräftigen Cukurs zu überwältigen. Die Operation gerät völlig außer Kontrolle. »Da beschloss einer von uns, … den Vorgang« zu verkürzen, »hielt ihm den Revolver an den Kopf und drückte zweimal ab«. Cukurs sackt zu Boden. Er ist tot. Die Killer des Mossad bugsieren ihr Opfer in einen großen Schiffskoffer, den sie vorher besorgt hatten. Meidad: »Wir waren gezwungen, die Beine des ›Gerichteten‹ etwas abzuknicken, damit die Leiche hineinpasste.« Dann türmt das israelische Kommando.

Am 6. März 1965, elf Tage nach der Exekution, landet die Nachricht eines lokalen *Reuters*-Journalisten auf dem Schreibtisch von Polizeioffizier Alejandro Otero von der Mordkommission Montevideo: Im Bonner Büro seiner Agentur, so heißt es da, sei ein anonymes Bekennerschreiben für einen Mord im Badeort Shangrilá, etwa zwanzig Kilometer außerhalb der Hauptstadt, eingegangen. Die Kollegen in Deutschland hätten ihm den Brief übermittelt, Kopie anbei.

Otero überfliegt das Schreiben, der letzte Satz klingt beunruhigend: »Der Angeklagte wurde am 23. Februar 1965 hingerichtet, sein Körper liegt in der Casa Cubertini, Avenida Colombia ...« Zwei Stunden später steht Otero in Begleitung von zwei Uniformierten vor einer leerstehenden Strandvilla, fast in Sichtweite des Atlantiks. »Die Türen und Fenster des Hauses waren verrammelt, wir mussten eine Jalousie mit einer Brechstange anheben, sodass ich durch einen Spalt sehen konnte. Was ich sah, war erschreckend, das ganze Zimmer voller Blut«, erzählte Otero der deutschen Südamerika-Korrespondentin Gaby Weber Jahre später. Und es habe bestialisch gestunken. Der Verwesungsgeruch führt die Beamten direkt zu dem verschlossenen Schiffskoffer. Als sie den Deckel anheben, wird ihnen übel: Da liegt tatsächlich eine blutverkrustete, zusammengestauchte und völlig entstellte männliche Leiche.

Bei seinen Ermittlungen stößt Kommissar Otero sehr bald auf unzählige Ungereimtheiten. Mindestens fünf junge Männer, so ist von Nachbarn beobachtet worden, hätten sich in dem Haus aufgehalten. Alles deutet auf eine Entführung hin, für eine Hinrichtung hätte es keines Schiffskoffers bedurft. Die Truhe »hatte vorne und an der Seite Luftlöcher und robuste Metallschlösser«, daneben lagen »dicke Gurte«, mit denen »vermutlich verhindert werden sollte, dass die Kiste von innen zu öffnen war«, erinnert sich Otero in einem Hörfunk-Interview mit Gaby Weber. Außerdem habe am Tattag ein Schiff vor der Küste geankert, das nirgendwo registriert gewesen sei, es sollte vermutlich den Entführten aufnehmen und außer Landes schmuggeln. Oteros Fazit: Die Täter seien keine professionellen Killer gewesen, eher Stümper, die einen Mann kidnappen sollten, ihn aber nicht überwältigen konnten.

Zwei Wochen nach dem Mord in Uruguay berichtet die *New York Times*, bei der Autopsie von Herbert Cukurs in Montevideo sei festgestellt worden, »dass er nicht ... wie es zunächst in Polizeiberichten geheißen hatte, erschossen, son-

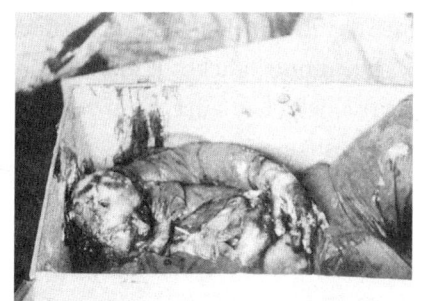

Hinrichtung als Legende: Die grausam zugerichtete Leiche von Herbert Cukurs lag in einem Schiffskoffer, in dem er eigentlich entführt werden sollte.

dern durch wiederholte Schläge auf den Kopf« getötet worden sei. Nach der Spurenlage musste es ein Anschlag von unfassbarer Brutalität gewesen sein, bei dem die Täter ihr Opfer so lange mit dem Vorschlaghammer traktierten, bis dessen Schädel vollständig zertrümmert war.

Oteros weitere Ermittlungen halten neue Überraschungen parat: Offenbar haben einige Mitglieder der *Tupamaros* dem Mossad bei der geplanten Entführung assistiert. Tabaré Rivero, einer der Gründer der linksgerichteten Stadtguerilla in Uruguay, erzählte Gaby Weber, dass »einer unserer tollkühnsten Genossen, Amodio Pérez, mit einem gefälschten Ausweis das Tatfahrzeug der Cukurs-Aktion angemietet und gefahren habe«. Pérez sei Jude gewesen und habe damals enge Kontakte zur jüdischen Gemeinde in Montevideo gepflegt. Darüber hinaus hatte der Mossad für den Schlägertrupp mehrere junge Argentinier rekrutiert. So steht es in der Ermittlungsakte der Polizei, in die Gaby Weber Einblick nehmen konnte. Demnach wurde die »ganze Operation nicht von Israelis, sondern (im Wesentlichen) von Argentiniern jüdischer Abstammung ausgeführt«.

Otero nimmt Verbindung auf mit der Familie von Herbert Cukurs in São Paulo, die sofort Anton Künzle als Täter ins Spiel bringt. Tatsächlich ist Künzle, so stellt sich heraus, nur wenige Stunden nach dem Mord, zusammen mit Oswald Heinz Taussig alias Elieser Sudit, dem Konstrukteur der Adenauer-Bombe, übereilt aus Montevideo abgereist; beide lie-

163

ßen dabei ihre persönlichen Sachen im Hotelzimmer zurück. Das ist für den Kommissar ein untrügliches Indiz, dass in Shangrilá etwas gründlich schiefgelaufen sein musste. Sudit hatte die Funktion des Logistikers übernommen, in Montevideo den Schiffskoffer besorgt und verschiedene Leihwagen angemietet, darunter auch einen Kastenwagen VW-Bulli, der groß genug gewesen wäre, die Truhe mit dem gekidnappten Cukurs die kurze Strecke bis zum Strand zu transportieren.

Das sogenannte Todesurteil gegen Cukurs, das die Täter zurückgelassen haben wollten, wurde nicht gefunden, sondern erst durch das spätere Bekennerschreiben bekannt. Tatsächlich lag auf der Leiche eine Seite aus Kapitel 22 des Buches »Nuremberg Diary« von Gustav M. Gilbert, eine Zusammenfassung des Nürnberger Kriegsverbrechertribunals. Vermutlich war es den argentinischen Helfern vorher zur Lektüre übergeben worden, um sie auf die Entführung einzustimmen.

Die Exekution von Herbert Cukurs gilt in Israel bis heute als bravouröses Husarenstück eines unerschrockenen israelischen Mossad-Kämpfers, der Zehntausende in Lettland grausam ermordeter Juden gerächt hatte. Mit den tatsächlichen Ereignissen in Uruguay hatte die Geschichte des Mossad-Agenten Jakob Meidad, der sich Anton Künzle nannte, allerdings bestenfalls den Tatort und das Opfer gemein. »Der Tod des Henkers von Riga«, 1997 auf Hebräisch, danach in vielen ausländischen Sprachen erschienen, verkaufte sich gut, wurde von *National Geographics* sogar in einem aufwendigen Doku-Drama verfilmt, mit Anton Künzle als Kronzeugen. Im Vorwort der englischsprachigen Ausgabe des Buches schreibt der 1965 verantwortliche Mossad-Chef Meir Amit: »Der Staat Israel hatte entschieden, die führenden Kriegsverbrecher … gezielt, selektiv und effizient … zu eliminieren. Einer der prominentesten war Herbert Cukurs, der verheerende Verbrechen an lettischen Juden begangen und sich dem Zugriff der Alliierten entzogen hatte.« Diese Behauptung ist eine bloße Mär: Der Tod des Nazis Cukurs war ein grotesker Fehlschlag, und der Mossad hatte davor noch keine Nazi-Verbrecher exekutiert. Und danach schon gar nicht.

Eine spektakuläre Entführung aus Uruguay mit einem anschließenden Gerichtsprozess in Jerusalem hätte die bundesdeutsche Debatte über die Verjährungsfristen vielleicht beeinflussen können. Die Ansage wäre unmissverständlich gewesen: Wenn ihr sie nicht vor Gericht stellen wollt, holen wir sie uns und machen ihnen in Israel den Prozess! Ein feiger Mord oder Totschlag dagegen, dessen sich eine anonyme Gruppe jüdischer Rächer bezichtigte, zu dem sich aber die israelische Regierung natürlich nicht bekennen konnte, musste nahezu ohne jedes Echo bleiben. Anfang März 1965 erschien in der deutschen Illustrierten »Quick« ein großer Bericht mit vielen Fotos über den Mord an Herbert Cukurs in Uruguay, aber auch der löste kein politisches Erdbeben aus.

Am 23. März 1965 beschloss der Bundestag das »Gesetz zur Berechnung strafrechtlicher Verjährungsfristen«. Der Beginn der Frist wurde auf den 31. Dezember 1949 festgelegt, die Frist selbst, zwanzig Jahre für Mord, allerdings nicht verlängert. Damit war die strafrechtliche Verfolgung von Kriegsverbrechen der Nationalsozialisten erst einmal bis Ende des Jahres 1969 gesichert. Im Jahre 1969 entschieden die Bundestagsabgeordneten erneut, diesmal sprach sich die Mehrheit für eine Verlängerung der Verjährungsfrist auf dreißig Jahre aus, was einen erneuten Aufschub um zehn Jahre bedeutete. 1979 dann hob das Parlament die Verjährungsfristen für Mord und Völkermord völlig auf.

Ob Jakob Meidad nach seiner Rückkehr im Mossad belobigt wurde, darf bezweifelt werden. »Die ›Operation Cukurs‹ war in mancher Hinsicht außergewöhnlich«, heißt es in Meidads Erinnerungen, »ich arbeitete in der Fremde, …

selbst in heiklen Situationen musste ich improvisieren ... Ich erinnere mich an keinen einzigen Fehler, keinen Moment des Zögerns oder der Unsicherheit ... Obwohl ich ... echte Risiken auf mich genommen habe, spürte ich kein einziges Mal Angst.« So trug Jakob Meidad alias Anton Künzle alias Jitzchak mit seinen Memoiren dazu bei, den »Mythos Mossad« um eine weitere Legende zu bereichern – und half neben-bei, seinen eigenen Ruhm für die Nachwelt zu sichern.

Nach einigen Tagen der Erholung wurde Meidad im März 1965 zu Yoske Yariv gerufen, dem Leiter der Mossad-Einheit für spezielle Operationen (Caesarea). Er sollte eine neue Identität für eine junge israelische Agentin in Kanada erfin-den und sie bei ihren ersten Schritten im adoptierten, neuen Leben unterstützen: Sylvia Rafael hieß die angehende Mos-sad-Kämpferin. Sie würde Jahre später eine wichtige Rolle als Mitglied eines Mordkommandos spielen, das in Norwe-gen noch kläglicher scheiterte als er selbst im Strandhaus von Shangrilá (siehe S. 180).

Der Zorn Gottes – der Fall
»Schwarzer September«

»Wir werden die Schuldigen jagen bis zum Schluss.«
Golda Meir nach dem Olympia-Massaker von München in der Knesset, 1972

»Aus der Sicht des Rechts war Golda Meirs Befehl offensicht-lich illegal. Sie handelte als Ankläger und Richter in einer Per-son und die Agenten waren ihre Vollstrecker. Golda war nicht ermächtigt, sie auf eine solche Mission zu senden.«
Haim Cohn, Richter am israelischen Supreme Court, 1997

Am 26. August 1972 werden in München die 20. Olympi-schen Sommerspiele feierlich eröffnet. Deutschland begrüsst über 7100 Sportler aus 121 Nationen zu einem Fest des Friedens. Fünftausend Tauben steigen bei der Eröffnungsfeier im Olympiastadion auf. Mit besonders herzlichem Applaus empfängt das Publikum die Mannschaft Israels. München 1972 soll Berlin 1936 vergessen machen, jenes Großereignis unter dem Hakenkreuz, das später zu einem Symbol für den Aufstieg des Dritten Reiches wurde. In der bayerischen Landeshauptstadt will Deutschland der Welt sein neues Gesicht zeigen – offen, freundlich, warmherzig. Die Organisatoren haben deshalb auf abschreckende Sicherheitsmaßnahmen verzichtet. Statt martialisch anmutender Securitykräfte patrouillieren unbewaffnete Polizisten in pastellblauen Anzügen über das Olympia-Gelände.

Am elften Tag der Spiele schlägt das Fest der Heiterkeit in eine Tragödie um. »München 72« wird für alle Zeiten zu einem Synonym für ein Massaker an wehrlosen Sportlern und eine absolut stümperhaft agierende deutsche Polizei.

Am Morgen des 5. September 1972, kurz nach vier Uhr, schleichen acht Männer in Trainingsanzügen den Zaun des olympischen Dorfes entlang. In ihren Sporttaschen haben sie Kalaschnikows und Handgranaten versteckt. Am Tor 25A treffen sie auf amerikanische Athleten, die von einer Zechtour heimkehren. Die von Sportsgeist und Alkohol beseelten US-Boys und ihre vermeintlichen Kameraden offenbar arabischer Herkunft helfen sich per Räuberleiter gegenseitig über das Gitter.

Die Araber begeben sich zielstrebig zur Connollystraße 31. Es fällt ihnen leicht, in das Haus einzudringen, in dem sich, verteilt auf fünf Apartments, das israelische Mannschaftsquartier befindet. Sie erschießen den 33-jährigen Ringertrainer Mosche Weinberg, Vater eines neugeborenen Sohnes, als er versucht, einen der Angreifer zu entwaffnen. Und sie töten auch den 32-jährigen Gewichtheber Josef Romano, Vater von drei Töchtern. Neun weitere Sportler und Trainer nehmen sie als Geiseln.

Aus einiger Distanz vom Zaun haben zwei Männer zufrieden beobachtet, wie einfach es ihren Leuten gefallen ist, den ersten Teil ihres Auftrags zu erledigen. Als sie wenig später die Schüsse hören, mit denen Weinberg ermordet wird, wissen Mohammed Oudeh (»Abu Daoud«) und Ali Hassan Salameh (»Abu Hassan«), dass die Operation begonnen hat. Sie steigen in einen wartenden Wagen und lassen sich sofort zum Flughafen München-Riem bringen. Am Schalter von Alitalia legen sie ihre gefälschten Pässe und die schon vorher gekauften Flugtickets vor. Noch ehe die meisten der Sportler an diesem schrecklichen Morgen erwachen, sitzen die beiden Drahtzieher der Operation schon in der Frühmaschine nach Rom.

Dies jedenfalls ist bis heute die israelische Version vom Beginn des München-Massakers, ihr wurde von palästinensischer Seite jedoch vehement widersprochen. Abu Daoud stellte in den Jahren nach München immer wieder klar, dass *er* der Planungschef des Anschlags gewesen sei und Abu Hassan, genannt »der rote Prinz«, »mit dieser Sache nicht das Geringste zu tun gehabt«, geschweige denn mit ihm den Beginn der Operation beobachtet habe. Die israelische Sichtweise wird wahrscheinlich durch Ereignisse beeinflusst, die in den Jahren nach München dunkle Schatten auf den Mossad werfen sollten (siehe S. 180).

Auf einem zwei Schreibmaschinenseiten langen Kommuniqué geben sich die Terroristen, die sich in der Connollystraße verschanzt haben, als Angehörige der palästinensischen Terror-Organisation »Schwarzer September« zu erkennen, einer Gruppierung der Fatah von Yassir Arafat. Ihre Forderung: Die Freilassung von 234 in Israel inhaftierten Palästinensern sowie der beiden RAF-Terroristen Andreas Baader und Ulrike Meinhof.

Israels Ministerpräsidentin Golda Meir lehnt jeden Handel mit den Tätern kategorisch ab. »Wenn wir nachgeben, kann sich kein Israeli auf der ganzen Welt mehr sicher fühlen«, sagt sie, das sei eine »Erpressung der schlimmsten Art«. In einem Telefongespräch mit Bundeskanzler Willy Brandt offeriert sie jedoch Unterstützung durch die israelische Eliteeinheit Sayeret Matkal, die genau für solche Geiselnahmen gegründet wurde. Doch Brandt sieht durch eine Operation israelischer Agenten auf deutschem Boden die deutsche Souveränität gefährdet. Vielleicht überschätzt er dabei die Fähigkeiten des eigenen Sicherheitsapparats, sicherlich unterschätzt er die Entschlossenheit der Terroristen. Immerhin wird dem Memunen des Auslandsgeheimdienstes Mossad, Zvi Zamir, erlaubt, sofort nach München zu kommen, um als Berater vor Ort zu sein.

Die Behörden reagieren hilflos. Polizeipräsident Manfred Schreiber bietet Lösegeld an, Innenminister Hans-Dietrich Genscher will sich selbst gegen die Geiseln austauschen lassen. Beides beeindruckt die Terroristen des »Schwarzen September« wenig. Die Verhandlungen ziehen sich hin, Ultimaten verstreichen und werden durch neue ersetzt. Schließlich verlangen die Palästinenser, mit den Geiseln in ein arabisches Land ausgeflogen zu werden. Zum Schein geht die Polizei darauf ein. Zunächst sei geplant gewesen, »die Geiselnehmer auf dem Weg durch das Olympische Dorf auszuschalten, also notfalls auch zu töten«, erinnert sich Günther Scheicher, damals Terroristenjäger des Bundeskriminalamtes und Berater von Genscher. Doch das Risiko habe die Polizei nicht tragen wollen.

Auf dem Flughafen Fürstenfeldbruck, so Plan B, könnten die Terroristen besser überwältigt und die Israelis dabei befreit werden. Gegen 22.15 Uhr heben zwei Hubschrauber mit acht Entführern und mit ihren neun Opfern ab. Die deutschen Sicherheitsleute, darunter Günther Scheicher und Mossad-Chef Zamir, folgen in einem dritten Helikopter.

Der Hinterhalt auf dem Flugfeld, dilettantisch geplant

und organisiert, gerät zum Fiasko. Minuten vor dem Einsatz türmt die Polizei-Einheit, die als Crew verkleidet die Terroristen in der wartenden Boeing 727 überwältigen sollte. Die Männer haben Angst um ihr Leben. Die gepanzerten Fahrzeuge der Polizei, ohnehin viel zu spät geordert, bleiben in der Menge der Schaulustigen stecken. Der Flugplatz ist unzureichend ausgeleuchtet. Die Scharfschützen sind falsch positioniert, haben keine Funkverbindung untereinander, sind kaum ausgebildet und schlecht ausgestattet, tragen weder Schutzwesten noch Helme. Und vor allem: Es sind viel zu wenige. Nur fünf Männer bringt die Polizei in Stellung, dass ihnen acht Attentäter gegenüberstehen, scheint irgendwo auf der Kommunikationsstrecke zwischen München und Fürstenfeldbruck verlorengegangen.

Auf dem Tower des Flugplatzes müssen Genscher, Scheicher und Zamir hilflos und ungläubig zusehen, wie eine wilde Schießerei entbrennt. Sie können nicht eingreifen. Kurz nach Mitternacht wirft einer der Terroristen eine Handgranate in den Helikopter, in dem vier gefesselte Israelis sitzen. Dann feuert ein anderer Attentäter mehrere Salven aus seiner Maschinenpistole AK-47 auf die fünf wehrlosen Sportler im zweiten Hubschrauber. Ihre Schreie gellen über den ganzen Flugplatz. Alle israelischen Geiseln sterben, dazu ein Münchner Polizist und fünf der acht Terroristen; drei Palästinenser können festgenommen werden. Als er von dem Ergebnis des Zugriffs gehört habe, erinnert sich Scheicher, sei er »zutiefst erschüttert« gewesen.

27 Jahre nach Ende des Holocaust erlebt Israel ein neues Trauma. Trauer mischt sich mit Wut. Großer Wut. »Als die El-Al-Maschine mit den Särgen aus München eintraf, stand das ganze Land unter Schock, jeder in Israel wusste, es muss etwas passieren«, erzählt Gad Shimron, der damals in Jerusalem Geschichte studierte und sich zwei Jahre später vom Mossad verpflichten ließ.

Die Regierung sinnt nach Vergeltung und nach einer neuen Strategie gegen den Terror, die wirkungsvoller ist als die bisher üblichen Militärschläge gegen Ausbildungslager der PLO. Zvi Zamir will gezielte Tötungen. Nicht einzelne Exekutionen alle paar Jahre, sondern eine regelrechte Kampagne, die vergessen lässt, dass bislang sämtliche Operationen (1962/63 gegen deutsche Raketenforscher in Ägypten, 1965 gegen den lettischen Kriegsverbrecher Cukurs, 1965 gegen den marokkanischen Oppositionspolitiker Mehdi Ben Barka) allesamt stümperhaft gewesen sind.

Alle führenden Mitglieder des »Schwarzen September« und der Fatah sollen für das Massaker in Fürstenfeldbruck mit ihrem Leben büßen. Premierministerin Golda Meir legt sich gegenüber den Hinterbliebenen mit einem Versprechen fest: »Wir werden die Schuldigen jagen bis zuletzt.« Und in der Knesset, dem israelischen Parlament, sagt sie einen Satz, der auch staatliches Morden im Ausland rechtfertigen soll: »Wir haben keine andere Wahl, als Terror-Organisationen anzugreifen, wo immer wir können.«

Zvi Zamir schritt nur Tage nach seiner Rückkehr aus Fürstenfeldbruck zur Tat und befahl dem Chef der Einheit Caesarea, dem 45-jährigen Mossad-Veteranen Mike Harari, der zwischenzeitlich Yoske Yariv abgelöst hatte, eine Kidon-Einheit aufzubauen (siehe S. 99). Seine Killer sollten sich möglichst nicht aus Sabres rekrutieren, in Israel geborenen Juden, sondern aus Jecken, Juden aus unterschiedlichen Ländern und Kulturkreisen, die unter einer falschen Identität im Ausland leben und jeweils zu ihren Missionen »einberufen« werden konnten.

Im damaligen Hauptquartier des Mossad, im Hadar Dafna Building am King Saul Boulevard 39–41, mitten in Tel Aviv, begannen Zamirs Analysten damit, ihre Karteikästen nach palästinensischen Terroristen zu durchforsten und Informationen über die mutmaßlichen Hintermänner des

»Schwarzen September« zu sammeln. »Es gab Diskussionen und am Ende gab es eine Liste, die abgearbeitet werden sollte«, weiß Ex-Caesarea-Agent Gad Shimron, der mit einigen der damaligen Kidon-Kämpfer befreundet ist. Aus heutiger Sicht war die erste Hit-Liste eher improvisiert, die Lebensgewohnheiten möglicher Zielpersonen, die Umstände einer möglichen Exekution in dem jeweiligen Land – diese Faktoren spielten eine größere Rolle als die Bedeutung der *targets* für den palästinensischen Terror. Ganz oben auf der Liste standen allerdings drei prominente Namen, die der Mossad für die Drahtzieher des München-Massakers hielt, deren Liquidierung aber extrem schwierig werden würde: Mohammed Oudeh (»Abu Daoud«), Salah Mesbah Khalaf (»Abu Iyad«) und Ali Hassan Salameh (»Abu Hassan«); dann folgten weniger hochrangige Vertreter der Terrororganisation Fatah in der PLO, die aber ein eher leichtes Ziel abgaben; später landeten auch die drei überlebenden Terroristen von Fürstenfeldbruck; sie wurden durch eine am 29. Oktober 1972 von der palästinensischen Splittergruppe PFLP-SC unter Wadi Haddad organisierten Entführung einer Lufthansa-Maschine freigepresst.

Mike Harari war ein smarter Haudegen, ein harter Bursche, optisch wie physisch, mit einer Präsenz, die einem James Bond zur Ehre gereicht hätte. Wo immer in der israelischen Welt der Geheimdienste ein Ritt auf der Rasierklinge anstand, hatte Harari schon sein Pferd gesattelt. Nun also sollte er als Chef von Caesarea und Kidon zügig eine Truppe handverlesener Kämpfer für die Drecksarbeit des Staates Israel aufbauen, die Menschen kaltblütig ermorden, ohne Fragen zu stellen. Die Leitstelle der neuen Einheit wurde weit weg von Tel Aviv eingerichtet, in Paris, wo Abraham Gehmer, offiziell Erster Sekretär an der israelischen Botschaft, gewissermaßen die Rolle eines Planungschefs für Kidon übernahm.

In Paris lebte damals auch die arrivierte Fotografin Patricia Roxburgh, deren Bilder sogar auf Ausstellungen gezeigt wurden, hinter ihrer zweiten Identität sich tatsächlich allerdings die Caesarea-Kämpferin Sylvia Rafael verbarg. Das war und ist ein übliches Verfahren in allen Geheimdiensten: Agenten leben vollkommen in ihrer neuen Existenz, sie verdienen dort ihr Geld, machen unter Umständen sogar Karriere, schließen Freundschaften – und wenn der verschlüsselte Befehl ihres Führungsoffiziers kommt, wissen sie, was zu tun ist. Für Patricia Roxburgh alias Sylvia Rafael kam der Anruf irgendwann Anfang Oktober 1972.

An jenem Abend hat Patricia Roxburgh den Chansonnier Yves Montand in der Garderobe des Pariser Olympia-Theaters bei seiner neuen Premiere fotografiert, anschließend die belichteten Filme in ihre Agentur gebracht und sich dann auf den Heimweg gemacht. Es ist bereits weit nach Mitternacht, als sie in ihrem Apartment ankommt. Nur Minuten später wird sie durch einen Anruf aufgeschreckt. »Ich habe eine traurige Nachricht für dich«, meldete sich ein Mann am anderen Ende der Leitung, ohne seinen Namen zu nennen, »deine Schwester ist bei einem Unfall schwer verletzt worden!«

»Ist ihr Zustand ernst?«

»Ja, Patricia … morgen sollten wir sie in jedem Fall zusammen besuchen.«

Es ist ihr verabredeter Einsatzbefehl. Die dechiffrierte Botschaft war unmissverständlich, schrieb vierzig Jahre später Sylvia Rafaels Entdecker Moti Kfir in einer Biografie über seine Lieblingsagentin: Die Caesarea-Einheit unter Mike Harari hat einen wichtigen Auftrag, morgen erfährst du die Details, sorge dafür, dass du vorübergehend verschwinden kannst. Vor allem musst du alle Aufträge absagen, die von deiner Agentur für dich verabredet worden sind.

Rafael war als Tochter eines jüdischen Vaters und einer christlichen Mutter in Südafrika geboren worden, galt nach den Regeln der *Halacha* damit nicht als Jüdin. Sie war von Moti Kfir, dem Leiter der Mossad-Akademie, entdeckt, von dem Planungschef Abraham Gehmer ausgebildet, und von dem Cukurs-Attentäter Jakob Meidad mit ihrer neuen Legende vertraut gemacht worden; zum Schein hatte Rafael einige Jahre in Montreal gelebt, um Sprache und Gewohnheiten der Kanadier zu adaptieren, war dann als mittlerweile angesehene Fotografin nach Paris übergesiedelt und dort von der Agentur *Delmas* engagiert worden.

Kfir gerät noch heute ins Schwärmen, wenn er sich an Sylvia Rafael erinnert, ihr Charisma, ihre Schönheit, ihre Persönlichkeit. Aber sie sei nicht nur eine außergewöhnliche Frau gewesen, sondern auch eine famose Agentin, sagt Kfir, die ihr Leben in den Dienst eines Landes gestellt habe, das nicht ihr Geburtsland gewesen sei.

Am Morgen nach dem verschlüsselten Anruf trifft sich Patricia Roxburgh alias Sylvia Rafael mit ihrem Führungsoffizier Abraham Gehmer, der ihr präzise Instruktionen gibt. Sie soll den Nachtzug nach Rom nehmen und dort zu einem Kommando stoßen, das den Auftrag hat, den im Exil lebenden Palästinenser Abdel Wael Zuaiter zu liquidieren. Mike Harari werde die Operation persönlich leiten.

Der 38-jährige, in Nablus auf der Westbank geborene palästinensische Schriftsteller Zuaiter führte damals ein eher unscheinbares Leben in Rom, er bewegte sich völlig unbeschützt und unbewaffnet, in seinem Leben gab es viel Routine; er traf sich regelmäßig mit Freunden, darunter Mitgliedern der Kommunistischen Partei, aber auch dem Autor Alberto Moravia; er übernachtete häufig bei seiner Freundin Janet Venn-Brown, die aus Australien stammte. Zuaiter hatte den arabischen Klassiker »Tausendundeine Nacht« ins Italienische übersetzt und mehrere Gedichtbände veröffentlicht. Doch das nährte keinen Mann. Um seinen Lebensunterhalt zu sichern, arbeitete er als Übersetzer für die libysche

174

Schönheit und Intelligenz:
Die Agentin Sylvia Rafael,
die 1972/73 an zahlreichen
Mordanschlägen des
Mossad beteiligt war, wird
in Israel bis heute verehrt.

Botschaft in Rom. Aaron J. Klein beschreibt ihn in seinem
Buch »Striking Back« als armen Poeten, »er bezahlte seine
Rechnungen nie pünktlich, das Telefon in seinem karg ein-
gerichteten Apartment war schon lange abgemeldet«, aber
weder Harari noch sein Caesarea-Überwachungsteam hätten »ihren Exekutionsauftrag in Zweifel gestellt«.

Bis heute behaupten Mossad-Veteranen, Zuaiter habe damals in Rom ein Doppelleben geführt, tatsächlich sei er ein
wichtiges Glied in der internationalen Kommandostruktur
des »Schwarzen September« und kurz vor dem München-
Massaker sogar in einen Anschlag auf eine El-Al-Maschine
verwickelt gewesen. Auf dem Flug von Rom nach Tel Aviv
war am 16. August 1972 eine Bombe im Frachtraum explodiert, hatte aber keinen größeren Schaden angerichtet. Von
palästinensischer Seite wurde eine solche Beteiligung Zuaiters ebenso energisch bestritten wie von seiner Freundin Janet Venn-Brown, und auch das italienische Gericht fand später keine Belege dafür: Zwar habe der Schriftsteller häufig
»Propaganda-Artikel für die palästinensische Sache« veröffentlicht, es gebe jedoch keinerlei Anhaltspunkte, dass dies
nur »als Deckmantel für irgendwelche Aktivitäten ... zur
Unterstützung extremistischer Gruppen« gedient hätten.

Auf dem Bahnsteig des römischen Hauptbahnhofes wird Patricia Roxburgh alias Sylvia Rafael von einem Kollegen empfangen und zum Hotel gebracht. Dort erhält sie eine Tasche mit einer Geheimkamera, sie soll Zuaiter observieren und fotografieren, sobald er die libysche Botschaft verlassen würde. Sylvia setzt sich auf eine Parkbank, von der aus sie den Eingang bequem im Auge behalten kann, und füttert die Tauben. Am Nachmittag sieht sie Zuaiter aus der Botschaft kommen, er trägt einen Stapel Bücher unter dem Arm. Die israelische Agentin macht ein paar Aufnahmen mit ihrer versteckten Kamera, anhand derer ihn Mike Harari identifizieren will. Die Kidon-Einheit möchte keinen Falschen exekutieren.

Moti Kfir beschreibt in seiner Biografie über Sylvia Rafael, dass etwa zur selben Zeit »ein Bote des italienischen Telegrafenamtes« an der Wohnung Zuaiters an der Piazza Annibaliano Nr. 4 geklingelt und, da niemand öffnete, eine Benachrichtigung hinterlassen habe. Es sei die Antwort Ali Hassan Salamehs, des Terroristenchefs der PLO, auf ein Telegramm Zuaiters vom Vortag gewesen. In dem habe der Mann in Rom seinem Boss gemeldet, er sei von der italienischen Polizei »verhört« worden, sie habe »aber nichts gefunden«. Er sei »bereit für den nächsten Auftrag«. Ex-Mossad-Mann Kfir versucht mit dieser Darstellung, wie schon bei seiner Beschreibung des Olympia-Attentats in München, eine Verbindung zum israelischen Staatsfeind Nr.1 Abu Hassan (»der rote Prinz«) herzustellen, die wahrscheinlich nie existierte und später nur der Rechtfertigung dienen sollte. Man darf heute davon ausgehen, dass Zuaiter lediglich deshalb als erstes Opfer des israelischen Rachefeldzugs ausgewählt wurde, weil der Mossad für das neu zusammengestellte Kommando ein »weiches Ziel« brauchte; es sollte sich offenbar um eine möglichst gefahrlose *hit-and-run*-Operation handeln, eine Trainingseinheit unter realen Bedingungen gewissermaßen.

Ein weiches Ziel: Abdel Wael Zuaiter in Rom war das erste Opfer des israelischen Rachefeldzuges gegen den palästinensischen »Schwarzen September«.

Am Abend des 16. Oktober 1972 geht die »Übung« planmäßig über die Bühne. Es ist kein schwerer Job für Profi-Killer: Hararis Kidon-Agenten passen Zuaiter am Eingang seines Hauses an der Piazza Annibaliano ab, fragen ihn nach seinem Namen, strecken ihn dann im Flur mit zwei Kugeln aus schallgedämpften Berettas nieder und jagen ihm, als er schon am Boden liegt, weitere zehn Geschosse in Kopf und Körper. Sie wollen ganz sicher gehen. Zwei Straßenecken weiter wartet das Fluchtauto. Es gibt eine Reihe von Augenzeugen, von denen die beiden Mörder beobachtet werden, wie sie auf die Rückbank eines mit laufendem Motor wartenden grünen Fiat 125 springen, dessen Fahrer sofort mit quietschenden Reifen davon fährt; auf dem Beifahrersitz sitzt eine »blonde Frau«: Sylvia Rafael. Nur vier Stunden später haben alle Mitglieder des israelischen Kommandos das Land verlassen.

Acht Jahre später kommt ein römisches Gericht zu der Erkenntnis, dass nur zwei der Mossad-Agenten, die Zuaiter exekutierten, sicher zu identifizieren seien: Jonathan Ingleby und Dan Aerbel alias Dan Ert. Aber auch gegen sie würden die Beweise für eine Mordanklage in Abwesenheit nicht ausreichen.

Mitte November 1972 taucht der Agent, der sich Ingleby nennt, erneut auf, diesmal in Paris. Kidon hat es auf den Geschichtsdozenten Dr. Mahmoud Hamshari abgesehen, den inoffiziellen Abgesandten der PLO respektive Fatah. Er soll angeblich seine Wohnung als Waffenlager für terroristische

Anschläge des »Schwarzen September« zur Verfügung gestellt haben, nach Darstellung von Moti Kfir stand er »ständig in Kontakt mit Ali Salameh«, also Abu Hassan. Hamshari lebt ohne Personenschutz in der Rue d'Alésia, ist also ebenfalls ein »weiches Ziel«. Sylvia Rafael sei als Fotografin Patricia Roxburgh eine Art »Venusfalle« für den Mord in Paris gewesen, schreibt Kfir. Sie habe Hamshari mit einem Interview für ihre Agentur *Delmas* ködern und dafür in ein nahegelegenes Café schleusen sollen. In der Zeit ihres Gesprächs sollten Mossad-Agenten der Abteilung Keshet, die auf Einbrüche spezialisiert ist, in die Wohnung des Opfers eindringen, um das Telefon mit einem Sprengsatz zu präparieren. Andere Darstellungen sprechen von einem männlichen Agenten, der Hamshari als »italienischer Reporter« aus seinem Apartment gelockt habe. Dass Sylvia Rafael unter ihrer Legende für die tatsächlich existierende Agentur *Demas* als Lockvogel eingesetzt wurde, noch dazu in Paris, wäre der größte denkbare Verstoß gegen alle Regeln des klandestinen Gewerbes gewesen, schließlich hätte sie jemand im Café zusammen mit Hamshari erkennen können. Auch hier sind deshalb erhebliche Zweifel an Kfirs Ausführungen begründet.

Sicher scheint indes der weitere Ablauf der Exekution: Am Tag nach seinem Treffen, es ist der 8. Dezember 1972, ruft der vermeintliche Journalist noch einmal in der Wohnung des Palästinensers an.

»Monsieur Hamshari, sind Sie es?«

»Ja, am Apparat!«

Dann zündet der Sprengsatz. Der Palästinenser erliegt drei Wochen später seinen Verletzungen.

Mahmoud Hamshari ahnte, dass die Israelis ihn im Visier hatten: Wochen zuvor, unmittelbar nach dem Tod von Wael Zuaiter, war er nach Rom geflogen, um sich um dessen Beerdigung zu kümmern. Janet Venn-Brown und andere

Freunde erinnerten sich später, Hamshari habe sich damals große Sorgen um seine Sicherheit gemacht und davon gesprochen, es gebe eine *black list* mit etwa dreißig Personen, die der Mossad umbringen wolle.

Die schwarze Liste wird in den Monaten nach Hamsharis gewaltsamem Tod weiter von der Caesarea-Einheit und den Kidon-Killern abgearbeitet. Am 25. Januar 1973 stirbt im Hotel *Olympic* in Nikosia auf Zypern Hussein al-Bashir, Verbindungsmann der Fatah zum KGB.

Im Juni 1973 kommt es erneut zu einer Exekution in Paris: Mohammed Boudia, ein linker algerischer Intellektueller, Amateurschauspieler und Manager eines kleinen Theaters, weiß, dass sie hinter ihm her sind. Er wird das erste Opfer der Mossad-Hinrichtungskampagne, das tatsächlich in Terroraktivitäten gegen Israel verwickelt ist und mit Abu Hassan in enger Verbindung steht. Boudia liebt es, mit möglichen Verfolgern Katz und Maus zu spielen. Wenn er die Nacht bei einer Frau verbracht hat, verlässt er ihre Wohnung am nächsten Morgen in der Verkleidung eines älteren Mannes, um einer möglichen Überwachung zu entgehen. Tatsächlich führt Boudia, der Schwerenöter, die Caesarea-Agenten, die sich auf seine Spur gesetzt haben, einige Male in die Irre – und entgeht dennoch seinen Mördern nicht. *Capture point* nennen die Caesarea-Agenten jenen Punkt, an dem eine Zielperson früher oder später auftauchen wird. Bei Boudia ist es sein Wagen. Am 28. Juni 1973 stirbt der Algerier durch die Explosion einer Autobombe. Es ist offensichtlich das Werk der gleichen Gruppe, auf deren Konto schon der Mord an Wael Zuaiter in Rom gegangen ist.

Bei den polizeilichen Ermittlungen über die europäischen Grenzen hinweg ergaben sich im Herbst 1973 erste Anzeichen für einen Serienmord: In Rom hatten Jonathan Ingleby und Dan Aerbel alias Dan Ert im Oktober 1972 das Fluchtfahrzeug angemietet, im November 1972, kurz vor dem Anschlag auf Hamshari, stiegen beide in einem Pariser Hotel ab, verschwanden dann wieder von der Bildfläche und kehrten im Mai 1973, kurz vor der Boudia-Exekution, nach Paris zurück; zur gleichen Zeit nahm sich Sylvia Rafael alias Patricia Roxburgh ein Zimmer am Pariser Quai Blériot, das sie einen Tag nach dem Mord an Boudia wieder verließ. Schlüssel für diese Wohnung fanden sich in einem Quartier des Caesarea-Agenten Zvi Steinberg, dort stießen die französischen Ermittler auch auf ein Notizbuch von Abraham Gehmer, dem Sekretär der israelischen Botschaft in Paris, und darin waren die kodierten Telefonnummern von Jonathan Ingleby und Sylvia Rafael aufgeführt.

Das Fiasko – der Fall Bouchiki

»Es war das totale Fiasko! Unsere Leute waren so überwältigt von der Idee, Ali Hassan Salameh endlich zur Strecke zu bringen, dass sie ihren Verstand ausschalteten.«
Yigal Eyal, damals Sicherheitsoffizier des Geheimdienstes Shin Bet an der israelischen Botschaft in Oslo

Im Sommer 1973 säumten bereits neun Todeskreuze den Weg israelischer Mordkommandos durch Europa, neun tatsächliche oder angebliche Mitwirkende des Olympia-Massakers von Fürstenfeldbruck, neun tatsächliche oder angebliche Helfer des palästinensischen Terroristenchefs Ali Hassan Salameh erhielten ihre gerechte Strafe, so wie sie nach einer strittigen Auslegung eines Rechtssatzes der Tora definiert wird: »Du sollst geben Leben für Leben, Auge für Auge, Zahn für Zahn, Hand für Hand, Fuß für Fuß, Brandmal für Brandmal, Wunde für Wunde, Strieme für Strieme.« Und niemand sollte vor dem »Zorn Gottes« sicher sein, nirgendwo.

Die Sühne-Teams des Mossad bestanden damals »aus etwa 12 bis 15 Männern und Frauen«, erzählt Gad Shimron, und die wiederum seien in Untergruppen aufgeteilt, bezeichnet nach dem hebräischen Alphabet: Aleph sind die beiden Killer, Beth deren Bodyguards; zwei *Ceth*-Agenten organisieren Hotelzimmer, Wohnungen, Leihwagen; zwei *Qoph*-Leute halten die Verbindung zur Zentrale; hinzu kommt die Ajin-Truppe – sechs bis acht Kundschafter, die das Opfer beschatten, Fluchtrouten ausbaldowern und nach dem Anschlag Spuren beseitigen. Oft traten sie zur Tarnung als Paare weiblicher und männlicher Agenten auf.

Marianne Gladnikoff, das jüngste Mitglied eines Caesarea-Ajin-Teams, findet sich an einem Julitag des Jahres 1973 in einem Hallenbad in Lillehammer wieder, einer abgelegenen Stadt in einem abgelegenen Land, das bislang auf den Reiserouten palästinensischer Terroristen noch nie aufgetaucht ist: Norwegen. Sie springt ins Wasser und beginnt ein paar Bahnen zu schwimmen. Den blauen Einteiler hat sie kurz zuvor an der Kasse geliehen, um die Beobachtungsaufgabe, zu der sie eingeteilt wurde, überhaupt erfüllen zu können. Ihre Aufmerksamkeit gilt einem jungen Mann, dessen Erscheinungsbild auf eine Herkunft aus dem Nahen Osten schließen lässt. Er steht in jenem Teil des Beckens, in dem die Kinder toben und das Wasser deshalb eher flach ist, und unterhält sich mit einem anderen Badegast. Ein paarmal schwimmt die Agentin unauffällig vorbei und spitzt die Ohren. Sie versteht ein paar Brocken, die sie für Französisch hält, kann aber nicht ausmachen, worüber die beiden reden, weil sie zum einen kein Französisch spricht und zum anderen das Kindergeschrei das Gespräch der beiden Männer übertönt.

Hararis Männer jagen jetzt die Nummer eins auf ihrer Todesliste: Ali Hassan Salameh, 31 Jahre alt, Kriegsname: Abu Hassan. Von Freunden wird er »der rote Prinz« genannt, weil er als Yassir Arafats Lieblingsschüler und sein möglicher Thronfolger gilt, und wohl auch, weil er Chef der gefürchteten Leibwache *Force 17* ist und jede Menge Blut an seinen Fingern klebt. Salameh kommt aus reichem Hause, liebt Luxus und schöne Frauen. Er ist eitel, pumpt Gewichte, trainiert Karate, um seinen Körper in Schuss zu halten. Israels Geheimdienst sieht in ihm den Architekten des Anschlags während der Olympischen Spiele, behauptet das jedenfalls später immer wieder.

Im Hadar Dafna Building in Tel Aviv, dem Mossad-Hauptquartier, sind vor einigen Wochen zuverlässig erscheinende Informationen eingegangen, Salameh sei auf dem Weg nach Skandinavien. Skandinavien? Die nordischen Länder galten als *terra incognita* für die PLO und palästinensische Terroristen. Wieder ein paar Tage später hat es geheißen, ein Kurier des »Schwarzen September« aus Genf habe sich auf den Weg nach Oslo gemacht. Das scheint zusammenzupassen. Mitte Juli steigen deshalb rund 15 Mossad-Agenten aus verschiedenen Ländern, in denen sie unter ihrer Legende leben, in Linienmaschinen, die sie in die norwegische Hauptstadt bringen sollen. Sylvia Rafael alias Patricia Roxburgh reist aus Paris an. Ihr Auftrag: die Spur des vermeintlichen Kuriers aufnehmen, ihm folgen, bis er sie zu Abu Hassan bringt. Wohin auch immer.

Marianne Gladnikoff umkreist noch immer die in ihr Gespräch vertieften Männer, die ihr keine Beachtung schenken. Nach einigen Minuten entsteigen sie dem Wasser und wenden sich den Umkleidekabinen zu. Jetzt muss die Agentin sich sputen, damit sie ihre Beobachtungen den draußen wartenden Kollegen übermitteln kann; sie sollen die weitere Beschattung übernehmen. Gladnikoffs Auftrag ist damit fürs erste erledigt, sie soll den beiden möglichst nicht noch einmal über den Weg laufen, um keinen Verdacht zu schüren, falls sie ihnen doch aufgefallen sein sollte. Kurze Zeit später kommen die beiden Männer in Begleitung einer jungen, europäisch aussehenden, offensichtlich schwangeren Frau aus dem Hallenbad, die Mossad-Agenten heften sich mit gebührendem Abstand an ihre Fersen. Auch Sylvia Rafael ist dafür eingeteilt worden. Marianne, die nur zufällig ins Team rutschte und praktisch keine Ahnung von Observierungstechniken hat, geht unterdessen in ein Sportgeschäft, erwirbt eine Sonnenbrille und ein paar Gummistiefel und zieht sich dann ins Hotel zurück.

Zwei Tage sind sie jetzt schon in Lillehammer. Nach ihrer Ankunft in Oslo haben sie den vermeintlichen Kurier des »Schwarzen September« hierher, in den 160 Kilometer nördlich gelegenen Wintersportort, verfolgt. Will er sich dort mit Salameh treffen? Am Ende der Welt? Spätestens zu diesem Zeitpunkt hätten Harari Zweifel kommen müssen, und vor allem Mossad-Chef Zvi Zamir, der sich selbst auf den Weg in die norwegische Provinz gemacht hat, um der Hinrichtung des palästinensischen Terrorchefs beiwohnen zu können. In der israelischen Botschaft in Oslo ist der Sicherheitsoffizier Yigal Eyal vorgewarnt, dass eine Operation im Lande anlaufe. Eine reine Vorsichtsmaßnahme für den Notfall. »Über den Hintergrund der Mission hatte ich keinen blassen Schimmer«, versichert Eyal, der heute als Dozent für Terrorismusabwehr am Militär-College der israelischen Streitkräfte arbeitet. Es sei ja auch nicht vorgesehen gewesen, »dass sich die Leute bei mir melden«.

Nach der Ankunft in Lillehammer, wo sich jetzt im Sommer kaum Touristen tummeln, sind Ajin-Zweiergruppen ausgeschwärmt, um die Spur des Kuriers zum »roten Prinzen« zu verfolgen. Marianne kommt es wie ein Kinderspiel vor, der Job macht ihr Spass. Im Straßencafé »Karoline« entdecken sie ihren Mann aus Genf, an seinem Tisch sitzt jemand mit dunklem Teint, es sind die beiden, die später ins Hallenbad gehen werden. Elektrisiert vergleicht das Team um Mike Harari den arabisch aussehenden Typ mit einem Foto Salamehs, alle sind überzeugt, es gebe da eine große

Übereinstimmung. Einen ganzen Tag lang observieren die Ajin-Agenten den Mann, den sie für Ali Hassan Salameh halten. Sie sehen ihn in einen Bus steigen, jetzt in Begleitung einer schwangeren Frau, die er zärtlich in den Arm nimmt. Der Bus bringt das Paar zu einem Apartmenthaus in Rugdeveien 2A. Jetzt wissen sie auch, wo er wohnt. Aber wer ist die Frau an seiner Seite? Hat Salameh hier in Norwegen eine Freundin, die gerade sein Kind austrägt? In den Dossiers der Zentrale ist davon keine Rede. Aber über solche Bedenken sieht Mike Harari großzügig hinweg. Könnte Tarnung sein, meint er. Er ist jetzt wild entschlossen, Abu Hassan nicht mehr entwischen zu lassen. Im Gebiet rund um den Rugdeveien postiert der Caesarea-Boss vier Autos, allesamt Leihwagen, ein paar Ajin sind überdies zu Fuß unterwegs.

Inzwischen sind auch die Aleph- und Beth-Agenten eingetroffen, die beiden Vollstrecker und ihre Bodyguards, darunter Jonathan Ingelby. Und auch Mossad-Chef Zvi Zamir hat den Weg gefunden und sich sechzig Kilometer von Lillehammer entfernt und damit außerhalb der Schusslinie in einem *Esso-Motel* einquartiert. Während sich ihre Zielperson und dessen Freundin im Kino von Lillehammer den amerikanischen Thriller »Agenten sterben einsam« ansieht, meldet sich die Mossad-Zentrale aus Tel Aviv, das Todesurteil für Abu Hassan sei noch einmal von Regierungschefin Golda Meir bestätigt worden. Es ist das grüne Licht für die Hinrichtung.

Die Zielperson und seine Freundin seien jetzt mit dem Bus auf dem Heimweg, melden die Ajins um 22.30 Uhr über Funk. Als sie an der Haltestelle Rugdeveien den Bus verlassen, springen nacheinander zwei Killer aus ihrem Wagen, einem weißen Mazda: Jonathan Ingelby und eine Frau, Deckname Tamar, die Geliebte von Harari. Der Araber sieht, dass Waffen auf ihn gerichtet werden. »Nein!«, schreit er noch, da schlagen die ersten sechs Geschosse aus den Berettas in seinem Körper ein. Die Einschüsse liegen so dicht beieinander, dass dort ein riesiges Loch klafft. Nur einen Meter entfernt steht seine schwangere Freundin und bekommt einen Schreikrampf. Ihr Mann dreht sich um, versucht zu fliehen, doch seine Beine versagen. Er stürzt zu Boden. Gnadenlos treten Ingelby und Tamar an ihr Opfer heran und leeren ihre Magazine aus kürzester Distanz, erst in den Kopf, dann in den Rücken. Jede der beiden Berettas enthält sieben Patronen. Der vermeintliche Abu Hassan wird von vierzehn Geschossen getroffen und ist sofort tot.

Dass es sich nicht um den »roten Prinzen« handelt, sondern um den marokkanischen Kellner Ahmed Bouchiki, ahnt zu diesem Zeitpunkt noch niemand.

Die damals 23-jährige Kinderkrankenschwester Dagny Brink ist die einzige Augenzeugin. Sie steht zufällig mit ihrem Strickzeug in der Hand auf dem Balkon ihrer Wohnung. Mit einer Freundin zusammen hat sie eine englische Krimiserie im Fernsehen angesehen, will sich ein wenig die Beine vertreten, kurz vor dem Moment, als das Mordkommando mit seiner Arbeit beginnt. Im Zwielicht der Mittsommernacht habe sie erkennen können, dass »ein weißer Wagen scharf bremste und ein Mann heraus sprang, der auf den Marokkaner zeigte und ein zweiter Mann dann auf ihn schoss«. Dann habe seine Frau geschrien, sie hätten ihren Mann getötet, »und bevor ich begriff, was passiert war«, so Dagny Brink später, sei der weiße Wagen bereits wieder verschwunden gewesen. Das ganze Attentat habe nicht länger als zehn bis fünfzehn Sekunden gedauert. Brink stürzt zurück in ihre Wohnung, um ihrer Freundin zu berichten, bekommt deshalb nicht mehr mit, dass unten ein dunkelgrüner Volvo die leicht ansteigende Straße herauf gekrochen kommt und neben der Leiche kurz anhält. Mike Harari will sichergehen, dass seine Killer ihren Auftrag ordentlich erledigt haben. Er ist beruhigt, fährt weiter. Wir haben ihn endlich erwischt, denkt er.

Am nächsten Morgen, es ist der 22. Juli 1973, ein Sonntag, benehmen sich Harari und seine Leute so, als gäbe es in Norwegen keine ernstzunehmende Polizei, genau übrigens wie 37 Jahre später im Emirat Dubai bei der Exekution al-Mabhouhs. Glückshormone haben das Regiment in ihren Körpern übernommen. Es ist vollbracht! Harari, Mossad-Chef Zamir, Jonathan Ingleby und Tamar setzen sich sofort ab, das gehört zum Plan, sie lassen die anderen mit letzten Instruktionen zurück. Sie bekommen nicht mehr mit, dass die ersten Radiosender vom mysteriösen Mord an einem marokkanischen Kellner berichten. Zu ihrer Arroganz, alles im Griff zu haben, kommt die Naivität anderer Caesarea-Agenten. Der Journalist David B. Tinnin hat die unglaubliche Geschichte des Mossad-Fiaskos später akribisch recherchiert und zu einem Buch verarbeitet, das bis heute als Standardwerk des Desasters gilt.

Einen Mord in Lillehammer hat es seit Jahrzehnten nicht mehr gegeben. Die Kripo vermutet zunächst einen Streit unter Drogendealern. Tatsächlich wird der weiße Mazda nicht weit vom Tatort entfernt gefunden, die Killer sind offenbar in ein anderes Fahrzeug umgestiegen. Außerdem meldet sich ein Zeuge, der sich das Kennzeichen DA 97943 eines weißen Peugeots gemerkt hat. Das Auto ist ihm in der fraglichen Zeit in Lillehammer aufgefallen. Einige Telefonate später wissen die Ermittler, dass offenbar eine Kanadierin namens Patricia Roxburgh den Wagen angemietet hat. Das Fahrzeug wird zur Fahndung ausgeschrieben, die Polizeistation am Flughafen Oslo-Fornebu alarmiert. Der diensthabende Beamte schärft seinen Leuten ein, auf einen weißen Peugeot zu achten, lässt Zettel mit dem Kennzeichen an den Schaltern der verschiedenen Fluglinien verteilen. Eine knappe Stunde später schaut ein Angestellter des SAS-Verkaufsbüros zufällig aus dem Fenster der Abflughalle und sieht vor dem Eingang einen weißen Peugeot stehen. Kenn-

Tödliche Verwechslung: Der marokkanische Kellner Ahmed Bouchiki wurde 1973 im norwegischen Lillehammer von Mossad-Agenten ermordet, weil sie ihn für den »roten Prinzen« hielten.

zeichen: DA 97943. Es ist der gesuchte Wagen. Am Steuer sitzt Marianne Gladnikoff. Eine Minute später ist der Polizeimeister Sigmund Dyrdal bei ihr. Tinnin hat die Dialoge aus den offiziellen Zeugenaussagen herausgefiltert:

»Warum stehen Sie hier, hier ist Halteverbot!«

»Oh, das wusste ich nicht, ich warte auf einen dänischen Freund, der sein Auto bei der Mietwagenfirma abgeben wollte.«

»Würden Sie bitte mitkommen!«

Ein kurzer Rundruf bei den Leihwagenfirmen am Flughafen bringt innerhalb von ein, zwei Minuten Gewissheit. Ein Däne namens Dan Ert hat gerade sein Fahrzeug zum Verleih zurückgebracht. Dyrdal muss nur noch warten, bis er am weißen Peugeot auftaucht, in dem er seine wartende Kollegin vermutet. Er kommt mit zwei schweren Tüten in der Hand.

»Was haben Sie denn da in den Tüten?«

»Sachen zum Essen!«

»Aber das können Sie doch unmöglich allein aufessen!«

»Natürlich nicht. Ein Haufen von Freunden erwartet mich schon!«

»Na fein, dann wollen wir mal zu Ihren Freunden fahren.«

Doch es geht noch weiter: Marianne Gladnikoff verrät der norwegischen Polizei die Adresse, unter der Sylvia Rafael abgestiegen ist, sie wird kurze Zeit später zusammen mit dem Mossad-Chefplaner in Paris Abraham Gehmer festgenommen. Und Dan Ert alias Dan Aerbel reicht eine Nacht in einer engen Gefängniszelle, um für bessere Haftbedingungen geheime Informationen preiszugeben; er leidet unter Klaustrophobie, was er bei seiner Rekrutierung durch den israelischen Geheimdienst offenbar verschwiegen hat. Er schlägt seinen Vernehmern sogar vor, am besten gleich in Tel Aviv im Hadar Dafna Building anzurufen, um sich seine Angaben von Mossad-Offiziellen bestätigen zu lassen.

»Sie räumten tatsächlich ein, für die israelische Regierung zu arbeiten«, erzählt Lasse Qvigstad, damals Chefermittler in Olso, und sie machten deshalb diplomatischen Status und Immunität geltend. In einem der Pässe finden Qvigstads Leute eine handschriftliche Telefonnummer notiert, die zu der Privatwohnung des Sicherheitsoffiziers Yigal Eyal von der israelischen Botschaft in Oslo gehört. »Als die bewaffneten und mit Schutzwesten ausgerüsteten Polizeikräfte dort eindrangen, gingen sie davon aus, auf weitere Verdächtige zu stoßen«, erinnert sich Qvigstad, es habe »einen ziemlichen Aufruhr« gegeben, denn »der Diplomat wollte die Beamten aus dem Haus werfen«. Sie seien dann auch wieder gegangen, hätten »aber zwei weitere Personen mitgenommen, denen der Botschaftsangehörige offensichtlich bei der Flucht helfen sollte«. »Die Operation war zu dem Zeitpunkt schon völlig aus dem Ruder gelaufen«, blickt Eyal heute zurück, »sie wollten Ali Hassan Salameh um jeden Preis erwischen, sodass man alles andere ausblendete … und die Informationslage vergewaltigte!«

Im Mossad-Hauptquartier herrscht unterdessen Chaos. Was bislang nur bruchstückhaft aus Europa nach Tel Aviv gedrungen ist, wird sich nach der Rückkehr des Memunen

Zamir erst zu einer bösen Vorahnung, dann zur schrecklichen Gewissheit verdichten. »Eines Tages werden unsere Leute erwischt«, hatte Golda Meir prophezeit, »und was machen wir dann, könnt ihr mir das verraten?« Nach und nach findet sie jetzt ihre schlimmsten Befürchtungen bestätigt: Erst hat Hararis Kidon-Einheit den Falschen liquidiert, dann sind sechs israelische Caesarea-Agenten verhaftet worden, und inzwischen packen zwei von ihnen auch noch aus. Zu allem Überfluss kommt hinzu, dass bei den Israelis in Oslo Hinweise und Schlüssel von sicheren Wohnungen des Mossad in Paris gefunden wurden, die jetzt alle schnellstens geräumt und gesäubert werden müssen. Zamir und Harari bieten ihren Rücktritt an, doch Golda Meir lehnt das ab. Die beiden sollen die Suppe, die sie dem Land eingebrockt haben, auch wieder auslöffeln.

Trotz vielfältiger Bemühungen ist Golda Meir klar, dass sich das norwegische Problem nicht diplomatisch-diskret lösen lässt. Die Presse in ganz Europa berichtet inzwischen über den Fall, da wird sich die Regierung in Oslo aus der strafrechtlichen Verfolgung des Falles durch die norwegische Justiz vollständig heraushalten.

Am 7. Januar 1974 begann der Prozess in Oslo unter größten Sicherheitsvorkehrungen. Marianne Gladnikoff wirkte verängstigt und schüchtern, versuchte, ihr Gesicht hinter einem Schleier zu verbergen; ihr Kollege Abraham Gehmer gab sich wortkarg und unbeugsam, nur seine Augen flitzten hin und her; Dan Aerbel hinterließ einen nervösen und fahrigen Eindruck, was durch die Verachtung, mit der Gehmer ihn musterte, noch verstärkt wurde; zwei weitere Agenten, Zvi Steinberg und Michael Dorf, schwiegen sich aus. Dann kam es zum Auftritt von Sylvia Rafael. »Sie zeigte Haltung, wirkte geistreich und etwas kokett in einem engen Sweater und gutgeschnittenen Hosen, die ihre Figur sehr gut zur Geltung brachten«, schreibt Tinnin. Ihrem Verteidiger Annaeus Schjødt war das auch schon aufgefallen. Rafael blieb die ganze Zeit bei ihrer Version, sie heiße Patricia Roxburgh und habe mit alledem nichts zu tun.

Das Urteil am 1. Februar 1974 fiel milde aus: Rafael, Gehmer und Aerbel wurden zu fünf bzw. fünfeinhalb Jahren, Gladnikoff zu zweieinhalb, Steinberg zu einem Jahr Gefängnis verurteilt; Dorf wurde freigesprochen.

Bereits nach fünfzehn Monaten Haft, in denen sich ihre Beziehung zu Schjødt vertieft hatte, war Sylvia Rafael wieder auf freiem Fuß, musste das Land verlassen; sie ließ sich als Caesarea-Agentin beurlauben, arbeitete in ihrem erlernten Beruf als Fotografin, durfte irgendwann nach Norwegen zurückkehren und Annaeus Schjødt heiraten. 1992 zogen beide nach Südafrika, ihre alte Heimat, wo sie am 9. Februar 2005, kurz vor ihrem achtundsechzigsten Geburtstag an Leukämie starb. Ihrem Wunsch entsprechend wurde ihr Leichnam nach Israel überführt und auf dem Friedhof des Kibbuz Ramat Hakovesh bestattet, auf einer leichten Anhöhe, inmitten eines Orangenhains. Zur Trauerfeier kamen noch einmal viele ihrer Kollegen von damals zusammen, von denen sie ungeachtet der Ermordung eines Unschuldigen, an der sie beteiligt gewesen war, verehrt und bewundert wurde. Dazu zählte auch Mike Harari, Abraham Gehmer und Moti Kfir, ihr ehemaliger Ausbilder, der ihre Talente für den Mossad entdeckt hatte. Die ehemaligen Caesarea-Agenten sorgten auch für einen Grabstein. Er trägt unter dem Emblem des Mossad die eingemeißelte Inschrift: »Ich liebte mein Land mit all meinem Vermögen. Und kommt mein Tag, bringt mich heim in seine Erde …«

Die Jagd nach dem »roten Prinzen« aber ging nach der Schmach von Lillehammer im Juli 1973 unvermindert weiter. Der Mossad und vor allem Mike Harari sahen es als ihre größte Herausforderung an, die Mission doch noch zu einem erfolgreichen Abschluss zu führen. Doch dafür musste zunächst eine neue Infrastruktur aufgebaut werden, denn in ganz Europa waren israelische Agenten, Helfer, Tarnadressen und Sicherheitshäuser »verbrannt«.

Giftige Pralinen – der Fall Haddad

> »Ein hochrangiger SED-Funktionär kam in unser Hotel und sagte uns, Wadi Haddad müsse über die Geschmackszellen der Zunge vergiftet worden sein.«
> *Bassam Abu Sharif, ehemaliger palästinensischer Terrorist und Arafat-Vertrauter*

Anfang März 1978. Ein Privatjet aus dem Nahen Osten befindet sich im Anflug auf den Flughafen Berlin-Schönefeld in der damaligen DDR. An Bord: ein schwerkranker Mann, der Kinderarzt Dr. med. Wadi Haddad. Er leidet seit Wochen an rätselhaften Symptomen. Alle Versuche, die seltsame Erkrankung in verschiedenen Krankenhäusern der arabischen Welt in den Griff zu bekommen, sind gescheitert. Haddads letzte Hoffnung ist die Charité in Ost-Berlin, eine der renommiertesten Kliniken in der ganzen Welt.

Haddad, genannt »Abu Hani«, ist Drahtzieher zahlloser internationaler Terroranschläge, Attentate und Flugzeugentführungen. Seine letzte Operation liegt erst wenige Monate zurück: Im Oktober 1977 haben seine Leute in Mallorca die Lufthansa-Maschine *Landshut* entführt, die dann in Mogadischu von der deutschen Eliteeinheit GSG9 gewaltsam befreit wurde. Abu Hani, ein christlicher Palästinenser, ist Chef der PFLP-SC, er operiert von Bagdad aus und betreibt im Südjemen ein Ausbildungslager für den weltweiten Terror; das PFLP steht für *Popular Front for the Liberation of Palestine*, eine von vielen palästinensischen Freiheitsbewegungen, und das *special command* (SC) ist verantwortlich für militärische Operationen.

Anfang September 1970, drei Jahre nach der Gründung der PFLP, entführten palästinensische Terroristen drei Passagiermaschinen gleichzeitig und zwangen sie zur Landung auf *Dawson's Field*, einer provisorischen Landebahn in der jordanischen Wüste. Die spektakuläre Operation leitete damals Bassam Abu Sharif, ein enger Vertrauter Haddads. 310 nicht-jüdische Passagiere ließ Abu Sharif sofort frei, 57 Juden wurden später gegen palästinensische Häftlinge in Gefängnissen mehrerer Länder ausgetauscht; die Maschinen ließ Abu Sharif vor den Kameras der Weltöffentlichkeit in die Luft sprengen.

Am 30. Mai 1972 richteten japanische Terroristen im Auftrag Haddads am Flughafen Lod von Tel Aviv ein Blutbad an. In der Ankunftshalle nahmen sie ihre Maschinenpistolen und schossen wahllos mehr als dreißig Israelis nieder. »Man kann Haddad den Osama bin Laden der siebziger Jahre nennen, er war der führende Kopf, sehr klug, den Sicherheitsorganen in Israel und anderen Ländern immer einen Schritt voraus«, erinnert sich Aaron J. Klein, ein früherer israelischer Geheimdienstoffizier. Der Mossad habe sich deshalb nach dem Lod-Massaker entschlossen, man müsse mit Haddad »irgendetwas machen«, ergänzt Ex-Agent Gad Shimron. »Irgendetwas machen« bedeutete das Todesurteil. Abu Hanis Schicksal war im gleichen Augenblick besiegelt, es blieb lediglich offen, wann ihn die Häscher des Mossad erwischen würden.

»Natürlich wusste Wadi, dass die Israelis hinter ihm her waren«, erzählt Bassam Abu Sharif, »jeder Palästinenser, der Bomben und Waffen gegen Israelis einsetzt, ist zum Tode verurteilt.« Sie hatten nach dem Lod-Massaker seine Häuser und Wohnungen zerstört und dabei viele Menschen getötet, aber ihn selbst hatten sie nie erwischt. In Beirut mieteten Mossad-Agenten sogar ein Apartment direkt gegenüber seiner damaligen Wohnung, um eine Rakete hinüberzuschicken; sie landeten einen Volltreffer, doch Haddad überlebte erneut.

Der Kinderarzt – ein Chef-
terrorist: Der Palästinenser
Wadi Haddad starb qualvoll an
einer Vergiftung, just zu jener
Zeit, als er die Entführung der
»Landshut« für die RAF überwachen musste.

Auch Bassam Abu Sharif stand seit *Dawson's Field* auf der
Liste der Israelis. Und er gab ein viel leichteres Ziel ab, denn
er arbeitete offen im Informationsbüro der PFLP in Beirut.
»Beinahe hätten wir Haddad in Beirut erwischt«, hielt ein
Mossad-Operateur für seinen Chef fest, »aber er hatte Glück.
Warum nehmen wir statt seiner nicht Abu Sharif aufs Korn?«
Die Bestätigung kam umgehend: »Warum nicht? Wir leben
sicher besser ohne ihn. Schickt ihm ein Präsent!« Bei dem
»Geschenk« handelte es sich um das Buch »The Memoirs of
Che Guevara«, sie hatten es innen ausgehöhlt und mit Spreng-
stoff gefüllt. Abu Sharif sollte mit derselben Methode getö-
tet werden wie zwanzig Jahre zuvor Bundeskanzler Konrad
Adenauer.

Am 25. Juli 1972 traf das Paket im PFLP-Büro in Beirut
ein, wo es Abu Sharif arglos öffnete. »Für den Bruchteil einer
Sekunde erblickte ich die beiden Stücke Plastiksprengstoff,
die schwarzen Drähte und die winzigen grellroten Zünder«,
erinnerte er sich später, »instinktiv warf ich mich zurück.
Diese Bewegung rettete mir wahrscheinlich das Leben.« Die
beiden Ladungen waren so platziert, dass eine nach oben
zielte, um »mir den Kopf abzureißen«, die andere sollte nach

unten losgehen »und die Beine vom Rumpf trennen«. Doch Abu Sharif kam mit dem Leben davon. Die Explosion riss die vorderen Glieder von Daumen, Zeige- und Mittelfinger ab, das rechte Auge wurde geblendet, das rechte Trommelfell zerstört; in seiner Kehle klaffte eine große Wunde. Und das waren nur die schlimmsten Verletzungen.

Auf dem Flug nach Ost-Berlin fast sechs Jahre später hat sich Abu Sharif längst von den Folgen des Bombenanschlags erholt, er begleitet seinen Chef Wadi Haddad deshalb auf dem Weg in die Charité. Abu Hani ahnt, dass sie ihn jetzt doch noch erwischt haben, dass er Opfer eines lautlosen israelischen Anschlags geworden ist. »Gift! Das war ihm klar, er kannte ja seine Blutwerte und die anderen Laborergebnisse, und er konnte sie als Arzt interpretieren«, erzählt Abu Sharif. Und dennoch habe er »noch immer Hoffnung gehabt, es bliebe Zeit, das Gift zu identifizieren. Denn wenn man die Zusammensetzung wüsste, gäbe es vielleicht noch eine Überlebenschance.« Es sollte sich als trügerische Hoffnung erweisen.

Unter strengster Geheimhaltung wird Haddad sofort nach der Landung mit einer Ambulanz ins Stadtzentrum gefahren und durch einen Hintereingang in die Charité eingeliefert. Der Klinikchef, Professor Otto Prokop, kümmert sich persönlich um »die hochgestellte Persönlichkeit«, wie er später in seinem Bericht für die Staatssicherheit formulieren wird. Für die medizinische Behandlung hat man dem Terrorchef ein Pseudonym verpasst: »Ahmed Doukli«. Dass es sich bei »Doukli« damals tatsächlich um den Terrorchef der PFLP-SC handelte, ergibt sich nicht nur aus dem Einlieferungsdatum, sondern vor allem aus der Charakterisierung des Patienten als »Arzt« und der Beschreibung seines Äußeren im späteren Obduktionsbericht: »Scheitelgebiete fast haarlos, Schnurrbart«. Das entspricht dem Bild von Haddad auf den wenigen Fotos, die von ihm existieren: Halbglatze

Der Haddad- und spätere Arafat-Vertraute Bassam Abu Sharif trug bei einem israelischen Briefbombenanschlag Verstümmelungen an den Fingern und Schädigungen an Augen und Gehör davon.

und Oberlippenbart. Vor allem aber deckt es sich mit den Erinnerungen von Bassam Abu Sharif.

Am 28. März 1978 stirbt Wadi Haddad. Er wird als Sektionsfall 258/78 in der Charité obduziert. Befund der Rechtsmediziner: innere Blutungen aufgrund einer aplastischen Anämie, also einer kompletten Zerstörung des Knochenmarks, verbunden mit einem »offensichtlich toxisch-nutritiven Leberschaden«. Im Klartext: Das Gift wurde über die Nahrung aufgenommen, es hat nicht nur das Knochenmark massiv geschädigt, sondern auch die Leber. Und dennoch stehen die Ärzte der Charité vor einem Rätsel: Da der erste »Verdacht einer Thallium-, Arsen- oder Schwermetallvergiftung fallengelassen werden« muss, komme »nach dem Krankheitsbild praktisch nur das Rattengift *Dicumarol* in Frage«. Das Toxin stoppe die Blutgerinnung und führe deshalb zu inneren Verblutungen, hielt Prokop in seinem Bericht fest. Allerdings reiche »hierzu nicht … eine einmalige Rattengiftdosis aus«. Typisch wären »mehrere Gaben, die sich im Körper anhäufen.« Am Ende einer solchen schleichenden Vergiftung stehe »oft der Tod durch Gehirnblutung – wie auch im vorliegenden Fall«. Wurde Wadi Haddad vom Mossad also mit profanem Rattengift ermordet?

Stasi-Chef Erich Mielke sorgt sich vielmehr, ob der Ter-

Betr.: Leichensache Doukli, Ahmed- Sekt.-Nr.: 258/78-

Äußere Besichtigung

1. Leiche eines bekannten, 41 Jahre alten und 174 cm großen
   Mannes. Der Leichnam gelangt unbekleidet zur Sektion.

2. Die Zeichen des Todes sind ausgeprägt vorhanden.

3. Das Kopfhaar ist dunkel-braun und sehr spärlich ausgebildet,
   nur an Schläfen und Hinterhaupt vorhanden, während die Scheitelgebiete fast haarlos sind. Das Kopfhaar ist maximal 5 cm lang,
   nicht abnorm ausziehbar. Ebenso ist die Schnurrbartbehaarung
   sehr schütter. Sie ist ebenfalls dunkel-braun und nicht abnorm
   ausziehbar.

4. Rumpf und Gliedmaßen zeigen eine recht kräftige und dichte dunkel-
   braune Behaarung, ebenso die Achsel- und Schamregion. Auch
   diese Behaarung nicht leicht ausziehbar.

5. Die Haut des Leichnams ist allgemein von einem leicht gelb-
   bräunlichem Farbton. Es finden sich keine auffälligen Verhornungs-
   erscheinungen. Mehrfach finden sich fleckige Pigmentierungs-
   verluste der Haut, und zwar an beiden Händen, Unterschenkeln,
   an der Unterseite des Penis und des Hodensackes.

6. Die Nägel von Zehen und Fingern lassen keine Auffälligkeiten
   erkennen, insbesondere keine charakteristischen Bänderung.

Unter dem Alias-Namen Ahmed Doukli wurde Wadi Haddad in der
Gerichtsmedizin der Charité obduziert.

rorchef womöglich erst in Ost-Berlin vergiftet worden oder
infolge einer falschen Therapie der DDR-Ärzte verstorben
sein könnte. Doch da kann ihn Prokop beruhigen: »Die Behandlung erfolgte ... richtig und schonend, grobe ärztliche
Fehler« seien nicht zu entdecken, schreibt der Charité-Di-
rektor in seiner Expertise über seinen Kollegen Haddad, und
auch für eine akute Gifteinwirkung erst nach seiner Ankunft
in Ost-Berlin gebe es »keinen Anhalt«.

Harnblase:
Flächenhafte frische Wandblutungen.

Gehirn:
Frischere leptomeningeale Blutungen. Diffuses Hirnoedem. Vereinzelt Ganglienzellvorgänge in der Großhirnrinde. Kein Anhalt für Entzündungen oder Neoplasie.

Milz:
In dem vorliegenden Schnitt reichliche Ablagerung körnigen Siderins.

Leber:
Diffuse grobtropfige Leberzellverfettung. Die Leberstruktur ist deutlich gestört. Periportalfelder sind verbreitert und es findet sich ein bindegewebiger Umbau bis zu Pseudolobuli, weiterhin lympho-histiozytäre Infiltrate und Gallengangswucherungen, Leber- und Sternzellsiderose, florider Leberzellschaden mit hydropischer Schwellung, lytischen und eosinophilen Einzelzellnekrosen. In einzelnen geschwollenen Leberzellepithelien hyaline Einlagerungen (offensichtlich sog. MALLORY-bodies).

Beurteilung: Die Befunde lassen sich als einen vorbestehenden, offensichtlich toxisch-nutritiven (Kohlenwasserstoffe ?) Leberschaden mit herdförmigen Parenchymumbau im Sinne einer ungleichmäßigen Fettzirrhose deuten. Die schweren Veränderungen sind durch eine akute Noxe nicht zu erklären. Eine alleinige Verfettung kann natürlich relativ rasch entstehen. Leberzelluntergänge könnten auch durch anhaltenden Kreislaufschock begünstigt werden.

IV. Todesursache:
Hirnblutungen und Lungenentzündung bei Panmyelopathie.

Prof. Dr. med. Otto Prokop;   Dr. sc med. Geserick

Todesursache: Hirnblutungen und Leberschädigungen infolge eines über die Nahrung aufgenommen Giftes.

Westdeutsche Tageszeitungen, aber auch die Weltpresse rätselten damals über das Ende des Terrorchefs in Ost-Berlin: Starb er an Leukämie? War sein Tod vielleicht sogar nur fingiert? Der Verdacht, es könnte sich um eine lautlose Exekution eines der ärgsten Feinde Israels durch den Mossad handeln, wurde nirgendwo öffentlich geäußert. Und das dürfte durchaus in israelischem Interesse gelegen haben. Denn ein Giftmord von langer Hand wirft viele Fragen auf:

Wann und wie war es dem Mossad gelungen, dem um seine Sicherheit stets besorgten Terrorchef ein langsam wirkendes Toxin unterzuschieben? Über die Nahrung und in wiederholten Portionen? Hat Haddads monatelanges Siechtum die Durchführung terroristischer Operationen der PFLP-SC in jener Zeit beeinflusst, vor allem die Kaperung der *Landshut*? Wusste der israelische Spion in Haddads Umgebung, dem es gelungen war, Abu Hani zu vergiften, von dessen Hilfe für die RAF während der Entführung Hanns Martin Schleyers im September und Oktober 1977? Und wussten es damit auch die Israelis?

Mehr als zwei Jahre nach Haddads Tod, im Juli 1980, steigen der international gesuchte venezuelanische Terrorist Ilich Ramirez Sánchez, genannt Carlos (Deckname: »Salem«), und dessen deutscher Adlatus Johannes Weinrich (Deckname: »Steve«) im Hotel *Stadt Berlin* am Alexanderplatz in Ost-Berlin ab, dem heutigen Hotel *Park Inn*. Sie wollen sich mit arabischen und irakischen Verbündeten treffen, es geht um die Abstimmung der Interessen – und es geht, wie immer bei Carlos, um teure Zigarren, hochprozentige Drinks und schöne Frauen. Die konspirativen Gespräche finden allerdings nicht in der Hotelbar, sondern überwiegend in der Suite 3501/02 statt, die von der Stasi verwanzt worden ist; sämtliche Diskussionen werden abgehört und später zu Informationsberichten zusammengefasst. Und wenn Carlos und Weinrich sowie dessen Freundin Magdalena Kopp (»Lilly«) das Hotel zu einem Spaziergang oder zum Shoppen verlassen, folgen ihnen unauffällig die Observationstrupps der Staatssicherheit. Jeder Schritt wird beobachtet und fotografisch dokumentiert. Die DDR will zwar den militanten Freiheitskampf der Palästinenser unterstützen, aber sie möchte vor allem genau wissen, was Carlos und Konsorten in Ost-Berlin ausbaldowern. Und die Staatssicherheit spitzt die Ohren, wenn die Terroristen Manöverkritik üben, die Operationen der letzten Jahre analysieren, darunter die Entführung Hanns-Martin Schleyers durch die RAF und der *Landshut* durch die PFLP-SC.

Fast immer gehört ein Iraker namens Adnan Shatub (»Abu Nadia«) zu der Runde, ein ehemals enger Wegbegleiter Wadi Haddads, der mit einer Frau aus Ost-Berlin verheiratet ist und deshalb regelmäßig in die DDR einreist. Shatub besitzt eine strategisch wichtige Position für die Staatssicherheit, sie haben deshalb seine Frau als Informantin angeworben. Shatub, so weiß das MfS, ist zu Lebzeiten Haddads »aller Wahrscheinlichkeit nach einer Kuriertätigkeit« nachgegangen, »angeblich habe er ebenfalls Kenntnis über geplante Flugzeugentführungen« wie die Kaperung der *Landshut* gehabt.

Sowohl die Berichte der Stasi-Abteilung XXII/1 über die Gespräche in der Carlos-Suite des Hotel »Stadt Berlin« als auch die komplette Akte »Adnan Shatub« erweisen sich als spannende Dokumente, um die Hintergründe der Exekution Wadi Haddads durch den Mossad zu verstehen, die just in jenen Wochen des September und Oktober 1977 ihren Anfang nahm, die als »Deutscher Herbst« in die Geschichtsbücher eingegangen sind.

»Am 12. 07. 80 halten sich am Abend im Zimmer des ›Stadt Berlin‹ 3501/02 Salem, Abu Ibrahim, Abu Nadia, Steve und Lilly auf. Im Verlauf des Abends kommen die Anwesenden auf Operationen zu sprechen, die in der Vergangenheit durchgeführt wurden«, heißt es in einem der Stasi-Abhörprotokolle.

Rückblick: Bagdad, Anfang 1977. Wadi Haddad hatte seine Kommandozentrale inzwischen in die irakische Hauptstadt Bagdad verlegt. Das Pflaster in Beirut war ihm zu heiß geworden. Er wollte sein internationales Terrornetzwerk ausbauen, auch mit Hilfe der Genossen von der RAF, mit denen er eine strategische Zusammenarbeit verabredet hatte.

»Uns ging es vor allem um zwei praktische Dinge dabei«, erinnert sich der ehemalige RAF-Terrorist Peter-Jürgen Boock, »einerseits um Ausbildungsmöglichkeiten im Südjemen, andererseits um ein Rückzugsgebiet in Bagdad, falls wir vorübergehend aus Europa raus mussten«. Weit weniger wichtig sei »der ideologische Hintergrund« gewesen.

Über Shatubs Ehefrau war das Ministerium für Staatssicherheit in Ost-Berlin bestens über die »engen Kontakte« zwischen Haddads PFLP-SC und den westdeutschen Linksterroristen informiert. »Angehörige dieser Gruppierung würden in speziellen Trainingslagern ausgebildet«, heißt es zum Beispiel in einem der Berichte. Das große Interesse der DDR an Wadi Haddad hing auch damit zusammen, dass er damals nicht nur als Vasall der Sowjetunion galt, sondern sich sogar dem KGB verpflichtet hatte. Sein Deckname: »Natsionalist«. Es handelte sich um ein Geschäft auf Gegenseitigkeit: Der KGB bekam Informationen – und Haddad im Gegenzug Waffen für seine Anschläge. Sowjetische Geheimdienstdokumente, die später durch einen Überläufer in den Westen gelangten (»Mitrokhin-Papiere«), belegen die Verbindung: »Unsere Beziehungen mit W. Haddad«, heißt es da, »erlauben uns eine partielle Kontrolle und eine Beeinflussung im Interesse der Sowjetunion«.

Im Mai 1977, ungefähr zur gleichen Zeit, wurde Menachem Begin zum neuen israelischen Regierungschef gewählt. Jener Mann, der 25 Jahre zuvor als Chef der extremistischen Cherut-Partei die Exekution Konrad Adenauers in Auftrag gegeben hatte (siehe S. 129), zögerte keine Sekunde, als ihm der damalige Mossad-Memune Yitzhak Hofi das Todesurteil gegen Haddad vorlegte. Dafür waren offenbar zwei Gründe ausschlaggebend: Entebbe und Begins Friedenspläne gegenüber Ägypten.

Am 27. Juni 1976 war eine *Air-France*-Maschine auf dem Flug von Tel Aviv nach Paris, kurz nach einer Zwischenlan-

Die Stasi hörte mit: 1980 traf sich der international gesuchte Terrorist Carlos mit irakischen und palästinensischen Vertrauten in Ost-Berlin. Seine Hotel-Suite war vom MfS verwanzt worden.

dung in Athen, von einem vierköpfigen Kommando der PFLP-SC entführt worden. Zu den Kidnappern gehörten auch die deutschen »Revolutionäre« der Roten Zellen Wilfried Böse und Brigitte Kuhlmann. Der Airbus A300 landete einen Tag später in Entebbe in Uganda, dessen wirrer Präsident Idi Amin als Freund der palästinensischen Sache galt. 103 Passagiere wurden in die Transithalle des Terminals gepfercht, dann begann Böse mit der Selektion der jüdischen von den nichtjüdischen Geiseln. Die Entführer verlangten die Freilassung von 53 Inhaftierten aus israelischen, französischen und deutschen Gefängnissen, darüber hinaus fünf Millionen Dollar Lösegeld.

Es folgte nach tagelangen Verhandlungen über alle verfügbaren diplomatischen Kanäle, die den Israelis nur dazu diente, Zeit zu gewinnen, eine legendäre Befreiungsaktion der israelischen Spezialeinheit Sayeret Matkal, mit Unterstützung durch den Mossad. Im Schutz der Nacht landeten vier israelische Herkules-Transportflugzeuge in Entebbe, die Elitesoldaten stürmten das Hauptgebäude, töteten alle Entführer und befreiten die Geiseln. Beim anschließenden Feuergefecht mit ugandischen Soldaten starben drei der Passagiere und der Anführer des israelischen Kommandos, Oberstleutnant Jonathan Netanjahu, ein Bruder des späteren Ministerpräsidenten Benjamin Netanjahu.

Ein noch größerer Misserfolg für Wadi Haddad wäre kaum möglich gewesen. Statt den Judenstaat zu demütigen, hatten die Israelis ihm mit einer spektakulären Operation eine Lektion erteilt. So zögerte Menachem Begin denn auch nicht lange, als ihm Hofi den Exekutionsplan gegen den Terrorchef erläuterte. Eher beiläufig kam der Mossad-Direktor dabei auch auf ein umfangreiches Dossier zu sprechen, das vornehmlich aus den Informationen mehrerer tief in der PFLP-Struktur verwurzelter palästinensischer Spione gespeist wurde. Darin hieß es, dass Haddad, unterstützt von den Schergen des libyschen Machthabers Ghadafi, ein siebenköpfiges Kommando zusammengestellt habe, um bei einer Militärparade einen Anschlag auf den ägyptischen Präsidenten Anwar as-Sadat durchzuführen. Die Vorbereitungen seien weit vorangeschritten, auch ein mögliches Datum für das Attentat gebe es schon. In welche Kanäle er die Informationen leiten solle, fragte Hofi den neuen Regierungschef, in die amerikanischen? Nein, entschied Begin, der Bericht solle direkt an die Ägypter gehen, als vertrauensbildende Maßnahme. General Yitzhak Hofi flog Tage später zu einem geheimen Treffen mit seinem ägyptischen Kollegen General Kamal Hasan Ali nach Marokko und händigte ihm die israelischen Erkenntnisse über den Anschlagsplan aus. Sadat verstand die Geste. Es war der Beginn der Aussöhnung zwischen Israel und Ägypten.

Haddads Tage aber waren gezählt. Es gab bereits einen ausgefuchsten Plan. Ein direkter Anschlag mit Sprengstoff oder Waffengewalt schied von vornherein aus. Bagdad, wohin Abu Hani seine Kommandozentrale verlegt hatte, war eben nicht Beirut. »Wir sprechen vom Irak des Saddam Hussein«, sagt Gad Shimron, »da konnten wir nicht so einfach operieren«, deshalb sei »die einzig mögliche Waffe eine Vergiftung« gewesen. Und dafür besaß der Mossad offenbar exzellente Spione im persönlichen Umfeld des Palästinensers.

Vier Jahre nach dem Desaster von Lillehammer und der darauf folgenden internen Verarbeitung des Fiaskos, fühlte sich der israelische Auslandsgeheimdienst wieder stark genug, das Wagnis eines *hits* einzugehen. Dabei stellte eine Giftoperation als »lautlose Exekution« ohnehin ein geringes Risiko dar, niemand lief Gefahr, wie in Norwegen, mit einem rauchenden Colt in der Hand erwischt zu werden. Haddad würde nach längerem Siechtum an einer unerklärlichen Krankheit sterben, ohne dass irgendjemand Verdacht schöpfen dürfte; aber selbst wenn im schlimmsten Fall die Vergiftung erkannt, das Toxin identifiziert und mit dem Finger auf Israel gezeigt werden sollte, würde der Mossad seine Hände glaubhaft in Unschuld waschen können: *plausible deniability* heißt das Zauberwort in der Terminologie der Geheimdienste.

Weil »Haddad als *chocaholic*, als süchtig nach Schokolade« galt, beschloss das Mossad-Hauptquartier im Hadar Dafna Building in Tel Aviv, »das Gift in belgische Pralinen zu injizieren und ihm dieses Naschwerk durch einen Vertrauensmann unterzuschieben«, fand Aaron Klein heraus, der den Giftmord akribisch rekonstruiert hat. Belgische Pralinen? »Wir haben jedes Mal mehrere Taschen aus Europa aus dem Dutyfree mitgenommen, wenn wir nach Bagdad geflogen sind«, bestätigt Peter-Jürgen Boock, »Prager Schinken, Remi Martin, stangenweise Kent mit weißem Filter, die fanden sie irgendwie schick, Parfum für die Damen – und Pralinen, belgische Pralinen, nicht zu vergessen!« Wer aber schleuste die tödlichen Süßigkeiten nach Bagdad? Und wann?

In Haddads Kommandozentrale herrschte ein ständiges Kommen und Gehen: Kuriere brachten Nachrichten, Verbündete suchten Beistand, Freunde kamen zum Festessen und zum Gedankenaustausch. Auch Adnan Shatub, der Mann mit der Ehefrau in Ost-Berlin, hielt sich oft im Hauptquartier auf. Es ging zu wie in einem Taubenschlag. Und jeder brachte Geschenke für den »Meister« Abu Hani mit. »Dieser Agent, den die Israelis rekrutiert hatten, war in der Lage, sich frei zwischen Bagdad und Europa zu bewegen«, sagt Aaron Klein. Er habe aber nicht gewusst, dass er das tödliche Gift überbrachte. »Die meisten Agenten kennen nicht alle Details ihrer Mission«, bestätigt Ex-Mossad-Agent Shimron, »sie denken, sie arbeiten nach Plan A, aber eigentlich erfüllen sie Plan B.« Sonst hätte Wadi Haddad womöglich eine unerklärliche Nervosität des Gastes bei der Übergabe der Dutyfree-Präsente gespürt und einen Lakaien vorkosten lassen. Der Mossad allerdings wollte zwar den Tod Haddads, aber er wollte weder das Leben seines Agenten noch das von Randfiguren oder gar Unbeteiligten aufs Spiel setzen.

Im August 1977 machten sich Boock und Brigitte Mohnhaupt, mit der er liiert war, das Führungspersonal der RAF, auf den beschwerlichen Weg zu Abu Hani nach Bagdad, schon das zweite Mal in jenem Jahr. Sie wollten mit ihm die Details der geplanten Operation »Big Raushole« erörtern: Das war der Deckname der Linksterroristen für die geplante Entführung des Arbeitgeberpräsidenten Hanns Martin Schleyer, der dann gegen die in Stammheim einsitzende erste Generation der Roten Armee Fraktion ausgetauscht werden sollte. Es ging um die logistische Planung, und es ging, wie fast immer bei Abu Hani, ums Geld. Welches Land, in dem die PFLP eine starke Basis besitzt, würde »die Stammheimer« aufnehmen? Welche Summe sollte die RAF zusätzlich zu den Gefangenen von der Bundesregierung erpressen? Und welcher Anteil des Lösegeldes stünde davon der PFLP zu? Einige Tage später kehrten die beiden RAF-Spitzen nach Europa zurück.

Am 5. September wird Hanns Martin Schleyer entführt, zunächst in einer Wohnung in Köln gefangen gehalten, dann nach Holland, später nach Brüssel verschleppt. Die Bundesregierung lehnt einen Austausch kategorisch ab, spielt auf Zeit. Um dem öffentlichen Fahndungsdruck zu entgehen, setzen sich zwischen dem 15. und 23. September 1977 nach und nach mehrere RAF-Terroristen nach Bagdad zu Wadi Haddad ab, nur eine Handvoll bleibt zur Bewachung Schleyers zurück. Friederike Krabbe und Monika Helbing bilden das Vorauskommando, sie sollen im Diplomatenviertel von Bagdad ein Quartier ausfindig machen; Boock, Mohnhaupt und ein halbes Dutzend Illegale folgen kurze Zeit später. Peter-Jürgen Boock ist drogen- und medikamentensüchtig und inzwischen zu einem Sicherheitsrisiko für die RAF geworden. Aber er genießt durch seine Beziehung zur Chefin Brigitte Mohnhaupt eine besondere Stellung in der RAF, und hat überdies einen speziellen Draht zu Abu Hani. Das macht ihn unangreifbar.

Am 25. September offeriert der Palästinenser seinen deutschen Gesinnungsgenossen eine zusätzliche Operation zur Unterstützung der Schleyer-Entführer: »Abu Hani sagte, er könne zwei Aktionen anbieten: eine Geiselnahme in der Deutschen Botschaft in Kuwait oder die Entführung eines deutschen Passagierflugzeuges«, erinnert sich Boock. »Das Ergebnis unserer Abstimmung war eindeutig: Wir wollten die Flugzeugentführung!« Tatsächlich hat Haddad längst entsprechende Vorbereitungen getroffen und seine Leute an einer Boeing 737 üben lassen, die ihm von Saddams Geheimdienst zur Verfügung gestellt wurde.

Am 13. Oktober 1977 um die Mittagszeit hebt die *Landshut* vom Flughafen Palma mit 86 Urlaubern und fünf Besatzungsmitgliedern nach Frankfurt ab. Auf der Höhe von Marseille übernimmt das palästinensische Kommando die Gewalt über das Flugzeug. Die Palästinenser haben sowjetische Pistolen an Bord geschmuggelt, außerdem Handgranaten und Plastiksprengstoff.

Bagdad, zur gleichen Zeit. Wadi Haddad liegt geschwächt danieder. Er ist kaum noch in der Lage, die Operation zu leiten. Auch seine Vertrauensärzte stehen vor einem Rätsel. Leidet der »Meister« an einer mysteriösen Krankheit? »Der Mossad hatte ein langsam wirkendes Toxin benutzt, damit keine Spuren im Blut zurückblieben, die den Verdacht schüren könnten, jemand habe ihn vergiftet«, fand Aaron Klein heraus. Alles sollte wie eine natürliche Erkrankung aussehen. Die meisten Ärzte tippten deshalb auf Leukämie.

Peter-Jürgen Boock erinnert sich an ein Vieraugengespräch mit Wadi Haddad kurz vor Beginn der *Landshut*-Entführung. Erst habe der Palästinenser ihn auf seine »gesundheitlichen Probleme« im Zusammenhang mit der Medikamentenabhängigkeit angesprochen und dann plötzlich etwas über einen merkwürdigen Befund bei ihm selbst erzählt. Es sei »da etwas bei ihm festgestellt worden«, das ihm rätselhaft vorkomme, zog Haddad den Deutschen ins Vertrauen, bat ihn aber um strengstes Stillschweigen. Boock: »Ich hatte das schon vorher bemerkt. Abu Hani war wirklich total schwach in dieser Zeit.«

Die Ärzte in Bagdad wissen keinen Rat. Während die *Landshut* ihre Odyssee durch den Nahen Osten beginnt, verschlechtern sich Haddads Blutwerte dramatisch und in rasantem Tempo. Er isst nichts mehr, verliert an Gewicht, »seine Aufmerksamkeit für bestimmte Dinge sank, seine roten Blutkörperchen gingen ständig weiter zurück«, erinnert sich Bassam Abu Sharif. »Meine Schlussfolgerung damals war, dass sie Haddad vergiftet hatten. Die Symptome sprachen dafür.«

Auch bei ihrem mehrtägigen Treffen in der Suite des Hotels *Stadt Berlin* im Juli 1980 kommen Carlos (Salem) und Adnan Shatub (Abu Nadia) auf das Thema zu sprechen: »… Im Zusammenhang mit (geschwärzt) spricht Salem über Mogadischu. Es wird davon berichtet, daß Abu Hani zu dieser Zeit erkrankt war« (Stasi-Protokoll).

Seit zwei Tagen schon steht die *Landshut* in glühender Hitze auf dem Flugfeld in der Wüste des Emirats Dubai am Persischen Golf. Entführer, Besatzung und Passagiere warten auf den Ablauf des Ultimatums. Wird die Bundesregierung den Forderungen der RAF und Haddads nachgeben, die Stammheimer Gefangenen freilassen und ein Lösegeld zahlen? Die Maschine hebt nach langen Diskussionen mit den Sicherheitsleuten des Herrschers wieder ab, vierzig Minuten vor Ablauf des Ultimatums. Möglicherweise wollten die Terroristen vermeiden, in die Lage zu kommen, das Flugzeug in die Luft sprengen zu müssen.

Die nächste Station: Aden im Südjemen. Dort soll das palästinensische Kommando eigentlich von Bord gehen und durch ein neues, schwerer bewaffnetes Kommando ersetzt werden, das dann »mit den Geiseln von Bord geht und in der jemenitischen Wüste verschwindet«, sagt Peter-Jürgen Boock. Das hätte einem Ablauf wie 1972 auf dem jordanischen Flugfeld *Dawson's Field* entsprochen (siehe S. 192).

Doch die Jemeniten verweigern dem neuen Kommando der PFLP, sich der Maschine auch nur zu nähern; später wird sich herausstellen, dass Bonn in diesen Stunden einen heißen Draht nach Ost-Berlin aktiviert hat und die DDR-Staatssicherheit, die damals über exzellente Beziehungen im Südjemen verfügt, Einfluss auf die dortige Regierung ausübte, kein neues Kommando an Bord zu lassen. Und in Bagdad ist Wadi Haddad zu geschwächt, um sich gegen diesen Bruch aller Abmachungen zwischen ihm und den Jemeniten zur Wehr zu setzen. In den nächsten Stunden läuft die Entführung völlig anders als geplant. Lufthansa-Kapitän Jürgen Schumann, der sich längere Zeit von der *Landshut* entfernt hat, wird nach seiner Rückkehr vor den Augen der Passagiere erschossen, seine Leiche im hinteren Garderobenschrank verstaut, aufrecht stehend. Noch vor Ablauf eines weiteren Ultimatums hebt die Maschine in Aden ab, die Entführer sind durch den unerwarteten Verlauf der Operation verunsichert. Erst in letzter Minute haben sie erfahren, dass sie nach Mogadischu fliegen sollen.

Aus dem Stasi-Abhörprotokoll des geheimen Treffens von Carlos (»Salem«), Weinrich (»Steve«) und Adnan Shatub (»Abu Nadia«) in der Suite des Hotels Stadt Berlin: »Abu Nadia sagt wörtlich: ›Er (es ist Abu Hani gemeint) fragte uns, wie groß die Entfernung ist ... und ich habe gesagt, die Iraqui Airways von Bagdad nach Istanbul fliegt direkt ... wir können die Strecke verrechnen. Deshalb haben wir geplant und verrechnet ... nach Mogadischu‹. Salem fällt Abu Nadia ins Wort und schreit, daß es ein Fehler von Abu Hani war. Steve stimmt dem zu ... Es wird weiterhin berichtet, dass es einen Radiofunkspruch nach Aden gab. Abu Nadia beschreibt ein wenig die damalige Situation. Er erzählt, daß die Maschine bereits zwanzig Minuten vor der geplanten Zeit flog. Er sagt, daß er das auch tun würde, wenn es für ihn gefährlich werden würde.«

Erst in Mogadischu/Somalia gelingt es der aus Deutschland nachgeflogenen GSG 9, die *Landshut* zu stürmen. Drei der vier palästinensischen Terroristen sterben, alle Passagiere überleben. Wurde die Flugzeugentführung samt glimpflichem Ausgang davon beeinflusst, dass Wadi Haddad in den entscheidenden Stunden nicht mehr in der Lage war, klare Entscheidungen zu treffen? Rettete der Giftanschlag des Mossad gewissermaßen das Leben der Deutschen in der *Landshut*?

Unmittelbar nach dem glücklichen Ende der Entführung meldeten verschiedene Zeitungen im Mittleren Osten, Wadi Haddad sei von Carlos, dem venezolanischen Top-Terroristen, vergiftet worden, aus Rache für den Ausschluss aus der PFLP und um seinen Platz einnehmen zu können. Vielleicht sah sich der israelische Geheimdienst gezwungen, ein paar Nebelkerzen zu werfen, um jeden möglichen Verdacht, der Mossad könnte dahinter stecken, im Keime zu ersticken. Oder dem Umfeld Haddads war längst klar geworden, dass diese seltsame Erkrankung nur Folge eines Giftanschlags sein konnte. In einem späteren Stasi-Bericht (»streng geheim!«) werden dazu Details aufgeführt: »… Carlos soll … Mitverantwortung am Tod des ehemaligen Leiters der PFLP-Special Operations Wadi Haddad, genannt Abu Hani, tragen. Als Gast des algerischen Geheimdienstchefs soll Wadi Haddad im Beisein von Carlos und einer Verbindungsperson (unserer) Quelle 1977/78 ein zellzersetzender, im Blut nicht nachweisbarer Giftstoff verabreicht worden sein. Das mit Langzeitwirkung reagierende Mittel sei Ursache des schnellen körperlichen Verfalls und späteren Todes Wadi Haddads in der DDR gewesen.«

Tatsächlich hatte sich Haddad Anfang Oktober 1977, unmittelbar vor Beginn der *Landshut*-Operation, in Algier aufgehalten. Dort war eine von ihm in Auftrag gegebene und von Terroristen der japanischen Roten Armee ausgeführte Entführung des Fluges Japan Air Lines JL 472 unblutig zu Ende gegangen. Abu Hani sackte wieder einmal ein stattliches Lösegeld ein: sechs Millionen Dollar zahlte die Regierung in Tokio für die Freilassung der 156 Geiseln. Darüber hinaus wurden sechs Gesinnungsgenossen aus japanischen Gefängnissen freigelassen. Die Entführer wurden in Algier zunächst von Sicherheitskräften überwältigt, für die Augen der Weltöffentlichkeit, doch hinter den Kulissen warteten schon Haddad und sein Empfangskomitee.

Es scheint allerdings wenig wahrscheinlich, dass ihm ausgerechnet bei dem Freudenfest in Algier die vergifteten Pralinen aus Brüssel zum Nachtisch kredenzt wurden, und schon gar nicht durch Carlos. Gut möglich, dass die Israelis diese Mär in die Welt setzten – Desinformation gehört zu den Primäraufgaben jedes Nachrichtendienstes.

Die Chronologie des Giftmords, soweit sie sich überhaupt rekonstruieren lässt, macht eher einen früheren Termin Mitte bis Ende September 1977 für den Beginn der Intoxikation wahrscheinlich. Dabei besaß der Maulwurf des Mossad offenbar direkten Zugang zu Haddad – in Bagdad, nicht in Algier. Die spannende Frage: Könnte er etwas über die geplante Entführung einer Lufthansa-Maschine erfahren und an seine israelischen Auftraggeber weitergeleitet haben?

Aus einem Stasi-Bericht über die Befragung eines Freundes von Adnan Shatub, des »IM Mischa«: »Die im Zusammenhang mit dem Fall Schleyer erfolgte Entführung einer Lufthansamaschine sei von Angehörigen der PFLP durchgeführt worden … Nach Meinung von Shatub deuten bestimmte Umstände im Zusammenhang mit der Flugzeugentführung darauf hin, dass sich in der Führung der PFLP Verräter befinden.«

Bassam Abu Sharif erfuhr viele Jahre später von einem Mossad-Offizier, »dass dieses Gift Wadi Haddad von jemandem untergeschoben wurde, der sehr engen Umgang mit ihm hatte. Mein Gesprächspartner nannte keinen Namen, lehnte sogar ab, dessen Nationalität preiszugeben. Aber er sagte: Die Beziehung war sehr, sehr eng.« Ein solcher Verrat habe ihn »natürlich schockiert!«

Wurden Informationen über die geplante Entführung der *Landshut*, über die der Mossad womöglich verfügte, nur deshalb nicht an die Deutschen weitergeleitet, weil damit das Leben des »Verräters«, der seinem Chef soeben den Gift-

kelch überreicht hatte, akut gefährdet schien? Die Über-
schneidung der langsamen Exekution Abu Hanis mit dem
»Deutschen Herbst« bietet jedenfalls ausreichend Stoff für
einen großen Agententhriller. Gab es eine israelische Verschwörung, oder ist alles nur Verschwörungstheorie?

Bonn-Bad Godesberg, 1. Oktober 1977, zwölf Tage vor der
Landshut-Entführung in Palma. In der damaligen Terroris-
mus-Abteilung des Bundeskriminalamtes (»Sicherungs-
gruppe Bonn«) in der Friedrich-Ebert-Straße, direkt gegenüber vom Bahnhof Bad Godesberg, gehen alarmierende
Meldungen ein. Sie kommen aus Washington, nicht aus Tel
Aviv. Das BKA setzt sofort alle deutschen Sicherheitsbehör-
den per Eil-Telex in Kenntnis: »Es ist zu befürchten, dass Terroristengruppen Flugzeugentführungen durchführen könnten, um den Forderungen der Entführergruppe von Schleyer
Nachdruck zu verleihen.« Wolfgang Steinke, ehemaliger
Präsident der Abteilung Staatsschutz beim Bundeskriminalamt, erinnert sich an die damalige Situation: »Was hätten
wir machen sollen? Wir konnten doch nicht alle Flughäfen
dicht machen!« Nur wenn der Mossad sein komplettes Wissen offenbart hätte, sagt Steinke, wäre die *Landshut*-Entfüh-
rung zu verhindern gewesen. Vielleicht. »Warum haben sie
uns das nicht mitgeteilt?« Mögliche Erklärung für den damals hochrangigen BKA-Beamten: Durch eine Weitergabe
bestimmter Informationen wären »ihre eigenen Leute oder
ihre eigene Aktion gefährdet gewesen«.

Die Ereignisse in diesen Tagen in Mallorca, im Schleyer-
Versteck in Brüssel und in Haddads Hauptquartier in Bag-
dad sind vielfach akribisch rekonstruiert worden, nicht zu-
letzt dank der Aussagen des damaligen RAF-Terroristen
Peter-Jürgen Boock. Allerdings blieben auch bis heute viele
Lücken für Spekulationen.

Palma, 9. Oktober 1977. Noch vier Tage bis zur Entführung.
Im Hotel *Bellver* an der Hafenpromenade treffen sich die Ter-

roristen zu letzten Vorbereitungen. Dann kommen die Waffen an, gebracht von einer Helferin der RAF: zwei sowjetische Pistolen, wahrscheinlich aus einer Lieferung des KGB. Versteckt in einem Kosmetikkoffer und in einem Radio sollen sie an Bord der *Landshut* geschmuggelt werden, ebenso Handgranaten. In einem Reisebüro an der Avenida Jaime wurden bereits die Tickets für den Lufthansa-Flug gekauft.

Dass Mallorca Ausgangspunkt der Operation ist, dürfte der Mossad von seinem Maulwurf wissen, und ebenso das KGB – von Abu Hani höchstpersönlich. »Dank Haddad wurde das KGB vorab über alle geplanten Anschläge informiert«, heißt es in den »Papieren« des sowjetischen Überläufers Mitrokhin. Doch die Sowjets haben in dieser Phase kein Interesse daran, die Entführung zu verhindern, und die Israelis fürchten um das Leben ihres Mannes in Bagdad. Flöge das Kommando in Mallorca auf, wüsste Haddad, dass es einen Verräter in seiner engsten Umgebung geben muss. Denn von der Unterstützungsaktion für die RAF wussten allenfalls eine Handvoll Menschen in der irakischen PFLP-Zentrale. Der Mossad hatte so etwas schon einmal riskiert, im Januar 1976, eineinhalb Jahre zuvor, ein zweites Mal wäre einmal zu viel.

Rückblick. Damals bereitete Haddad einen verheerenden Raketenanschlag auf eine israelische Verkehrsmaschine vor – am Flughafen in Nairobi. Der israelische Spion in der Kommandozentrale des Terrorchefs meldete den Plan offenbar frühzeitig nach Tel Aviv, sodass der Mossad Haddads Kommando in Kenia abfangen konnte. »Ein gemischtes Kommando, bestehend aus Palästinensern und Deutschen von der RAF sollte in Nairobi eine El-Al-Maschine vom Himmel holen«, erinnert sich Hans-Joachim Klein, deutscher Ex-Terrorist und langjähriger Carlos-Komplize, aber »die wurden abgeschleppt vom Mossad, bevor sie irgendetwas machen konnten.«

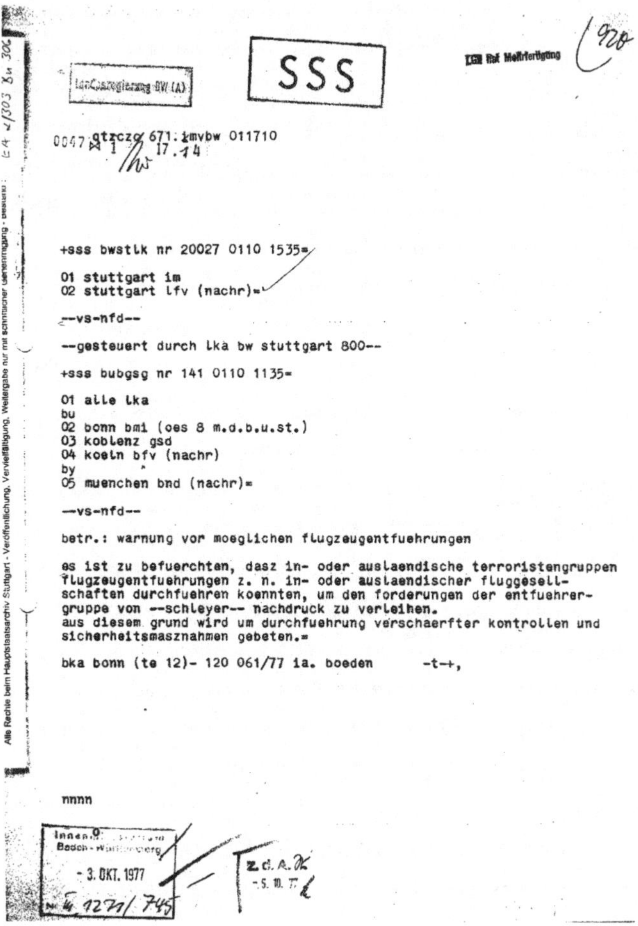

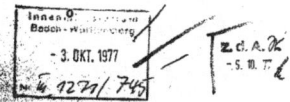

SSS

920

0047 qtzczg 671.kmvbw 011710

17.14

+sss bwstlk nr 20027 0110 1535=

01 stuttgart im
02 stuttgart lfv (nachr)=

--vs-nfd--

--gesteuert durch lka bw stuttgart 800--

+sss bubgsg nr 141 0110 1135=

01 alle lka
bu
02 bonn bmi (oes 8 m.d.b.u.st.)
03 koblenz gsd
04 koeln bfv (nachr)
by
05 muenchen bnd (nachr)=

--vs-nfd--

betr.: warnung vor moeglichen flugzeugentfuehrungen

es ist zu befuerchten, dasz in- oder auslaendische terroristengruppen
flugzeugentfuehrungen z. n. in- oder auslaendischer fluggesell-
schaften durchfuehren koennten, um den forderungen der entfuehrer-
gruppe von --schleyer-- nachdruck zu verleihen.
aus diesem grund wird um durchfuehrung verschaerfter kontrollen und
sicherheitsmasznahmen gebeten.=

bka bonn (te 12)- 120 061/77 ia. boeden   -t-+,

nnnn

Innen.9.
Bad.-Württ[e]mberg
- 3. OKT. 1977
Nr 5 1271/ 745

z.d.A. 2K
-5. 10. 77

Was wusste der Mossad von der Entführung der *Landshut*? Beim
Bundeskriminalamt ging nur eine allgemeine Warnung über eine
bevorstehende Flugzeugentführung ein.

Die Israelis entführten Haddads Nairobi-Kommando bei Nacht und Nebel, flogen es nach Tel Aviv aus und steckten es dort erst einmal ins Gefängnis. Dem Geheimdienst war es nicht nur gelungen, einen Anschlag zu verhindern, bei dem möglicherweise Hunderte israelischer Passagiere ums Leben gekommen wären, er konnte die potentiellen Attentäter auch verschärften Verhören unterziehen. Allerdings ging der Mossad das Risiko ein, der palästinensische Terrorchef könnte Verrat wittern und den Verräter in seiner engsten Umgebung entlarven. Das sei »der ewige Konflikt der Geheimdienste«, sagt Aaron Klein, »man will einen Terroranschlag verhindern, aber man will natürlich auch seine Quelle schützen, denn sonst würde sie aus dem Verkehr gezogen oder sogar liquidiert.«

Ein zweiter Fall »Nairobi«, diesmal in Mallorca, wäre ein tödliches *vabanque*-Spiel für den israelischen Agenten gewesen. Gab der Mossad also Informationen seines Agenten zur bevorstehenden *Landshut*-Entführung nicht oder nur sehr allgemein an die Deutschen weiter, weil es dabei nicht um israelische Staatsbürger ging? Das wäre ein böser Verdacht, den Ex-Agent Gad Shimron entschieden zurückweist. Es gäbe immer Wege, die Sicherheitsorgane befreundeter Länder zu warnen, sagt er, man könne ja »eine Camouflage aufbauen« und »im Ungefähren bleiben«. Denn »wenn man seriös zuhört und die Sicherheitsmaßnahmen verstärkt, genügt das manchmal!« Wolfgang Steinke hält dagegen: »Auf so etwas konnten wir verzichten. Wenn es nichts Konkretes gibt, nimmt man so etwas nicht ernst!«

Tatsächlich ging nach dem Fernschreiben aus Washington offenbar kurz vor Beginn der *Landshut*-Operation eine weitere Alarmmeldung bei den deutschen Sicherheitsorganen ein. Das jedenfalls brachte das stets gut unterrichtete Ministerium für Staatssicherheit damals zu Papier: »Am Abend vor der Entführung erhielt auch die BRD von der Planung einer Flugzeugentführung Kenntnis, jedoch ohne Ort und Zeit, sodass die Aktion realisiert werden konnte ... Bedeutsam in diesem Zusammenhang ist, daß der israelische Rundfunk einen Tag vor der Entführung eine derartige Aktion ankündigte, jedoch keine Angaben über Details machen konnte.«

Es bleibt Spekulation: War es ein Alibi-Alarm in letzter Minute, lanciert von den Israelis? Gad Shimron will das nicht völlig ausschließen: »Nachrichtendienste sind dazu da, solche Fälle zu verhindern!«, sagt er, aber es stimme natürlich auch, »dass man manchmal unschuldige Menschen opfern muss, um eine kritische Quelle zu schützen!« Der Agent, der seinem Boss Abu Hani die Pralinen mit dem tödlichen Gift überbrachte, war sicherlich eine »kritische Quelle«. Er wurde übrigens bis heute nicht enttarnt.

Erst Wadi Haddad, dann Ayatollah Khomeini? Einen Hinweis auf schleichendes Gift als eine offenbar gängige Methode aus dem Exekutionsarsenal des Mossad ergab sich Jahre später in den Memoiren des amerikanischen Politikers Robert C. McFarlane, Ronald Reagans ehemaligem Sicherheitsberater. Im Jahre 1985, so behauptete McFarlane, sei ihm von David Kimche, dem damaligen Mossad-Memunen, vorgeschlagen worden, den iranischen Führer Khomeini zu liquidieren, um den Weg frei zu machen für eher moderate Kräfte im Iran. Seine Leute hätten einen Weg gefunden, habe der Mossad-Direktor ihm versichert, »Khomeini über die Nahrung sukzessive ein Gift zuzuführen«. David Kimche dementierte die Beschuldigung energisch, aber McFarlane blieb bei seiner Version. Der Vorschlag sei »klar und unmissverständlich« gewesen.

Der rote Prinz – der Fall Salameh

>»Es ist absolut unerklärlich und völlig inakzeptabel, dass die-
>jenigen, die an dem Mord an Ali Hassan Salameh beteiligt wa-
>ren, zwei britische Pässe benutzten. Es ist außerhalb jeder
>Frage, dass Israel daran beteiligt war. Es war auch nicht das
>erste Mal, dass britische Pässe verwendet wurden. Das steht
>in totalem Widerspruch zu den guten Beziehungen zwischen
>England und Israel.«
>
>*Erklärung des britischen Außenministers Frank Judd am 8. März*
>*1979 bei einem Treffen mit dem israelischen Botschafter*

>»Israel hat bislang keine Verantwortung übernommen und es
>ist unwahrscheinlich, dass sie sich offiziell und öffentlich dazu
>bekennen werden. Angesichts dessen gibt es keinen Beweis,
>der vor einem israelischen Gericht Bestand hätte. Die Chan-
>cen für eine Entschädigung durch israelische Behörden sind
>daher praktisch null.«
>
>*Stellungnahme des britischen* Foreign Office *an die Eltern der*
>*bei dem Anschlag in Beirut getöteten Susan Warham*

Im Frühjahr 1978, kurz nach dem Tod Wadi Haddads in der
Ost-Berliner Charité, landet die dreißigjährige Erika Maria
Chambers am Flughafen von Beirut. Es ist ihre erste Reise
in diese faszinierende kosmopolitische Stadt. Die britische
Staatsbürgerin will im Auftrag des Genfer Kinderhilfswerkes »L'Association pour le Soutien de l'Enfance en Détresse«
(ASED) Kontakte zu Organisationen aufbauen, die sich in
den palästinensischen Flüchtlingslagern um Waisenkinder
kümmern. Chambers braucht einige Tage, um sich mit den
Gegensätzen der Stadt am Mittelmeer vertraut zu machen,
den Widersprüchen zwischen Krieg und Frieden, der Armut
in den Elendsvierteln und dem Reichtum an der Standpro-
menade, den politischen und religiösen Spannungen. Und
mit dem Zwielicht, das Beirut prägt.

Es gab viele skurrile Gestalten, die ihre Drinks in der legendären Bar des Hotels St. George nahmen, schrieb der Re-

porter Wilhelm Dietl, der sich in Beirut ebenso auskannte wie in dem von ihm beschriebenen Genre, »Waffenhändler und Journalisten, Diplomaten und Ölscheichs, Glücksritter aller Herren Länder und viele, viele Spione.« Auch Erika Chambers war nicht das, für das man sie halten sollte, kein alleingebliebenes Mädchen, das irgendwann seine Lebensaufgabe gefunden hatte. Das Aushängeschild ASED diente ebenso der Tarnung wie die gesamte karitative Mission in den Flüchtlingslagern. Ihr eigentlicher Auftrag passte zum Charakter dieser Stadt: Sie sollte den »roten Prinzen« locken, bezirzen und umgarnen, mit allem, was ihr zur Verfügung stand – und sie sollte ihn am Ende in die Luft jagen. Ihr Boss war Mike Harari, und der residierte nur dreihundert Kilometer Luftlinie südlich, und doch Welten entfernt, im Mossad-Hauptquartier in Tel Aviv.

Nach dem Tod Haddads war die Ermordung Ali Hassan Salamehs erneut an die erste Stelle auf der Agenda des Mossad gerückt. Noch immer leitete Mike Harari, der Hauptverantwortliche für das Fiasko in Lillehammer, die Caesarea-Abteilung. Fünf vergebliche Versuche, den »roten Prinzen« zu liquidieren, hatte er inzwischen zu verantworten. Aber die israelische Regierung unter Menachem Begin gab ihm noch eine weitere Chance, seine Scharte mit dem marokkanischen Kellner Ahmed Bouchiki auszuwetzen, die von den Israelis als *Leyl-ha-Mar*, Nacht der Scham, bezeichnet wurde. Hätte er in Beirut Erfolg, würde niemand mehr über den Fehlschlag von Norwegen sprechen. Und so war Harari bei der Vorbereitung dieses *hits* noch sorgfältiger zu Werke gegangen, vor allem ohne Zeitdruck, denn er wusste, eine erfolgreiche Operation brauchte eine akribische Planung. Seine Wahl für die zentrale Rolle bei der geplanten Exekution war auf die burschikose, etwas pausbäckige Agentin »Penelope« gefallen, alias Erika Chambers. Wilhelm Dietl, selbst ein »bunter Vogel« auf Wanderschaft zwischen den geheimnisvollen Welten des Orients und der Spionage, hat ihre spannende Geschichte später präzise recherchiert und aufgeschrieben.

Erika Maria Chambers war im August 1972 nach Israel gekommen und ein Jahr später in Hararis geheime Welt abgetaucht. Sie kam aus Southampton in England, hatte ein Studium mit dem *Bachelor of Science* in Geographie abgeschlossen, war 1969 nach Canberra in Australien ausgewandert und dort in den Staatsdienst gegangen. Doch das Leben auf dem fünften Kontinent erfüllte sie nicht. Sie plante eine Dissertation, bewarb sich an der Hebrew University in Jerusalem, wurde angenommen. Ihre Fachrichtung: Hydrologie, ihr Forschungsgebiet: die Negev-Wüste. Die Studien in der unerträglichen Hitze erwiesen sich bald als Knochenjob, sie hielt nach Alternativen Ausschau.

Irgendwann und irgendwo in Israel muss Erika Chambers einem Talentsucher des Mossad begegnet und aufgefallen sein. Diese »Spotter« haben einen untrüglichen Blick für junge Ausländer, die wie Chambers jüdischer Abstammung sind und sich deshalb oft sehr mit dem Judenstaat identifizieren. Gesucht werden geeignete Kandidaten für ein anstrengendes und entbehrungsreiches Leben als Agent, keine Abenteurer oder Aufschneider, sondern intelligente, nüchterne und anpassungsfähige Männer und Frauen, wobei der ausländische Pass eine große Hilfe ist. Denn die »Kämpfer« der Caesarea-Einheit leben überwiegend unter einer Legende im Ausland, nach Israel reisen sie nur selten und dann mit einem zweiten Pass, ins Hauptquartier des Mossad kommen sie so gut wie nie.

Erika Chambers bestand 1973 alle Prüfungen und Tests der Mossad-Akademie, bekam eine einjährige Grundausbildung und danach ein einjähriges Spezialtraining, lernte das Handwerk der Spionage und des Tötens. Dann schickte Mike Harari sie zurück in ihr Heimatland England, um dort

218

mit dem langwierigen Aufbau einer Legende zu beginnen. In absehbarer Zeit würde er sie für einen Kidon-Job benötigen, für eine Exekution. Bis dahin musste ihre Scheinexistenz perfekt sein.

Nach Jahren erstmals zurück in London, musste sie sich zwingen, nicht sofort zum Haus ihrer geliebten Mutter zu fahren. Die Mossad-Ausbilder hatten ihr immer wieder eingetrichtert, »dass sie sich nicht in Familienbindungen verstricken« dürfe, schreibt Dietl. Stattdessen mietete sie ein Apartment im südöstlichen Vorort Richmond, meldete sich bei den Behörden an und sprach dann am 30. Mai 1975 beim Londoner Passport Office vor. Die Mossad-Agentin erbat einen neuen Pass, weil ihr der alte wegen zahlreicher israelischer Einreisestempel Schwierigkeiten bei Reisen in arabische Länder bereite. Das Argument leuchtete den Beamten ein.

Danach nahm Erika Chambers nacheinander Verbindung mit den Universitäten in Erlangen und Frankfurt auf, um sich dort um einen Platz für eine Promotion zu bewerben. Sie traf sich mit den zuständigen Hochschulprofessoren, ließ dann aber nichts mehr von sich hören, obwohl ihr Wunsch positiv beschieden worden war. Dietl beschreibt in seinem Buch »Die Agentin des Mossad« detailliert den Aufbau der Legende in Deutschland, mit Wohnsitzen erst im Frankfurter Grüneburgweg 4 und dann in der Wiesbadener Wilhelmstraße 52 – sowie diversen kleinen Hotels und Pensionen zwischendurch. Das alles sollte dazu dienen, Chambers' offiziellen Lebensumständen eine möglichst große Glaubwürdigkeit zu verleihen, falls diese irgendwann einmal von irgendwem unter die Lupe genommen werden sollten. Wenn sie für ein paar Tage nach Richmond bei London in ihre dortige Wohnung zurückkehrte, benutzte sie jetzt vorzugsweise einen israelischen Pass auf den Namen Ruth Aloni (oder Alloni).

Das Wiesbadener Ausländeramt erteilte ihr anstandslos eine fünf Jahre gültige Aufenthaltsgenehmigung für eine geplante Studien- und Forschungszeit an der Universität Frankfurt; mit der Bescheinigung wiederum ließ sie sich einen deutschen Führerschein ausstellen, eröffnete Konten bei der Commerzbank und bei der Dresdner Bank, bei der danach regelmäßig Beträge aus der Schweiz eingingen. Absender der Zahlungen: das Genfer Kinderhilfswerk ASED, ein Verein, den Harari speziell für die Jagd auf den »roten Prinzen« gegründet hatte und der bald schon in der Spendenszene so etabliert war, dass er seine Aktivitäten sogar mit dem Kinderhilfswerk der Vereinten Nationen UNICEF koordinierte.

Und dann kam irgendwann der Anruf, den sie all die Jahre sehnlich erwartet hatte: Das Hauptquartier übermittelte ihr eine verschlüsselte Nachricht. Mike Harari hielt die Zeit für gekommen, seine Kidon-Agentin auf Salameh anzusetzen.

Ali Hassan Salameh (»Abu Hassan«) galt in den siebziger Jahren als Erzfeind der Israelis schlechthin, als Symbolfigur des palästinensischen Terrors. Er war in zahllose blutige Anschläge verstrickt, die ihm später den Namen »der rote Prinz« eintrugen. Der Mossad hielt ihn sogar für einen der Drahtzieher des Attentats während der Olympischen Spiele 1972 in München, obwohl er selbst und andere prominente Figuren des »Schwarzen September« das später energisch dementierten. Mohammed Oudeh (»Abu Daoud«) reklamierte die Urheberschaft des Anschlags für sich und Salah Khalaf (»Abu Iyad«), charakterisierte die israelische Behauptung, Abu Daoud habe zusammen mit »Abu Hassan« am Zaun des Olympia-Geländes den Beginn der Operation beobachtet, als Unsinn (siehe S. 168).

Abu Hassan war der Ziehsohn und Vertraute des PLO-Chefs Yassir Arafat, er kommandierte dessen Eliteeinheit

Der Liebling aller Frauen: Ali Hassan Salameh war nicht nur ein palästinensischer Terrorist, sondern auch ein Lebemann. Am Ende wurde ihm offenbar eine Bettgeschichte zum Verhängnis.

Force 17, die zu ihrem Namen gekommen war, weil ihr Büro im Hauptquartier der PLO die Durchwahl -17 hatte. Wer also Arafat treffen wollte, musste nur auf Salameh einschlagen. Mehr noch: Wer ihn in einen engen Zusammenhang mit dem abscheulichen Massaker an israelischen Sportlern auf dem Flughafen Fürstenfeldbruck stellte, wollte damit den Eindruck erwecken, Arafat persönlich trage dafür die Verantwortung. Dabei musste den Mossad-Verantwortlichen klar sein, dass der PLO-Chef sich schon deshalb nicht persönlich in solche Anschläge einmischen würde, um sich hinterher glaubhaft davon distanzieren zu können.

Allerdings war Abu Hassan alles andere als ein Waisenknabe, sondern in unzählige Terroranschläge verwickelt, »ein verwegener, abenteuerlustiger Charakter, brutal und intelligent zugleich«, schreibt der ehemalige Caesarea-Agent Victor Ostrovsky in seinem Buch »Der Mossad«. Und er führt dafür auch ein eindrucksvolles Beispiel an: Salameh habe nach Fürstenfeldbruck beschlossen, auf dem römischen Flughafen Fiumicino mit russischen Strella-Raketen die im Anflug befindliche El-Al-Maschine mit Golda Meir abzuschießen; die israelische Ministerpräsidentin plante für den Januar 1973 eine Europareise und wurde am 15. des Monats zu einem Staatsbesuch in Italien erwartet. Die Strella wird mit Hilfe eines von Hand gehaltenen, über die Schulter gelegten Werfers auf ihr Ziel abgefeuert, sie war technisch nicht sehr ausgereift, hatte sich aber als tödliche Waffe gegen langsam fliegende Flugzeuge wie eine landende Passagiermaschine erwiesen. Die Geschosse zu beschaffen, sei kein Problem gewesen, berichtet Ostrovsky, denn die Palästinenser hätten über einen Vorrat in einem Trainingslager in Jugoslawien verfügt. Zwei davon sollten über die Adria nach Italien geschmuggelt werden.

Abu Hassan sei dann auf St. Pauli in Hamburg durch einige dunkle Bars gestreift, um einen Mann anzuheuern, der etwas von Navigation verstand, und zwei junge Frauen, die für Geld und Drogen den Kapitän bei Laune halten sollten. Die ahnungslose Gruppe ging in Bari an Bord einer hübschen Yacht, setzte nach Dubrovnik über und nahm dort die in Holzkisten verpackten Raketen in Empfang. Alles lief planmäßig, bis ihnen kurz vor der Ankunft im Hafen von Bari ein Kommando des »Schwarzen September« in einem kleinen Boot entgegenkam. Die Palästinenser luden die Fracht um, schnitten den drei Deutschen die Kehle durch, bohrten das Boot an und versenkten es in Sichtweite der Küste.

Der Raketenanschlag auf die israelische Regierungsmaschine konnte dann aber vom Mossad doch noch vereitelt werden. Ostrovsky war damals ganz offensichtlich persönlich an der Operation beteiligt. Es gelang ihm und seinen Caesarea-Kollegen in allerletzter Sekunde und ganz im Stile eines James Bond, die schon in der Nähe des Flugfeldes versteckten Strellas aufzuspüren und die Palästinenser zu überwältigen. Ostrovsky schreibt über seine heldenhafte Rolle in der dritten Person: »Der Mossad-Mann stieg aus und stellte fest, dass die beiden Raketen da waren und die Terroristen festsaßen. Als er Polizeifahrzeuge auf sich zukommen sah, sprang er in den Wagen, setzte zurück und brauste in Richtung Rom davon. Sobald er seine Kollegen benachrichtigt hatte, verschwanden alle Mossad-Leute von der Bildfläche, als wären sie niemals dagewesen.«

Selbst wenn es vielleicht dramatischer formuliert wurde, als es tatsächlich war, Ostrovskys Erinnerungen dürften authentisch sein. Denn im Herbst 1990 unternahm die israelische Regierung den Versuch, mit einer Einstweiligen Verfügung die Veröffentlichung in den Vereinigten Staaten zu verhindern – ein Novum in der Geschichte des internationalen Buchgeschäfts. Es war ein ebenso aussichtsloses wie kontraproduktives Vorhaben, das Ostrovskys Buch nicht nur zu einer weiten Verbreitung, sondern auch zu einer Glaubwürdigkeit verhalf, die ihm ansonsten vielleicht versagt geblieben wäre.

Für die israelische Regierung spielte es in den siebziger Jahren keine Rolle, ob Abu Hassan tatsächlich an der Planung des Olympia-Attentats beteiligt war oder nicht, es klebte so viel (nicht nur jüdisches) Blut an seinen Fingern, dass er immer wieder als die Nr. 1 auf der Todesliste bestätigt wurde. Doch Salameh lebte in Beirut nicht etwa zurückgezogen, um nicht zu einer leichten Zielscheibe zu werden. Im Gegenteil: der Mittdreißiger pfiff oft auf Sicherheitsmaßnahmen. In einigen der Hotels hatte er ständig Zimmer reserviert, um sich dort nach Bedarf mit seinen Freundinnen zu vergnügen; er galt als Liebling vieler Frauen, man sagte ihm ein Dutzend und mehr ständige Beziehungen nach. Ein Lebemann zwischen den Fronten des Nahen Ostens.

Ali Hassan Salameh, 1942 im palästinensischen Dorf Qula geboren, wuchs nicht allein aus eigener Kraft in eine Führungsposition des militanten Widerstands hinein, er zehrte auch vom Ruhm seines legendären Vaters. Scheich Hassan Salameh, ein Vertrauter des Mufti von Jerusalem, hatte schon in den dreißiger Jahren einen erbitterten Kampf gegen die Juden des britischen Mandatsgebietes geführt, die ihn für den Inbegriff von Terror und Zerstörung hielten und ihm nach dem Leben trachteten. Zwei Wochen nach Ben-Gurions Unabhängigkeitserklärung fiel der Scheich in einem Gefecht um Ras al-An, Ali, sein einziger Sohn und Erbe, war gerade sieben Jahre alt. Er zeigte zunächst nicht viel Interesse an Politik, lebte weit weg von der Armut in den Flüchtlingslagern. »Immer wieder wurde mir ins Bewusstsein gerufen, dass ich der Sohn Hassan Salamehs sei und mich entsprechend zu verhalten hätte«, sagt er in einem seiner wenigen Zeitungsinterviews, »wenn mein Vater ein Märtyrer war, dann lag es an mir, jetzt die palästinensische Sache zu vertreten«.

1961 schickte ihn seine Mutter nach Deutschland, er solle Ingenieurwissenschaften studieren. Doch statt im Hörsaal trieb er sich lieber in teuren Fitnessstudios, exklusiven Restaurants, vornehmen Boutiquen und glitzernden Nachtclubs herum. Ali liebte gut geschnittene Anzüge, schwarze Hemden und Goldkettchen, und er liebte die jungen Damen – und die jungen Damen liebten ihn. 1963 bat ihn seine Mutter, eine junge Ägypterin zu heiraten, er folgte ihrem Wunsch. Ein Jahr später wurde Hassan, der erste Sohn des Paares geboren, man nannte Ali jetzt Abu Hassan (»Vater von Hassan«). Der aber blieb seinen Gelüsten treu, verbrachte als anerkanntes Mitglied der Partyszene von Kairo mehr Nächte in den Nachtclubs der ägyptischen Metropole als daheim bei Frau und Kind. Nach dem Sechstagekrieg 1967 und der israelischen Besetzung trat Abu Hassan der PLO bei, erregte sehr bald die Aufmerksamkeit von Yassir Arafat, dessen Protektion ihn bis an die Spitze der Organisation und seines Sicherheitsapparates führte – und damit ins Fadenkreuz der Israelis brachte.

Zwar fürchtete sich Abu Hassan durchaus vor einem israelischen Anschlag auf sein Leben, insbesondere nach der

Operation »Spring of Youth«: In der Nacht vom 9. auf den 10. April 1973 setzte der spätere Premierminister Ehud Barak, Kommandeur der Eliteeinheit Sayeret Matkal, verkleidet als eine Frau, zusammen mit 15 Soldaten in *Zodiac*-Schnellbooten von Haifa nach Beirut über. Sie landeten im Schutze der Nacht am Strand, drangen in zwei Häuser im Stadtteil Verdun ein und erschossen drei PLO-Leute, die nach israelischen Erkenntnissen mit dem München-Attentat in Verbindung standen, darunter den Operationschef des »Schwarzen September«, Mohammed Youssef al-Najjar (»Abu Youssef«). »Meine Wohnung liegt nur fünfzig Meter neben der von Abu Youssef«, ließ sich Salameh Tage später in einer libanesischen Zeitung zitieren, »aber die Mörder haben sich aus einem einfachen Grund nicht getraut, sie zu stürmen: sie wurde von vierzehn Leuten bewacht«. Er ließ danach geladene AK-47-Maschinengewehre in jedem Zimmer seines Apartments deponieren, für den Eventualfall. »Aber er war schon viel zu sehr an Luxus und Extravaganz gewöhnt, als sich mit Sicherheitsvorschriften anzufreunden, die unberechenbares Verhalten zum obersten Gebot machten«, schreibt Aaron J. Klein in seinem Buch »Striking Back«.

Außerdem hoffte sich Abu Hassan durch eine spezielle Verbindung weitgehend »immunisieren« zu können. Vermutlich schon im Jahre 1969, jedenfalls lange vor München 1972, hatte Robert C. Ames, CIA-Stationschef in Beirut, erste Kontakte zu Salameh geknüpft und sich angeblich mit dem Angebot eingeführt, der palästinensischen Stimme in Washington Gehör zu verschaffen. Tatsächlich war Salameh wohl auch ein sechsstelliges Monatsgehalt als amerikanischer Agent angeboten worden. Doch »der rote Prinz« hatte entrüstet abgelehnt, ein Deal Informationen gegen Barzahlung, das verletzte seinen Stolz. Erst Mitte 1973, wenige Monate nach »Spring of Youth« und nur Tage nach dem Mossad-Anschlag in Lillehammer, bei dem an seiner Statt ein marokkanischer

Kellner getötet worden war, wurden die Kontakte reaktiviert, und nach Arafats Rede vor den Vereinten Nationen im November 1974 dann weiter vertieft. Von da an trafen sich Bob Ames und sein hochrangiger PLO-Informant regelmäßig konspirativ in Beirut zum Gedankenaustausch. Der CIA-Agent erhielt die Zusage, dass sich der palästinensische Terror nicht mehr gegen Amerikaner und amerikanische Einrichtungen richten werde. Geld spielte noch immer keine Rolle, Abu Hassan war mehr an der »Lebensversicherung« interessiert, die er mit einer solchen Verbindung verknüpft sah.

Als im Juni 1976, mitten im libanesischen Bürgerkrieg, 263 Europäer und Amerikaner evakuiert werden mussten, darunter alle Mitarbeiter der US-Botschaft in Beirut, war Arafats Sicherheitschef Abu Hassan zur Stelle und sorgte für ein sicheres Geleit des Konvois nach Syrien. US-Präsident Gerald Ford sprach ihm dafür öffentlich Dank aus. Wenige Monate zuvor hatte Salameh zusammen mit seiner *Force 17* einen großen Coup gelandet: Ein zwanzigköpfiges Kommando drang durch die Räume einer katholischen Kirche in Beirut in die benachbarte *British Bank of the Middle East* ein, verschaffte sich dort mit Hilfe korsischer Safeknacker Zugang zum zentralen Tresor und erbeutete Bargeld, Gold und Schmuck im Wert von etwa sechshundert Millionen Dollar. Auf Weisung von Arafat wurde das Diebesgut später mit einem Flugzeug nach Genf geflogen und dort in Schweizer Banken deponiert. So sah das Leben des »roten Prinzen« aus, zwischen Bankraub und diskreter Amerikahilfe, zwischen Schäferstündchen und blutigen Terroranschlägen.

Am 8. Oktober 1976 bekam das Leben des Tausendsassas allerdings einen ersten Dämpfer. Zu Fuß, auf offener Straße und ohne Begleitung seiner Leibwächter unterwegs, traf ihn die Kugel eines israelischen Scharfschützen, sie blieb im Magen stecken. Abu Hassan brach zusammen, wurde sofort ins

Hospital gebracht und dort notoperiert. Er überlebte. Spätestens jetzt war ihm klar, dass ihn seine Nähe zur CIA, entgegen seiner eigenen Hoffnung, nicht vor der Rache der Israelis schützen konnte.

Zur Erholung luden die Amerikaner ihn und seine neueste Freundin, die 23-jährige Georgina Rizk, eine ehemalige Miss Universe, in die USA ein, erst in den Vergnügungspark Disney World nach Orlando/Florida und dann zum traditionellen Luau-Fest nach Hawaii. Der »rote Prinz« nahm die Geste gern an. Ein palästinensischer Terrorist, der erklärte israelische Erzfeind Nr. 1, zu Gast bei Mickey Mouse? Natürlich gab es auch mehrere Treffen mit der CIA. Der US-Geheimdienst erhoffte sich, den Arafat-Vertrauten endlich als vollwertigen, bezahlten Agenten rekrutieren zu können. Bob Ames, inzwischen zurück in Langley und in der CIA-Hierarchie aufgestiegen, begrüßte das Paar nach der Landung in New York.

Doch auch diesmal lehnte Salameh ab, sich von der CIA verpflichten zu lassen. Das war vielleicht, rückblickend gesehen, der Anfang von seinem Ende. Von den Kontakten wusste der Mossad inzwischen, aber die Israelis rätselten, wie eng sie tatsächlich waren. Jahre später sickerten jedoch Informationen durch, die CIA hätte es damals durchaus in der Hand gehabt, ihre schützende Hand über Abu Hassan zu halten. So seien die Verantwortlichen bei mehreren Gelegenheiten von ihren israelischen Freunden gefragt worden, ob denn Salameh »ihr Mann« sei. Stets hätten die Amerikaner geschwiegen oder mit dem Kopf geschüttelt.

Interessant jedoch ist eine andere Variante der damaligen Geschichte: Buchautor Wilhelm Dietl, dessen großes Insiderwissen unbestreitbar ist, schreibt 1992 von einer eher zufälligen Begegnung amerikanischer und israelischer Nachrichtendienstler auf einer schwer bewachten Antiterror-Tagung, die im Herbst 1978 im Londoner Hotel *Hilton* stattfand. Auf dieses Treffen geht auch der Ex-Mossad-Operateur Moti Kfir dreißig Jahre später in seinem Buch ein, wobei Kfir mit zusätzlichen Details aufwartet, also nicht einfach bei Dietl abgeschrieben haben dürfte.

Bei Dietl heißt es:»In kleiner Gesprächsrunde kommt wieder einmal die Rede auf den Roten Prinzen. ›Das ist unser Mann, lasst ihn in Ruhe!‹ soll der Amerikaner gesagt haben. Die israelische Antwort wird von einem absolut glaubwürdigen Zeugen so übermittelt: ›Darauf können wir keine Rücksicht nehmen. Ihr wisst, was er uns angetan hat, und ihr kennt unsere Spielregeln. Es gibt keinen Weg, sein Schicksal zu ändern. Gott vergibt, Israel niemals!‹«

Bei Kfir liest sich die Stelle so:»Die Israelis nahmen an, die Amerikaner würden irgendwie durchblicken lassen, dass Ali mit ihnen kooperierte und sie daher nicht daran interessiert seien, dass ihm etwas Unvorhergesehenes zustieß.

Und der Wink kam tatsächlich: ›Was würdet ihr sagen, wenn wir euch bitten würden, alle Anschlagspläne gegen diesen Mann einzumotten!‹, fragte einer der Amerikaner.

›Wir würden erwidern, dass wir euer Ersuchen an unsere Führung weiterleiten und nichts versprechen können‹, antwortete einer der Mossad-Leute.

›Wird es nicht langsam Zeit, dass ihr aufhört, euch gegenseitig zu bekriegen?‹

›Das mag schon sein, aber mit Ali Salameh haben wir noch immer viele Rechnungen offen.‹

Die Amerikaner hatten eine andere Antwort erwartet. ›Warum fällt es euch bloß so schwer zu verzeihen‹, fragte einer.

›Darauf gibt es eine ganz einfache Antwort‹, erwiderte der Israeli. ›Gott verzeiht, wir nicht.‹«

Was die CIA-Leute nicht ahnten: Das Vorhaben der Israelis, alle Rechnungen mit Ali Hassan Salameh zu begleichen, war längst weit fortgeschritten. Etwa zur gleichen Zeit, als die Geheimdienstler der beiden Länder an der Hotelbar des

Hilton über das Schicksal des »roten Prinzen« verhandelten, tauschte der mit der Britin Erika Chambers alias »Penelope« in Beirut angeblich bereits Intimitäten aus. Und das, obwohl er nur Wochen zuvor, am 8. Juni 1978, die libanesische Christin Georgina Rizk geheiratet hatte. Die vormalige Schönheitskönigin habe jedenfalls dafür gesorgt, dass der notorische Nachtschwärmer Abu Hassan in West-Beiruts vornehmen Stadtteil Sonober »sesshaft wurde«, schreibt Aaron Klein. Doch Dietls Recherchen kommen zu einem ganz anderen Ergebnis – zumindest was die Gepflogenheiten des »roten Prinzen« angeht.

Im April 1978 ist Chambers erstmals im Auftrag des vom Mossad ins Leben gerufenen Genfer Kinderhilfswerkes ASED nach Beirut gereist, hat erste Kontakte zu Organisationen aufgebaut, die sich in den palästinensischen Flüchtlingslagern um Waisenkinder kümmern. »Mit vorgetäuschter sozialer Anteilnahme«, schreibt Dietl, studiert sie das Los der Zehntausende von Flüchtlingen aus dem armen, durch israelische Angriffe verunsicherten Süden des Libanon. Immer häufiger taucht die Mossad-Agentin in einem Krankenhaus des Roten Halbmonds auf, das von Arafats Bruder Fathi geleitet wird, stellt sich als junge Frau aus Deutschland vor, die helfen will. Nach und nach wird sie zu einem kleinen Knoten im palästinensischen Sozialnetz, man kennt sie, schätzt ihre Solidarität und ihr Engagement.

Im Mai ist sie wieder zurück in Deutschland, löst ihre Wohnung in Wiesbaden auf, zieht nach Köln um in die Graeffstraße 3, unweit des Fernsehturms, wo sie sich ein kleines Apartment in einem der anonymen Betonklötze einrichtet und weiter an ihrer Legende strickt. Caesarea-Chef Mike Harari legt Wert darauf, dass ihr kein Fehler bei der Operation unterläuft, jeder einzelne Schritt wird im Vorhinein festgelegt und dann akribisch umgesetzt. Regelmäßig fliegt sie nach Beirut, bleibt meist zwei, drei Wochen, trifft

Fathi Arafat vom Roten Halbmond, spendet hier und dort für soziale Einrichtungen, baut Verbindungen auf, ohne daraus Beziehungen werden zu lassen. Und eines Tages im Herbst 1978 passiert es: Erika Chambers begegnet ihrer Zielperson Abu Hassan. Ihm gefällt die kleine Engländerin, sie weckt den Jäger in ihm – und die Mossad-Agentin hat starke Nerven. »Salameh liebt seine Georgina abgöttisch«, schreibt Dietl, »das hindert ihn jedoch nicht daran, seine unwiderstehliche Männlichkeit an anderen Frauen zu testen«. Sie verabreden sich im Hotel *Coral Beach*, verbringen dort viele gemeinsame Stunden. Die Tatsache, dass der Palästinenser eine Affäre mit einer Jüdin hatte, die ihm am Ende das Leben kosten sollte, wird laut Dietl in der PLO bis heute »als großes Geheimnis behandelt«. Allerdings hat er diese Informationen exklusiv, keiner der anderen Autoren, die den Tod des »roten Prinzen« recherchiert haben, weiß von der angeblichen Affäre zwischen Opfer und Täterin. Weitgehend deckungsgleich sind dagegen die Darstellungen der weiteren Ereignisse, die ihrerseits mit der Aktenlage im britischen Nationalarchiv in Einklang stehen.

Zum Jahreswechsel 1978/79 tritt die Mossad-Operation zur Liquidierung des »roten Prinzen« in ihre entscheidende Phase. Die Schlinge zieht sich zu. Am 10. Januar trifft Mike Hararis Einsatzbefehl bei Erika Chambers in Köln ein. Drei Tage später fliegt sie nach Beirut. Harari hat inzwischen den *capture point* festgelegt, den Punkt, wo sie ihn erwischen wollen. Durch Chambers und andere israelische Agenten, die in Beirut operieren, kennt der Mossad die Lebensgewohnheiten Salamehs sehr genau. Die Nächte verbringt er in der Regel bei seiner Georgina, seit sie schwanger ist, kehrt er auch häufig zum Mittagessen heim. Um zu seinem Apartment beziehungsweise von dort wieder ins PLO-Hauptquartier von Beirut zu kommen, müssen er und seine Leibwächter von der *Force 17* die Verdun Street passieren. Dort hat Harari ein dickes Kreuz auf den Stadtplan von Beirut gemalt. Genau dort soll es passieren. Der Countdown läuft.

Nach ihrer Ankunft in Beirut hält sich Chambers meist in ihrer Wohnung im luxuriösen Apartmenthaus im Stadtteil Sonober auf, die sie schon Wochen zuvor angemietet und für zwei Monate im Voraus bezahlt hat. Sie sitzt oft stundenlang auf ihrem Balkon, von wo aus sie einen perfekten Blick auf die Verdunstraße und den regelmäßig vorbeirauschenden Konvoi Salamehs hat, einen braunen Chevrolet Station Wagon und einen Range Rover mit seinen Bodyguards.

Am 17. Januar treffen zwei weitere Caesarea-Agenten in Beirut ein, ein etwa vierzigjähriger Engländer Peter Hugh Scriver und ein Ronald M. Kolberg aus Vancouver. Bei Scriver handelt es sich mutmaßlich um jenen Mann, der als Jonathan Ingleby schon bei den Hinrichtungen in Rom und in Lillehammer dabei gewesen ist. Möglicherweise sind damals auch noch andere israelische Helfer in Beirut im Einsatz, die aber nie identifiziert werden.

Es ist Sonntag, der 21. Januar 1979. Auf dem Marinestützpunkt Haifa verstauen Sprengstoffspezialisten des Mossad fünfzig Kilogramm TNT (nach anderer Darstellung Hexogen) in mehreren Paketen auf einem Raketenschnellboot, das daraufhin im Schutz der Nacht in See sticht. Mit an Bord: Mike Harari. Er möchte möglichst hautnah erleben, dass sein Job nach all den Jahren und der Pleite von Lillehammer endlich erfolgreich beendet wird. Nach einigen Stunden langsamer Fahrt nähert sich das Militärschiff der libanesischen Küste. Der Caesarea-Boss steht auf der Brücke und beobachtet das Lichtermeer an der Promenade von Beirut. Um drei Uhr morgens lassen Marinefroschmänner zwei Zodiac-Schlauchboote mit der explosiven Fracht zu Wasser und steuern sie an eine verlassene Stelle am Strand, wo Scriver und Kolberg bereits in einem angemieteten Golf warten. Sie nehmen den Sprengstoff in Empfang und verstauen ihn auf der Rückbank des Wagens. Das alles geht schnell und nahezu geräuschlos über die Bühne.

Der Rest ist tausendfach geübt. Der Sprengstoff wird offenbar in der Tiefgarage eines Hotels mit einem Zünder scharf gemacht und noch in der Nacht in der Itanistraße geparkt, in Sichtweite des Apartments von Erika Chambers. Die Fernsteuerung liegt auf ihrer Fensterbank bereit. Früh am nächsten Morgen checkt Peter Scriver aus seinem Hotel aus und fährt mit seinem Leihwagen zum Flughafen. Er hat einen Flug nach Larnaca auf Zypern gebucht. Kolberg bleibt dagegen noch in Beirut, um Erika Chambers zu helfen, falls doch noch etwas schiefgehen sollte.

Abu Hassan wird an diesem Abend des 22. Januar in Damaskus auf einer Sitzung des palästinensischen Nationalrats erwartet, der alle sechs Monate tagt. Er beschließt deshalb, entgegen sonstiger Gewohnheiten, nicht ins Büro zu fahren, sondern den Tag mit Georgina zu verbringen. Wie Wilhelm Dietl später herausgefunden haben will, lassen ihm seine amerikanischen Freunde über ihre libanesischen Kanäle noch eine dringende Warnung vor einem Attentat zukommen, auf einem kleinen handgeschriebenen Zettel. »Er liest die Notiz und steckt sie in die Tasche seiner Jacke«, schreibt Dietl, »dort wird sie gefunden, als er bereits tot ist.«

Am Fenster ihrer Wohnung wird Erika Chambers zunehmend nervöser. Weshalb sind die beiden Fahrzeuge noch nicht aufgetaucht? Eine Abweichung von der täglichen Routine? Sie konnte die auffälligen Wagen unmöglich übersehen haben. Es ist 15.45 Uhr, als sich Salameh von seiner jungen Frau verabschiedet und auf dem Beifahrersitz des Chevrolets Platz nimmt, drei seiner Leibwächter zwängen sich auf die Rückbank, fünf weitere folgen im Range Rover der *Force 17*. Er will auf dem Weg zum Flughafen noch kurz bei seiner Mutter halt machen, um seiner Nichte zum Geburtstag zu gratulieren. Der Konvoi nimmt die immer gleiche Fahrstrecke, die Mossad-Agentin sieht ihn kommen. Doch an der Kreuzung zur Itanistraße schiebt sich plötzlich ein fremdes Fahrzeug dazwischen und fährt dicht auf den Straßenkreuzer mit dem »roten Prinzen« auf. Gleich wird er den dort geparkten Golf passieren. Was soll sie tun? Das Leben Unschuldiger aufs Spiel setzen? Doch Chambers schiebt kurzzeitig aufkeimende Skrupel sofort beiseite. Schließlich hat sie noch vor kurzem mit dem Mann das Bett geteilt, den sie jetzt zur Hölle schicken will. Es ist ihr Auftrag, und den würde sie jetzt zu Ende bringen. Als der braune Chevrolet den mit Sprengstoff gefüllten Golf erreicht hat, drückt sie den Knopf ihres Senders. Augenblicklich erschüttert eine gewaltige Detonation das gesamte Viertel, überall zerbersten Fensterscheiben, Autoteile regnen herab, in der Straße klafft ein riesiger Krater, darum herum steht der Asphalt in Flammen.

Vor der Küste steht Mike Harari an Deck des Raketenschnellboots und beobachtet angestrengt durch ein Hochleistungsfernrohr die Silhouette Beiruts. Seit Stunden schon. Als ein weißer Rauchpilz aus dem Stadtteil Sonober aufsteigt, weiß er, dass seine Mission endlich vollbracht ist. Aber ist Salameh wirklich tot?

Im Viertel zwischen Verdun- und Itanistraße herrscht das Chaos. Schaulustige versperren den Weg, während sich die heulenden Krankenwagen ihren Weg zum Schauplatz des Anschlags bahnen. »Die fünf Leibwächter aus dem Range Rover sind unverletzt und drehen schier durch«, schreibt Dietl. Überall liegen Leichenteile herum. Abu Hassan stirbt auf dem Weg ins Krankenhaus, ein Metallteil ist wie ein Schrapnell in sein Gehirn eingedrungen. Sein Fahrer und die drei Leibwächter aus seinem Wagen sind tot, ebenso die Insassen des nachfolgenden Wagens und zwei Fußgänger, eine deutsche Nonne und die 34-jährige Sekretärin Susan Warham aus England; darüber hinaus gibt es zahlreiche Schwerverletzte. Die Rache der Israelis fordert einen gigantischen Blutzoll.

Erika Chambers verlässt den Tatort wenige Minuten nach dem Anschlag mit einem Koffer. Dem Concierge in der Lobby ihres Apartmenthauses teilt sie im Hinausgehen mit, vorläufig in einem Hotel übernachten zu wollen, bis sich die Sicherheitslage im Viertel beruhigt habe. Sie nimmt ihren eigenen Leihwagen und fährt auf Umwegen in das Hotel zu Ronald Kolberg. Angeblich hat sie damals ihren echten britischen Pass in ihrer Wohnung vergessen. Ist ihr Aufbruch überhastet, kopflos und unprofessionell gewesen? Allerdings ist in den britischen Akten über den Fall von einem zurückgelassenen Pass keine Rede. Sicher ist, dass Chambers, zusammen mit ihrem Kollegen Kolberg, am 22. Januar auf den Einbruch der Nacht wartet. Dann fahren sie erneut an den abgelegenen Strand, wo sie kurz vor Mitternacht von den Froschmännern in ihren Zodiac-Booten aufgenommen und zum vor der libanesischen Küste kreuzenden Raketenschnellboot gebracht werden.

Das Apartment, von dem aus der »rote Prinz« in die Luft gejagt worden ist, wurde schnell von PLO-Sicherheitskräften gefunden. Sie hatten das Viertel systematisch durchkämmt. »Die Durchsuchung ihrer Wohnung hat zu nichts geführt«, kabelte die britische Botschaft in Beirut am 27. Januar nach London, »alle ihre Papiere und Wertsachen sind verschwunden«.

Schon Tage nach der Ermordung begannen diplomatische Verwicklungen zwischen den Regierungen in London und Jerusalem, nachzulesen in den freigegebenen Akten des *Foreign Office* ihrer Majestät. Die Engländer schienen damals irritiert und alarmiert, aus nachvollziehbaren Gründen: Es handelte sich bei der Attentäterin um eine britische Staatsbürgerin, es war ein gefälschter britischer Pass (auf den Namen Peter Scriver) für die Operation benutzt worden, und mit Susan Warham gab es auch ein britisches Opfer.

Am 8. März zitierte der britische Außenminister den israelischen Botschafter zu sich. Es stehe »außer jedem Zweifel, dass Israel involviert war«, es sei ja »auch nicht das erste Mal, dass britische Pässe« für eine solche Operation missbraucht wurden, echauffierte sich der Chefdiplomat, das alles »stehe in totalem Widerspruch zu den guten Beziehungen zwischen Großbritannien und Israel«, eine »Wiederholung könne nicht toleriert werden«. Hinzu kam ein ganz praktischer Grund: Abu Hassans *Force 17* habe »eine große Rolle für die Sicherheit unserer Botschaft in Beirut gespielt«, heißt es in einem der Memoranden, und sie solle diese auch weiterhin spielen. Aufklärung im Interesse der Kooperation mit der PLO sei deshalb dringend geboten. Für die Israelis war die *Force 17* eine Terrorbande, für Briten und Amerikaner eine Schutztruppe.

Unterdessen wandte sich die Mutter von Susan Warham mit der Bitte um Unterstützung ans *Foreign Office*, sie beabsichtige, eine Schadensersatzklage gegen die israelische Regierung einzureichen. Dabei gehe es ihr nicht um eine finanzielle Entschädigung, sondern vielmehr um eine Feststellung der israelischen Schuld. Die Chancen seien »praktisch null«, schrieb das Ministerium bedauernd zurück und riet von einem solchen Schritt ab.

Hinter den Kulissen ging der diplomatische Eiertanz weiter. Am 31. Mai 1979 kabelte der britische Botschafter in Tel Aviv nach London (siehe Faksimile auf S. 236): »Bei einem Gespräch gestern Abend in unserem Haus, habe ich einen hochrangigen Mossad-Verantwortlichen daran erinnert, dass ich noch immer die Versicherung benötige, um die ich ihn ersucht habe, dass die Israelis nicht wieder britische Pässe missbrauchen würden, wie sie es im Falle der Hinrichtung von Abu Hassan getan hätten. Mein Gesprächspartner sagte, dass sein Dienst die Verwirrung bedaure, die von ihnen verursacht worden sei. Wenn sie aber die von uns verlangte Versicherung abgäben, würden sie ja einräumen, dass

235

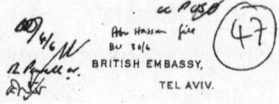

BRITISH EMBASSY,

TEL AVIV.

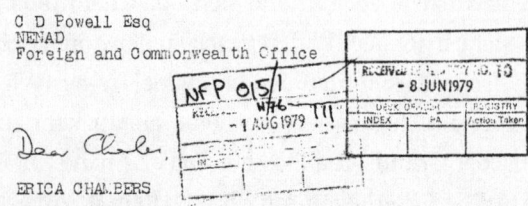

31 May 1979

C D Powell Esq
NENAD
Foreign and Commonwealth Office

Dear Charles,

ERICA CHAMBERS

1. Your teleletter of 27 April to me refers.

2. I have still heard nothing from Ciechanover.
However, during a conversation in our house yesterday
evening, I reminded a senior official of Mossad that
I still required the assurance which I had sought,
that the Israelis would not again misuse British
passports as they had in the assassination of Abu
Hassan. My interlocutor said that his Service on
the whole regretted the embarrassment they had
caused. But if they gave the assurance we sought
this would be to admit that they had been involved,
as we know them to have been, in the assassination.
This they could not do. I told him that in that case
I would be willing to settle for an assurance that
the Israelis would never misuse British passports,
with the omission of the word "again". This went
down well with him, as I hope it does with you.
We will await developments.

[handwritten margin note:] I should have preferred substitution "in future" mpp

Yours ever

J C M Mason

Nach der Hinrichtung des »roten Prinzen« in Beirut beschwerte
sich die britische Regierung in Jerusalem, dass für das Attentat
gefälschte britische Pässe eingesetzt worden waren.

sie an der Hinrichtung … beteiligt waren. Das könnten sie
nicht machen. Ich sagte ihm, dass wir in dem Fall mit einer
Versicherung zufrieden seien, dass die Israelis niemals britische Pässe missbrauchen werden, unter Verzicht auf das
Wort ›wieder‹. Damit war er einverstanden.«

Das diplomatische Geplänkel gehörte bald der Vergangenheit an. Es sollte auch keineswegs der letzte Fall sein, bei dem

britische Pässe für eine Exekution des Mossad verwendet wurden.

Nach seiner Rückkehr nach Tel Aviv gab Mike Harari ein großes Fest, in dessen Mittelpunkt natürlich Erika Chambers stand. Sie legte ihre britische Identität nunmehr vollständig ab und schlüpfte wieder in ihre israelische Identität als Ruth Alloni zurück; es ist davon auszugehen, dass sie später auch diesen Namen gegen einen dritten eintauschte, um Spuren zu verwischen. Sie verabschiedete sich nach Salamehs Tod ebenso ins Privatleben wie ihr Boss Harari. Für ihn bedeutete die erfolgreiche Mission gegen den »roten Prinzen« eine Genugtuung – und den krönenden Abschluss seiner Karriere als Kidon- und Caesarea-Chef. Ahmed Bouchiki in Lillehammer war endlich vergessen.

Der Wissenschaftler und die Prostituierte – der Fall Meshad

«Der Mossad exekutiert keine Leute, es sei denn, sie haben Blut an den Händen. Dieser Mann würde das Blut israelischer Kinder an den Händen haben, falls er sein Projekt vollenden würde. Warum also warten?»

Victor Ostrovsky, ehemaliger Caesarea-Agent

Die Blondine trug enge Hosen und ein Oberteil, das wenig verbarg und viel erahnen ließ. Jeden Morgen stand sie an der Haltestelle in Villejuif, einem der südlichen Vororte von Paris, immer kam, kurz bevor der Regionalbus RATP eintraf, ein schneller Ferrari angeprescht, bremste scharf und gabelte die attraktive Frau auf. Kein Wunder, dachte Butrus Ibn Halim neidisch, dass sie einen reichen Verehrer hat. Als er seinen eigenen Bus bestieg, der stets unmittelbar nach dem RATP eintraf, hing er noch phantasievollen Gedanken über das schöne Mädchen nach.

Alles lief unter strengster Geheimhaltung, damals im August 1978. In Tuwaitha, in der Nähe von Bagdad, ließ Saddam Hussein sein erstes Atomkraftwerk bauen. Die französische Regierung hatte Jahre zuvor einen Liefervertrag mit dem Irak abgeschlossen, gegen alle Bedenken amerikanischer und vor allem israelischer Sicherheitsexperten. Deren Befürchtung: Sollte der skrupellose und völlig unberechenbare irakische Diktator tatsächlich den ebenfalls von Frankreich zugesagten Uranbrennstoff erhalten, wäre er in der Lage, eine Handvoll Atombomben zu produzieren und damit Israel zu bedrohen oder gar zu vernichten.

Die französische Leitstelle für den irakischen Reaktor befand sich in Sarcelles nördlich von Paris, und Butrus Ibn Halim war einer der an dem Projekt beteiligten irakischen Wissenschaftler. Seine Geheimdienstleute hatten ihm eingebleut, lange und wechselnde Umwege mit der Metro in Kauf zu nehmen, um mögliche Verfolger abzuschütteln. Nur Ausgangs- und Endpunkt seiner täglichen Wegstrecke seien unverrückbar: die Busstation in Villejuif, in deren Nähe Halim wohnte, und die Büros in Sarcelles.

Eines Tages traf der RATP vor dem Ferrari ein. Die attraktive Blondine hielt demonstrativ Ausschau nach ihrem Chauffeur, zuckte leicht mit den Schultern und gab sich dann scheinbar ihrem Schicksal hin, diesmal auf die flotte Mitfahrgelegenheit verzichten zu müssen. Nur wenige Augenblicke nachdem ihr Bus abgefahren war, bog der Ferrari mit quietschenden Reifen um die Ecke, der Fahrer bremste scharf und schaute sich suchend nach seiner allmorgendlichen Begleiterin um. Halim schmunzelte, rief ihm dann zu, sie habe den Bus genommen, worauf der Mann irritiert entgegnete, er sei Engländer, spreche leider kein Französisch, sodass Halim das Ganze noch einmal auf Englisch wiederholen musste. Nun lachte der Mann und bot dem freundlichen irakischen Atomforscher zum Dank an, ihn ein Stück mitzunehmen. Warum nicht, dachte Halim arglos. Gegen alle geheimdienstlichen Anweisungen sprang er in den teuren Flitzer und lehnte sich im Sitz zurück. »Der Fisch hatte den Haken geschluckt«, schreibt der ehemalige israelische Agent Victor Ostrovsky in seinem Bestseller »Der Mossad«. Seine Darstellung des »Falls Halim«, der bald auch ein »Fall Meshad« werden sollte, dürfte auf intime Kenntnisse der damaligen Ereignisse in Paris zurückzuführen sein. Wie schon bei den Strellas am Flughafen von Rom (siehe S. 223).

Schon ein Jahr zuvor hatte der Mossad davon erfahren, dass Frankreich mit dem Irak einen Vertrag über die Lieferung eines Atomkraftwerkes abgeschlossen hatte, der auch den technischen Beistand bei der Beschickung des Reaktors mit Brennstäben umfasste. Praktisch gleichzeitig begann die israelische Airforce mit streng geheimen Planungen für einen Luftangriff auf Tuwaitha. Doch der damalige Mossad-Memune Yitzhak Hofi hielt nicht viel von einer solchen Operation, weil er befürchtete, dass eine Bombenattacke zu vielen Toten unter den französischen Technikern vor Ort und danach zu einer Solidarisierung europäischer Staaten mit schwerwiegenden Folgen für Israel führen würde. Hofi hatte eine andere Idee: Lasst uns versuchen, den hier zu rekrutieren, befahl er seinen Leuten und tippte dabei auf den Namen Halim. Der Grund, warum die Wahl auf ihn fiel, war banal: In der Liste der irakischen Nukleartechniker in Frankreich, die sich die Israelis beschafft hatten, stand nur hinter seinem Namen die Adresse eines Apartments; außerdem galt die Ehe des 42-jährigen Irakers als nicht sehr glücklich, wie das Mossad-Papier ebenfalls auswies. Er schien damit ein geeigneter Kandidat für »Geld, Sex und Psychologie«. Und wenn es nicht klappt, schicken wir ihm und anderen eine Kidon-Einheit, ließ Hofi keine Zweifel, dass er auch schon einen »Plan B« im Kopf hatte.

Doch bevor Halim geködert werden konnte, musste er

umfassend ausspioniert werden. Ein Team mietete sich in einer Wohnung gegenüber von Halims Apartment ein, ein zweites Team »war zuständig für notwendige Einbrüche … und die Installierung von Abhöranlagen«, schreibt Ostrovsky. Eines morgens klingelte eine als Kosmetikverkäuferin getarnte Mossad-Agentin an Halims Haustür, der natürlich bei der Arbeit war. Dessen Ehefrau Samira zeigte sich von dem Parfum-Angebot und von den günstigen Preisen sofort begeistert. Und da sie sich gerade wieder einmal langweilte, bat sie die Agentin auch gleich herein. Schon nach wenigen Minuten schüttete Samira der Spionin ihr Herz aus, wie unglücklich sie in Paris sei und dass sie zum Glück jetzt für ein paar Wochen nach Bagdad zurückkönne, weil sich ihre Mutter einer größeren Operation unterziehen müsse. Die Information war ein Volltreffer für den Mossad. Halim würde, davon gingen die Israelis aus, noch leichter »einzusacken« sein, wenn er erst einmal allein in der Fremde wäre.

Insgesamt fünfzehn bis zwanzig Agenten, *katsa* in der Mossad-Terminologie, hatte der Geheimdienst im Sommer 1978 im Rahmen der »Operation Sphinx« auf Halim angesetzt, die Blondine an der Busstation gehörte ebenso dazu wie der Ferrari-Fahrer, der sich dem Iraker auf der ersten Fahrt in die Pariser Innenstadt als Jack Donovan aus London vorstellte. Der Engländer gab sich redselig, erzählte von seinen internationalen Geschäften; Halim dagegen blieb eher zugeknöpft, er erzählte von seinem Studium und von seiner Frau, die bald für einige Zeit nach Bagdad zurückkehren werde. Ob denn Halim Lust habe, ihn in der Zeit vielleicht einmal in seiner Villa auf dem Land zu besuchen, erkundigte sich Donovan, doch der Iraker wollte sich nicht festlegen. Noch nicht.

Am nächsten Morgen stand die attraktive Blondine wie gewöhnlich an der Bushaltestelle, und Donovan ließ sie einsteigen, wobei er Halim freundlich grüßte. Einen Tag später kam der Ferrari, aber nicht das Mädchen. Stattdessen bot der Engländer erneut Halim die Mitfahrt an. Und diesmal war die Stimmung schon viel vertrauter. Donovan schlug vor, erst einmal einen Kaffee zu trinken, und erzählte dem neugierigen Iraker dann von seiner blonden Freundin, sie sei nur eine kleine Nutte, der er gestern den Laufpass gegeben habe, aber von der Sorte gebe es in Paris ja zum Glück jede Menge. Und dann schob er Halim eine Visitenkarte — seiner Firma über den Tisch, die in der Nähe des Arc de Triomphe in einem echten Büro mit Messingschild und Sekretärin residierte – für den Fall, dass Halim, neugierig wie er war, das überprüfen wollte. Die Anbahnung lief wie geschmiert.

Nachdem seine Frau Samira abgereist war, verbrachte Halim praktisch jedes Wochenende mit seinem neuen Freund. Sie besuchten teure Restaurants und Nachtclubs, der Iraker ließ sich sogar zu alkoholischen Drinks überreden, obwohl das einem Muslim streng untersagt ist. Nachdem der Mossad wusste, dass Butrus Ibn Halim schon viel zu weit gegangen war und sich über alle Vorschriften seines Geheimdienstes hinweggesetzt hatte, erklommen die Israelis die nächste Stufe: Donovan lud den Iraker in seine luxuriöse Hotelsuite im *Sofitel* in der Rue Saint-Dominique ein und bat Marie-Claude Magal dazu, eine 32-jährige Prostituierte.

Nach dem opulenten Diner in der exklusiven Umgebung entschuldigte sich Donovan unter dem Vorwand, er habe noch einen Geschäftstermin, und ließ die beiden allein zurück. Es dauerte nicht lang, bis Halim den Avancen der Hure erlag. Von da an vergnügte sich der Iraker regelmäßig mit der vom Mossad bezahlten Marie-Claude oder deren Freundin. Mehr und mehr verstrickte sich der irakische Wissenschaftler im Netz des Mossad-Agenten. Irgendwann war es an der Zeit, den letzten Schritt zu unternehmen: Er habe die Chance auf ein Bombengeschäft, erzählte Donovan seinem

Kumpel eher beiläufig bei einem ihrer gemeinsamen Aktivitäten, es gehe um spezielle Behälter, in denen radioaktives Material für medizinische Untersuchungen transportiert werden soll. Er brauche dafür aber einen Fachmann, damit ihn der Lieferant nicht übers Ohr haue. Allerdings seien alle konsultierten Experten viel zu teuer. Es war die Sekunde, in der Halim den verhängnisvollen Schritt machte. Er sagte: »Vielleicht könnte ich helfen.«

So hat es Victor Ostrovsky aufgeschrieben, und es klingt, als sei dieser israelische Agent Jack Donovan sein *alter ego*, als berichte er aus erster Hand, aus eigenem Erleben: »›Vielen Dank, aber ich brauche einen Wissenschaftler, der sich die Behälter genau anschaut.‹ – ›Ich bin Wissenschaftler!‹ – ›Was meinst du damit? Ich dachte, du würdest studieren?‹ – ›Ich musste dir das zu Anfang sagen. Aber ich bin ein Wissenschaftler, der vom Irak für ein spezielles Projekt hierher geschickt wurde. Ich bin sicher, dass ich helfen könnte.‹«

Butrus Ibn Halim war im selben Moment rekrutiert, auch wenn er sich dessen nicht bewusst war.

In den folgenden Wochen lieferte der Iraker Informationen und Pläne über Saddams Atomprojekt mit vielen Einzelheiten über die Anlage in Tuwaitha und den genauen Zeitplan für deren Fertigstellung. Er ließ sich dafür bezahlen – mit Tausenden von Dollars und mit den Liebesdiensten von Marie-Claude. Die hatte bei alledem keine Ahnung, dass hinter ihren Auftraggebern die israelische Regierung stand. Und Halim verlor alle Hemmungen. Er plauderte auch über den irakischen Reaktordruckbehälter, der auf einem Gelände in Seyne-sur-Mer, einer kleinen südfranzösischen Stadt bei Toulon, fertiggestellt würde. Als Yitzhak Hofi davon erfuhr, schickte er ein Team von Caesarea-Agenten nach Südfrankreich, das sich mit einer Finte Zutritt zu dem streng gesicherten Areal verschaffte und die Anlage mit Plastiksprengstoff in die Luft jagte. Das war am 5. April 1979,

242

acht Monate nach Beginn der Operation Sphinx. Der Schaden belief sich auf 23 Millionen Dollar.

Halim zeigte deutliche Anzeichen von Panik, als er von dem Anschlag in Seyne-sur-Mer erfuhr, doch Donovan redete ihm aus, dass es einen Zusammenhang mit seinen Informationen geben könne. Für den Iraker stand viel auf dem Spiel. Wenn er entlarvt würde, wäre sein Leben keinen Pfifferling mehr wert. Mit Verrätern machten Saddams Schergen kurzen Prozess. Und es ging längst nicht mehr nur um die üblichen Entlohnungen, Geld und Liebesdienste. Es ging den Israelis darum, Angst zu schüren. Sie legten ihrem Spion Daumenschrauben an: Scheinbar beiläufig ließ Donovan bei einem Treffen fallen, dass es sich bei seinen Geschäftspartnern, mit denen Halim sich getroffen habe, möglicherweise um CIA-Agenten handeln könnte. »Halim war wie vom Donner gerührt«, schreibt Ostrovsky, aus seinen Augen habe die blanke Angst gesprochen: »Sie werden mich aufhängen!« Der Mossad-Agent versuchte ihn zu beruhigen. So schlimm werde es schon nicht kommen, er habe ja schließlich nicht für die Israelis gearbeitet.

Im Herbst 1979 tauchte der Leiter des irakischen Atomprojekts immer häufiger in Paris auf, um die Herstellung des neuen Reaktors, mit dessen Bau die Franzosen nach der Explosion in Seyne-sur-Mer umgehend begonnen hatten, persönlich zu überwachen: Dr. Yahya El Meshad. Der brillante, fast fünfzigjährige Kernphysiker war gebürtiger Ägypter, hatte an der Alexandria University studiert und eine Zeitlang für Nassers Atomenergie-Komission gearbeitet. Als das ägyptische Vorhaben nach dem Sechstagekrieg 1967 auf Eis gelegt wurde, wechselte Meshad nach Bagdad und übernahm als Saddam Husseins oberster Kernphysiker den Vorsitz der irakischen Atomenergiebehörde.

In Tel Aviv las der Mossad-Memune Yitzhak Hofi die neu eingehenden Berichte seiner Agenten in Paris mit wachsendem Interesse. Sein neuer Auftrag lautete: Macht euch an Meshad heran und versucht, ihn zu rekrutieren. Jack Donovan, also möglicherweise der *katsa* Victor Ostrovsky selbst, forderte Halim deshalb auf, ein Abendessen in einem teuren Restaurant für seinen Boss zu organisieren, um eine »zufällige« Begegnung mit ihm arrangieren zu können. Donovan plauderte kurz mit Halim, doch der Ägypter sagte nur unverbindlich »Hallo«, er schien von anderem Holz geschnitzt als der etwas einfältige und inzwischen sehr redselige Iraker. Möglicherweise müssten sie also für Meshad eine andere Lösung finden.

Nachdem seine Frau Samira aus dem Irak zurückgekehrt war, gestand ihr Halim, dass es ernsthafte Probleme gebe. Er sei von der CIA geködert worden, habe geheime Informationen geliefert und dafür Geld genommen. Von Marie-Claude erzählte er natürlich kein Wort. »Samira war wütend«, schreibt Ostrovsky in seinem Bestseller »Der Mossad«, »sie bekam einen Tobsuchtsanfall und schrie, dass wahrscheinlich der israelische Geheimdienst dahintersteckte und nicht die CIA«. Jack Donovan unternahm einen letzten Versuch, seinen Spion bei der Stange zu halten, offerierte eine neue Identität und noch mehr Geld. Doch für Halim stand inzwischen fest, dass er mit der Sache nichts mehr zu tun haben wollte, mochten sie ihn auch mit Dollars zuschütten. Er packte seine Koffer und kehrte nach Bagdad zurück. Was aus Butrus Ibn Halim später geworden ist, ob er seinen Verrat überlebte – Victor Ostrovsky lässt das offen.

Für Yitzhak Hofi war die Zeit für Plan B gekommen. Wenn sie Dr. Yahya El Meshad nicht verpflichten konnten, mussten sie ihn töten, um auf diese Weise Saddams Bombenprojekt weiter zu verzögern. Es war eine simple Rechnung aus israelischer Sicht. Als der Ägypter in irakischen Diensten wieder einmal in Paris weilte, um in Sarcelles nach dem Rechten zu sehen, schickte der Memune ihm ein Kidon-Team.

Am 13. Juni 1980, gegen 19 Uhr, kommt Meshad ins Hotel *Le Méridien* zurück. Er ist noch mit einer hübschen Frau verabredet, die ihn schon häufiger »unterhalten« hat: Marie-Claude Magal. Die arbeitet noch immer für Jack Donovan, wird dafür fürstlich entlohnt, und stellt deshalb keine Fragen. Doch bis sie an jenem Abend zu Meshad in die Hotelsuite kommt, bleibt noch ein wenig Zeit für einen letzten Rekrutierungsversuch auf die direkte Art.

Kurz nach seiner Ankunft klopft es. Meshad öffnet die Tür, aber nur einen Spalt weit: »Was wollen Sie?« Ein arabisch sprechender *katsa* flüstert, er komme von einer Regierung, die eine Menge Geld für gewisse Informationen zu zahlen bereit sei. »Hau ab, du Hund, oder ich rufe die Polizei!«, faucht ihn der Ägypter an und schlägt die Tür zu.

Stunden später, Marie-Claude ist inzwischen wieder gegangen und Meshad fest eingeschlafen, dringen zwei Kidon-Agenten mit Hilfe eines Nachschlüssels in seine Suite ein und schneiden ihm die Kehle durch. Es ist ein grauenvoller Tod, eine laute Exekution. Die blutüberströmte Leiche wird am nächsten Morgen von einem Zimmermädchen gefunden. Die französische Kriminalpolizei spricht vom Job eines professionellen Killers. Bereits kurze Zeit später berichten die Rundfunksender über den Mord an einem ägyptischen Kernphysiker, der in irakischem Sold stand. Marie-Claude gerät in Panik, als sie vom Tod ihres letzten Kunden hört, schließlich lebte er noch, als sie ihn verließ. Sie geht zur Polizei, gibt ihre Zeugenaussage zu Protokoll. Und sie ruft arglos ihren Auftraggeber Jack Donovan an. Die Prostituierte sieht den Zusammenhang nicht, sie erkennt nicht, dass er und seine Leute hinter dem Anschlag stecken.

Donovan setzt sofort eine Nachricht an das Mossad-Hauptquartier im Hadar Dafna Building in Tel Aviv ab. Es ist klar, dass es für den Geheimdienst katastrophale Folgen haben kann, wenn Marie-Claude den Mord im *Le Méridien* mit den Aktivitäten der Agenten in Paris in Verbindung bringt. Das Fiasko von Lillehammer liegt erst fünf Jahre zurück. Für und Wider einer Hinrichtung werden erörtert. Im Normalfall muss die Entscheidung zur Exekution, wie im Falle von Dr. Meshad, vom israelischen Ministerpräsidenten persönlich genehmigt werden. Das sei »ein durchaus bürokratischer Prozess«, weiß Ex-Agent Gad Shimron. Auf der Liste möglicher Hinrichtungskandidaten fänden sich in erster Linie palästinensische Terroristen, aber eben auch Wissenschaftler, die als Staatsfeinde eingestuft würden, weil sie an Forschungsprojekten beteiligt seien, die sich gegen Israel richten. Das sei, sagt Shimron, zwanzig Jahre vorher, Anfang der sechziger Jahre, bei den deutschen Raketenfachleuten in Ägypten, so gewesen – und das würde dreißig Jahre später im Rahmen des iranischen Atomprogramms wieder so sein (siehe S. 262).

Doch Marie-Claude ist ein anderer Fall, kein legitimes Ziel, sondern eine Prostituierte, die ihre Dienste vorübergehend und unwissentlich für den Staat Israel ausübte. »Ihre Ermordung fiel in die Kategorie ›operativer Notstand‹, eine … Situation, wie sie bei Operationen eben auftauchen« könne, schreibt Ostrovsky ohne einen Hauch von Selbstzweifel, als sei ihr Tod gewissermaßen ein strategischer Kollateralschaden.

Am späten Abend des 12. Juli 1980, vier Wochen nach dem brutalen Mord an Yahya El Meshad, steht Marie-Claude Magal am Boulevard St. Germain und wartet auf Kundschaft. Da nähert sich eine schwere Limousine. Der Fahrer signalisiert ihr, zu den »Verhandlungen« auf die andere Seite zu kommen, wo er das Fenster herunterkurbelt. Im gleichen Moment biegt ein schwarzer Mercedes um die Ecke, gibt Gas und fährt mit hohem Tempo unmittelbar an dem parkenden Fahrzeug vorbei. »Genau im richtigen Augenblick«, schreibt Ostrovsky, »gab der Fahrer in dem parkenden Wagen Magal einen kräftigen Stoß, sodass sie rückwärts vor den heranrasenden Wagen flog«. Das französische Freudenmädchen ist auf der Stelle tot. Die beiden beteiligten Autos verschwinden im Dunkel der Nacht, die Täter werden nie gefasst.

Nachtrag: Am 7. Juni 1981, 15.50 Uhr, knapp ein Jahr nach den Morden von Paris, starten mehrere F-16- und F-15-Jäger von einer Luftwaffenbasis im Süden Israels. Ihr Ziel liegt mehr als eintausend Kilometer entfernt auf feindlichem Territorium: Tuwaitha. Die Maschinen fliegen unter dem Radar, sie schmiegen sich in nur geringer Höhe an die Sanddünen und Hügel, erst die jordanischen, dann die irakischen. Um die Luftabwehr zu täuschen, sprechen die Piloten arabisch. Um 17.31 Uhr haben die Maschinen ihr Ziel im Visier. 14 von 16 Bomben treffen das im Aufbau befindliche Reaktorgebäude. Zwei Minuten später beginnen die israelischen Piloten den Rückflug. Zehn irakische Techniker kommen bei dem Angriff ums Leben, und ein Franzose. Der habe als israelischer Spion eine Aktentasche mit einem Zielsender in der Anlage abgestellt und sei dann aus nie geklärten Umständen aufgehalten worden, das Reaktorgebäude schnellstmöglich zu verlassen, schreibt Ostrovsky.

Der Angriff auf den irakischen Reaktor Osirak gilt bis heute als fliegerische und logistische Meisterleistung. Menachem Begin hatte sie Monate zuvor in seinem Kabinett durchgesetzt, gegen den ausdrücklichen Widerstand des Mossad-Memunen Yitzhak Hofi. Als die Maschinen drei Stunden nach dem Start wieder sicher in Israel gelandet waren und vielerorts, ungeachtet der elf Toten und der Verletzung der irakischen Souveränität, von einem Bravourstück gesprochen wurde, wusste Hofi, dass seine Karriere beim Mossad zu Ende war. Er reichte seinen Rücktritt ein.

Spritzer ins Ohr – der Fall Meshal

»Bestimmte Gifte ... sind effektiv, aber ihr Besitz oder ihre Beschaffung kann verfänglich sein.«

CIA-Ratgeber für gezielte Tötungen, 1953

»Die Operation hätte einfach und erfolgreich sein können, wenn Netanjahu das Risiko eingegangen wäre, dass die Beziehungen zu Jordanien in Mitleidenschaft gezogen werden könnten. Aber seine, für den israelischen Ministerpräsidenten sicherlich legitime Forderung war, Khaled Meshal müsse sterben, ohne dass irgendjemand auf die Idee käme, er sei ermordet worden. Das war keine Operation, die der Mossad schon einmal vorher durchgeführt hatte. Sie endete mit einem großen Desaster. Alles, was nicht passieren durfte, passierte!«

Mishka Ben-David, ehemaliger Mossad-Operateur und Beteiligter am Anschlag auf Khaled Meshal in Amman, 1997

Das Gegengift brachte schließlich die Wende. Und es oblag Mishka Ben-David, den jordanischen Ärzten die Substanz auszuhändigen, um damit das Leben Khaled Meshals zu retten. Es war für die israelische Regierung und den Mossad-Memunen Dany Yatom ein verzweifeltes und beschämendes Zugeständnis an einen völlig erbosten König Hussein von Jordanien. In diesen dramatischen Stunden in Amman stand alles auf des Messers Schneide. Der misslungene Anschlag des israelischen Geheimdienstes gefährdete den brüchigen Frieden mit dem Nachbarland und drohte die ganze Region in eine schwere Krise zu stürzen. Das war am 25. und 26. September 1997. Die Geschichte des Desasters begann nicht einmal zwei Monate zuvor:

Der 30. Juli 1997 ist ein eher ruhiger Mittwoch auf dem Mahane Yehuda Markt im Zentrum von Jerusalem, wo mehr als zweihundert Händler unter freiem Himmel Obst, Gemüse, Gewürze, Nüsse, Fisch und Fleisch verkaufen. Kurz vor 12 Uhr mischen sich zwei junge Männer unter die Menschen, sie tragen schwere Taschen, deshalb können sich mehrere Zeugen später an sie erinnern. Der eine Selbstmord-

Attentäter zündet seine Bombe sofort, der zweite wartet, bis die ersten israelischen Rettungskräfte eintreffen; dann jagt auch er sich in die Luft. Die beiden Explosionen fordern einen hohen Blutzoll, sechzehn Israelis sterben, mehr als 170 werden verletzt.

Es dauert 24 Stunden, bis der Inlandsgeheimdienst Shin Bet die beiden Palästinenser als Mitglieder des militärischen Flügels der Hamas identifiziert hat. Daraufhin lässt Benjamin Netanjahu, der ein Jahr zuvor zum Premierminister gewählt worden war, sofort sein Sicherheitskabinett zusammentreten, um sich die Befugnis für einen Vergeltungsschlag erteilen zu lassen: ein prominenter Hamas-Führer soll sterben. Einen Tag später präsentiert ihm Mossad-Chef Dany Yatom eine Liste möglicher Opfer, allesamt mittelrangige Hamas-Repräsentanten in Europa oder in Übersee. Leichte Ziele. Doch Netanjahu wischt die Zusammenstellung vom Tisch. Er wolle keine Handlanger, herrscht er seinen Memunen an, er wolle Führungsfiguren.

Einen Tag später kehrt Yatom mit neuen Vorschlägen zurück: Khaled Meshal, Mohammed Nazal, Ibrahim Usah und Mussa Abu-Marzook. Netanjahu hat die drei ersten Namen noch nie gehört, lediglich Abu-Mazook, eigentlich ein US-Bürger, inzwischen ein Spitzenmann der Hamas in Jordanien, kennt er aus früheren Geheimdienst-Berichten. Khaled Meshal ist von den Mossad-Leuten an die erste Stelle gesetzt worden, um Netanjahu damit gewissermaßen in eine Richtung zu lenken, denn auch er gilt als »weiches« Ziel. Der weitgehend unbekannte Hamas-Funktionär ist mit Propaganda befasst und wird deshalb in Amman auch nicht übermäßig beschützt; die Terroranschläge des militärischen Flügels der Hamas dagegen werden aus Damaskus organisiert. Andererseits ist Jordanien für den Mossad eine *no-go-area*, seit dem Friedensvertrag zwischen Premierminister Yitzhak Rabin und König Hussein im Jahre 1994 dürfen israelische

Agenten dort nicht operieren, nur eine Handvoll Spione sammeln mit Duldung des Königs nachrichtendienstlich wertvolle Informationen. Netanjahu ordnet deshalb eine völlig geräuschlose Exekution Meshals an, er soll gewissermaßen gewaltsam eines »natürlichen« oder wenigstens »unerklärlichen« Todes sterben.

Schon auf dem Weg zurück aus der Regierungszentrale in Jerusalem zum Hauptquartier des Geheimdienstes im Norden von Tel Aviv bereitet Yatom die Forderung seines Regierungschefs gehörige Kopfschmerzen. Er hätte eine Autobombe oder die Kugel eines Scharfschützen bevorzugt – das Übliche eben. Aber eine lautlose Exekution? Im Zentrum eines Landes, das fast als Alliierter Israels gilt? Der Memune bestellt sofort seine Experten ein, darunter den Chef der Informationsbeschaffung der Caesarea-Abteilung, einen kleinwüchsigen, aber sehr agilen Mittvierziger: Dr. Mishka Ben-David.

»Wir erhielten den Auftrag, die Lebensumstände von Meshal in Amman zu erkunden, wo er wohnt, wo er arbeitet, was für ein Auto er fährt, wie er beschützt wird, seine Routine eben«, erinnert sich Ben-David, »wir starteten bei null und innerhalb einiger Wochen harter Arbeit wussten wir alles«. Zur gleichen Zeit arbeiten Wissenschaftler des ultrageheimen Israel Institute for Biological Research (IIBR) in Ness Ziona, zwanzig Kilometer südlich von Tel Aviv, an einer toxikologischen Lösung des Problems. Meshal soll mit einem heimtückischen Gift, einem synthetischen Opiat, getötet werden. Die Fachleute des *IIBR* schlagen ein Aerosol mit dem Wirkstoff Levofentanyl vor, das aus einem versteckten Mini-Container auf das Opfer versprüht werden kann.

Bei Levofentanyl handelte es sich um einen chemischen Abkömmling von Fentanyl, einem sehr effektiven Medikaments gegen chronische Schmerzen, das hundertmal stärker wirkt als Morphium und häufig in der Palliativmedizin verwendet wird. Es ist gängige Praxis in der Pharmaindustrie, im Labor chemische Verwandte so genannter *blockbuster* zu erzeugen, in der Hoffnung, dabei auf neue marktfähige Produkte zu stoßen. Dazu werden am chemischen Molekül kleine Modifizierungen vorgenommen. Oft ändert sich die Wirkung nicht, meist wird sie schlechter; nur in Einzelfällen erweist sich das Derivat als potentieller. Solche Versuche habe der belgische Konzern *Janssen Pharmaceutica* mit seinem Marktrenner Fentanyl durchgeführt und sei dabei auf mehrere neue Substanzen gestoßen, schreibt der australische Journalist Paul McGeough in seinem Buch »Kill Khalid«. Eine davon sei Levofentanyl gewesen.

Im Verhältnis zu dem Ausgangsstoff habe der Abkömmling ein noch einmal wesentlich höheres schmerzstillendes Potential, aber auch tödliche Nebenwirkungen: Levofentanyl führt unweigerlich zum Atemstillstand, es ist ein tödliches Gift, das sogar über die Haut aufgenommen wird, in Sekundenschnelle ins Gehirn gelangt und dort die Befehlsgewalt über die Atmung übernimmt. Der Mossad muss davon aus den Labors von *Janssen* erfahren haben, mutmaßt McGeough, und es war seinen Agenten offenbar gelungen, die Formel zu stehlen, sodass die tödliche Substanz im staatlichen IIBR in Ness Ziona nachgebaut werden konnte. Allerdings könnte es sich bei Levofentanyl ursprünglich auch um eine Waffe aus dem Arsenal des sowjetischen KGB gehandelt haben, die russische Fachleute jüdischen Glaubens gleichsam als Gastgeschenk im Gepäck hatten, als sie nach dem Fall der Sowjetunion auswanderten und vom IIBR rekrutiert wurden. Für die Todeskommandos der Geheimdienste wäre das teuflische Präparat vor allem deshalb ein ideales Werkzeug, weil es sich bei einer toxikologischen Untersuchung im Rahmen einer Obduktion längst abgebaut hätte und nicht nachweisen ließ. Es entsprach jedenfalls ge-

Das größte Desaster nach Lillehammer: Mishka Ben-David war an dem versuchten Giftanschlag auf den Hamas-Funktionär Khaled Meshal in Amman beteiligt.

nau der Forderung Netanjahus für die Ermordung des Hamas-Funktionärs in Amman.

Anfang September 1997 findet in der belebten Einkaufsstraße Ibn Gabirol, unweit der City Hall von Tel Aviv, ein seltsames Experiment statt. Zwei junge Männer albern stundenlang auf dem Fußweg herum und machen sich einen Spaß daraus, dicht hinter vorbeigehenden Passanten eine Dose Coca-Cola zu schütteln und diese dann so geschickt zu öffnen, dass die Person vor ihnen ein paar Spritzer abbekommt. Einige der Opfer reagieren verärgert über den klebrigen Sprühnebel in ihrem Nacken, andere bekommen die Attacke gar nicht mit. »Kein Beobachter dieser Szene wäre auf den Gedanken gekommen, dass die beiden für den todbringenden Job einer Exekution üben«, schreibt der israelische Journalist Ronen Bergman, der den Fall recherchiert hat. Khaled Meshal sollte mit einem gezielten Spritzer Levofentanyl ins Ohr angegriffen werden – das wäre die Aufgabe eines Kidon-Agenten; gleichzeitig sollte ein zweiter Kämpfer, wie die vermeintlichen Lümmel aus der Ibn Gabirol, hinter dem Rücken des Opfers zischend eine Dose Cola öffnen, falls der Hamas-Funktionär die Feuchtigkeit des tödlichen Aerosols im Nacken spüren und sich umdrehen würde.

Es könne gar nicht schiefgehen, versichert Dany Yatom seinem Chef Netanjahu, als er ihm die Einzelheiten der »Operation Cyrus« erläutert. Der Anschlag werde auf der Straße vor dem Büro der Hamas in Amman stattfinden und Meshal geraume Zeit später einen unerklärlichen Zusammenbruch erleiden und sterben. Mishka Ben-David hält den Plan auch heute noch für gut – im Prinzip zumindest: »Wenn wir in eine arabische Hauptstadt gehen, einen führenden Terroristen finden, ihm etwas ins Ohr spritzen und uns dann den Vorwurf anhören müssen, wir seien nicht kreativ genug gewesen, dann weiß ich nicht, was Kreativität ist.« Mangelnde Phantasie jedenfalls sei nicht Ursache des Fiaskos gewesen.

Am 4. September 1997 kommt es erneut zu einem Selbstmordanschlag der Hamas in Jerusalem: fünf Menschen sterben, darunter drei Mädchen, unter ihnen eine 14-jährige Austauschschülerin aus Los Angeles, zweihundert werden verletzt. Auf einer improvisierten Pressekonferenz gibt sich Netanjahu entschlossen: »Wir werden dem nicht mehr tatenlos zusehen. Von jetzt ab wird unser Vorgehen ein anderes sein!« Danach erteilt er seinem Mossad-Memunen den Befehl, »Operation Cyrus« unverzüglich anlaufen zu lassen.

Mitte September reist das zehnköpfige *hit*-Team getrennt und auf Umwegen über verschiedene Zwischenstationen nach Amman, das nur etwa fünfzig Kilometer von Jerusalem entfernt liegt. Die zwei für die Aerosol-Attacke ausgewählten Kidon-Agenten hat das Hauptquartier mit kanadischen Pässen auf die Namen Sean Kendall und Barry Beads ausgestattet, ihre eigentlichen europäischen Papiere sollen sie nicht verwenden, weil sie sich mit denen während der Vorbereitungsphase schon einmal in Jordanien aufgehalten haben. Auch die weiteren Mossad-Kämpfer, fünf Männer und eine Frau, benutzen gefälschte, nicht-israelische Reisedokumente, nur Mishka Ben-David und eine Ärztin, die das Gegengift (Antidot) mit sich führt, für den Fall, dass einer der eigenen Leute versehentlich einen Spritzer abbekommt, sind als israelisches Paar unterwegs. Der Journalist Ronen

Bergman will von einem Informanten erfahren haben, dass Dany Yatom damals sein erfolgreichstes Killerteam nach Jordanien schickte. Es sei dasselbe Mordkommando gewesen, das 1990 in Brüssel den kanadischen Ingenieur Gerald Bull, 1992 in Paris den PLO-Mann Atef Bseiso und 1995 auf Malta den palästinensischen Terroristen Fathi Shiqaqi liquidiert habe (siehe Anhang).

Die meisten Agenten steigen, als Touristen oder Geschäftsleute getarnt, im Hotel *Amman Intercontinental* ab, sie mieten Handys und Leihwagen an, erkunden in den folgenden Tagen noch einmal die örtlichen Verhältnisse vor dem Hamas-Büro im *Samiyeh Center*, wo Khaled Meshal jeden Morgen von seinem Fahrer abgesetzt wird. Der Plan ist, ihn von seiner Wohnung bis hierher zu beschatten und ihn dann beim Betreten des Gebäudes zu attackieren: Kendall soll ihm mit seinem falschen Fotoapparat das Gift ins Ohr spritzen, Beads gleichzeitig die Cola-Dose öffnen. Zwei weitere Agenten werden sich zur Absicherung der Killer in unmittelbarer Nähe aufhalten.

Am Morgen des 25. September 1997 gibt der Teamführer den Befehl zum Vollzug der Exekution. Schon die Entscheidung sei problematisch gewesen, schreibt Ronen Bergman, denn »es gab Befürchtungen, dass einer der Arbeiter im *Samiyeh Center* Verdacht geschöpft haben könnte«, als die Agenten das Gebäude erkundet hätten. Doch etwas anderes wiegt weit schwerer: Die Israelis haben nur ein einziges Mal Meshals Wagen von seinem Domizil zum Büro verfolgt, sie wissen deshalb nicht, dass der Fahrer gelegentlich auch Meshals Kinder mitnimmt und anschließend in die Schule bringt. So wie an diesem Tag. Seine beiden Töchter und sein Sohn sitzen auf der Rückbank.

Um 10.35 Uhr kommt Meshal vor dem *Samiyeh Center* an, der Teamführer auf seinem Beobachtungsposten in einem geparkten Leihwagen gibt das Startsignal für die Kidon-

Agenten. Da Kendall und Beads aus Sicherheitsgründen keine Funkgeräte bei sich haben, kann die Operation jetzt nicht mehr abgebrochen werden. Meshal verlässt den Wagen und geht zielstrebig auf das Gebäude zu. Plötzlich öffnet seine kleine Tochter die hintere Tür und läuft hinter ihrem Vater her, die beiden Killer sehen das nicht, es geschieht in ihrem Rücken. Sie werden später behaupten, das Kind sei durch einen Pfeiler verdeckt gewesen. Sie schließen schnell zu Meshal auf und beginnen mit der einstudierten Attacke, das Aerosol trifft das Opfer planmäßig am Ohr, die Cola-Dose zischt. In derselben Sekunde ruft die Tochter »Papa, Papa«, Meshal dreht sich um und blickt den beiden Kidon-Agenten direkt in die Augen. Dany Yatom wird später seinen Kämpfern vorwerfen, sie seien »ganz einfach übermotiviert gewesen, zu töten«, alle Entschuldigungen, sie hätten das Kind nicht sehen können, seien »dummes Geschwätz«. Es war ein bemerkenswertes Eingeständnis für einen Memunen.

Kendall und Beads machen sich sofort aus dem Staub. Genau in diesem Augenblick kommt zufällig Mohammed Abu Sayaf, ein Hamas-Kurier, aus dem Gebäude. Er sieht, dass Meshal verwundert seine Hand am Ohr hält, und er sieht zwei flüchtende Männer. Wahrscheinlich begreift er nicht wirklich, was passiert ist, aber er reagiert instinktiv richtig, heftet sich an die Fersen der beiden Männer, sieht, dass sie in einen grünen Hyundai steigen, der sich mit quietschenden Reifen in den dichten Verkehr einfädelt. Abu Sayaf notiert sich kurz das Kennzeichen auf die Hand und nimmt dann die Verfolgung auf. Der Fahrer des Fluchtwagens sieht das zwar, glaubt ihn aber an der nächsten Ecke abgeschüttelt zu haben. Wieder stockt der Verkehr. Und dann treffen Kendall und Beads eine verhängnisvolle Entscheidung. Sie beschließen, ihre Flucht zu Fuß fortzusetzen. Als sie ihr Fahrzeug verlassen, hat Abu Sayaf sie bereits erreicht. Der in afghanischen Terroristencamps ausgebildete Kämpfer stürzt sich auf die beiden Israelis. Es kommt zu einem Handgemenge, Sekunden später zu einer wilden Schlägerei. Der Hamas-Mann blutet aus einer Kopfwunde. »Zwei Fremde, die auf einen Einheimischen einprügelten, das führte sofort zu einem Tumult auf der Straße«, schreibt Ronen Bergman, der die Ereignisse in Amman recherchiert hat. Kendall und Beads sind plötzlich von einem wütenden Mob umzingelt, an eine Flucht ist nicht mehr zu denken. Wenige Minuten später kassiert ein Polizeibeamter die beiden Israelis ein. Jetzt können sie nur noch hoffen, dass ihre Legende als kanadische Touristen hält und sie schnell wieder auf freien Fuß kommen. Doch der Polizei ist die Geschichte suspekt. Sie lässt einen Vertreter des kanadischen Konsulats kommen, damit er dessen angebliche Landsleute nach ihrer Herkunft ausfragen kann. Er braucht nur wenige Minuten: Wo immer die beiden Männer mit den kanadischen Pässen herkommen, aus Kanada stammen sie sicherlich nicht! Es war ein schwerer Fehler, mit einer offenbar schlampig einstudierten Drittlegende nach Amman zu kommen.

Die Darstellungen in dem halben Dutzend Veröffentlichungen über den Mordanschlag an Khaled Meshal widersprechen sich in vielen Details: McGeough spricht von drei Söhnen im Fonds des Wagen, in seiner Version spielen die Kinder aber bei dem Anschlag vor dem Hamas-Büro keine Rolle; bei Bergman und Raviv/Melman ist der mutige Mohammed Abu Sayaf ein zufällig erscheinender Hamas-Kurier, bei McGeough und in der *New York Times* einer der Bodyguards von Meshal. Übereinstimmend berichten jedoch alle, dass das Drama zu diesem Zeitpunkt gerade erst begonnen hat.

»Ich saß gerade am Pool des *Intercontinental*, als dort die Frau aus unserem Team auftauchte«, erinnert sich Mishka Ben-David, »sie hätte dort nichts zu suchen gehabt, wenn alles nach Plan gelaufen wäre«. Die Agentin ist leichenblass, kann nur stockend berichten, was passiert ist. Er habe dann sofort Kontakt mit dem Hauptquartier aufgenommen und von dort die Anweisung erhalten, »sofort alle Leute von ihren verschiedenen Positionen einzusammeln und zur israelischen Botschaft in Amman zu bringen«, sagt Ben-David. Den Mossad-Leuten bleibt nur noch die Flucht in die eigene diplomatische Vertretung. Vier Agenten treffen dort kurze Zeit später ein, das Botschaftsgebäude wird aus Angst vor einer Erstürmung durch das jordanische Militär umgehend verriegelt.

Unterdessen wurde Khaled Meshal in das *King Hussein Medical Center* eingeliefert; er liegt im Koma, muss künstlich beatmet werden. Sein Zustand ist kritisch. Die Ärzte sind ratlos. Etwa zur gleichen Zeit greift Premierminister Netanjahu in Jerusalem zum Telefonhörer, um König Hussein anzurufen und um eine sofortige Audienz seines Geheimdienstchefs Yatom zu ersuchen. Weder die Meldung von der Festnahme der beiden »Kanadier«, noch jene aus der Klinik haben bislang ihren Weg in den Hashemiten-Palast gefunden, Hussein ist also ahnungslos. Er stimmt einem Treffen zu, glaubt, es gehe um eine neue Initiative gegenüber der Hamas, die er den Israelis unlängst vorgeschlagen hatte. Eine Stunde später trifft der Mossad-Memune mit dem Hubschrauber in Amman ein. Der König begrüßt ihn freundlich, solche mitunter auch kurzfristigen Begegnungen sind inzwischen fast zur Routine geworden. Als Yatom ihm den Anschlag gesteht und sogleich um Unterstützung ersucht, seine sechs Ceasarea-Agenten ausreisen zu lassen und die Affäre auf diplomatischem Wege zu lösen, sagt der König kein Wort. Nur seine Augen scannen den Mossad-Chef und den ihn begleitenden Offizier. Dann steht er auf, verlässt stumm den Raum. Hussein sei rasend gewesen, als habe man ihm ein Messer in den Rücken gestoßen, bekunden später Augenzeugen, die dem Treffen beiwohnten. Yatom muss ohne eine Reaktion oder gar eine Zusage nach Jerusalem zurückkehren.

Zwischenzeitlich hat die israelische Regierung die Vereinigten Staaten auf verschiedenen Kanälen informiert und um Vermittlung gebeten. Doch CIA-Direktor George Tenet, bei dem eine der Alarmmeldungen aufläuft, kennt die wesentlichen Fakten schon von seiner jordanischen Station. Er lehnt eine Intervention ab. Sollen die Israelis doch sehen, wie sie den Kopf aus der Schlinge ziehen. Er informiert seinen Präsidenten, doch auch Bill Clinton weigert sich, den König zu besänftigen. Dabei ist allen klar, wenn Meshal stirbt, wird Hussein gezwungen sein, Kendall und Beads vor Gericht zu besänftigen, schon um die Palästinenser in seinem Land zu besänftigen. Dann droht den Mossad-Agenten mit den kanadischen Pässen die Todesstrafe, und das würde eine diplomatische Eiszeit oder gar einen Militärkonflikt heraufbeschwören.

Benjamin Netanjahu verbringt die Nacht nach dem Anschlag im Mossad-Hauptquartier in Herzliya, um die Krise zu bewältigen. Die Forderungen aus Amman sind unmissverständlich: Gebt uns das Gegengift, um Khaled Meshal zu retten! Doch darauf will sich der israelische Regierungschef nicht einlassen, es wäre eine Schmach und eine geradezu vernichtende Niederlage in seiner noch kurzen Amtszeit.

Am nächsten Tag, es ist der 26. September, Meshals Zustand ist unverändert kritisch, ruft König Hussein im Weißen Haus an, um Bill Clinton zu ersuchen, den Druck auf die Israelis zu erhöhen. Inzwischen hat sich der Preis der Jordanier für die Freilassung der in Amman festsitzenden Agenten erhöht: Netanjahu soll nicht nur das Antidot übergeben, er soll auch eine Anzahl palästinensischer Häftlinge aus israelischen Gefängnissen freilassen. Es ist eine weitere Ohrfeige für Netanjahu, doch Clinton in Washington drängt

Da waren sie noch Freunde: Der israelische Premierminister Yitzhak Rabin stellt König Hussein von Jordanien General Dany Yatom vor, der nach Rabins Tod zum Mossad-Chef avancierte und dann das Desaster von Amman zu verantworten hatte.

seinen israelischen Kollegen, der Vereinbarung zuzustimmen. Hat er eine andere Wahl?

Mishka Ben-David und die Mossad-Ärztin in seiner Begleitung halten sich noch immer, als Pärchen auf Kurzurlaub getarnt, im Hotel Intercontinental auf. Sie sind noch nicht aufgeflogen. Ben-David trägt die Ampulle mit dem Gegengift namens Naloxon bei sich. »Die ganze Zeit über lief ich mit dem Antidot herum, das ja eigentlich nicht mehr benötigt wurde, da keiner unserer Leute versehentlich mit dem Gift in Berührung gekommen war«, erinnert er sich, »dann entschloss ich mich, das Zeug zu vernichten, um nicht damit erwischt zu werden«. Doch bevor der Mossad-Operateur seine Absicht in die Tat umsetzen kann, erreicht ihn ein Anruf aus seinem Hauptquartier. Der Chef der Caesarea-Agenten weist ihn an, nach unten in die Lobby des Hotels zu gehen, wo ein jordanischer Geheimdienstoffizier warte, um das Naloxon in Empfang zu nehmen. Ben-David will seinen Ohren nicht trauen: »Kannst du das bitte noch einmal wiederholen?«

Zusammen mit dem Jordanier, aus dessen Augen »tiefe Verachtung und unbändiger Zorn« sprachen, so Ben-David, fahren der Israeli und die ihn begleitende Ärztin in die Klinik. Als die israelische Medizinerin sich anbietet, dem mit dem Tod ringenden Khaled Meshal das Naloxon zu injizieren, lehnen ihre jordanischen Kollegen das brüsk ab, lassen sich stattdessen die Ampulle aushändigen. Der Hamas-Funktionär erholt sich rasch, einen Tag später wacht er aus dem Koma auf.

Am Sonntag, den 28. September, drei Tage nach dem Mordanschlag, hat sich König Hussein noch immer nicht beruhigt, selbst wenn es scheint, dass Meshal über den Berg ist. Er besteht auf der Freilassung von sechzig bis siebzig Hamas-Gefangenen und obendrein der Begnadigung des Gründers und spirituellen Führers der Hamas, des querschnittgelähmten Scheichs Ahmad Yassin, Deckname »Kadaver« (»the carcass«). Anderenfalls, daran lässt Hussein keinen Zweifel, würden sich die beiden Agenten Kendall und Beads für ihre Tat gerichtlich zu verantworten haben. Nun tobt Netanjahu, will sich nicht die Entlassung der palästinensischen Symbolfigur Scheich Yassin abpressen lassen. Doch das Weiße Haus drängt, den Konflikt zu beenden. Am späten Sonntagabend wird der israelisch-jordanische Deal über Mittelsmänner fixiert. Und am Ende verlangte der König noch eine persönliche Entschuldigung. Und so flog Benjamin Netanjahu an jenem 29. September, mitten in der Nacht, um 1.30 Uhr morgens, im Büßergewand nach Amman. Hussein hatte seinen Bruder beauftragt, den israelischen Premier zu empfangen und die Entschuldigung entgegenzunehmen. »Es war eine der bizarrsten Geschichten, die in meinem Leben je passiert sind«, räumte Kronprinz Hassan später ein.

Am 1. Oktober wurde der zu lebenslanger Haft verurteilte Scheich Yassin nach Amman ausgeflogen. Von dort kehrte er in den Gaza-Streifen zurück, wo ihn seine Anhänger mit einem Triumphzug empfingen. Doch die Israelis vergaßen nicht, dass sie mit ihm noch eine Rechnung offen hatten. Am 22. März 2004 wurde der Hamas-Gründer bei einem gezielten Raketenangriff in Gaza-Stadt getötet (siehe S. 303).

Khaled Meshal erholte sich vollständig und stieg, mit dem Nimbus des Unbesiegbaren, zu einer der wichtigsten Figuren der Hamas auf. Im April 2013 wurde er als Chef des Hamas-Politbüros bestätigt. Ironie der Geschichte: Er ist heute der politische Gegenspieler des erneut ins Amt gewählten Ministerpräsidenten Benjamin Netanjahu. Israels Politik der gezielten Tötungen könne zwei Effekte haben, sagte Meshal in einem Interview nach seiner Genesung, »einige lassen sich einschüchtern, andere reagieren trotzig. Ich gehöre zu den letzteren.«

Der Kickboxer – der Fall Fashi

> »Bei einer verlustreichen Exekution sollte der Attentäter irgendein Fanatiker sein. Politische und religiöse Gründe sowie Rache sind dabei die einzigen möglichen Motive. Da ein Fanatiker psychologisch instabil ist, muss er mit großer Sorgfalt behandelt werden. Er darf auf keinen Fall die Identitäten anderer Mitglieder der Organisation kennen. Obwohl vorgesehen ist, dass er bei der Tat stirbt, könnte etwas schief gehen.«
> *CIA-Ratgeber für gezielte Tötungen, 1953*

Man hielt die Geschichte, die der 26-jährige Majid Jamali Fashi erst dem Geheimdienst, dann den Strafverfolgern seines Landes, schließlich der Weltöffentlichkeit und am Ende seinen Richtern präsentierte, zunächst für reine Propaganda.

Und vieles schien in der Tat zweifelhaft. Aber als später verschiedene Journalisten in den Vereinigten Staaten und in Europa ihre Kontakte in den Nachrichtendiensten befragten, ob das Geständnis mit ihren eigenen Erkenntnissen übereinstimme, räumten diese ein, dass an den Ausführungen des jungen Mannes durchaus etwas dran sei.

Am 11. Januar 2011 erklärte Heydar Moslehi, iranischer Minister für Nachrichtenwesen und Sicherheit (VEVAK), auf einer Pressekonferenz, es sei dem Iran gelungen, eine Gruppe von Iranern zu identifizieren, die den Auftrag hatte, »die aufrührerischen Ziele des zionistischen Regimes zu erfüllen«. Dann schilderte der hohe Kleriker und oberste Geheimdienstmann der Islamischen Republik, wie es seinem Dienst gelungen sei, den Landsmann Fashi als einen Agenten des Mossad zu entlarven. Der habe inzwischen gestanden, für den Tod des fünfzigjährigen Wissenschaftlers Dr. Massoud Alimohammadi von der Teheran University verantwortlich zu sein. Der Forscher war ein Jahr zuvor, am 12. Januar 2010, einem Bombenanschlag zum Opfer gefallen. Nur Tage nachdem Moslehi seinen Ermittlungserfolg präsentiert hatte, trat der Beschuldigte, man darf annehmen unter erheblichem Druck, in der Sendung »Iran Today« des englischsprachigen iranischen Senders *Press TV* auf, um sein Geständnis in allen Einzelheiten zu wiederholen.

Majid Jamali Fashi, Jahrgang 1984, kommt als Jugendlicher mit dem Kickboxen in Berührung. Statt auf einer Highschool sein Abitur zu machen, konzentriert er sich auf seinen Kampfsport, hat nur mäßig Erfolg, sucht sein Glück seit 2006 auf internationalen Wettbewerben. Doch das ohnehin dürftige Preisgeld nährt keinen Mann. Und so beschließt Fashi, sich auf irgendeinem Wege in die Europäische Union durchzuschlagen und dort als Flüchtling um politisches Asyl zu ersuchen. Im Oktober 2007 reist er nach Istanbul, lernt dort einige Exil-Iraner kennen, darunter einen alten

Mann, der ihm eine interessante Perspektive aufzeigt: »Er schlug mir vor, mit ihm zum israelischen Konsulat zu gehen, dort gebe es gut bezahlte Jobs.«

»Ich sprach dort zu Männern, die hinter getönten Scheiben saßen, sodass ich sie nicht sehen konnte«, erzählt er vor der Kamera. Die müssen gleich das Potential des Iraners erkannt haben. Sie bitten ihn, am nächsten Tag wiederzukommen, sicherheitshalber behalten sie unter einem Vorwand seinen Pass auf dem Konsulat, damit er ihnen nicht wieder von der Angel gehen kann. Doch das Angebot klingt für Fashi viel zu spannend, als dass er den nächsten Termin versäumen würde. Dabei erteilen ihm die Israelis einen ersten Auftrag. Fashi soll in Teheran Informationen über verschiedene Stadtteile beschaffen. Tatsächlich liefert er bei seinem zweiten Besuch in der Türkei dreißig handgeschriebene Seiten ab. Seine Auftraggeber im Konsulat seien »entzückt gewesen«, erzählt er voller Stolz. Fashis Geständnis – vorausgesetzt es wurde nicht fabriziert – illustriert den riesigen Aufwand, den der Mossad treibt, um Spione zu rekrutieren. Natürlich seien die »finanziellen Anreize« stark gewesen, sagt er bei seinem Geständnis, kritisiert aber auch seine eigene Überheblichkeit: »Ich glaubte, dass manche Menschen dafür geboren sind, gewisse Aufträge zu erledigen, inzwischen weiß ich, dass es ein großer Unterschied ist, ob es sich um einen Film handelt oder um die Wirklichkeit.«

Mehr als ein Jahr lang wird Fashi durchleuchtet. Stimmt sein Lebenslauf? Oder wurde er womöglich vom iranischen Geheimdienst geschickt? Und er wird immer wieder an einen Lügendetektor angeschlossen. Erst als er alle Prüfungen bestanden hat, fliegt er im Januar 2009 nach Thailand, zu einem ersten persönlichen Treffen mit den Operateuren aus der Mossad-Zentrale. Als Deckmantel für seine Reise dient erneut ein Turnier für Kickboxer. Noch einmal bombardieren sie ihn mit Fragen, lassen ihn von ihren Spezialisten psychologisch examinieren. Bei einem weiteren Gespräch im Mai 2009, erneut in Thailand, kündigen seine Gesprächspartner dann die nächste Stufe seiner Ausbildung an: in Israel selbst. Am 23. Oktober fliegt Majid Fashi mit seinem iranischen Pass nach Baku in Aserbaidschan – in der Fernsehsendung von »Iran Today« werden die Einreisestempel in seinem Pass gezeigt.

Aserbaidschan und Israel pflegen seit der Unabhängigkeit der ehemaligen Sowjetrepublik im November 1991 eine besonders enge Beziehung: Die Regierung in Jerusalem war eine der ersten, die den neuen Staat diplomatisch anerkannte. Dafür gab es zwei gravierende Gründe: Zum einen lebt in Aserbaidschan eine relativ große Zahl sogenannter Berg-Juden, die aus dem Kaukasus stammen, darüber hinaus eine beachtliche Gemeinde der Ashkenazi-Juden; zum anderen besitzt das Nachbarland des Iran eine strategische Bedeutung; denn die Regierung beäugt die Hegemoniebestrebungen der Mullahs in Teheran extrem kritisch. Seit der Jahrtausendwende sind die Beziehungen zwischen Baku und Jerusalem noch enger geworden, weil beide Länder die nukleare Aufrüstung des Iran unbedingt verhindern wollen. Regierungschef Ilham Aliyev soll Israel inzwischen sogar die Nutzung der Luftbasen seines Landes für den Fall eines Angriffs auf Zielobjekte des iranischen Atomprogramms erlaubt haben. Das umfasst angeblich, für den Fall eines Krieges mit dem Iran, auch die Stationierung von israelischen Aufklärungsdrohnen, eines israelischen Tankflugzeuges und israelischer Rettungscrews für abgeschossene Piloten. Kaum verwunderlich also, dass auch der Mossad dortzulande über einen sehr aktiven Stützpunkt und ein weit geknüpftes Agentennetzwerk verfügt, das über die Grenze in den Iran einsickert.

Nach seiner Ankunft in Baku habe er von den Mossad-Leuten neue Papiere erhalten, behauptet Majid Fashi in seinem

Geständnis. Der israelische Pass eines in Tel Aviv geborenen Ram Soleimani »enthielt mein Foto« und sonst »nur einen Einreisestempel für Baku/Aserbaidschan«. Er sei dann mit dem Ausweis nach Tel Aviv geflogen und vom Internationalen Flughafen direkt ins Hauptquartier nach Herzliya gebracht worden. Dort habe er ein vielfältiges Trainingsprogramm absolviert, Schießen und den Umgang mit magnetischen Haftbomben gelernt und die Veränderung des eigenen Aussehens – das kleine Einmaleins der Spione gewissermaßen. Schließlich sei er in einem Militärcamp in der Nähe der Autobahn von Tel Aviv nach Jerusalem anhand einer Kulisse in Originalgröße, die offenbar nach Fotos angefertigt worden war, mit dem Haus seines Opfers in Teheran vertraut gemacht worden. »Es war eine exakte Kopie des tatsächlichen Gebäudes, die Größe, das Material, die Farbe, die Bäume in der Umgebung, der Straßenasphalt, der Bordstein«, sagt Fashi in seinem TV-Geständnis. Und er habe lernen müssen, mit einem Motorrad umzugehen, einer Honda 125, die auch in Teheran auf ihn wartete – mit der präparierten Bombe.

Am Ende seines Aufenthalts in Israel steht sein eigentlicher Auftrag: Ein Mossad-Kommandeur »lobte mich und sagte, das wird eine sehr wichtige Operation, die uns viel gekostet hat. Es sind viele Menschen daran beteiligt, die alle ihr Leben verlieren, wenn ich nicht erfolgreich bin.« Zurück in Teheran kommuniziert Fashi nach eigener Darstellung über einen präparierten Laptop mit seinen israelischen Auftraggebern. »Der Computer hatte zwei Versionen von Windows installiert, die sie rot und weiß nannten«, erzählt der Iraner vor der Kamera, »um meine Meldungen abzusetzen, benutzte ich das rote Windows-Programm. Die Antworten kamen immer mit einer Verzögerung von 24 Stunden an. Wir konnten also nicht chatten, waren nie zeitgleich miteinander verbunden.«

Zwischen den einzelnen Mitgliedern der Mossad-Zelle im Iran herrscht strikte Abschottung (Kompartimentierung), das heißt, jeder hat seine Aufgabe, kennt aber die anderen und deren Aufgaben nicht. Fashi glaubt, dass »viele Leute an der Operation beteiligt gewesen sind, einer kaufte das Motorrad, ein anderer zwei Satellitentelefone, ein dritter mietete das Lagerhaus an usw.«

Am frühen Morgen geht der Anruf ein. Majid Fashi holt die bereits mit dem Sprengsatz präparierte Honda 125 aus dem Lagerhaus und fährt damit in den Norden Teherans, parkt die Maschine direkt vor dem Haus, in dem Dr. Masoud Alimohammadi wohnt, dessen Fassade und Umgebung er sofort erkennt. Danach wartet er in Sichtweite. Als Alimohammadi Minuten später das Haus verlässt, sich von seiner Frau verabschiedet und in seinen grünen Peugeot steigen will, drückt der Agent den Knopf einer Fernbedienung. Die Detonation ist so heftig, dass alle Fenster im Haus zu Bruch gehen und Mauersteine auf die Straße geschleudert werden.

Fashi bleibt im Lande, er ist noch für weitere Anschläge vorgesehen. Im April 2010 reist der Kickboxer zu einem Wettbewerb nach Armenien, im Juli 2010 nach Melbourne in Australien, trifft sich dort mit seinen israelischen Kontaktleuten, streicht eine zweite Rate seines Agentenlohns von mehreren Zehntausend Dollar ein; wegen der Fortsetzung ihrer Zusammenarbeit bittet er um Bedenkzeit. Tatsächlich ist der iranische Geheimdienst VEVAK zu dieser Zeit bereits auf seiner Spur. Nach Informationen der beiden Autoren des US-Magazins *Time*, Karl Vick und Aaron J. Klein, wurde die Mossad-Zelle »von einem dritten Land« an den Iran verraten. Ende 2010 wird Majid Jamali Fashi verhaftet. Er gesteht, möglicherweise unter Folter. Das iranische Fernsehen inszeniert für seinen Film sogar eine Begegnung zwischen dem Mörder und der Witwe Alimohammadis. Er sitzt dort zu-

Ausbildung in Israel: Der 26-jährige Kickboxer Majid Fashi räumte im iranischen Fernsehen und vor Gericht ein, den iranischen Atomwissenschaftler Alimohammadi im Auftrag des Mossad ermordet zu haben.

sammengekauert in seinem Sessel, wird von Weinkrämpfen geschüttelt, bittet sie um Verzeihung.

Wahrscheinlich handelte es sich bei Masoud Alimohammadi schon um den zweiten iranischen Atomforscher, der einem israelischen Gewaltverbrechen zum Opfer fiel; am 15. Januar 2007 war der Kernphysiker Ardeshire Hassanpour, der im Rahmen der Urananreicherung in einer Anlage in Isfahan arbeitete, durch eine Gasvergiftung ums Leben gekommen; die Ursache blieb mysteriös. Nach dem Mord an Alimohammadi ging es weiter: Am 29. November 2010 starb der Atomforscher Majid Shahriari durch ein Attentat mit einem Haftsprengsatz; am selben Tag überlebte der Nuklearexperte Fereydoon Abbasi wie durch ein Wunder die Explosion einer baugleichen Magnetbombe, die ein vorbeifahrender Motorradfahrer an seiner Wagentür befestigt hatte, er reagierte als langjähriges Mitglied der Revolutionsgarde instinktiv richtig, sprang aus dem Auto und konnte auch seine Frau noch herauszerren, bevor sein Auto in die Luft flog; Abbasi stieg danach zum Vizepräsidenten der Islamischen Republik Iran und zum Chef der nationalen Atomenergie-Organisation auf. Und am 23. Juli 2011 erschossen zwei Scharfschützen Darioush Rezaeinejad, der nach Angaben iranischer Medien ebenfalls für das Atomprogramm des Landes gearbeitet hatte; weitere vier Monate später, am 11. November 2011, starb der Nuklearwissenschaftler Mostafa Ahmadi Roshan durch eine Autobombe. Alle Morde trugen die Handschrift des Mossad.

Forscher galten und gelten in Israel als legitimes Ziel für Exekutionen, wenn sie für Forschungsprogramme arbeiten, durch die Israel sich existentiell bedroht fühlt, wenn sie eine zentrale Position bekleiden und wenn mit ihrem Tod Unruhe und Verunsicherung in der Wissenschaftlergemeinde verbreitet und das Vorhaben damit verzögert werden kann. Das war Anfang der sechziger Jahre im Falle Ägyptens so (siehe S. 139) und später im Falle des Irak (siehe S. 237); noch im August 2008 wurde der Projektleiter des syrischen Atomprojekts Al Kibar, Mohammed Suleiman, beim Baden von einer Jacht aus liquidiert – wahrscheinlich von einem Caesarea-Scharfschützen. Iranische Physiker und Ingenieure, die für das fortgeschrittene Bombenprogramm der Mullahs tätig waren, passten genau in dieses Konzept.

Mehr noch: Die israelischen Regierungschefs hatten nach dem fehlgeschlagenen Mordanschlag auf Khaled Meshal 1997 in Amman (siehe S. 248) nur drei Todesurteile gegen mutmaßliche Terroristen durch den Mossad vollstrecken lassen: gegen den palästinensischen Terroristen Dschihad Ahmed Jibril (Mai 2002), gegen Hisbollah-Militärchef Imad Mughniyeh (Februar 2008) und gegen Hamas-Waffenhändler Mahmoud Mabhouh (Januar 2010). Allein seit 2007 dagegen wurden offenbar sechs Wissenschaftler ermordet – fünf im Iran und einer in Syrien.

»Wenn diese Fachleute für ein Atomprogramm arbeiten, von dem sie wissen, dass es dabei nicht um Elektrizität geht, sondern um die Bombe, dann sind sie Feinde der zivilisierten Welt«, argumentiert der ehemalige Mossad-Agent Gad Shimron. Er attestiert den israelischen Inlandsgeheimdiensten seines Landes zwar oft »eine lockere Hand« bei der Auswahl von Zielpersonen, hält aber gezielte Tötungen seines alten Arbeitgebers im Ausland unter Umständen für durchaus gerechtfertigt. Sein ehemaliger Kollege Eliezer (»Geizi«) Tsafrir sieht das ähnlich. Er war Mossad-Stationschef in Teheran, als dort noch der Schah regierte, danach im irakischen Kurdistan. Später beriet Tsafrir mehrere israelische Regierungen in Fragen des Iran. »Wer die schiitische Mentalität kennt, der weiß, dass sie entschlossen sind, Atomwaffen in die Hand zu bekommen, sagt er, »wenn es nötig ist, Forscher zu vernichten, die das Projekt leiten, dann muss es gemacht werden.«

Ephraim Asculai dagegen, ehemaliges Mitglied der israelischen Atomenergie-Kommission, ist überzeugt, »dass es in keiner Weise nützlich ist, Forscher zu liquidieren, nicht einmal als Methode der psychologischen Kriegsführung«. Von der moralischen Komponente einer solchen Entscheidung einmal ganz abgesehen. Asculai stimmt dabei im Wesentlichen der Einschätzung des australischen Völkerrechtlers und früheren UN-Berichterstatters Philip G. Alston zu, wenn dieser zu dem Ergebnis kommt: »Es ist in Zeiten ohne bewaffneten Konflikt völlig inakzeptabel, in ein anderes Land zu gehen, um dort Leute zu ermorden, gleichgültig wie ausgewählt die Opfer sein mögen, gleichgültig welches höhere Ziel man im Auge hat. Es ist ein Verstoß gegen viele internationale Gesetze, und es führt auf einen sehr, sehr gefährlichen Weg!«

Die Hardliner in Israel, dazu zählte auch der zwischen 2002 und 2010 amtierende Mossad-Chef Meir Dagan, halten *hits* für eine durchaus effektive und legitime Methode aus dem geheimdienstlichen Repertoire, um die Rüstungsbestrebungen des Erzfeindes Iran zu bekämpfen. Dagan wollte einen offenen Krieg mit dem Regime in Teheran vermeiden, weil der den gesamten Nahen Osten in Brand stecken könnte; andererseits erwiesen sich nach seiner Meinung die internationalen Sanktionen als viel zu lasch, um die Mullahs zu beeindrucken. Was also blieb zwischen Krieg und wirtschaftlichen Druck? Verdeckte Maßnahmen. Einige Pläne wurden gemeinsam mit den Spezialisten der CIA, des britischen MI6 und des BND ausgebrütet, andere waren von vornherein als *blue and white* angelegt. So werden mit Bezug auf die blauweiße Fahne Israels Operationen ohne Beteiligung von Partnerdiensten bezeichnet. Das Zauberwort des Memunen hieß »Vergiftung«, was er damit meinte war »Sabotage«. Alle kreativen Köpfe der »verbotenen Stadt« waren aufgerufen, ihrer Phantasie freien Lauf zu lassen. Wie könnte das iranische Atomprogramm »vergiftet« werden? Agenten könnten die Stromversorgung der wichtigsten iranischen Atomzentren zerstören; ein anderer Vorschlag lautete, sie könnten einen russischen Physiker anheuern und ihn, ausgestattet mit guter Legende aber gefälschtem Bombendesign, hinter die feindlichen Linien schicken; eine weitere Idee war: sie könnten auf dem weltweiten nuklearen Schwarzmarkt Scheinfirmen gründen und über diese manipulierte Bauteile in den Iran liefern. Viele der Szenarien wurden tatsächlich realisiert, am Ende sogar der Angriff mit Hilfe des Computerwurms »Stuxnet« auf die elektronischen Steuerungen Tausender von Gaszentrifugen, in denen der Bombenstoff Uran angereichert wird. Alle Operationen dienten dazu, Sand in das iranische Getriebe zu streuen und das ehrgeizige Bombenprojekt zu verzögern. Und dann blieb dem Mossad noch eine weitere Möglichkeit: Exekutionen.

»Der deutsche Geheimdienst zeigte sich zwar beunruhigt über das iranische Programm, lehnte aber dankend jede Beteiligung bei Mordanschlägen ab«, schreibt das Autorengespann Dan Raviv und Yossi Melman in seinem Buch »Spies Against Armageddon«, und »die Briten hatten sich schon 1998, nach dem Ende des Nordirland-Konflikts, aus dem Hinrichtungsgeschäft zurückgezogen«. Blieben also noch die Amerikaner, die nach 9/11 ohnehin ihre Skrupel weitgehend abgelegt hatten.

Wie eine Depesche der US-Botschaft in Tel Aviv an das State Department vom 31. August 2007 illustriert, plädierte

Meir Dagan damals bei einem Gespräch mit einem hochrangigen Vertreter der Bush-Administration dafür, iranische Oppositionsgruppen stärker in die eigenen Bemühungen einzubinden; er zählte dazu Studentenbewegungen, aber auch ethnische Minderheiten wie Kurden, Azeris (aus Aserbaidschan) und Baluchs (aus Baluchistan). Die Diskussion über »verdeckte Maßnahmen« wurde bei dem Treffen allerdings bewusst ausgespart. Der Mossad-Direktor erwähnte deshalb nicht, dass solche Oppositionsbewegungen auch für die Drecksarbeit gegen iranische Atomwissenschaftler vorgesehen waren.

Der Feind meines Feindes ist mein Freund: Die Israelis hatten speziell eine sunnitische Gruppe namens Jundallah (»Gottes Soldaten«) im Visier, die in der Provinz Baluchistan, entlang der pakistanischen Grenze, ihr Unwesen trieb, Drogen schmuggelte und vor allem blutige Anschläge auf Schiiten verübte. Die auch als *People's Resistance Movement of Iran (PRMI)* bezeichnete Organisation war 2003 von Abdolmalek Rigi gegründet worden, verfügte über fast eintausend Kämpfer, die in den Bergen lebten und sich häufig über die Grenze nach Pakistan zurückzogen; auf das Konto von Jundallah gingen grauenvolle Massaker und Gemetzel, Entführungen, Hinrichtungen und Enthauptungen, die auf Video aufgenommen und zu Propagandazwecken ins Netz gestellt wurden.

Die Blutspur der sunnitischen Terroristen von der *PRMI* ist lang: Am 16. März 2006 wurden bei einer Straßenblockade nahe Tasooki 21 Zivilisten erschossen; am 14. Februar 2007 wurden in Zahedan achtzehn Mitglieder der Revolutionären Garden durch eine Autobombe getötet; am 13. Juni 2008 wurden sechzehn iranische Polizeioffiziere nach Pakistan verschleppt und dort ermordet; am 25. Januar 2009 wurden zwölf iranische Polizeibeamte entführt und ermordet; am 28. Mai 2009 wurden bei einem Bombenanschlag auf die Moschee von Zahedan 25 Zivilisten getötet und 125 verletzt;

am 18. Oktober 2009 wurden bei einem Selbstmordanschlag in der Region Pishin 42 Menschen getötet, darunter sechs Offiziere der Revolutionären Garden; am 26. Juli 2010 wurden bei einem doppelten Selbstmordanschlag in einer anderen Moschee in Zahedan 27 Menschen ermordet.

Der Iran beschuldigte regelmäßig die Vereinigten Staaten, Jundallah mit Logistik, Waffen und Dollars zu unterstützen, was die Regierung George W. Bush stets vehement dementierte – die Vereinigten Staaten würden niemals Terror mit Terror bekämpfen. Aber es blieben Zweifel, die durch Recherchen des amerikanischen Journalisten Seymour Hersh genährt wurden. Hersh schrieb im Juli 2008, dass der Kongress dem damaligen Präsidenten einen Geheimetat von vierhundert Millionen Dollar bewilligt habe, um Jundallah und andere militante Bewegungen im Iran zu unterstützen. Das sei Teil einer sogenannten *black operation* des Geheimdienstes CIA, um das Regime der Mullahs zu destabilisieren. Natürlich erfuhr auch der Mossad davon. Er beschloss, so wie es aussieht, sich die amerikanischen Kontakte zu Jundallah für eine eigene blauweiße Operation zu Nutze zu machen. Meir Dagans Plan war, Jundallah-Terroristen anzuwerben, auch als Lohnkiller gegen iranische Wissenschaftler, und dabei unter »falscher Flagge« zu segeln. Die Kollegen in Langley und der Präsident in Washington sollen hinterher überhaupt nicht amüsiert gewesen sein.

»Tief in den Archiven der amerikanischen Geheimdienste existiert eine Reihe von Memoranden, die im letzten Jahr der Bush-Administration geschrieben wurden«, beginnt der Historiker Mark Perry seinen Artikel in der angesehenen US-Zeitschrift *Foreign Policy* und fährt fort: »Darin wird beschrieben, wie israelische Mossad-Operateure Mitglieder der Terrorgruppe Jundallah rekrutierten und sich dabei als CIA-Leute ausgaben.«

Die Anwerbungsgespräche der Mossad-Agenten, die als

Der Feind meines Feindes: Der Mossad versuchte, den Chef der sunnitischen Terror-organisation Jundallah, Abdolmalek Rigi, zu rekrutieren, um Anschläge gegen iranische Ziele durchzuführen.

amerikanische Agenten posierten, hätten vornehmlich in London stattgefunden, erfuhr Perry, die Dreistigkeit der Israelis sei dabei erstaunlich gewesen. »Die Treffen fanden fast in aller Öffentlichkeit statt und sie scherten sich einen Teufel darum, was wir davon hielten«, zitiert Perry einen US-Geheimdienst-Offizier. Präsident Bush »ging regelrecht an die Decke, als er davon erfuhr«. Aber er habe sich offenbar nicht getraut, Konsequenzen zu ziehen. Die Israelis kamen wieder einmal mit allem durch. »Es war einfacher, nichts zu tun, als in Jerusalem die Wände zum Wackeln zu bringen«, habe ihm eine seiner Quellen anvertraut. Erst nach dem Amtsantritt von Barack Obama seien dann viele amerikanisch-israelische Geheimdienst-Projekte im Iran drastisch zurückgefahren worden.

Naturgemäß gab es keine offizielle Stellungnahme des Mossad zu der Veröffentlichung in *Foreign Policy*, wohl aber ein inoffizielles Dementi. Die Behauptungen seien »purer Unsinn«, ließ ein ungenannter Operateur über die Tageszeitung *Haaretz* verbreiten. Was hätte er auch anderes sagen sollen?

Jundallah-Anführer Abdolmalek Rigi wurde im Februar 2010 auf der pakistanischen Seite von Baluchistan festgenommen und, nachdem die amerikanische Regierung informiert worden war, an den Iran ausgeliefert. Am 26. Februar 2010 hatte auch Rigi seinen Auftritt im iranischen Fernsehen, auch er, wie später Fashi, sicherlich nicht freiwillig. Schon bei einem ersten Treffen 2007 in Marokko, angeblich mit NATO-Verantwortlichen, habe er Zweifel bekommen, wer sich hinter der großherzigen Offerte tatsächlich verberge. »Sie boten an, uns zu helfen, unsere Gefangenen zu befreien und uns Waffen zu liefern, Bomben und Maschinengewehre«, erzählte er vor der Kamera. Sie seien hinterher zu dem Ergebnis gekommen, »dass es sich bei seinen Gesprächspartnern entweder um Amerikaner unter NATO-Deckmantel gehandelt haben müsse – oder um Israelis«.

Rigi wird zum Tode verurteilt und am 20. Juni 2010 hingerichtet. Ziemlich genau ein Jahr später, im August 2011, steht auch der Kickboxer Majid Jamali Fashi vor seinen Richtern. Noch einmal bekennt er sich schuldig, bittet die im Gerichtssaal anwesenden Angehörigen seines Opfers Dr. Masoud Alimohammadi um Verzeihung. Doch das Revolutionsgericht kennt keine Gnade. Vor Dutzenden internationaler Kamerateams verurteilt es Fashi zum Tode. Er habe »Krieg gegen Gott geführt« und sei »korrupt auf Erden« gewesen, heißt es im Urteil. Beides gilt in der streng islamischen Scharia als Kapitalverbrechen.

Im Morgengrauen des 15. Mai 2012 wird Majid Jamali Fashi im Hof des Evin Gefängnisses am Stadtrand von Teheran gehenkt.

ISRAELISCHE INLANDSGEHEIMDIENSTE

Tödlicher Irrtum – der Fall Qawasmeh

>»In einem Krieg gegen den Terror vergiss die Moral!«
> *Avraham Schalom, Chef des Inlandsgeheimdienstes Shin Bet,*
> *1981 bis 1986, im israelischen Dokumentarfilm »The Gatekeepers«*
> *von Dror Moreh*

>»Wir sind auf dem besten Wege zu einem Punkt, an dem der
> Staat Israel keine Demokratie … mehr ist.«
> *Ami Ayalon, Chef des Inlandsgeheimdienstes Shin Bet, 1996 bis*
> *2000, ebd.*

Es ist die Stunde der israelischen Antiterroreinsätze. Kurz
nach 3.30 Uhr in der Nacht des 7. Januar 2011 schleicht in
Haret al-Sheikh, dem palästinensischen Teil von Hebron auf
der Westbank, ein Kommando die Außentreppe eines Hauses hinauf, das sich über mehrere Etagen erstreckt. Die Soldaten tragen das Abzeichen von Duvdevan (»Kirsche«) am
Ärmel, einer Elite-Einheit der Armee, sie haben ihre Gesichter mit schwarzer Farbe bemalt, damit diese den Schein der
Straßenlaternen nicht reflektieren. Außerdem verleiht es ihnen ein martialisches Aussehen, das Angst und Schrecken
einflößt. Die Anweisungen des Anführers erfolgen wortlos,
per Handzeichen, alle wissen, was zu tun ist. Sie haben solche Einsätze immer wieder geübt. Ihre automatischen Waffen sind entsichert. Zwei Soldaten haben eine Art Ramm-
bock dabei, mit dem sie Sekunden später die Eingangstür
des Hauses mit lautem Knall aufstoßen. Dann stürmen zwei
Soldaten zielstrebig etwa zehn Meter geradeaus durch den
Hausflur auf die Tür des Schlafzimmers zu.

»Ich kniete neben dem Bett und betete«, erzählt Subhiyeh
al-Qawasmeh, »mein Mann schlief fest. Und da kamen zwei

Soldaten hereingestürmt und fingen sofort an zu schießen. Beide ... Tuff, tuff, tuff«, ahmt sie die kurze Salve nach. Zwei junge Elite-Soldaten beenden das Leben von Omar al-Qawasmeh, der gerade unter seiner Bettdecke aufgeschreckt ist, einer zielt auf den Körper, der andere auf den Kopf. »Es ging alles so schnell«, erzählt die Witwe ein Jahr danach, »ich schrie: ›Ihr habt meinen Mann getötet!‹ Aber sie hörten mich nicht.«

Der 66-jährige Omar al-Qawasmeh war ein völlig unbescholtener Palästinenser. Er arbeitete als Maurer und Maler mit einem seiner Söhne zusammen, sie hatten sich auf Renovierungen spezialisiert. Viele ihrer Kunden lebten in Israel. Die beiden al-Qawasmehs pendelten beinahe täglich über die Grenze, es liegen kaum vierzig Kilometer zwischen Hebron und Jerusalem. Nie gab es Probleme. Warum also stand er auf der israelischen Todesliste?

Schon Sekunden nachdem ihr Job erledigt ist, kommen den Elite-Soldaten offenbar erste Zweifel. Ihre Zielperson mit dem Namen Wael al-Bitar soll Mitte dreißig sein, so steht es in ihrem Laptop, dieser Mann, der reglos in seinem blutdurchtränkten Bett liegt, ist zweifellos viel älter. »Einer von ihnen hielt mir seine Waffe an den Kopf und forderte mich auf, ihm den Ausweis meines Mannes zu bringen«, erinnert sich die Witwe, »er verglich ihn mit den Angaben in seinem Computer und fragte mich dann: ›Wo wohnt Wael al-Bitar?‹ Ich sagte ihm, im Stockwerk unter uns!«

Plötzlich herrscht eine gespenstische Atmosphäre im Haus der al-Qawasmehs. Funkgeräte quäken durcheinander, die Soldaten machen Meldung, erhalten neue Befehle. Etwas könnte fürchterlich schief gelaufen sein. Ihr Ton wird jetzt noch schroffer. Einer fragt: »Wer wohnt hier sonst noch?« »Ich sage ihm, mein behinderter Sohn schläft dort in seinem Zimmer, er kann nicht allein aufstehen«, erzählt Subhiyeh. Sie holen ihn, einer der Soldaten habe sogar mit dem

Fuß nach ihm getreten, wird sie später versichern. Dann soll sie seinen Ausweis zeigen, muss dafür einen Stuhl an den Kleiderschrank im Schlafzimmer schieben, genau dort, wo ihr Mann in seiner Blutlache liegt. »Als ich herunter stieg, trat mein Fuß in seine Gehirnmasse.«

Im Obergeschoss jammern die Enkel der al-Qawasmehs, dort wohnt Subhiyehs Sohn Subhi mit seiner Familie. Alle sind durch den Lärm wach geworden. »Wir durften die Wohnung nicht verlassen«, sagt Subhi, »ich sah durch das Fenster, immer mehr Soldaten trafen ein. Dann schleppten sie meinen Vater auf einer Trage aus dem Haus.« Und er sieht Wael al-Bitar mit erhobenen Händen, umzingelt von Duvdevan-Soldaten mit Maschinenpistolen im Anschlag. Nach den Schüssen habe sich ihr Mann sofort nach draußen geschleppt, erzählt hinterher Sana al-Bitar, seine Ehefrau. »Und dann nahmen sie ihn fest. Sie konnten ihn ja nicht auch noch erschießen. Ich bin sicher, sie waren eigentlich gekommen, um Wael hinzurichten.«

»Der israelische Armee-Stützpunkt rief uns an«, erinnert sich Maher al-Qadi vom Medizinischen Notdienst in Hebron an jene Nacht, das müsse so gegen 4 Uhr gewesen sein. »Sie hätten einen Verletzten, den wir abholen sollten. Sie brachten dann eine Bahre mit einer verhüllten Leiche. Als ich die Decke anhob, sah ich, dass der Mann kein Gesicht mehr hatte. Es war weggeschossen worden und Teile des Gehirns fielen auf den Boden.« Die Israelis hätten sich geweigert, irgendwelche Angaben über die Hintergründe zu machen, sagt al-Qadi. »Sie zwangen uns unter Waffengewalt, die Leiche mitzunehmen.«

Zur gleichen Zeit finden sich im Haus der al-Qawasmehs Verwandte und Nachbarn ein, um Trost zu spenden und mit der Familie zu trauern. Omar al-Qawasmeh ist jetzt ein Märtyrer. Seine Beerdigung in Hebron wird tags darauf zu einem Protestmarsch gegen die israelische Besatzung und

Falsche Haustür genommen: Der völlig unbescholtene palästinensische Handwerker Omar al-Qawasmeh wurde von einem israelischen Mordkommando im Schlaf erschossen.

gegen die Armee, die ihren Fehler inzwischen eingeräumt hat. In der palästinensischen Presse erscheinen wütende Beiträge, in israelischen Tageszeitungen und in der *Washington Post* kurze Berichte: In Hebron wurde ein falscher Mann von einer Undercover-Einheit der israelischen Armee erschossen.

Der Fall hat eine Vorgeschichte. Sie zeigt, was das Motiv der Israelis war, Wael al-Bitar ohne Gerichtsverfahren zum Tode zu verurteilen: Rache. Am 4. Februar 2008 sprengt sich vor einem Einkaufszentrum in Dimona, im Süden Israels, ein palästinensischer Terrorist in die Luft und reißt dabei eine 73-jährige in Russland geborene Jüdin mit in den Tod. Ein zweiter Attentäter, der verletzt am Boden liegt, wird von einem israelischen Sicherheitsmann erschossen, bevor er seinen Sprenggürtel zünden kann.

Zwölf Verletzte müssen ins Krankenhaus eingeliefert werden. Es ist der erste Selbstmordanschlag in Israel seit Jahren. Verteidigungsminister Ehud Barak fliegt sofort mit einem Hubschrauber nach Dimona, um seine Solidarität mit den Opfern zu demonstrieren. Auf einer Pressekonferenz verspricht er, die palästinensischen Hintermänner zu jagen. Seine Botschaft ist unmissverständlich: Wir werden sie finden und töten.

278

Fünf Monate nach dem Anschlag von Dimona wird Shihab al-Natsheh, einer der angeblichen Drahtzieher des Anschlags von Dimona, ein Mitglied des militärischen Arms der Hamas, in Hebron aufgestöbert und nach einem Schusswechsel getötet. Doch die Jagd geht weiter. Wael al-Bitar, ebenfalls zur Hamas gehörig, soll mit al-Natsheh zusammengearbeitet und jüdische Siedler in der Gegend von Hebron angegriffen haben. Doch bevor die Israelis ihn liquidieren können, nimmt ihn die palästinensische Autonomiebehörde (PA) in »Schutzhaft«. Im Gefängnis ist er vorläufig sicher vor der Rache der Israelis. Sein Haus wird daraufhin von israelischen Militär-Bulldozern in Schutt und Asche gelegt, eine übliche Maßnahme gegen verdächtige Terroristen. Al-Bitars Familie, Frau und fünf Kinder, findet im Haus von Omar al-Qawasmeh Unterschlupf, er ist der Onkel von Wael al-Bitar. Und die Wohnung im Erdgeschoss steht gerade leer.

Am 6. Januar 2011 wird al-Bitar mit fünf weiteren Hamas-Aktivisten, ausgezehrt und schwach nach einem vierzigtägigen Hungerstreik, auf eigenen Wunsch von der PA auf freien Fuß gesetzt. Die Entlassung ist Ergebnis eines Streits zwischen der auf der Westbank verantwortlichen Fatah und der Hamas, die im Gaza-Streifen regiert. Sie will für die Sicherheit ihrer Mitglieder in Hebron garantieren. Die Hamas habe sämtliche Warnungen der Fatah-dominierten PA in den Wind geschlagen, das Leben ihrer sechs Leute sei in akuter Lebensgefahr, sobald sie das Gefängnis verließen, empörte sich Adnan Dumairi von der palästinensischen Sicherheitsbehörde.

Die israelischen Streitkräfte schicken noch in derselben Nacht eine Duvdevan-Einheit auf den Weg. Sie haben über ihre palästinensischen Spitzel unverzüglich von der Freilassung al-Bitars aus der Haft erfahren und wollen nun ohne Verzögerung das seit zweieinhalb Jahren existierende geheime Todesurteil vollstrecken. Doch weil das Kommando

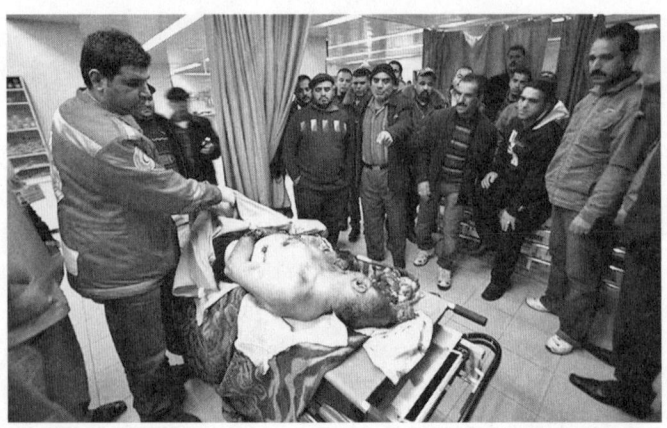

Eine Salve in den Kopf, eine in den Körper: Verwandte und Nachbarn identifizieren die Leiche des irrtümlich hingerichteten Omar al-Qawasmeh.

die falsche Tür nimmt, endet die Rache der Israelis für Dimona mit einem Fiasko.

Die israelischen Streitkräfte (IDF) stellten zunächst überhaupt in Abrede, dass eine Exekution geplant gewesen sei. Zwar wurde der irrtümliche Tod eines Unbeteiligten in einer ersten Pressemitteilung bestätigt, allerdings habe das Opfer Omar al-Qawasmeh sich im Haus des Terroristen al-Bitar aufgehalten, als der von der Duvdevan-Einheit festgenommen werden sollte. Die Fakten wurden verdreht. Und »festgenommen«? Zwei Wochen später, nach einer internen Untersuchung des Falles, wurde die Erklärung des Militärs noch unwirklicher: Die Armee »bedaure den Tod al-Qawasmehs zutiefst«, aber der habe in seinem Schlafzimmer eine »verdächtige Bewegung« unter der Bettdecke gemacht, durch die sich die beiden Elitesoldaten bedroht gefühlt und deshalb »in völliger Übereinstimmung mit den IDF-Vorschriften« geschossen hätten. Notwehr an einem schlaftrunkenen Mann gewissermaßen.

Der israelische Philosophieprofessor Asa Kasher hält diese Erklärung der Armee für völlig absurd. ›Ich fühlte mich bedroht‹ sei kein ausreichender Grund, zu schießen. Es hätte eine tatsächliche Gefahr geben müssen, die es offensichtlich nicht gab. »Eine Bewegung unter der Bettdecke reicht dafür nicht aus!«, sagt Kasher, der völlig unverdächtig ist, die IDF leichtfertig zu kritisieren. Im Gegenteil: Er berät die Militärführung in ethischen Fragen, was ihm in israelischen Medien den zweifelhaften Ruf eingebracht hat, eine Art Hausphilosoph der Streitkräfte zu sein, der selbst für brutales Vorgehen gegen die Palästinenser noch eine moralische Rechtfertigung finde.

Einige Monate nach dem Tod des Familienoberhauptes beauftragten dessen Witwe und Söhne den palästinensischen Rechtsanwalt Majed Ghanayem, gegen die Regierung zu klagen. »Wir wollten die Hintermänner im Militär für den Mord zur Verantwortung ziehen«, sagt Subhi al-Qawasmeh. Ghanayem, ein freundlicher Mittvierziger, etwas schwergewichtig und kurzatmig, aber voller Energie, besitzt eine Zulassung in Israel und betreibt in der Ha-Rav Cook Street in Jerusalem mit einem Partner zusammen eine winzige Kanzlei. Viele seiner Fälle betreffen Rechtsverletzungen durch israelische Siedler in den besetzten palästinensischen Gebieten des Westjordanlandes.

Ghanayem reichte Klage vor der Zivilkammer des Bezirksgerichts in Jerusalem ein, damit die Verantwortlichen ermittelt werden und die Familie al-Qawasmeh für den Verlust ihres Ernährers entschädigt wird. Nach Lektüre der Zeugenberichte habe er nicht den geringsten Zweifel, dass es einen »klaren Befehl gab, Wael al-Bitar hinzurichten, und dass der Antiterroreinheit dabei ein grauenhafter Fehler unterlief«, sagt Ghanayem, der Sachverhalt sei eigentlich »sonnenklar«. Das Gericht wurde gebeten, die internen Unterlagen des Verteidigungsministeriums für seine Beurteilung heranzuziehen.

Ende 2011 stellte die Kammer Ghanayem eine sogenannte »Immunitätsbescheinigung« des Verteidigungsministeriums zu, unterschrieben von Ehud Barak persönlich. Der Minister teilt darin dem Bezirksgericht mit, »dass die Weitergabe von Beweismitteln in dem hier aufgeführten Fall die Sicherheit des Staates gefährden könnte«. Sämtliche Informationen über die »Arbeits- und Vorgehensweise ... und die eingesetzten technischen Mittel« der Streitkräfte (IDF) und des Inlandsgeheimdienstes Shin Beth unterlägen strengster Geheimhaltung. Eventuell verletzte Rechte der Familie al-Qawasmeh hätten darüber zurückzustehen.

Doch damit nicht genug: Obwohl das Gericht anordnete, den al-Qawasmehs eine Sondererlaubnis zu erteilen, aus Hebron nach Jerusalem zu kommen, um ihr Anliegen persönlich vorzubringen, ignorierte die Armee mit Verweis auf die Staatssicherheit auch die richterliche Verfügung. Ihr Antrag für einen Tagesbesuch in Israel wurde immer wieder abgeschmettert. »Ist das nicht absurd?«, klagt Subhiyeh al-Qawasmeh, »mein Mann hat mehr als dreißig Jahre als Maler in Israel gearbeitet, hatte einen Dauerpassierschein. Jetzt, wo er tot ist, verweigern sie uns die Einreise. Wir haben ihnen nie irgendeinen Schaden zugefügt! Seine Kunden in Israel schickten sogar Beileidskarten zu seinem Tod!«

Aber es gab noch andere Schwierigkeiten für die al-Qawasmehs, zu ihrem Recht zu kommen: Die Staatsanwaltschaft verlangte, wie bei einem solchen Prozess möglich, eine hohe Vorschusszahlung des Klägers, als Erstattung der möglicherweise anfallenden Kosten, falls die Klage abgewiesen würde. Das sei natürlich »eine bewusst hohe Hürde« für einen Prozess, »denn die meisten palästinensischen Kläger sind arme Leute«, sagt der Anwalt. Er präsentierte dem Bezirksgericht deshalb einen israelischen Bürgen, der sich rechtsverbindlich bereit erklärte, alle Auslagen der Familie al-Qawasmeh zu decken. Die Kammer stimmte seinem Vorschlag zu, die Armee lehnte ihn ab, wurde dann aber vom Gericht gezwungen, das Angebot zu akzeptieren.

Ist Israel noch ein Rechtsstaat? Ghanayem lächelt vielsagend. »In Israel werden Recht und Gesetz strikt befolgt«, sagt er nach einer Gedankenpause, »aber nicht in den besetzten Gebieten des Westjordanlandes«. Dort herrsche »Willkür«.

Die »Rambos« der Duvdevan-Einheit waren übrigens schon einmal, siebzehn Jahre zuvor, in einen Skandal verwickelt. Am 13. November 1993 starb Iyad Mahmoud Awad Badran durch mehrere Salven aus den MPs von vier israelischen Soldaten, die die »Kirsche« am Ärmel trugen. Der achtzehnjährige Palästinenser musste mit seinem Wagen auf einer Straße anhalten, weil ihm ein Van mit zivilen Nummernschildern die Weiterfahrt versperrte. Die Gruppe der Eliteeinheit eröffnete sofort das Feuer, angeblich habe sich der junge Mann trotz ihrer Zurufe entfernen wollen. Es handelte sich um einen klaren Verstoß gegen die militärischen Vorschriften und wäre damit zumindest Totschlag gewesen. Der Militärstaatsanwalt dealte mit den Verteidigern ein Strafmaß aus: Dreißig Tage Haft mit einjähriger Bewährungszeit. Doch das Militärgericht in Jaffa kassierte die Vereinbarung wieder und verurteilte jeden der vier Todesschützen jeweils zu einer Stunde Gefängnis und einer symbolischen Geldstrafe von 0,0033 Dollar. Es gab einen Sturm der Entrüstung in der ganzen Welt, der den Militärstaatsanwalt schließlich veranlasste, in die Berufung zu gehen. Daraufhin wurde die Strafe wieder auf die ursprünglich ausgehandelten dreißig Tage heraufgesetzt.

Im Fall al-Qawasmeh kam es bislang nicht einmal zu einem Prozess.

Plan B – der Fall Mussawi

»Wenn sie wussten, dass sie auf Mussawi und sein Kind schossen, war es ungesetzlich und unmoralisch! Nach meinem Verständnis ist die vorsätzliche Tötung unschuldiger Menschen Mord!«
Brigadegeneral a. D. Iftach Spector, israelische Fliegerlegende

»Es ist eine fürchterliche Situation! Eine Tragödie! Aber, die Regierung ist für den Schutz ihrer Bürger verantwortlich. Wenn es also ›verhältnismäßig‹ erscheint, dann macht sie etwas, das auch die Tötung eines Kindes einschließt!«
Asa Kasher, Philosophieprofessor und Berater der israelischen Streitkräfte

Die Exekutionskampagne des israelischen Militärs begann rund zwei Jahrzehnte vor der irrtümlichen Hinrichtung des unbescholtenen Palästinensers Omar al-Qawasmeh, am 16. Februar 1992. Zwar besaßen Spezialagenten des Auslandsgeheimdienstes Mossad schon seit Gründung des jüdischen Staats eine Lizenz zum Töten, die Streitkräfte hielten sich bis zu diesem Zeitpunkt jedoch weitgehend zurück.

Doch als sich an diesem Februarmorgen über dem Süd-Libanon plötzlich eine Chance ergab, schlug die Armee erstmals zu. Und schon damals spielte Ehud Barak als IDF-Generalstabschef die entscheidende Rolle.

Die Vorgeschichte: Im Oktober 1986 stürzte eine Phantom der israelischen Luftwaffe über dem Libanon ab. Pilot und Navigator retteten sich mit dem Schleudersitz und landeten mit dem Fallschirm in Feindesland. Doch während der Pilot sofort von einem israelischen Helikopter aufgenommen und in Sicherheit gebracht werden konnte, geriet der Navigator, Ron Arad, in Gefangenschaft einer schiitischen Gruppierung, die sich Amal nannte. In den folgenden achtzehn Monaten verhandelte die Regierung auf geheimen Kanälen über die Freilassung Arads, dem es den Umständen entsprechend gut ging und der seiner Familie sogar Briefe schicken konnte.

Doch irgendwann im Jahr 1988 endete der Kontakt, eine andere Organisation, möglicherweise die Hisbollah, hatte der Amal offenbar ihren Gefangenen abgekauft; der junge Israeli verschwand völlig von der Bildfläche selbst der tief im Herzen Libanons operierenden israelischen Agenten. Dennoch ließ die Regierung in Jerusalem, angetrieben von der Verpflichtung, nie einen eigenen Soldaten zurückzulassen oder aufzugeben, keine Möglichkeit ungenutzt, etwas über Ron Arad in Erfahrung zu bringen.

Im Juli 1989 drang ein Kommando der israelischen Elite-Einheit Sayeret Matkal bei Nacht und Nebel in den Libanon ein und entführte den spirituellen Anführer der Hisbollah, Scheich Abdul Karim Obeid, nach Israel. Ziel war, Obeid gegen Ron Arad auszutauschen. Doch erstaunlicherweise kam kein entsprechendes Angebot von der Hisbollah. Entweder war der Scheich nicht wichtig genug – oder der israelische Navigator war gar nicht oder nicht mehr im Gewahrsam der schiitischen Terroristen. Die Regierung unter Yitzhak Schamir entschloss sich deshalb, ein weiteres Faustpfand aus dem Libanon zu beschaffen: den gerade gewählten neuen Generalsekretär der Hisbollah, Scheich Abbas al-Mussawi. Viele Szenarien wurden durchgespielt und wieder verworfen. Doch im Februar 1992 ergab sich plötzlich eine Möglichkeit: Der israelische Militärgeheimdienst Aman hatte erfahren, dass al-Mussawi einen Besuch im südlibanesischen Dorf Jibshit plante, zusammen mit seiner Frau und seinem sechsjährigen Sohn. Außerhalb der streng kontrollierten Innenstadt von Beirut bestand vielleicht eine Möglichkeit, den Hisbollah-Chef zu kidnappen und nach Israel zu verschleppen.

Gegen 10.30 Uhr am 16. Februar 1992 gerät al-Mussawis Fahrzeugkonvoi ins Visier einer hoch über dem Süden Libanons kreisenden unbemannten Observationsdrohne, die Bilder in Realzeit ins Kommandozentrum der israelischen Luftwaffe in Kirya bei Tel Aviv schickt. Die Militärs sehen zwei Mercedes Limousinen auf dem Bildschirm, je einen Range Rover davor und dahinter, al-Mussawi ist offensichtlich mit mindestens einem halben Dutzend Bodyguards unterwegs. Augenblicklich macht sich Enttäuschung in der Runde breit. Eine Entführung unter diesen Voraussetzungen wäre viel zu gefährlich, da sind sich die Militärs einig. »Wenn wir ihn nicht kriegen können, schießen wir ihn ab«, wirft Generalstabschef Ehud Barak ein, so schnell bekomme man den Hisbollah-Chef nicht wieder vor die Flinte. Plötzlich geht es nicht mehr darum, Ron Arad lebend nach Hause zu bringen, es geht um eine Hinrichtung. Sicher, der Chef der Terrororganisation Hisbollah hat nach israelischer Einschätzung den Tod verdient. Aber was wären die Folgen? Einige Offiziere halten eine Exekution aus heiterem Himmel deshalb für keine gute Idee, der Chef des Militärgeheimdienstes allerdings unterstützt Baraks spontan formulierten Plan B.

Mittlerweile ist es nach 12 Uhr. Die Drohne hat al-Mussawis Fahrzeugkolonne weiterhin im Fokus. Noch bewegt sie sich in ländlichen Regionen, aber sobald sie ins belebte Beirut zurückkehrt, wäre das Risiko zu hoch, dass bei einem Raketenangriff auch die libanesische Zivilbevölkerung zu Schaden käme. Das verbleibende Zeitfenster für eine Exekution ist klein. In aller Eile versucht Ehud Barak, die Zustimmung seines Verteidigungsministers Moshe Arens einzuholen, den er gegen 14 Uhr endlich ans Telefon bekommt. »Wenn wir ihn schon im Visier haben, lass es uns machen!«, sagt Arens. Ein halbe Stunde später gibt auch Regierungschef Yitzhak Shamir sein Einverständnis. Barak lässt daraufhin zwei Apache-Kampfhubschrauber von einer Basis in Nord-Israel aufsteigen. Die Piloten erhalten den Befehl, alle vier Fahrzeuge abzuschießen. Barak will ganz sichergehen. Gegen 16 Uhr feuern die beiden Helikopter mehrere Raketen ab, nach wenigen Sekunden ist alles vorbei.

Am Tag nach der Hinrichtung liefen Bilder von den rauchenden Überresten des Konvois, in denen al-Mussawi, seine Frau, sein sechsjähriger Sohn und fünf seiner Bodyguards den Tod fanden, auf Fernsehschirmen in der ganzen Welt. Einer der beteiligten Apache-Piloten meldete sich später zu Wort, es sei für ihn »ein Kinderspiel« gewesen, die »schönen schwarzen Mercedes Limousinen« zu treffen, die Ziele hätten in unbewohntem Gebiet gut sichtbar vor ihm gelegen, wie auf einem Präsentierteller.

Wussten Ehud Barak und sein Generalstab, dass al-Mussawi in Begleitung seines sechsjährigen Sohnes unterwegs war, als sie den Befehl zum Abschuss gaben? Der israelische Journalist Ronen Bergman behauptet, es gebe ein Video-Interview mit einem Agenten der Unit 504. Diese Einheit ist innerhalb des Militärgeheimdienstes Aman für die Führung von Spitzeln in den arabischen Nachbarländern zuständig und wird deshalb mitunter als »Mini-Mossad« bezeichnet. In der Aufnahme, die bis heute in einem Safe unter Verschluss liege, versichere der Agent der Unit 504 nachdrücklich, er habe seine Vorgesetzten gewarnt, in al-Mussawis Begleitung seien auch dessen Frau Siham und beider Sohn Hussein, schreibt Bergman.

»Wenn sie tatsächlich wussten, dass sie auf al-Mussawi und sein Kind schossen, war es ungesetzlich und unmoralisch«, empört sich Iftach Spector, ehemaliger Brigadegeneral der Luftwaffe, der lange unter Barak gedient hat. Spectors Wort hat Gewicht, er ist in Israel noch zu Lebzeiten eine Fliegerlegende. Im Sechstage- und im Yom-Kippur-Krieg schoss er als Kampfpilot zwölf feindliche Maschinen ab, er war beteiligt an der Mission im Juni 1981, als eine Staffel das irakische Kernkraftwerk Osirak in Schutt und Asche legte

(»Operation Opera«), er flog als Reservist bis ins hohe Alter von 63 Jahren und befehligte zuletzt zwei Luftwaffenbasen.

Spector plädiert keineswegs gegen Hinrichtungen palästinensischer Terroristen. Im Gegenteil: Wenn »die gezielte Tötung von Kriminellen notwendig ist, sollten wir alles dafür einsetzen, was wir haben!« Aber das Leben von Kindern dürfe dabei in keinem Fall aufs Spiel gesetzt werden, schon gar nicht wissentlich. »In meinem Sprachverständnis«, stellt Spector klar, »ist die vorsätzliche Tötung unschuldiger Menschen Mord!« Asa Kasher, der Philosophieprofessor und Ethikberater der israelischen Armee, widerspricht: Zugegeben, es handele sich um »eine fürchterliche Situation, eine Tragödie!« Aber wenn die Regierung glaube, die »Verhältnismäßigkeit« sei gewährleistet, dann müsse sie unter Umständen »Dinge anordnen, die die Tötung eines Kindes einschließen«.

Aber war es tatsächlich »verhältnismäßig«, mit dem Hisbollah-Chef auch dessen Familie auszulöschen? War es »angemessen«? Die Konsequenzen jedenfalls waren fürchterlich für Israel. Zunächst antwortete die Hisbollah mit einem fünftägigen Dauerfeuer von Katjusha-Raketen auf den Norden Israels, bei dem ein sechsjähriges Mädchen ums Leben kam. Am 7. März 1992 starb Ehud Sadan, Vertreter des Geheimdienstes Shin Bet an der israelischen Botschaft in Ankara, bei einem Bombenanschlag, zu dem sich der Islamische Dschihad und die Hisbollah bekannten. Aber auch das war erst der Anfang.

Am 17. März 1992 flog ein mit Sprengstoff bepackter und von einem Selbstmordattentäter gesteuerter LKW vor der israelischen Botschaft in Buenos Aires in die Luft. Es war eine massive Explosion, bei der 29 Menschen ums Leben kamen, darunter vier israelische Diplomaten und fünf jüdische Argentinier; mehr als 200 Menschen wurden verletzt, darunter auch zahlreiche Kinder einer benachbarten Schule. Ermittlungen der argentinischen Polizei, aber auch des Mossad ließen keinen Zweifel, dass der Vergeltungsschlag die gemeinsame Handschrift der Hisbollah und des iranischen Ministry of Intelligence and Security (MOIS) trug. MOIS-Agenten, die an der iranischen Botschaft arbeiteten, hatten den Sprengstoff im Diplomatengepäck ins Land geschmuggelt.

Ganz Israel stand unter Schock. Auch im Militärgeheimdienst Aman wuchsen die Zweifel, ob die Exekution al-Mussawis und seiner Familie wirklich eine so gute Idee gewesen war. Doch auch mit dem Blutzoll von Argentinien waren die Rachegelüste der Hisbollah noch immer nicht befriedigt. Am 15. Juli 1994, mehr als zwei Jahre nach der Hinrichtung ihres Chefs, brachte eine Explosion das siebenstöckige Hauptquartier der jüdischen Organisation AMIA zum Einsturz – wieder in Buenos Aires, wieder verursacht durch einen mit Sprengstoff beladenen Lastwagen. 85 Menschen starben, 300 wurden verletzt. Danach verkündete ein der schiitischen Terrororganisation nahestehender libanesischer Fernsehsender, nunmehr sei der Tod al-Mussawis gerächt.

Nach der Ermordung al-Mussawis und seiner Familie wies die israelische Armee den Verdacht von Menschenrechtsorganisationen wie B'Tselem »aus tiefstem Herzen« zurück, dass dies der Auftakt einer Politik der Ermordung israelischer Staatsfeinde sei, vielmehr gelte »die Unverletzlichkeit des Lebens als fundamentales Prinzip aller IDF-Aktivitäten«. Von der Rache der Hisbollah und den moralischen Bedenken gegen die gezielte Tötung eines Kindes einmal abgesehen – die spontan beschlossene Exekution al-Mussawis war nicht einmal eine effektive Maßnahme. Vielmehr trug sie dazu bei, eine Spirale der Gewalt in Gang zu setzen, wie sich aus einer Statistik des Terrors herauslesen lässt. Bis zur Ermordung von al-Mussawi hatte es in zwölf Jahren nur einen einzigen Selbstmordanschlag in Israel gegeben, als am 6. Juli 1989 bei einem Bombenattentat auf den Bus Nr. 405 16 Menschen starben. Nach 1992 jedoch begann ein regelrechtes Blutbad palästinensischer Terroristen in Israel mit mehr als 160 Toten innerhalb von fünf Jahren.

Ron Arad, der abgestürzte Navigator der israelischen Luftwaffe, mit dessen ungeklärtem Schicksal 1986 alles anfing, gilt bis heute als verschollen. Es ist davon auszugehen, dass er schon wenige Jahre nach seiner Gefangennahme im Libanon verstarb.

Vorsorge, nicht Vergeltung

»In den neunziger Jahren lehnte es Israel kategorisch ab, gezielte Tötungen zuzugeben. Wenn entsprechende Beschuldigungen kamen, wiesen die IDF diese von ganzem Herzen zurück. Es werde nie eine Politik der absichtlichen Tötung von Verdächtigen geben, hieß es, die Unverletzbarkeit des Lebens gehöre zu den fundamentalen Prinzipen der israelischen Streitkräfte.«
Philip G. Alston, Völkerrechtler und UN-Berichterstatter über gezielte Tötungen, 2010

»Um diesen Krieg zu gewinnen, müssen wir an verschiedenen Fronten kämpfen. Am Offensichtlichsten sind direkte militärische Aktionen gegen die Terroristen selbst. Israels Politik der präventiven Schläge gegen diejenigen, die versuchen, sein Volk zu ermorden, wird heute, glaube ich, besser verstanden und bedarf keiner weiteren Ausführung.«
Benjamin Netanjahu 2001 im Vorwort seines Buches »Fighting Terrorism«

Der Mann besaß eine Mission, und deren Gründe waren auch persönlicher Natur: Benjamin Netanjahu hatte bei einer geheimen Operation der israelischen Eliteeinheit Sayeret Matkal seinen älteren Bruder Jonathan verloren. In der Nacht vom 3. auf den 4. Juli 1976 war eine Kommandoeinheit unter seiner Führung nach Entebbe in Uganda geflogen, um

Fluggäste einer Air France Maschine zu befreien, die von der palästinensischen Terrororganisation PFLP entführt worden war (siehe S. 201). Alle Geiselnehmer und drei Geiseln starben, alle Soldaten der Sayeret Matkal kehrten unversehrt nach Hause zurück – mit Ausnahme von Jonathan Netanjahu.

Ihm zu Ehren gründete sein Bruder Benjamin drei Jahre nach Entebbe das Jonathan-Institut, das im selben Jahr eine erste internationale Konferenz gegen den Terrorismus organisierte, und fünf Jahre später, am 4. Juli 1984, noch eine zweite. Der Leitgedanke dieser hochkarätig besetzten Fachtagungen war unmissverständlich: Wir müssen diejenigen töten, die uns töten wollen. Exekutionen als Prävention im Kampf gegen den palästinensischen Terrorismus – das wurde Benjamin (Bibi) Netanjahus Glaubensbekenntnis. »Eine rein passive Verteidigung führt nicht zu ausreichender Abschreckung gegen Terrorismus und Staaten, die ihn fördern«, schrieb er 1995 in seinem Buch »Fighting Terrorism«. Vielmehr sei es an der Zeit, »intensiv und ernsthaft über aktive Maßnahmen der Verteidigung nachzudenken – durch angemessene vorsorgliche Operationen gegen Terrorgruppen, *bevor* sie zuschlagen können«. Die kursive Hervorhebung stammt von Netanjahu selbst.

Das Oslo-Abkommen im August 1993 zwischen Israel und den Palästinensern zur Einleitung eines Friedensprozesses und der Lösung des Nahostkonfliktes brachte keine entscheidende Wende. Netanjahu, der jetzt auch eine politische Karriere im konservativen Likud-Block anstrebte, sah jedenfalls keinen Grund, von seiner Doktrin abzurücken. Eher im Gegenteil: Die Bedrohung durch den palästinensischen Terrorismus nahm in den Jahren nach Oslo eher noch zu.

Als »Bibi« Netanjahu im Mai 1996 erstmals zum Regierungschef in Jerusalem gewählt wurde, verdankte er das auch einer Welle palästinensischer Selbstmordanschläge. Schimon Peres, der in den Umfragen vorn gelegen hatte, war es nicht gelungen, die Terrorattacken und den damit verbundenen Vertrauensverlust in seine Politik zu stoppen. Im Februar und März des Jahres waren von der Hamas mehrere Attentate verübt worden, die insgesamt mehr als sechzig Menschen das Leben gekostet hatten. In schrecklicher Erinnerung blieben zwei Anschläge kurz hintereinander auf die Buslinie Nr. 18 in Jerusalem. Die Morde stellten eine Reaktion der Hamas auf die Liquidierung ihres 29-jährigen Bombenbauers Yehiya Ayyash dar. Der war im Januar 1996 vom Geheimdienst Shin Bet exekutiert worden. Israelische Agenten hatten ihm ein mit 15 Gramm Plastiksprengstoff präpariertes Mobiltelefon untergeschoben und dann per Funk gezündet.

Zu jener Zeit rekrutierten auch der Islamische Dschihad und die Al-Aqsa-Brigaden von Arafats Al-Fatah zunehmend junge Leute, die sich mit Sprengstoffgürteln in israelischen Restaurants, Bars und vor allem in Bussen in die Luft sprengen sollten. Netanjahu fand genau die Situation der Eskalation palästinensischer Gewalt vor, die zehn Jahre zuvor von ihm beschrieben worden war. Und jetzt also saß er als »Falke« in Jerusalem an den Schalthebeln der Macht und konnte sein Credo endlich umsetzen: vorbeugende Exekutionen statt Rache für vergangene Anschläge, Prophylaxe statt Therapie.

Auch der Widerspruch zu den Prinzipien des Rechtsstaats, in dem die Gewaltenteilung gilt, wurde fortan ignoriert. Nach dem Gesetz konnte das höchste israelische Gericht zwar bei einer Verurteilung wegen schwerster Verbrechen während des Holocaust die Todesstrafe verhängen, seit dem Prozess gegen den Nazi-Massenmörder Adolf Eichmann im Jahre 1961 hatte diese aber nie mehr vollstrecken lassen. Aber hier ging es ohnehin nicht die von der Justiz nach einem öffentlichen Gerichtsverfahren, bei dem es das Recht auf Verteidigung und auf einen fairen Prozess gab, sondern um von geheimen Komitees ranghoher Offiziere aus Armee und Geheimdiensten erarbeitete und dann vom Regierungschef sanktionierte Todesurteile.

Doch dem Falken wurden schnell die Flügel gestutzt: Im September 1997, im zweiten Jahr seiner Regentschaft als Premierminister, befahl er eine Mossad-Operation gegen das Hamas-Mitglied Khaled Meshal in Amman, die wohl mehr dem Muskelspiel als sachlicher Notwendigkeit diente. Zudem handelte es sich, anders als er selbst gefordert hatte, um einen Vergeltungsschlag und keine vorsorgliche Antiterrormaßnahme, denn der palästinensische Funktionär war bis dahin nicht durch die Planung von Terroranschlägen auffällig geworden. Der Mossad hatte ihn ausgewählt und dem Regierungschef offeriert, weil er ein »weiches« Ziel darstellte, der Erfolg also garantiert schien. Die Folgen sind bekannt: Der Giftanschlag wurde entdeckt und das Verhältnis zu König Hussein unwiderruflich zerstört, der Mossad musste dem jordanischen Geheimdienst das Gegengift für Meshal aushändigen, um wenigstens die eigenen Agenten freizubekommen; und zu allem Überdruss wurde Netanjahu gezwungen, den spirituellen Hamas-Führer Scheich Ahmad Yassin freizulassen (siehe S. 260). Es war eine politische Katastrophe ohnegleichen für den sonst vor Selbstbewusstsein strotzenden Politiker, eine Schande. »Bibi« hatte sein Gesicht verloren, nicht nur vor König Hussein, sondern vor der ganzen Welt.

Das Desaster bedeutete auch das vorübergehende Ende der Netanjahu-Doktrin vorsorglicher Hinrichtungen. Eine Besinnungspause schien dringend geboten. Erst sein Nachfolger im Amt des Ministerpräsidenten, der ab 1999 regierende Ehud Barak von der Arbeiterpartei, ein langgedienter, hochdekorierter militärischer Haudegen, bestätigte im

November 2000, dass es in Israel »eine Politik der gezielten Tötungen« gebe. Seine Begründung: Hinrichtungen seien als Notwehr nach internationalem Recht zulässig, weil die Palästinensische Autonomiebehörde (PA) nicht in der Lage oder nicht willens sei, Selbstmordanschläge auf israelischem Gebiet zu verhindern oder wenigstens zu verfolgen.

Hintergrund der Entscheidung, die Exekutionspolitik öffentlich zu machen und dadurch deren abschreckende Wirkung zu erhöhen, war der Beginn der Zweiten Intifada am 29. September 2000. Der gewaltsame Aufstand jugendlicher Palästinenser gegen die israelische Besatzungsmacht ging zunächst von Jerusalem und dem Westjordanland aus und dehnte sich später auf den Gaza-Streifen aus.

Im April 2002, ein halbes Jahr nach dem 11. September, dem Tag, der die Welt veränderte, legten Juristen der israelischen Armee vier Bedingungen für Exekutionen palästinensischer Terroristen fest.

1. Es muss gesicherte Informationen geben, dass die Zielperson in der nahen Zukunft einen Anschlag plant oder ausführen will;

2. das Verfahren zur Durchführung einer Exekution darf nur in Gang gesetzt werden, wenn die Aufforderung an die Palästinensische Autonomiebehörde (PA), den Terroristen gefangen zu nehmen, von dieser ignoriert wurde;

3. Versuche, den Verdächtigen durch IDF-Kommandos festnehmen zu lassen, müssen fehlgeschlagen sein;

4. die Hinrichtung darf keine Vergeltung für zurückliegende Anschläge darstellen, sondern muss immer die Verhinderung zukünftiger Anschläge zum Ziel haben, die sonst viele Opfer kosten würden.

Das entsprach ziemlich genau »Bibis« Doktrin von präventiven Mordanschlägen an palästinensischen Terroristen, die er für »tickenden Zeitbomben« hielt, an die er sich allerdings im Falle Meshal selbst nicht gehalten hatte. Auch blieb die juristische Vorgabe in vielerlei Hinsicht recht schwammig, ließ Hintertürchen auf. So fand die Frage, ob bei außergerichtlichen Hinrichtungen auch Unbeteiligte geopfert werden dürfen, und wenn ja, wie viele, keinen Eingang in die Kriterien. Wären zwei oder drei zivile Opfer akzeptabel? Oder mehr? Frauen und Kinder? Die Entscheidung darüber, was angemessen und verhältnismäßig ist, sollte offenbar den Militärs in der jeweiligen Situation überlassen werden. Für ihr Mordprogramm benötigten die israelischen Streitkräfte eine gewisse Flexibilität, wie sich schon bald herausstellen sollte.

Exekutions-Algebra – der Fall Yassin

>»Oh, Hunderte, Hunderte! Ich hatte alle die Details ... auf dem Tisch. Wo lebt er? Ist er verheiratet? Wie viele Kinder hat er? Wenn er viele Kinder hatte, ging mir das besonders durch den Kopf. ... Es wurde zur Routine, auf den Fotos in ihre Augen zu sehen. ... Der eine sah naiv aus, der andere nett, wie ein Babyface ... Es ist jenseits der Vorstellungskraft!«
> *General a. D. Moshe Yaalon, Generalstabschef der israelischen Streitkräfte zwischen 2002 und 2005, auf die Frage, wie viele Palästinenser er habe töten lassen*

In der Nacht vom 22. auf den 23. Juli 2002 fliegen zwei F-16 Jets der israelischen Luftwaffe in dreitausend Meter Höhe über das palästinensische Territorium des Gaza-Streifens hinweg. Ein Routineeinsatz im Krieg gegen die Hintermänner der Intifada. Die Wetterlage ist stabil, die Koordinaten sind programmiert. Als einer der beiden Piloten die mächtige Bombe ausklinkt, verspürt er ein leichtes Zittern in der Tragfläche, dann gleitet die Maschine weiter durch den sternenklaren Nachthimmel. Eine Tonne Sprengstoff rast, zielgenau gesteuert, auf ein Haus am Stadtrand von Gaza-City zu. Der Einschlag ist so verheerend, dass nicht nur das eigentliche Angriffsziel, sondern auch acht Häuser in der Nachbarschaft komplett zerstört, neun weitere Gebäude stark beschädigt werden. 15 Menschen sterben in den Trümmern, mindestens fünfzig werden schwer verletzt.

Der Angriff galt Salah Mustafa Shehade, der den militärischen Flügel der Hamas leitete und zahlreiche Anschläge in Israel organisiert hatte. 220 getötete israelische Zivilisten und 16 getötete Soldaten schlugen damals für ihn zu Buche. Mehr als genug, um ihn zum Tode zu verurteilen. Doch mit Shehade starben auch seine Frau Laila und seine vierzehnjährige Tochter Iman Salah, von den Nachbarn kamen durch die Wucht der Explosion fünf Erwachsene, sechs Kinder und sogar ein noch nicht einmal ein Jahr altes Baby ums Leben. Ariel Sharon, der israelische Premierminister, lobte die Hinrichtung zunächst »als einen unserer größten Erfolge«, korrigierte später aber seine Bewertung unter dem Eindruck der Fakten: »Hätte ich den Ausgang geahnt, wäre die Exekution verschoben worden.«

Menschenrechtsorganisationen und Politiker in der ganzen Welt, auch in Israel selbst, reagierten empört, einige sprachen sogar von einem Kriegsverbrechen. General Dan Halutz, Kommandeur der israelischen Luftwaffe, beglückwünschte dagegen seine Piloten nach der Operation, wie er später in einem Interview einräumte: »Die Durchführung war perfekt! Superb! Es gibt hier kein Problem, das Euch beunruhigen müsste. Ihr habt genau nach Befehl gehandelt.«

Die Armee und der Geheimdienst Shin Bet setzten dann doch eine interne Ermittlung in Gang, deren Ergebnisse aber schon eine Woche später auf dem Tisch lagen: Der Einsatz sei »korrekt und professionell« abgelaufen und dabei »ein wichtiger Terroranführer« ausgeschaltet worden, attestierten sich die Militärs in ihrer Expertise. Allenfalls habe es bei der Qualität der vorliegenden Geheimdienstinformationen

Kollateralschaden: Bei einem Bombenabwurf auf das Haus des Hamas-Terroristen Salah Mustafa Shehade starben im Juli 2002 auch seine Frau und seine Tochter sowie fünf Erwachsene und sieben Kinder aus der Nachbarschaft.

Mängel gegeben, weil nicht klar gewesen sei, dass so viele Zivilisten in der Umgebung von Shehade leben.

Für 27 Reservepiloten der israelischen Air Force bedeutete die Katastrophe das Ende ihrer Geduld. Sie beklagten sich unter der Federführung des damaligen Brigadegenerals Iftach Spector öffentlich, dass ein so massives Bombardement wie bei der Exekution Shehades einen militärischen Ethikkodex verletze und moralisch nicht zu verantworten sei. »Wir lehnen es ab, uns weiterhin an Angriffen auf zivile palästinensische Zentren zu beteiligen.« Seine Vorgesetzten seien über die Aktion »nicht amüsiert« gewesen, erinnert sich Spector, »sie reagierten aggressiv«. Alle Piloten wurden kaltgestellt und »durften seitdem nicht mehr fliegen«. Luftwaffenkommandeur Dan Halutz erwog sogar, die Piloten wegen Befehlsverweigerung der Militärjustiz zu überantworten, entschied sich dann aber für einen anderen Weg: Auf seine Initiative hin bezogen Hunderte von Piloten der Air Force gegen die Opponenten aus den eigenen Reihen Stellung, warfen ihnen Illoyalität gegenüber dem jüdischen Staat vor. Einige von Iftach Spectors Mitstreitern zogen daraufhin ihre Unterschrift zurück, andere, die sich standfest zeigten, wurden in ihren zivilen Jobs gemobbt.

Es gab indes auch hochrangige Kritiker in den Streitkräften, die den Kollateralschaden der Shehade-Exekution für nicht gerechtfertigt hielten. IDF-Generalstabschef General Moshe Yaalon bekannte später, ihm sei es damals vorgekommen, als falle ihm »eine schwere Last auf den Kopf«. Den möglichen Tod der Shehade-Ehefrau Laila habe er zwar autorisiert, aber nicht die Tötung von Nachbarn und schon gar nicht von Kindern. Auch General Amos Yadlin, Chef des Militärgeheimdienstes Aman, will am Morgen nach der Operation in eine Schockstarre gefallen sein, als er über die Toten informiert wurde. Noch am selben Tag habe er den Philosophieprofessor Asa Kasher angerufen, um mit ihm an ethischen Richtlinien im Kampf gegen den Terrorismus zu arbeiten; außerdem wurde ein Mathematiker gebeten, eine Formel zu entwickeln, wie viele zivile Opfer auf einen toten Terroristen akzeptabel sein könnten. Exekutionsalgebra. Die Experten kamen später tatsächlich zu einer Zahl von 3,14 toten Zivilisten auf einen toten Terroristen; wenn es sich bei den Zivilisten um Kinder handele, liege die Quote niedriger.

Anfang September 2003 dann fast eine Duplizität der Ereignisse. Und dabei spielten Moshe Yaalon und Avi Dichter, der Chef des Inlandsgeheimdienstes Shin Bet, die entscheidenden Rollen. Die amerikanische Journalistin Laura Blumenfeld hat die Geschichte für die *Washington Post* akribisch recherchiert.

In den Morgenstunden des 5. September geht im Hauptquartier des Shin Bet an der Autobahn Nr. 20 im Norden von Tel Aviv die streng geheime Information ein, für den nächsten Tag sei ein Treffen von acht führenden Hamas-Terroristen geplant: Erwartet würden Bombenbauer, Sprengstoffexperten, Raketentechniker, alles, was Rang und Namen habe. »Das kann nicht sein«, kommt Avi Dichter spontan in den

Sinn, als er den Bericht liest, »warum sollten sie das riskieren?« Alle acht Namen nehmen Spitzenplätze auf der israelischen Todesliste ein – und alle acht wissen das, leben deshalb in gut geschützten Kellerräumen, bewegen sich nur während der Nacht, umgeben sich mit Kindern als Schutzschirm und benutzen aus Angst vor Sprengstoffattentaten selten Autos und nie Mobiltelefone. Und hier wollen sie sich am helllichten Tage zu einer Konferenz treffen?

Dichter ruft Generalstabschef Yaalon an, der konferiert kurz mit dem Verteidigungsminister und mit Premierminister Ariel Sharon. Innerhalb einer halben Stunde ist die Genehmigung für eine Operation erteilt, falls sich die Informationen bestätigen lassen. Unterdessen setzt der Geheimdienstchef alle Kräfte seines gigantischen Apparats in Bewegung, die elektronischen Lauscher im Äther werden aufgestellt, Observationsdrohnen in die Luft gebracht und palästinensische Spitzel aktiviert. Um die Mittagszeit weiß Dichter, dass der Terrorgipfel tatsächlich stattfinden soll, und er weiß auch, wo: im dreistöckigen Privathaus des Religionsprofessors und Hamas-Aktivisten Marwan Abu Ras. Sofort danach laufen die Vorbereitungen bei der Luftwaffe an, Codewort »Operation Automatic Gear«.

Am nächsten Morgen, dem Tag des geplanten Treffens, lässt sich Avi Dichter schon früh in den *war room* bringen, die fensterlose Kommandozentrale des Shin Bet. Seine Experten haben erste Computeranalysen über die Beschaffenheit des Gebäudes durchgeführt, Zahl der Stockwerke, Größe der Zimmer, Dicke der Wände. Damit soll sich die notwendige Sprengkraft der Bombe besser taxieren lassen. Dichter und Yaalon wissen, es muss diesmal einen präzisen, chirurgischen Schnitt geben. Nicht auszudenken, wenn wieder so ein verheerender Kollateralschaden zu beklagen wäre wie bei der Exekution von Salah Shehade 14 Monate zuvor.

Inzwischen kreisen sechs Kampfflugzeuge F-16 vor der

Küste des Gaza-Streifens, alle mit Bomben unterschiedlicher Größe bewaffnet. Im *war room* gehen Live-Aufnahmen einer Überwachungsdrohne ein, die so hoch über dem Haus von Abu Ras kreist, dass sie vom Boden aus mit bloßem Auge nicht zu sehen ist. Nach und nach treffen die Hamas-Führer ein, alle zu Fuß; einige, die mit dem Auto gekommen sind, parken in einiger Entfernung. Obwohl die Kamera der Drohne dicht heranzoomt und gestochen scharfe Bilder liefert, sind die Männer nicht leicht zu identifizieren. Sie hüllen ihre Gesichter in *keffiyehs* und verstecken ihre Gestalten unter wallenden Gewändern. Aber der Shin Bet habe dennoch alle identifiziert, erinnert sich Moshe Yaalon. Er weiß noch, wie nacheinander die Bestätigungen eingingen: »Hier kommt Mohammed Deif, das ist Adnan al-Ghoul, und der da ist Ismail Haniyeh«. Und dann wurden ihre Portraits gezeigt und Fotos ihrer Anschläge: explodierte Busse und in die Luft gejagte Diskotheken. Als letzter Teilnehmer wird ein Mann in einem weißen Transporter direkt vor das Haus gefahren. In der Kommandozentrale können sie auf ihren Bildschirmen sehen, wie Helfer ihn behutsam aus dem Wagen heben, in einen Rollstuhl setzen und ins Haus schieben: Es ist der querschnittgelähmte Ahmad Yassin, Gründer und spiritueller Anführer der Hamas. Den Scheich, Deckname »Kadaver« (»the carcass«), hatte die israelische Regierung sechs Jahre zuvor auf jordanischen Druck hin aus der Gefangenschaft entlassen müssen, nachdem eine geplante Hinrichtung des Mossad in Amman völlig aus dem Ruder gelaufen war (siehe S. 260). Mit dem »Kadaver« gab es also noch eine besondere Rechnung zu begleichen.

»Alles bereit?«, fragt Yaalon seinen Luftwaffenkommandeur Dan Halutz über eine Standleitung. Es gebe da ein Problem, antwortet der, eine Bombe mit fünfhundert Kilo sei wahrscheinlich zu klein, die mit einer Tonne Sprengstoff vermutlich zu groß. Mit ihr bestehe das Risiko, dass auch die

Streit, als die Bomber schon kreisten: Generalstabschef Moshe Yaalon (rechts) widersetzte sich seinem Kollegen Avi Dichter, um einen unverhältnismäßig großen Kollateralschaden zu vermeiden.

Nachbarhäuser und die dort lebenden Familien in Mitleidenschaft gezogen würden. Moshe Yaalon ist irritiert, er habe gedacht, das Problem sei längst geklärt, will die »Operation Automatic Gear« sofort abblasen. Augenblicklich geraten er und Avi Dichter in einen heftigen Streit. Der Geheimdienstchef beharrt auf der »großen Lösung«, so eine Gelegenheit komme nie wieder. Ein alter Konflikt bricht auf. Yaalon und Dichter haben viele Jahre bei geheimen Kommandooperationen zusammengearbeitet, aber ihre Überzeugungen waren nie zur Deckung zu bringen. »Israel kann das Problem Terrorismus nicht lösen, indem wir Terroristen umbringen. Wir lösen das Problem durch Ausbildung«, schimpfte Yaalon noch Jahre später, »wenn Dichter glaubt, wenn wir töten, töten, töten, töten, dann haben wir gewonnen, konnte und kann ich das nicht akzeptieren!«

Der Streit dauert nun schon über mehr als eine Stunde, ist zwischenzeitlich heftiger und lauter geworden. Während die Hamas-Führungselite tagt und die F-16 über dem Mittelmeer kreisen, sehen sich die Kontrahenten außerstande, auf einen gemeinsamen Nenner zu kommen. Yaalon: »Wie können wir unseren Piloten noch in die Augen schauen, wenn sie unschuldige Menschen töten?« – Dichter: »Und wenn die Terroristen da wieder rausmarschieren, und morgen explodiert wieder ein Bus, wie können wir *das* unseren Leuten klarmachen?« Legte man den ominösen Faktor 3,14 zugrunde, müssten acht tote Topterroristen den Tod von 25 Zivilisten legitimieren. Doch das will Yaalon auf keinen Fall akzeptieren. Sie rufen Premierminister Ariel Sharon an, erreichen ihn auf dem Kindergeburtstag seines Enkels. Sharon teilt Yaalons Bedenken. Die Operation wird abgebrochen.

Doch Avi Dichter gibt sich nicht geschlagen, er nennt den Rückzieher später »unprofessionell und ungerechtfertigt«. Es ist inzwischen 16 Uhr, und der Hamas-Gipfel dauert noch immer an, jedenfalls hat keiner der Teilnehmer das Haus bislang verlassen. Es meldet sich ein Agent im *war room*, der eine zusätzliche Information hat. Im dritten Stock des Gebäudes von Abu Ras seien die Vorhänge zugezogen, vermutlich finde das Geheimtreffen dort statt. Für das oberste Geschoss würde sogar eine 250-Kilo-Bombe reichen. Keine zivilen Opfer, ein chirurgischer Schnitt. Dichter hängt sich sofort ans Telefon. Sein Widersacher Yaalon willigt in den Kompromiss ein, auch Sharon ist einverstanden. »Operation Automatic Gear« bekommt eine zweite Chance.

Jetzt geht alles sehr schnell. Innerhalb von zwei Minuten röhrt ein Kampfjet in großer Höhe über das Haus im Gaza-Streifen. Yaalon und sein Luftwaffenkommandeur Halutz beobachten auf dem Livebild der Drohne, wie die Bombe einschlägt. Doch dann nehmen ihnen dichte Staubwolken jede Sicht. »Ziel getroffen?« fragt Halutz über seinen Kopfhörer den Piloten der F-16. »Direkter Treffer!« Es vergingen lähmende zwei, drei Minuten, bis die Aschewolke sich verzogen hatte, erinnert sich Avi Dichter, und dann »sahen wir alle Terroristen aus dem Haus stürmen«.

»Es fühlte sich wie ein Erdbeben an«, erzählt Gastgeber Abu Ras später, »Haniyeh servierte gerade Reis, als das Gebäude zu wackeln begann«. Ahmad Yassin habe aus seinem

Rollstuhl erstaunt an die Decke gestarrt und gefragt, wo dieser Staub plötzlich herkomme. »Wir wurden getroffen, Scheich!«, entgegnete Ismail Haniyeh mit bitterem Lachen.

Die acht Hamas-Terroristen hatten im Erdgeschoss zusammengesessen, als die Bombe fiel und, wie von den Israelis berechnet, nur das oberste Stockwerk zerstörte, das aber nur als Lagerfläche genutzt wurde. Auch die Ehefrau von Abu Ras und deren vier Kinder, die sich in der zweiten Etage aufhielten, kamen mit dem Schrecken davon. Natürlich sei die Enttäuschung riesig gewesen, als Scheich Yassin wieder in seinem Rollstuhl vor dem Haus erschien, sagt Dan Halutz. Im Rückblick »würde ich sagen, wir hätten damals die schwerste Bombe nehmen sollen, um sicher zu gehen, dass die komplette Führungsmannschaft eliminiert wird«, aber es sei eben nach der folgenreichen Shehade-Exekution »eine moralische Entscheidung« getroffen worden.

Am 22. März 2004, ziemlich genau ein halbes Jahr nach der fehlgeschlagenen Hinrichtung der Hamas-Spitze, wurde der 67-jährige Scheich Ahmad Yassin doch noch exekutiert. Als er nach dem Morgengebet in einer Moschee in Gaza-City zu seinem Auto geschoben wurde, schlug die Hellfire-Rakete eines israelischen Apache-Kampfhubschraubers direkt neben seinem Rollstuhl ein. Unmittelbar vor dem Anschlag waren mehrere F-16-Jets der Air Force im Tiefflug über den Stadtteil gedonnert, um mit ihrem Krach das Geräusch des sich nähernden Helikopters zu übertönen. Mit Yassin starben seine zwei Leibwächter und neun Palästinenser, die sich zufällig in der Nähe aufgehalten hatten; zwölf Personen wurden verletzt, darunter auch Yassins Sohn. Der Scheich war all die Jahre eher ein leichtes Ziel gewesen, denn er besuchte jeden Morgen dieselbe Moschee im Distrikt Sabra von Gaza-City. Er muss von dem Risiko, das diese Routine bedeutete, gewusst haben. War es die Schmach, ihn im Haus von Abu Ras verfehlt zu haben, die Geheimdienstchef Avi

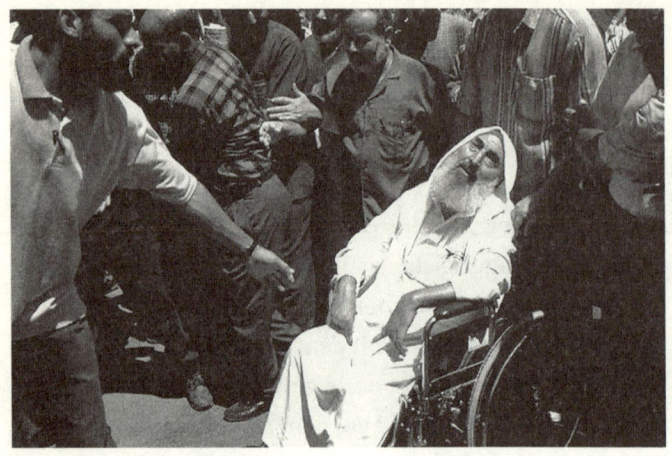

Symbolgestalt: Der spirituelle Führer der Hamas Scheich Ahmad Jassin stand nach seiner erzwungenen Freilassung 1997 ganz oben auf der israelischen Todesliste.

Dichter und Generalstabschef Moshe Yaalon jetzt veranlasst hatte, die offene Rechnung zu begleichen?

Der Mord löste weltweite Proteste aus. Dazu trugen auch Fotos des Rollstuhl-Torsos bei, die über alle Agenturen liefen. Wie konnte Israel einen gebrechlichen, alten Mann töten, der durch eine Querschnittlähmung an den Rollstuhl gefesselt war und schon deshalb keine aktive Rolle bei Terroranschlägen spielen konnte? UN-Generalsekretär Kofi Annan zeigte sich empört, die Kommission für Menschenrechte der Vereinten Nationen verabschiedete mit großer Mehrheit eine Stellungnahme, in der die Exekution verurteilt wurde; im Sicherheitsrat dagegen scheiterte eine Resolution am Veto der Vereinigten Staaten, Deutschland enthielt sich der Stimme.

In Jerusalem reagierte man mit Unverständnis auf die internationale Kritik. Yassin sei »ein wahrer Pionier bei der skrupellosen Ermordung unschuldiger Zivilisten« und »persönlich verantwortlich gewesen für die Strategie massiver Selbstmordattentate«, verlautete aus dem israelischen

Tod nach dem Morgengebet: Im März 2004 wurde der an den Rollstuhl gefesselte, querschnittsgelähmte Scheich Yassin von einer israelischen Hellfire-Rakete getötet.

Außenministerium. Das Blut, das an seinen Händen klebe, sei gewissermaßen noch frisch: Ein Selbstmordattentat in Erez, zwei Monate zuvor, bei dem vier Israelis ums Leben gekommen seien, habe der Scheich persönlich angeordnet. Alle Versuche, ihn als »moderaten spirituellen Führer« zu verharmlosen, seien ebenso lächerlich, wie wenn man Osama bin Laden als eine solche Figur verklären würde.

Anfang Februar 2005 machte Israel dennoch eine Reihe von Konzessionen gegenüber den Palästinensern, darunter das Ende seiner Hinrichtungspolitik. Zwischen dem israelischen Premierminister Ariel Sharon und Palästinenserpräsident Mahmoud Abbas wurde eine Art Waffenstillstand verabredet, das Ende der Zweiten Intifada. Gleichzeitig willigte die israelische Regierung ein, sich bis August des Jahres ganz aus dem Gaza-Streifen zurückzuziehen. Allerdings machte Sharon klar, dass die Zusage jederzeit revidiert und die Exekutionsdoktrin wieder in Kraft gesetzt werden könne, sollte es zu weiteren Selbstmordanschlägen kommen.

Der Frieden hielt nicht lange. Schon drei Wochen später,

in den Abendstunden des 25. Februar 2005, sprengte sich vor dem Nachtklub »Stage« an der Promenade von Tel Aviv ein Terrorist inmitten junger Armeereservisten in die Luft, die dort den Geburtstag eines ihrer Ausbilder feiern wollten. Fünf Menschen starben, fünfzig erlitten schwere Verletzungen. Die Al-Aqsa-Brigaden übernahmen die Verantwortung. Und am 12. Juli zündete ein palästinensischer Selbstmordattentäter des Islamischen Dschihad vor der beliebten HaSharon Mall in Netanja zehn Kilogramm Sprengstoff, die er unter seiner Kleidung versteckt hatte. Der Anschlag traf eine zufällig dort stehende Mädchengruppe, von denen drei sofort tot waren; eine junge Frau starb später im Krankenhaus. Jedem in Israel war klar, dass die Hoffnung auf ein Ende der Selbstmordanschläge getrogen hatte. Die Regierung in Jerusalem wollte den Rückzug aus dem Gaza-Streifen, der bereits auf Hochtouren lief, nicht wieder abblasen. Aber sie betrachtete den Rest der Vereinbarung als gebrochen, begann erneut mit gezielten Exekutionen: Drei Tage nach dem Anschlag von Netanja schoss ein israelischer Apache-Hubschrauber in Gaza-City ein Fahrzeug ab, das Qassam-Raketen geladen hatte. Vier junge Hamas-Terroristen starben, darunter auch Assem Marwan Abu Ras, 24-jähriger Sohn jenes Religionsprofessors, der zwei Jahre zuvor als Gastgeber des spektakulären Gipfeltreffens fungierte, bei dem alle Teilnehmer den israelischen Luftangriff überlebt hatten. Zwei Tage später, am 17. Juli 2005, richtete ein Scharfschütze der israelischen Armee einen lokalen Hamas-Kommandeur in Khan Yunis hin.

Als die israelischen Truppen aus dem Gaza-Streifen abgezogen waren, eskalierte der Konflikt auf das Ausmaß während der Zweiten Intifada. Jeder palästinensische Terroranschlag wurde mit einer israelischen Hinrichtung beantwortet, der ein erneuter Terroranschlag folgte: Am 25. August 2005 flog am Busbahnhof von Beersheva eine Bombe in die Luft (fünfzig Verletzte); daraufhin jagte am 25. September die Air Force auf der Küstenstraße von Gaza eine Hellfire-Rakete in den Mercedes von Mohammed Khalil, eines Militanten des Islamischen Dschihad (ein Toter, zwei Verletzte); am 26. Oktober sprengt sich auf dem Markt von Hadera ein Selbstmordattentäter in die Luft (sieben Tote, dreißig Verletzte); am 27. Oktober richtet die Luftwaffe Shadi Mehana in Gaza hin, erneut mit einer Hellfire; am 5. Dezember ein neuerlicher Sprengstoffanschlag vor dem HaSharon Einkaufszentrum in Netanja (fünf Tote); am 7. und 8. und 14. Dezember antwortet Israel mit der Exekution von insgesamt sieben palästinensischen Terroristen. Das Jahr endet mit blutiger Gewalt und noch blutigerer Gegengewalt (siehe Anhang S. 357).

Supreme Court

»In einer Demokratie rechtfertigt das Ziel nicht alle Mittel ... Der Wert der Menschenwürde überwiegt das Sicherheitsbedürfnis des Staates.«

Haim Cohn, vormaliger israelischer Generalstaatsanwalt, Justizminister und Richter am Supreme Court in einem Interview 1997

»Nach der Entscheidung des Obersten Gerichtshofs ist klar, dort, wo es möglich ist, jemanden festzunehmen, müssen wir ihn festnehmen und dürfen keine ›gezielte Tötung‹ vornehmen, die ich ›vorsorgliche Hinrichtung‹ nenne. Ein erheblicher Teil von Judea und Samaria ist unter der tatsächlichen Kontrolle der IDF, und dort muss nach meiner Meinung eine ›vorsorgliche Hinrichtung‹ ausgeschlossen sein.«

Mordechai Kremnitzer, israelischer Völkerrechtler

Der israelische Supreme Court, der oberste Gerichtshof im David-Ben-Gurion-Regierungsviertel von Jerusalem, verfügt über ein imposantes Gebäude. In kühner Architektur verschmelzen Gegensätze miteinander: außen und innen, alt und neu, gerade und kreisförmig. »Konzepte des Gesetzes und der Gerechtigkeit finden einen visuellen Ausdruck«, heißt es in einer Broschüre der Presseabteilung, »die Geraden stehen für das Gesetz und die Kreise für Gerechtigkeit«. Hier hat der Rechtsstaat sein Zuhause, hier werden die fundamentalen Grundsätze der Gewaltenteilung in der demokratischen Gesellschaft transparent, hier wird sichtbar, dass in Israel vor dem Gesetz alle gleich sind – oder wenigstens sein sollten. Auch die Palästinenser in den besetzten Gebieten können den Supreme Court anrufen, um ihr Anliegen vorzubringen, auch wenn dies in der Praxis oft daran scheitert, dass sie nicht ins Land gelassen werden, also nicht persönlich erscheinen können, wie im Fall der Familie al-Qawasmeh, oder nicht über die Mittel verfügen, einen Anwalt in Jerusalem zu bezahlen, der ihre Sache vertritt.

Allerdings scheint es, dass in Israel oft ein Prinzip noch über dem Gesetz und damit auch über den Entscheidungen des Höchsten Gerichts steht, das Prinzip »Sicherheit«. Wegen der Fragilität des Landes, das von feindlichen Kräften im Norden (die Hisbollah im Libanon), im Süden (die Hamas im Gaza-Streifen) aber auch im Osten (die Fatah in der Westbank) bedroht werde, und mit Verweis auf die Geschichte des jüdischen Volkes, stellt jede Regierung in Jerusalem die Sicherheitsinteressen an die oberste Stelle. Das beeindruckt und beeinflusst natürlich auch die höchsten Richter des Landes. Manche Voten nehmen durchaus Rücksicht auf diese Situation. Und dort, wo die eigentlich bindenden Urteile in der Regierung auf Sicherheitsbedenken stoßen, werden sie vom gigantischen Militär- und Geheimdienstapparat ziemlich burschikos zu seinem eigenen Vorteil ausgelegt, uminterpretiert oder einfach ignoriert. Wenn es um die vermeintliche oder tatsächliche Existenz Israels geht, stößt der Supreme Court wie der Rechtsstaat an seine Grenzen.

Nach dem Beginn gezielter Tötungen während der Zweiten Intifada und dem Beginn gezielter Tötungen reichten zwei Menschenrechtsorganisationen Klage ein gegen diese offizielle israelische Regierungspolitik; sie wurde vom Gerichtshof angenommen und über mehrere Jahre behandelt (HCJ 769/02). Am 11. Dezember 2005 fand eine Sitzung und Anhörung statt, ein Jahr später erging das Urteil. Das Gremium unter Vorsitz des zwischenzeitlich pensionierten Präsidenten Aharon Barak traf keine Grundsatzentscheidung, in der es solche Anschläge durch die israelischen Streitkräfte erlaubte oder verbot, es entschied vielmehr, dass gezielte Tötungen von Zivilisten nur dann gerechtfertigt seien, wenn sie sich »direkt an Feindseligkeiten beteiligen«. Definitionsgemäß gelten auch »Terroristen« nach internationalem Rechtsverständnis als »Zivilisten«, weil sie keine militärische Uniform tragen.

Darüber hinaus legte der Supreme Court vier Bedingungen fest, die allesamt erfüllt sein müssen, um einen Anschlag auf das Leben einer Zielperson gerechtfertigt erscheinen zu lassen. Sie unterschieden sich deutlich von den vier Kriterien der Militärjuristen aus dem April 2002:

1. Den ausführenden Einheiten einer gezielten Tötung obliegt die Bürde, die Identität der Zielperson und deren direkte Beteiligung an Feindseligkeiten zu verifizieren;

2. die ausführenden Einheiten dürfen eine Person nicht töten, wenn ihnen andere, weniger gravierende Möglichkeiten zur Verfügung stehen;

3. nach jedem Anschlag muss eine unabhängige Untersuchung der Identifizierung der Zielperson und der Umstände des Anschlags erfolgen;

4. alle kollateralen Schäden an Unbeteiligten müssen hinsichtlich der Verhältnismäßigkeit den Anforderungen des IHL (»International Humanitarian Law«) entsprechen.

Die Forderungen gingen den israelischen Militärs und Geheimdiensten offenbar viel zu weit, weil sie ihre Flexibilität beeinträchtigten und das gesamte Hinrichtungsverfahren bürokratisierten. Zudem wollten sich die Terroristenjäger nicht in ihre Entscheidungsfindung hineinreden lassen. Israel habe auch später nie seine Richtlinien für gezielte Tötungen publik gemacht, kritisiert Philip G. Alston, australischer Völkerrechtler, der in New York lehrt und für die Vereinten Nationen im Jahre 2010 einen Bericht zu dem Thema verfasste. »Nach allen uns bekannt gewordenen Informationen« sei zweifelhaft, ob »das Vorgehen der IDF überhaupt mit den Bestimmungen des Supreme Courts in Einklang« stehe.

Natürlich trug die Entscheidung des Höchsten Gerichts der speziellen israelischen Situation und der Angst des Landes vor Terroranschlägen Rechnung. Aber das dreiköpfige Gremium unter Richter machte immerhin deutlich, dass es eine weitere Abkehr von den Grundsätzen der Rechtsstaatlichkeit und deren unvorhersehbaren Folgen für die Demokratie in Israel nicht akzeptiere. Einer derjenigen, die sich schon zehn Jahre zuvor kritisch zu Wort gemeldet hatten, war Haim Cohn, vormaliger israelischer Generalstaatsanwalt, Justizminister und ehrenwerter Richter am Supreme Court. In einem Interview aus dem Jahre 1997, also drei Jahre vor Beginn der Zweiten Intifada, beklagte er die Aufweichung rechtsstaatlicher Prinzipien durch geheime Mordprogramme. Ein Todesurteil könne nur von der Justiz ausgesprochen werden, es müsse durch mehrere Instanzen Bestand haben, jedem Angeklagten stehe das Recht auf Gehör und Verteidigung zu. »Wenn wir das Recht in unsere eigenen Hände nehmen und Menschen ohne Gerichtsverfahren exekutieren, ist das in jeder Hinsicht illegal! ... In einer Demokratie rechtfertigt das Ziel nicht alle Mittel ... Der Wert der Menschenwürde überwiegt das Sicherheitsbedürfnis des Staates.« Cohns Zwischenruf verhallte damals weitgehend ungehört.

Im selben Jahr wie der Supreme Court befassten sich auch zwei Brüder mit dem Thema gezielter Tötungen in Israel. Asaf

Zussman, damals Wirtschaftsprofessor an der amerikanischen Cornell University (er wechselte später an die Hebrew University in Jerusalem), und sein Bruder Noam, seinerzeit in der Forschungsabteilung der Bank of Israel. Israel interessierte die zunächst etwas abwegig erscheinende akademische Frage, ob denn Hinrichtungen palästinensischer Terroristen überhaupt effektiv seien, wirtschaftlich effektiv. Der Terrorismus habe einen erheblichen Einfluss auf die ökonomische Entwicklung in Israel, deshalb sei es ein interessanter Ansatz, die Auswirkungen von Exekutionen an der Börse zu analysieren. Das Ergebnis war frappierend: Immer wenn hochrangige palästinensische Anführer ermordet worden waren, reagierte der Markt in der Erwartung eines reduzierten Konfliktpotentials mit steigenden, beim Tod eher unbedeutender Terroristen mit fallenden Kursen. Fazit des Brüderpaars: Hinrichtungen des terroristischen Top-Personals sind effektiv, Liquidierungen von Handlangern eher kontraproduktiv.

Wo juristische oder ökonomische Argumente nicht mehr greifen, um Hinrichtungen durch Militär und Geheimdienste zu rechtfertigen, bleibt immer noch der Verweis auf die Bibel. Es gebe dort eine Stelle, die vorsorgliche Gewalt legitimiere, versichern immer wieder die Befürworter außergerichtlicher Exekutionen. Es ist eine Stelle im Alten Testament, in der es sinngemäß heiße: »Wenn du erfährst, das jemand auf dem Weg ist, dir das Leben zu nehmen, komme ihm zuvor und töte ihn.« Der israelische Philosophieprofessor Asa Kasher hält den Verweis auf diese Stelle in der Bibel für unsinnig. »Wenn jemand die Absicht hat, mich zu töten, gibt mir das noch lange nicht das Recht, ihn zu ermorden«, erwidert Kasher, das gelte nur, »wenn ich mich nicht anders verteidigen kann«.

Auf offener Straße – der Fall Halim

>»Es war eine Hinrichtung! Der Mann lag wehrlos am Boden,
>sie hätten ihn ohne Probleme festnehmen können!«
>*Samer Burnat, Augenzeuge einer israelischen Exekution in der
>Innenstadt von Ramallah 2007*

>»Der Militär- und der Inlandsgeheimdienst Shin Bet sind nach
>meinem Gefühl manchmal zu schießwütig! Es gab mehr als
>einen Fall, der mit einer Festnahme zu beenden gewesen wäre
>anstatt mit einem Sarg. Sie sollten nicht so leichtfertig mit dem
>Leben anderer umgehen! Auch wer ein Terrorist ist, hat das
>Recht, festgenommen, angeklagt und vom Gericht bestraft zu
>werden, anstatt durch ein Neunmillimeter-Geschoss!«
>*Gad Shimron, ehemaliger Mossad-Agent*

29. Mai 2007. Es ist ein heißer Tag in Ramallah, der palästinensischen Metropole, dem Sitz des palästinensischen Präsidenten und seiner Regierung, keine dreißig Kilometer von
der Jerusalemer Altstadt entfernt. Wie immer quält sich eine
notorisch hupende Fahrzeugkarawane durch die enge Innenstadt, Fußgänger wieseln zwischen den Autos, als würden sie mit dem Blech um das Vorrecht auf der Straße kämpfen. Sam Bahour, Sohn eines palästinensischen Vaters und
einer amerikanischen Mutter, der lange in den USA gelebt
hat, aber vor Jahren schon nach Palästina zurückgekehrt ist,
um hier als Computerfachmann zu arbeiten, hat eine Besprechung im dritten Geschoss oberhalb des Restaurants al-
Nassrah. Das ist bekannt für seine ausgezeichneten Falafels
und liegt an einer sehr belebten Kreuzung, auch deshalb
herrscht hier den ganzen Tag über Hochbetrieb. Bahour engagiert sich neben seinem Beruf für die palästinensische
Menschenrechtsorganisation *Mattin Group*, die vor allem die
Zusammenarbeit der EU mit der Besatzungsmacht Israel
kritisch unter die Lupe nimmt. Am Tisch sitzen an diesem
Nachmittag eine Handvoll Aktivisten, darunter zwei junge
Italienerinnen, die das erste Mal in Ramallah sind.

Es ist 17.30 Uhr, als die Sitzung von lautem Sirengeheul gestört wird, draußen auf der Straße, direkt unterhalb ihres Fensters. Es klingt nach einem israelischen Militärkommando. Wahrscheinlich sind wieder einmal Soldaten der Armee oder Spezialkräfte der Grenzpolizei Magav für eine Verhaftung nach Ramallah eingefallen, denkt Bahour. Er versucht, die Gäste aus Europa, die etwas verunsichert wirken, mit einem Scherz zu beunruhigen: Die Israelis kämen wohl, um sich bei ihnen über Menschenrechte zu informieren. Dann riskiert er aber doch einen Blick aus dem Fenster, die anderen folgen ihm. Sie sehen, dass die Kreuzung komplett von gepanzerten Fahrzeugen abgeriegelt wurde, selbst ein palästinensischer Krankenwagen mit Blaulicht wird nicht durchgelassen. Dann werfen die Israelis Nebelkerzen, deren Schwaden über den Asphalt wabern, Einsatzkräfte mit automatischen Waffen im Anschlag verschanzen sich hinter parkenden Autos. Schräg gegenüber steht ein weißer Lieferwagen mit palästinensischem Kennzeichen. »Plötzlich öffnete sich dessen Seitentür«, erinnert sich Bahour, »bewaffnete Männer in arabischer Kleidung sprangen heraus und verschwanden aus unserem Blickfeld«. Es sind Agenten der Magav-Antiterroreinheit Jamam.

An der Kreuzung steht zur selben Zeit Samer Burnat mit seinem gelben Taxi hinter dem Lieferwagen. Er hat Fahrgäste im Wagen, die zum Busbahnhof wollen und es eilig haben. Burnat hupt, um die Schlange vor sich anzutreiben, doch der Transporter bewegt sich nicht von der Stelle. Dann sieht er, dass die Straße gesperrt wurde. Fast gleichzeitig fällt sein Blick auf zwei Palästinenser, die vor dem Restaurant stehen und sich unterhalten, beide halten Pappbecher in der Hand, einer hat eine Kalaschnikow dabei. Die Waffe liegt vor ihm auf dem Boden.

Omar Abd el-Halim, 23 Jahre alt, hatte sich zum verspäteten Lunch im al-Nassrah verabredet, mit einem Freund.

Als sie fertig waren, nahmen sie einen Kaffee mit auf den Weg, um vor der Tür, in der Nachmittagssonne, noch etwas zu plaudern. Abd el-Halim ist Mitglied des militärischen Flügels der Fatah, der Al-Aqsa-Brigaden, die von Jassir Arafat gegründet wurden und die in Israel als Terrororganisation gelten. Palästinenser-Präsident Mahmoud Abbas, Arafats Nachfolger, rekrutiert viele seiner persönlichen Sicherheitsleute aus al-Aqsa, weil sie gut trainiert sind, vor allem aber, um ihnen einen regelmäßigen Lohn und einen gewissen institutionellen Schutz vor den Israelis zu bieten. Deshalb die Kalaschnikow, die »Klashin«, wie die Palästinenser sagen. Doch seine Waffe sollte sich für den jungen Palästinenser ebenso wenig als Lebensversicherung erweisen wie der Dienst in der Präsidentengarde.

Von ihrem Logenplatz im dritten Stock können die Teilnehmer der *Mattin*-Besprechung zwar nicht das Geschehen vor dem al-Nassrah sehen, aber sie haben einen ausgezeichneten Überblick über die Kreuzung. Unter den Undercover-Leuten in ziviler Kleidung erkennt Sam Bahour einen maskierten Mann. »Ein palästinensischer Kollaborateur, der das Zielobjekt identifizieren soll, ein Pointer«, schießt es ihm durch den Kopf. Im selben Moment ahnt Bahour, dass es sich nicht um eine der üblichen Verhaftungen handelt. »Zurück vom Fenster«, schreit er, versucht die beiden jungen Italienerinnen in die Mitte des Raumes zu drängen. Dann hört man die ersten Einschläge in der Hauswand.

»Mehrere israelische Agenten, die im Lieferwagen gesessen hatten, stürzten auf die beiden Palästinenser vor dem al-Nassrah zu und eröffneten sofort das Feuer aus ihren automatischen Waffen«, erinnert sich Taxifahrer Burnat. Der eine der beiden Männer habe noch flüchten können, »der andere kam nur ein paar Schritte weit bis um die Ecke, er wurde von mehreren Kugeln in die Beine getroffen, stürzte, versuchte vergeblich, sich aufzurappeln, schrie vor Schmer-

Zielperson für eine Exekution:
Der 23-jährige Omar Abd
el-Halim geriet als Mitglied
der militanten Al-Aqsa-Brigaden ins Visier der israelischen
Grenzpolizei.

zen.« Alles sei so schnell gegangen, dass »er nicht einmal
mehr nach seiner ›Klashin‹ greifen konnte«.

Burnat hat beste Sicht auf das Geschehen, seine Fahrgäste
ducken sich vorsichtshalber weg. Keine zehn Meter entfernt
liegt der junge Palästinenser auf dem Fußweg, er blutet aus
mehreren Schusswunden in beiden Beinen und krümmt sich
vor Schmerzen. Dann tritt einer der uniformierten Grenz-
polizisten, von denen die Kreuzung abgesperrt wurde, an
den Mann heran. Burnat glaubt noch, er wolle ihm helfen,
denn »an eine Flucht war ja nicht mehr zu denken«. Doch
stattdessen nimmt der israelische Polizist seine Waffe und
schießt dem Palästinenser kaltblütig, »aus nächster Nähe,
vielleicht dreißig bis vierzig Zentimetern, in den Oberkörper und in den Kopf«. Omar Abd el-Halim sackt zusammen
und ist sofort tot.

Die Jamam-Agenten in Zivilkleidung springen in ihre gepanzerten Jeeps und Mannschaftswagen; der weiße Transporter, mit dem einige von ihnen gekommen sind, steht verlassen mit offener Tür am Straßenrand. Die Uniformierten
durchforsten derweil die Nachbarschaft, sie suchen den
zweiten Mann, der auf ihrer Liste stand, der aber fliehen
konnte. Nach wenigen Minuten trauen sich einige Jugend-
liche auf die Straße zurück, die ersten Steine fliegen, doch
die Israelis scheint das nicht zu beeindrucken. Sie treiben ein

zynisches Spiel, warten darauf, dass die palästinensische Ambulanz eintrifft, um den Leichnam abzutransportieren; sie wollen offenbar ganz sicher sein, dass ihre Zielperson tot ist, damit sie den Vollzug der Exekution melden können. Erst als die Sanitäter die Bahre mit dem leblosen Omar Abd el-Halim in den Krankenwagen geschoben haben, wird die Suche nach dem zweiten Mann abgeblasen. Der israelische Konvoi setzt sich langsam in Bewegung. Die Operation ist beendet.

Die Leiche wird ins Sheikh Zayed Hospital in Ramallah gebracht, wo der diensthabende Notarzt, Dr. Iyad Illiyah, ein paar Untersuchungen vornimmt; eine Obduktion oder forensische Untersuchungen sind in solchen Fällen nicht vorgesehen. Es fehlt an Personal und Geld, und die Sache ist ohnehin eindeutig. »Als wir ihn untersuchten, fanden wir unter anderem einen Einschuss hinter dem linken Ohr mit Austritt beim rechten Auge. Der Einschuss war sehr groß«, erinnert sich Illiyah. Das Ausmaß der Verletzung habe die Zeugenaussagen bestätigt, »dass der Schuss aus nächster Nähe abgegeben worden war.«

Unterdessen hat sich die Empörung am Tatort beim Restaurant al-Nassrah zu lautstarker Wut gesteigert. Wie durch ein Wunder gab es bei der wilden Schießerei in der belebten Innenstadt nur ein paar Leichtverletzte, die von Querschlägern getroffen worden waren. Passanten, die sich zufällig an der Kreuzung aufgehalten hatten, waren von den Magav-Soldaten mit vorgehaltener Waffe im al-Nassrah zusammengepfercht worden. Ein Friseur, der ein paar Häuser weiter seinen Laden betreibt und gerade ein paar Handtücher vor der Tür zum Trocknen aufhängte, hörte die ersten Schüsse und sah dann »einen der beiden jungen Männer vorbeilaufen«. Die Israelis hätten wild hinter ihm hergeschossen, er habe gerade noch in Deckung gehen können. Die Uniformierten seien dann auf der Suche nach dem geflohenen Mann in sei-

316

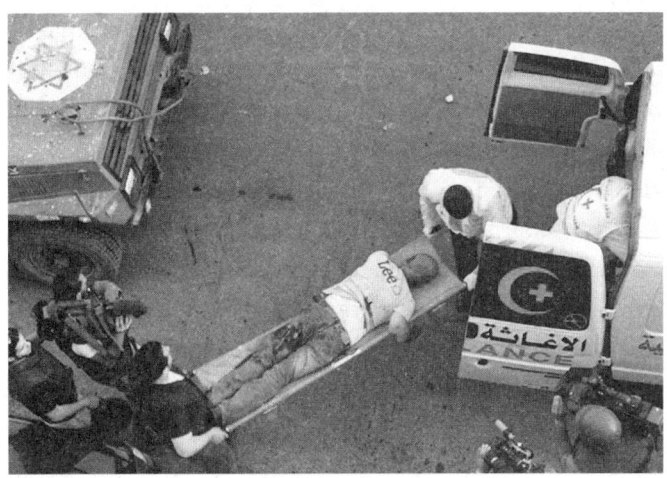

Unter Beobachtung: Während palästinensische Sanitäter die Leiche von Omar Abd el-Halim abtransportieren, hält das israelische Exekutionskommando im gepanzerten Fahrzeug links das Geschehen im Blick.

nen Laden gestürmt, um ihn und seine Kunden zu kontrollieren. Ihr Blick fiel auf eine Luke in der Ladendecke, aber sie entdecken nirgendwo eine Leiter, mit deren Hilfe ihre Zielperson den Dachboden erklommen haben könnte. »Sie wollten zur Sicherheit eine Salve in die Decke jagen«, erzählte der Friseur, er habe ihnen das nur mühsam ausreden können; am Ende habe sich »ein etwas korpulenter Kunde« bereit erklärt, dass einer der Soldaten auf seine Schultern tritt, um einen Blick hinter die Luke werfen zu können.

»Es war eine Hinrichtung«, sagt Sam Bahour rückblickend, »ein Mord in staatlichem Auftrag – ohne Anklage, ohne Prozess und ohne Urteil«. Der Mann habe wehrlos am Boden gelegen, »sie hätten ihn ohne Probleme festnehmen können«. Anita Abdullah und Salwa Duaibes, die damals bei der *Mattin*-Besprechung oberhalb des Restaurants al-Nassrah dabei waren, pflichten ihm bei: »Er stellte keine Bedrohung mehr da, für niemanden!« Doch die Antiterroreinheit habe offenbar von Anfang an keine Gefangenen machen wollen. Das ist auch der Eindruck, der sich Samer Burnat aufdrängt. Und was sagt Magav, die israelische Grenzpolizei, zu den Beschuldigungen? Die Grenzpolizei weigert sich, eine Stellungnahme zu der Operation vom 29. Mai 2007 abzugeben.

Wenn Omar Abd el-Halim im Verdacht stand, eine Straftat begangen zu haben, hätte man ihn in Israel vor Gericht stellen müssen. Und selbst wenn man konstatiert, dass Israel einen Krieg führt gegen den palästinensischen Terrorismus, dann war die Hinrichtung von Ramallah, völkerrechtlich gesehen, ein klarer Bruch der vierten Genfer Konvention – und damit ein Kriegsverbrechen. »Auch uniformierte Soldaten genießen bei Kampfhandlungen den Schutz des internationalen Völkerrechts, wenn sie wehrlos am Boden liegen«, sagt der israelische Rechtsprofessor Eyal Benvenisti. Und das gelte natürlich ebenso für Zivilisten, die sich *direkt* an Feindseligkeiten beteiligen, wobei dieser Status bei Omar Abd el-Halim sogar in Zweifel gezogen werden könne. Und auch Asa Kasher, der als »Hausphilosoph« der israelischen Streitkräfte die ethische Richtschnur meist eher lose spannt, bezieht hier eine klare Position: »Wenn ein Kämpfer nicht mehr in der Lage ist, dich zu bedrohen, dann darfst du ihn nicht attackieren! Im Gegenteil: Nach Möglichkeit solltest du einen Krankenwagen rufen!«

Der Fall erinnerte fatal an einen Skandal des Shin Bet in der Nacht des 13. ·April 1984, als zwei palästinensische Hijacker, die einen Bus der Linie 300 im Gaza-Streifen in ihre Gewalt gebracht hatten, von Geheimdienstoffizieren erschossen wurden, obwohl sie längst entwaffnet worden waren. Der Fall erregte damals vor allem deshalb große Aufmerksamkeit, weil in den Monaten danach Unterlagen bereinigt, Lügen verbreitet und Zeugen unter Druck gesetzt wurden, um die Affäre zu vertuschen. Die Täter kamen damals ungeschoren davon.

Auch der Mord an dem wehrlosen Palästinenser Omar Abd el-Halim auf den Straßen von Ramallah blieb ungesühnt.

Staatsgeheimnisse – der Fall Maleisha

>»Was nach der Entscheidung des Supreme Courts offensichtlich passierte, war in erster Linie … eine neue Wortwahl. Es ging also um eine Festnahme, wo eigentlich gar keine Absicht an einer Festnahme, sondern an einer Exekution bestand.«
>
> *David Kretchmer, Professor für internationales Recht*

Nur drei Wochen nach der Exekution Omar Abd el-Halmis in Ramallah, am 20. Juni 2007, gaben die israelischen Streitkräfte (IDF) eine der üblichen lakonischen Routine-Meldungen heraus: »Zwei bewaffnete Terroristen, die zur Terrororganisation ›Islamischer Dschihad‹ gehörten, wurden gestern Nacht in Kafr Dan, nordwestlich von Jenin, getötet.« Es habe sich um eine gemeinsame Operation einer Spezialeinheit der Grenzpolizei Magav und der Armee gehandelt. Ziad Maleisha und Ibrahim al-Latif Abed hätten sofort »das Feuer eröffnet« und seien daraufhin von den Einsatzkräften erschossen worden. Eine Festnahme sei nicht möglich gewesen. Die Operation habe dazu gedient, in Israel geplante Selbstmordattentate zu verhindern; Maleisha und Abed seien gewissermaßen »tickende Zeitbomben« gewesen.

Eineinhalb Jahre später widersprach der junge israelische Reporter Uri Blau dieser Darstellung in der liberalen Tageszeitung *Haaretz* vehement: Die beiden Palästinenser seien keineswegs »tickende Zeitbomben« gewesen, eine Festnahme sei auch nie geplant gewesen; vielmehr hätten die beiden Terroristen auf einer Todesliste der IDF gestanden. Ihr Schicksal sei schon Monate zuvor in geheimen Treffen besiegelt worden. Mehr noch: Die Hinrichtung von Maleisha und Abed müsse als ein eklatanter Verstoß gegen die

Entscheidung des Supreme Court gewertet werden, das »gezielte Tötungen« Ende 2006 nur unter bestimmten Voraussetzungen gebilligt habe. Das waren, ohne Frage, starke Vorwürfe aus Blaus Feder.

Der Artikel »License to kill« versetzte die israelische Armee augenblicklich in Panik, Telefonleitungen glühten, hohe Militärs trafen sich zu Krisensitzungen, selbst das Kabinett beriet über den Fall. Denn das Urteil des Journalisten stützte sich auf streng geheime Originaldokumente aus IDF-Computern. Die Armee war nicht so sehr über die Bloßstellung ihrer Hinrichtungspolitik alarmiert, als vielmehr über die Erkenntnis, dass es ein Leck im Sicherheitsapparat gab.

Blaus Dokumente ermöglichten es der Öffentlichkeit erstmals, den Entscheidungsprozess über eine geplante Exekution detailliert nachvollziehen zu können. Ende März 2007, drei Monate vor der Hinrichtung, hatten Vertreter des Inlandsgeheimdienstes Shin Bet und verschiedener Antiterroreinheiten zusammen gesessen, um die Operation »Two Towers« gegen Maleisha zu beschließen. Geplant war offenbar zunächst ein Sprengstoffanschlag auf das Auto, mit dem der Dschihadist unterwegs war. Es sei jedoch zu beachten, heißt es in einem der IDF-Papiere, den Kollateralschaden klein zu halten: »Wenn Frauen oder Kinder im Fahrzeug sitzen, ist die Methode Festnahme!«

Zwei Wochen später fand ein weiteres Treffen über die geplante Exekution statt, den Vorsitz führte der Chef des Operationsdirektorats der Streitkräfte, Brigadegeneral Sami Turjeman. Er gab noch einmal zu Protokoll, dass Ziad Maleisha »eine tickende Infrastruktur anführt und deshalb die geforderten Kriterien für einen vorsorglichen Schlag erfüllt«. »Vorsorglicher Schlag« (»peula mona'at«) ist einer der militärischen Euphemismen für »gezielte Tötung«, also für Mord. Überdies ersetzte Turjeman die Maßgabe, Frauen und Kinder dürften nicht in Mitleidenschaft gezogen werden, durch eine rein numerische Beschränkung: »höchstens fünf« Unbeteiligte inklusive des Fahrers. Allerdings befahl der Brigadegeneral, »im Lichte der bevorstehenden diplomatischen Ereignisse … den Vollzug der Maßnahme zu verschieben«.

Einen Tag später wurde der Plan für »Two Towers« zur Genehmigung an den Chief of Staff, General Gabi Ashkenazi, weitergeleitet. In dessen Besprechungszimmer trafen sich am 13. April 2007 mehrere hochrangige Militärs und ein Vertreter des Geheimdienstes Shin Bet. Das Komitee tagte. Alle Teilnehmer stimmten in der Beurteilung überein, dass Maleisha die notwendigen Voraussetzungen für eine Hinrichtung erfülle. Sie gaben »grünes Licht« für einen Zeitraum nach den »anstehenden diplomatischen Treffen«.

In diesen Tagen stand nicht nur eine Begegnung zwischen dem israelischen Regierungschef Ehud Olmert und dem Palästinenser-Präsidenten Mahmoud Abbas (»Abu Mazen«) an, es wurden auch, kurz nacheinander, UN-Generalsekretär Ban Ki-Moon, Bundeskanzlerin Angela Merkel und US-Außenministerin Condoleezza Rice in Israel erwartet. Das Komitee wollte offenbar Schlagzeilen vermeiden, die den politischen Gesprächen abträglich sein könnten. Insbesondere Mahmoud Abbas müsste es als Affront verstehen, wenn kurz vor oder während seiner Visite in Jerusalem gewissermaßen hinter seinem Rücken ein Palästinenser von israelischen Spezialeinheiten ermordet würde.

Am 20. Juni, zwei Monate später und mit gehörigen Abstand zu den hochrangigen politischen Treffen in Jerusalem, wurde die Hinrichtung Ziad Maleishas vollzogen.

Wenn aus »diplomatischen Gründen« eine geplante Exekution zurückgestellt werden könne, sei die Begründung, es handele sich bei den Zielpersonen um »tickende Bomben«, die unmittelbar vor neuen Anschlägen stünden, unzutreffend, sagt Uri Blau, denn die Uhr eines Zeitzünders ticke unaufhörlich und »mache keine Pause, nur weil Condi Rice im

Lande ist«. Der in Deutschland geborene israelische Völker-rechtler Mordechai Kremnitzer pflichtete ihm bei: »Nach meinem Rechtsverständnis sind Hinrichtungen, die man … offenbar problemlos von heute auf morgen oder übermorgen verschieben kann, gegen das Gesetz.«

Ausgangspunkt für die Operation »Two Towers« war das Büro von Generalmajor Yair Naveh, damals Chef des Central Commands der IDF. Der wurde von Uri Blau im Zusammenhang mit der geplanten Veröffentlichung in *Haaretz* befragt, ob denn die Hinrichtung Maleishas in Einklang mit den Bestimmungen des höchsten israelischen Gerichts gestanden habe. »Nerven Sie mich nicht mit den Bestimmungen des High Courts«, herrschte Naveh den Journalisten an, »ich habe keinen Schimmer, wann die Richtlinien gelten und wann nicht. Ich weiß, dass eine gezielte Exekution als ›vorsorglicher Schlag‹ bestätigt wurde und dass ich entsprechende Befehle erhielt. … Solche Entscheidungen gehen hoch bis zum Premierminister. Und was entschieden ist, ist entschieden.«

Nachdem Uri Blau im November 2008 über die Hintergründe der Hinrichtung von Ziad Maleisha und Ibrahim al-Latif Abed berichtet und dabei zwei geheime Vermerke der IDF-Operation »Two Towers« veröffentlicht hatte, die einen klaren Bruch der Bestimmungen des High Courts belegten, begannen sofort interne Ermittlungen nach seiner Quelle. In Israel unterliegen Veröffentlichungen über militärische Angelegenheiten einer vorherigen Zustimmung durch den Militärzensor, der aber erstaunlicherweise keine Einwände gegen eine Publikation vorgebracht hatte.

Blau erwartete in den Tagen nach der Veröffentlichung eigentlich einen Aufschrei über die Exekutionspraxis der IDF, doch er sah sich getäuscht. Viele Israelis kritisierten ihn vielmehr als Verräter, der das Geschäft der Feinde des Landes betreibe; nicht einmal alle Kollegen zeigten sich solidarisch, beschuldigten Blau der Illoyalität gegenüber seinem Land. Und es begann eine Art Psychoterror gegen den Journalisten. Während einer Auslandsreise wurde in seine Wohnung eingebrochen, seine Unterlagen durchwühlt und seine Schränke durchsucht.

Ein Jahr dauerten die internen Untersuchungen der Streitkräfte, dann war die undichte Stelle gefunden: Die 21-jährige Anat Kamm hatte während ihrer Militärzeit als Assistentin im Büro von Generalmajor Naveh gearbeitet, über Monate hinweg mehr als zweitausend teils streng geheime Dokumente auf mehrere CDs kopiert und die Datenträger nach dem Ende ihrer Dienstzeit Uri Blau zugespielt, den sie bis dahin nur aufgrund seiner Berichte als unerschrockenen Journalisten kannte. In dem IDF-Material ging es keineswegs nur um die Operation »Two Towers«. Es handelte sich, wie die staatsanwaltschaftlichen Ermittlungen belegten, um einen gigantischen Diebstahl sicherheitsrelevanter Informationen, Stoff für viele kritische Artikel. Das bereitete den Militärs die größten Sorgen. Die Weitergabe der Dokumente war unzweifelhaft als Spionage zu werten.

Im Dezember 2009 wurde Anat Kamm heimlich vom Geheimdienst Shin Bet verhaftet und intensiven Verhören unterzogen, gleichzeitig erließ die Staatsanwaltschaft eine sogenannte »gag order«, ein striktes Verbot, über Kamms Verhaftung und deren Hintergründe öffentlich zu berichten. Während sich die israelische Presse an das Zensurdiktat hielt, gelangten Informationen über Blogger ins Ausland, wo sie von internationalen Medien aufgegriffen wurden. Daraufhin machten sich auch israelische Journalisten für eine Aufhebung der Pressesperre stark, die aber erst im April 2010 erfolgte, nach der Fertigstellung der Anklage gegen Anat Kamm.

Uri Blau hatte im September 2009 eine schriftliche Verabredung mit dem Shin Bet getroffen und dabei in die Rückgabe der Dokumente und die Zerstörung seines Laptops eingewilligt; im Gegenzug war ihm von der Armee zugesichert worden, nicht gegen seine Informantin vorzugehen. Ihre Verhaftung betrachtete er daher als »falsches Spiel« der israelischen Sicherheitsorgane. Allerdings musste er später einräumen, nicht alle Unterlagen herausgerückt beziehungsweise Kopien zurückbehalten zu haben. Nach seinem Deal mit dem Geheimdienst brach Blau zu einer lange geplanten Reise durch Asien auf, ohne zu ahnen, dass sich die Schlinge um den Hals seiner Informantin bereits zuzog. Als er erfuhr, dass Anat Kamm aufgeflogen war, beschloss er, zunächst im Ausland den Ausgang ihres Verfahrens abzuwarten. Er befürchtete, dass die Regierung den Fall hoch hängen würde, um mögliche Nachahmer abzuschrecken. Er könnte deshalb ebenfalls verklagt werden.

Anfang Februar 2011 bekannte sich Anat Kamm nach einer Verabredung mit der Staatsanwaltschaft (»plea bargain«) vor dem Bezirksgericht in Tel Aviv schuldig, Vermerke und Berichte des Central Command der IDF heimlich kopiert und gestohlen zu haben. »Als ich die CDs brannte, dachte ich, dass die Historie Leuten verzeiht, die Kriegsverbrechen aufdecken«, hatte sie schon bei einer ihrer Vernehmungen als Entschuldigung angeführt. Das Geständnis ersparte ihr eine Verurteilung wegen Spionage und Gefährdung der Staatssicherheit, die womöglich eine lebenslange Strafe zur Folge gehabt hätte. So erhielt sie viereinhalb Jahre Gefängnis wegen der Weitergabe klassifizierter Informationen.

Im Oktober 2010 kehrte Uri Blau nach Israel zurück und nahm wieder seine Arbeit als Reporter der Tageszeitung *Haaretz* auf. Doch auch für ihn war die Geschichte noch keineswegs ausgestanden, da die Regierung, wie befürchtet, auch an ihm ein Exempel statuieren wollte. Der Journalist wurde »wegen des Besitzes geheimer IDF-Unterlagen« an-

Abschreckung als Strategie: Im Februar 2011 wurde die 21-jährige Anat Kamm wegen Verrats militärischer Geheimnisse zu viereinhalb Jahren veruteilt, die Strafe später vom Supreme Court um ein Jahr reduziert.

geklagt. Mit Hilfe der von *Haaretz* verpflichteten Verteidiger schloss Blau im Juli 2012 einen Handel mit der Staatsanwaltschaft, willigte ein, vier Monate Arbeit im Dienste des Gemeinwohls abzuleisten; das ersparte ihm eine Haftstrafe. Dieses sei leider »ein wegweisendes Urteil« gegen einen Journalisten, »der nur seinen Job gemacht hat«, kritisierte *Haaretz*-Anwalt Jack Hen den Deal. »Dem Informationsrecht der Öffentlichkeit und der Pressefreiheit wurde ernsthafter Schaden zugefügt.« Es war ein weiterer Beleg dafür, dass der Sicherheit des Staates Israel immer größere Bedeutung beigemessen wird als der Durchsetzung des Rechtsstaats: Die Generäle brechen mit ihren »vorsorglichen Schlägen« die Vorschriften des höchsten israelischen Gerichts und müssen keine Konsequenzen fürchten, stattdessen werden Journalisten bestraft, die über solche Verstöße berichten.

DAS TÖTEN DER ANDEREN

Nasse Sachen – der Fall Staschinski

> »Wie ein Alpdruck lag es auf mir, dass ich nun einen ahnungs-
> losen Menschen töten sollte. Ich rannte wie in einem Käfig
> umher. Ich wusste zwar, dass man nicht töten darf, aber ich
> konnte mich doch nicht gegen den Befehl meiner Vorgesetz-
> ten auflehnen. Ich wusste ja, in welcher Organisation ich war.«
> *Geständnis des KGB-Agenten Bogdan Staschinski, 1961*

Der Jargon entstammte dem Kalten Krieg und illustrierte
die tödliche Schlüpfrigkeit des Gewerbes: Wenn osteuropä-
ische Agenten ausrückten, um »nasse Sachen« zu erledigen,
dann ging es meist um Showdowns mit feindlichen Kräften
oder hinterhältige Attentate. Irgendjemand hatte beschlossen, dass irgendjemand der Gegenseite liquidiert, neutra-
lisiert oder entsorgt werden musste. Gute Gründe gab es fast
immer. Am Ende lagen dann die jeweiligen Opfer, von Geschossen durchsiebt, im Straßenstaub oder in einer Blutlache, was der Ursprung des Begriffs »nasse Sachen« gewesen
sein dürfte.

Der Bezeichnung blieben die Killer von KGB, Stasi & Co.
auch dann treu, als sich das Tötungsmittel ihrer Wahl längst
verändert hatte. Nicht mehr Schießgeräte aller Art standen
ganz oben, obwohl sie nie ganz aus der Mode kamen, sondern
toxische Substanzen. Ähnlich wie in den Vereinigten Staaten unter dem CIA-Chemiker Sidney Gottlieb (siehe S. 54),
entdeckten auch ihre osteuropäischen Counterparts früh
den Giftmord für ihre Exekutionskommandos. Kein Blut,
kein Risiko, dachte man.

Bogdan Nikolajewitsch Staschinski, ein junger Agent in
der KGB-Abteilung für Terrorakte im Ausland, wird im Ok-

tober 1957 für eine »nasse Sache« nach Deutschland geschickt: Er soll einen nationalistischen ukrainischen Exilpolitiker namens Lew Rebet in München ermorden, dessen Aktivitäten der Kreml als störend empfindet. Als Tatwaffe hat man ihm ein neuartiges Gerät mitgegeben, das später vom Bundesgerichtshof, wohin der Fall es schaffen würde, detailliert beschrieben wird: eine Art Giftpistole, die aus kurzer Distanz eine hochtoxische Blausäureverbindung als Nebel versprüht. Die Erfindung sollte nach Vorstellung der sowjetischen Geheimdiensttechniker Ermittlungen über die Todesursache erschweren oder, besser noch, unmöglich machen und dadurch dem Agenten die Möglichkeit eröffnen, abtauchen und eventuell erneut tätig werden zu können: »Es handelte sich um ein gut fingerdickes, etwa 18 cm langes Metallrohr aus drei zusammengeschraubten Teilen. Im unteren Teil befindet sich ein Schlagbolzen, der … eine Pulverladung (Zündblättchen) entzündet. Hierdurch wird … eine in der Mündungsröhre befindliche Glasampulle zerdrückt. Diese … enthält ein wasserhelles Gift, das … gasförmig entweiche. Ein Mensch, dem auf etwa 50 cm Entfernung dieses Gas ins Gesicht geschossen werde, atme es ein und sterbe auf der Stelle. Irgendwelche Spuren seien nicht zu entdecken, sodass man keinen gewaltsamen Tod feststellen könne« (der Bundesgerichtshof im Urteil 9 StE 4/62 gegen Bogdan Staschinski vom 19. Oktober 1962).

Am 12. Oktober 1957 passt Staschinski den ukrainischen Nationalisten Lew Rebet im Treppenhaus eines Wohnhauses in der Münchner Innenstadt ab. Er holt die in ein Zeitungsblatt gerollte Giftgaspistole Marke KGB-Eigenbau aus seiner Jackentasche, reißt sie im Vorbeigehen hoch und drückt sie aus kurzer Distanz auf Rebets Gesicht ab. Unmittelbar danach, noch im Hausflur, zerdrückt er eine Antigift-Ampulle und inhaliert den entweichenden Inhalt. Zusammen mit der vorbeugenden Wirkung von Tabletten, die er seit ein paar Tagen schluckt, sollte er damit gegen das Gift immun sein. Dann erst flieht er in den Hofgarten – Rebet hat gerade seinen letzten Atemzug getan –, versenkt das geheimnisvolle Mordinstrument im Köglmühlbach. Einen Tag später wird er über Frankfurt nach Berlin zurückfliegen, wo er unter einer Legende als Dolmetscher beim Büro für den deutschen Innen- und Außenhandel arbeitet. Von dort aus sendet er eine verklausulierte Vollzugsmeldung an die Lubjanka, das KGB-Hauptquartier in Moskau: »In einer mir bekannten Stadt habe ich mich mit dem mir bekannten Objekt getroffen und es begrüsst. Ich bin sicher, dass die Begrüssung gut ausgefallen ist.«

Die Gewissensbisse beginnen eine Woche später. Er diskutiert mit seiner Freundin, einer Friseuse aus West-Berlin, die er im Friedrichstadt-Palast kennengelernt hat, über moralische Werte. Noch ahnt sie nicht, das er gar kein Dolmetscher ist, sondern ein Killer des Geheimdienstes KGB. Aber sie beeinflusst auch so durch ihre Art sein Denken, und fördert damit unweigerlich seine Schuldgefühle und Skrupel.

Im April 1959 verloben sich Bogdan und seine Freundin, kurz darauf wird er nach Moskau beordert, um weitere Instruktionen in Empfang zu nehmen. Sein Vorgesetzter eröffnet ihm einen »von höchster Stelle« getroffenen Beschluss, er habe nunmehr den Ukrainer Stepan Bandera auf dieselbe Weise zu beseitigen wie Rebet. Am Ende dieser Besprechung lässt der KGB-Offizier Sekt kommen und stößt mit ihm auf eine erfolgreiche Durchführung der Operation an, schenkt ihm sogar noch eine Tribünenkarte für die Mai-Parade auf dem Roten Platz.

Der Bundesgerichtshof wird später zu dem Ergebnis kommen, Staschinski habe sich damals seinem Schicksal ergeben: »Er hielt es für zwecklos, weil er es als KGB-Mann für ganz selbstverständlich ansah, dass die ›höchste Stelle‹

ein Gremium zumindest auf Regierungsebene sein müsse, dessen Befehl auch bei schwersten Gewissensbedenken widerspruchslos auszuführen sei.«

Am 14. Oktober 1959 fliegt der sowjetische Berufsmörder erneut nach München, um seinen Auftrag zu erledigen. Er schluckt seine Schutztabletten und beginnt mit der Observation des Opfers. Staschinski hat klare Anweisung, die Zielperson im Laufe des nächsten Vormittags zur Strecke zu bringen. Am 15. sieht er den Exil-Ukrainer um 12 Uhr mit einer Frau aus seinem Büro kommen. Spontan beschließt er, das Schicksal auf die Probe zu stellen, wie bei einem Orakel. Wenn Bandera nicht bis exakt 13 Uhr zurück sein würde, wäre das Zeitfenster geschlossen und sein Auftrag erledigt: »Kommt er bis dahin, muss ich es tun, … zurücktreten kann ich nicht. Ich kann beobachtet werden. Bleibt er aus, so gehe ich weg«, wird er später gegenüber der Staatsanwaltschaft aussagen.

Doch Bandera kehrt rechtzeitig zurück. Seine Hoffnung weicht dem Zwang, nun handeln zu müssen. Vom selben Moment an, so wird er später vor Gericht bekennen, sei »eine Art von zielsicherer Automatik« in ihm abgelaufen. Er schießt ihm die Blausäure ins Gesicht, atmet das Gegengift aus der Ampulle ein und wirft die Tatwaffe erneut in den Köglmühlbach.

Banderas Todeskampf dauert einige Minuten. Sein Leichnam wird unverzüglich in die Gerichtsmedizin geschickt, dabei werden Gesichtsverletzungen durch Glassplitter und eine Vergiftung durch Blausäure festgestellt. Die Lubjanka beglückwünscht ihn zu seinem Erfolg, man ist in Moskau zufrieden mit dem Ergebnis – nicht so sehr mit der innovativen Methode, die offenbar doch Spuren hinterlassen kann. Im sowjetischen Sperrgebiet Karlshorst wird er von einem General empfangen. »Stehend und mit einem Glas Kognak in der Hand« spricht er einen kurzen Toast auf den Agenten und kündigt dann die Verleihung des Kampfordens »Roter Banner« an. Staschinski macht gute Mine zum bösen Spiel. Kurz vor der Begegnung in Karlshorst hat er in der Wochenschau Aufnahmen von der offenen Aufbahrung Banderas gesehen.

»Als er das krampfartig entstellte Gesicht der Leiche sah, durchfuhr ihn ›wie ein Hammerschlag, nein wie ein Schock‹, was er ›sich aufs Gewissen geladen‹ hatte. Aufgewühlt und verstört ... verliess er das Kino ... Er nahm sich fest vor, fortan nie mehr einen Tötungsauftrag durchzuführen«, heißt es im Urteil des Bundesgerichtshofes vom 19. Oktober 1962.

Ende November 1959 wird Staschinski nach Moskau gerufen. Seine Vorgesetzten wollen ihm nicht nur seinen Orden umhängen, sondern auch die geplante Heirat mit seiner deutschen Freundin ausreden. Sie legen ihm nahe, »noch einmal reiflich zu überlegen«, und er weiß in derselben Sekunde, dass dies »in der KGB-Sprache« heißt, er habe »in aller Kürze die Trennung von seiner Braut zu melden« (so Staschinski später vor Gericht). Doch er widersetzt sich hartnäckig, und am Ende willigt sein Arbeitgeber unter der Bedingung ein, dass er mit ihr nach Moskau übersiedelt.

In Moskau bezieht das junge Paar im Mai 1960 eine kleine Wohnung, die, wie die beiden bald herausfinden, verwanzt ist. Die Lubjanka hört mit, misstraut seinem Killer offenbar. »Daraufhin besprachen sie sich über Wichtiges nur noch mit Hilfe von Zetteln und auf Spaziergängen«, heißt es im Urteil des Bundesgerichtshofs. Im September informiert Staschinski seinen KGB-Offizier über die Schwangerschaft seiner Frau, der sofort eine Abtreibung verlangt, »sonst aber müssten sie es in ein Heim geben und dort aufwachsen lassen«. Anfang Januar 1961 wird der Ehefrau erlaubt, ihre Eltern in Berlin zu besuchen. Statt nach zwei Wochen zurückzukehren, täuscht sie Schwangerschaftskomplikationen vor, um den Aufenthalt bis zur Entbindung zu verlängern. Am

31. März 1961 wird der Sohn Peter geboren, Staschinski erfährt davon durch ein Telegramm. Die Lubjanka ist inzwischen über die psychische Verfassung ihres Agenten äußerst besorgt. Jetzt rächt sich, dass Staschinski nicht unter psychologischen Gesichtspunkten als Vollstrecker ausgewählt wurde, sondern weil er aus der ukrainischen Szene stammte.

Die Situation verschlimmert sich noch, als der kleine Peter plötzlich erkrankt und am 9. August 1961 verstirbt. Das KGB genehmigt eine kurze Reise seines Agenten zur Beerdigung seines Sohnes. Der Flug soll in einer Militärmaschine und mit Begleitung eines Offiziers erfolgen. Die großzügige Handhabung liegt auch im Interesse des Geheimdienstes, weil sonst womöglich unvorsichtige Äußerungen der geschwächten Ehefrau zu befürchten sind. Die Nächte müssen sie im Sperrgebiet von Karlshorst verbringen.

Insgeheim haben die beiden längst Fluchtpläne geschmiedet. Doch sie stehen unter ständiger Beobachtung, die sicherlich nach der Beerdigung ihres Kindes noch verstärkt werden würde. »Daraufhin beschlossen sie, auf der Stelle, noch vor der Beerdigung ihres Kindes, zu fliehen. Sie verliessen das möblierte Zimmer der Ehefrau, die ihren 16-jährigen Bruder Fritz mitnahm, und ... bestiegen ... am Bahnhof Schönhauser Allee die S-Bahn und fuhren unkontrolliert bis zu dem in West-Berlin liegenden Bahnhof Gesundbrunnen« (der Bundesgerichtshof in seinem Urteil 9 StE 4/62 vom 19. Oktober 1962).

Am 13. August 1961, nur wenige Stunden, bevor die Arbeitstrupps ausrückten, um die Berliner Mauer zu errichten, suchte Staschinski ein West-Berliner Polizeirevier auf und gestand den verdutzten Beamten seine beiden im KGB-Auftrag begangenen Münchner Morde. Er wollte jetzt reinen Tisch machen. Am 1. September 1961 wurde er in Untersuchungshaft genommen.

Ein Jahr später landete das Verfahren vor dem Bundesgerichtshof in Karlsruhe. Eigentlich war der Fall klar: Es gab zwei Opfer eines Kapitalverbrechens – und es gab einen geständigen Täter. Dafür sah das Gesetz lebenslanges Zuchthaus vor. Doch die Richter des 3. Strafsenats wollten mehr, sie suchten nach mildernden Umständen für Bogdan Staschinski. Wer sich an den damals oft sehr autoritären und harschen Tonfall vor Gericht und in den Urteilen jener Jahre erinnert, konnte in dem Verfahren gegen den KGB-Mörder, der seine Taten bereute und sich der Justiz gestellt hatte, eine ungewohnte Sensibilität erkennen. Die Kammer suchte und fand am Ende einen Weg zu einem gerechten Urteil, das ihr freilich später auch Kritik eintragen sollte, das aber in die deutsche Rechtsgeschichte einging. Zwar habe der Täter beide Tötungshandlungen »von eigener Hand« begangen, er sei auch nicht psychisch fremdgesteuert, aber er habe keinen eigenen Täterwillen besessen. Er habe vielmehr Beihilfe zu einer fremden Tat geleistet, nämlich einer Tat der sowjetischen Geheimdienstführung. Er könne deshalb als Täter gelten, »die solche Verbrechensbefehle missbilligen und ihnen widerstreben, sie aber gleichwohl aus menschlicher Schwäche ausführen, weil sie der Übermacht der Staatsautorität nicht gewachsen sind ...«, urteilten seine Richter.

Bogdan Staschinski wurde zu acht Jahren Zuchthaus verurteilt und wegen guter Führung vor Ablauf der Zeit aus der Haft entlassen. Er bekam eine neue Identität, weil er als Überläufer und Verräter nunmehr zur Zielperson seiner alten Kollegen geworden war. Über sein weiteres Schicksal ist nichts bekannt.

Picadilly – der Fall Markow

>»Ich bin in diesem Land aufgewachsen. Ich kann nicht glauben, dass es Leute gibt, die andere Menschen mit Regenschirmen töten!«
>
> *Annabelle Markow, Witwe des in London ermordeten Schriftstellers Georgi Markow*

Es mutete wie ein Plot aus einem billigen Spionagethriller an – und war doch hohe Schule anspruchsvollster Geheimdienstarbeit. Eine der Grundregeln dieses Gewerbes lautete: Die Methode muss sich nach den örtlichen Umständen richten. Und die Umstände am potentiellen Tatort würden ziemlich sicher lausig sein: London, im Frühherbst, es regnete oder konnte jederzeit regnen, alle Welt war mit einem Regenschirm unterwegs.

Am 7. September 1978 steht Georgi Markow, ein 49-jähriger regimekritischer bulgarischer Autor, der beim *BBC World Service* arbeitet, an einer Haltestelle nahe der Waterloo Bridge und wartet auf den nächsten Bus. Plötzlich durchzuckt ein stechender Schmerz seine rechte Wade, er sieht einen Mann mit Regenschirm vorbeihasten, der noch mit ausländischem Akzent eine Entschuldigung murmelt, über die Straße hetzt und dann ein Taxi heranwinkt. Eine alltägliche Szene im miesen Londoner Wetter. Markow misst dem Vorfall deshalb zunächst keine Bedeutung bei, eine Ungeschicklichkeit, denkt er, mehr nicht.

In seiner Wade steckt, wie sich später herausstellen wird, eine winzige Kapsel, die zu neunzig Prozent aus Platin und zu zehn Prozent aus Iridium besteht, zwei seltenen Edelmetallen; sie wurde mit Hilfe eines in den Schirm eingebauten Druckluftzylinders aus dessen Spitze völlig lautlos abgeschossen. Die kaum zwei Millimeter große Kugel ist mit dem biologischen Toxin Rizin gefüllt; sie verfügt über zwei winzige Löcher, die mit einer zuckerähnlichen Substanz verklebt sind; diese Abdichtungsmasse schmilzt bei exakt 37 Grad, also Körpertemperatur, sodass die Kapsel danach den tödlichen Wirkstoff in den Körper absondert. Gegen Rizin gibt es bis heute kein Gegengift. Soweit die naturwissenschaftlichen Fakten, die später von Scotland Yard ermittelt werden.

Als Markow an seinem Arbeitsplatz eintrifft, hat der Schmerz inzwischen das gesamte Bein erfasst. Der Schriftsteller erzählt einem Kollegen von dem seltsamen Ereignis an der Waterloo Bridge. Am Abend, zu Hause bei seiner Frau Annabelle, verschlechtert sich sein Gesundheitszustand rapide. Er bekommt Fieberanfälle, sein Blutdruck fällt in den Keller, er wird umgehend in ein Krankenhaus eingeliefert. Die Ärzte sind ratlos, haben keine Erklärung. Markow kann ihnen noch den Zwischenfall mit dem Schirm schildern, dann fällt er ins Koma. Drei Tage später ist er tot.

Bei der Obduktion wurde die Kapsel in der Wade gefunden. Scotland Yard schickte sie zur Analyse an das *Porton Down Centre*, das Speziallabor ihrer Majestät für chemische und biologische Waffen, das schnell Rizin als Wirkstoff und das Edelmetall-Kügelchen als Mordwaffe identifizierte. Die Polizeibeamten setzten alles daran, das Attentat aufzuklären. Der Verdacht fiel sofort auf den bulgarischen Geheimdienst, der Schirmmörder konnte aber nicht identifiziert werden, vermutlich hat er das Königreich umgehend nach dem Anschlag verlassen. Irgendwann geriet auch der Anschlag als *cold case* in Vergessenheit, obwohl Scotland Yard immer wieder Anläufe unternahm, den Fall zu klären.

Erst nach dem Niedergang des Sowjetimperiums ein Jahrzehnt später kam wieder Bewegung in die Ermittlungen. Im Keller des bulgarischen Innenministeriums wurden mehrere präparierte Regenschirme entdeckt, die über einen verborgenen Druckluftmechanismus verfügten. Beim Geheimdienst Darschawna Sigurnost (DS), der den politischen Umsturz relativ ungeschoren überstanden hatte, begann das

Großreinemachen, die systematische Vernichtung inkriminierender Akten. 1992 erhielt der DS-General Wladimir Todorow eine kurze Freiheitsstrafe, weil er Markow-Akten geschreddert hatte. Dann meldeten sich Überläufer zu Wort, darunter Oleg Kalugin, ein früherer Generalmajor des KGB, der bis 1980 die sowjetische Spionageabwehr geleitet hatte und inzwischen in den USA lebte. Das Attentat sei nicht ohne Grund am 7. September durchgeführt worden, es sei ein Geschenk des DS an den Diktator gewesen, den Partei- und Staatschef Todor Schiwkow, der an diesem Tag Geburtstag feierte.

Der habe sich über viele Jahre dermaßen über Markows scharfzüngigen Kommentar auf *BBC*, der *Deutschen Welle* und *Radio Free Europe* geärgert, dass er den Mord befohlen habe. Sein geheimes Todesdekret betraf überdies den in Paris lebenden Journalisten und Dissidenten Wladimir Kostow, bei dem der Giftanschlag mit einem Rizin-Kügelchen im August 1978 allerdings scheiterte. Schiwkow »bat seine russischen Freunde um technische Unterstützung«, erinnert sich Kalugin. Der damalige KGB-Chef Jurij Andropow habe das unter seiner persönlichen Kontrolle stehende operationstechnische Direktorat (OUT) angewiesen, den bulgarischen Brüdern technische Hilfe zu leisten. Aus dem Geheimlabor des KGB seien damals die Rizin-Kapseln beschafft und an die Kollegen übergeben worden.

Die Giftmischer desselben KGB-Labors waren 1979 auch an einem geplanten Giftanschlag auf den afghanischen Präsidenten Hafizullah Amin beteiligt. Der Kreml plante die Besetzung des durch Bürgerkrieg und Putschversuche erschütterten Nachbarlandes, weil er befürchtete, das Regime Amin könnte sich dem Westen zuwenden und einer Stationierung amerikanischer Truppen zustimmen. Das wäre für Moskau ein ebenso großes Problem gewesen wie seinerzeit die Stationierung russischer Mittelstreckenraketen auf Kuba für die

Amerikaner. Das Politbüro beschloss daher, Amin zu liquidieren und die Macht in Afghanistan zu übernehmen. Diesmal sollte allerdings nicht Rizin zur Anwendung kommen, sondern ein unbekanntes Gift, das mit der Nahrung aufgenommen werden konnte. Dem KGB war es nämlich gelungen, einen Agenten als Chefkoch in den Präsidentenpalast zu schleusen. Am 17. Dezember 1979 erkrankte jedoch Amins Neffe und Schwiegersohn Asadullah Amin, der auch den Sicherheitsdienst leitete, an unerklärlichen Symptomen und wurde ironischerweise zur medizinischen Behandlung nach Moskau ausgeflogen. Möglicherweise war seine Mahlzeit mit der des Präsidenten vertauscht worden. Am Morgen des 27. Dezembers begann die sowjetische Invasion. Hafizullah Amin glaubte, die Truppen kämen zu seiner Unterstützung. Doch er irrte. Als die sowjetischen Spezialeinheiten seinen Palast erreichten, töteten sie zunächst seine Garde und zündeten danach im Zimmer des Präsidenten eine Handgranate. Bei der Explosion starb auch einer seiner Söhne.

An den Auftraggebern der Markow-Liquidierung bestand also kein Zweifel mehr, wer aber war der ominöse Gentleman-Agent mit dem Regenschirm? Irgendwann sickerte in Sofia durch, aus restlichen Aktenbeständen, die nicht der Vernichtung anheimgefallen waren, sei zu belegen, dass der mutmaßliche Attentäter damals als angeblicher Antiquitätenhändler nach London gereist war. Sein Deckname: »Picadilly«. Und auch ein Klarname fand sich: Francesco Giullino, ein dänischer Staatsbürger mit italienischen Wurzeln. Im Februar 1993 glaubte Scotland Yard genügend Material zusammen zu haben, um nach Kopenhagen reisen und Guillino dort vernehmen zu können. Das Verhör dauerte sechs Stunden, der Beschuldigte zeigte sich kooperativ und räumte seine Agententätigkeit für den DS ein. Er sei 1970 rekrutiert worden, nachdem man ihn an der Grenze mit Drogen erwischt habe. »Picadilly« bestritt auch nicht, zur fraglichen

Zeit als Geschäftsmann mehrfach in London gewesen zu sein. Und es sei auch richtig, dass er am Tag des Attentats dort gewesen und einen Tag später über Rom nach Kopenhagen zurückgekehrt sei. Gleichwohl habe er mit dem Giftmord nichts zu tun. Stichhaltige Beweise gab es keine. Und so musste die dänische Polizei ihn laufenlassen. Giullino brach noch im selben Jahr seine Zelte in Dänemark ab, verkaufte sein Haus in Kopenhagen und kehrte nach Italien zurück. Dort verlor sich seine Spur.

Es dauerte erneut mehr als zehn Jahre, bis wieder Bewegung in den Fall kam. Als sich Bulgarien um eine Aufnahme in die Europäische Union bewarb, sah die EU Kommission im Jahre 2006 eine Chance, Sofia zu einer Aufarbeitung der Geheimdienst-Machenschaften während des kommunistischen Schiwkow-Regimes zu zwingen. Nach dem EU-Beitritt konnten dann fünf Beamte von Scotland Yard mehrfach nach Bulgarien reisen, um Zeugen zu vernehmen und Unterlagen zu sichten. Ein Durchbruch gelang den britischen Polizeibeamten aber offenbar nicht. Der Fall sei kompliziert und bedürfe weiterer Ermittlungen, hieß es wiederkehrend aus dem Polizei-Hauptquartier in London.

Im März 2013 stöberten Journalisten den inzwischen 66-jährigen Antiquitätenhändler Francesco Giullino im österreichischen Wels auf. »Wahrscheinlich« sei er zur Zeit des Markow-Mordes in London gewesen, bestätigte er noch einmal, dennoch habe er mit der Tat nichts zu tun. 35 Jahre nach der Tat und fünf Jahre nach den Ermittlungen in Sofia reichen die Indizien noch immer nicht, »Picadilly« vor Gericht zu stellen.

Mielkes Mörderbande – der Fall Welsch

»Alle politisch-operativen Maßnahmen sind schwerpunktmä-
ßig auf die Bekämpfung des Menschenhändlers Welsch und
dessen Ehefrau zu konzentrieren.«
*Teil III einer geheimen Anweisung der HA VI des MfS v. 22. Mai
1980*

»Der Angeklagte wird wegen tateinheitlich begangenen dreifachen Mordversuchs zu einer Freiheitsstrafe von sechs Jahren und sechs Monaten verurteilt.«
*Urteil des Landgerichts Berlin vom 28.11.1994 gegen Peter
Haack wegen seines Giftanschlags auf die Familie Welsch*

Das Telefonat ist dokumentiert, es fand laut Akten des Bun-
desbeauftragten für die Stasi-Unterlagen (BStU) am 18. Mai
1980 statt. Auch wenn der Wortlaut dessen, was die beiden
Teilnehmer zu bereden hatten, nicht schriftlich festgehalten
wurde, wie der Betroffene später den Eindruck erweckte, so
konnte es gleichwohl keine Zweifel am Inhalt des Fernge-
sprächs geben. Der Anrufer war der Leiter der Hauptabteilung VI im Ministerium für Staatssicherheit, Generalmajor
Heinz Fiedler, am anderen Ende der Leitung sprach dessen
Minister, Armeegeneral Erich Mielke; und der Betroffene,
über dessen Schicksal die beiden befanden, war Wolfgang
Welsch, ein ehemaliger DDR-Bürger, der inzwischen vom
Westen aus Fluchthilfe aus der DDR organisierte.

Fiedler, eigentlich für die Überwachung des Reiseverkehrs
und die Passkontrollen in der DDR verantwortlich, erbat
von seinem Boss grünes Licht für die Erledigung des Zentralen Operativen Vorgangs (ZOV) »Skorpion«. Dahinter verbarg sich die geplante Liquidierung von Wolfgang Welsch.
Und Mielke war einverstanden. Der »Skorpion« konnte schon
einmal seinen Stachel aufrichten, um bei der nächstbesten Gelegenheit zuzustechen.

Mordanschläge gegen die Staatsfeinde der DDR galten
als spezielle »tschekistische« Herausforderung, wie das im

Sprachgebrauch der Stasi hieß. Und bisweilen fanden sich nach dem Ende des Staates auch noch Belege dafür in den Unterlagen. Nicht nur im Fall Welsch.

Vielleicht ein, zwei Jahre nach dem denkwürdigen Telefonat zwischen Mielke und Fiedler entschloss sich der DDR-Ministerpräsident Willi Stoph, ein »roter« Preuße mit festen Prinzipien, ein von der Stasi geplantes Kapitalverbrechen zu torpedieren. Er wählte dafür den Umweg über Bonn, weil er befürchten musste, dass ein Versuch, den mächtigen Stasi-Chef durch Intervention bei Staats- und Parteichef Erich Honecker zu stoppen, wenig Erfolgsaussichten besaß. Angeblich ließ er per Kurier dem damaligen Staatssekretär im Ministerium für innerdeutsche Beziehungen, Dietrich Spangenberg, eine dringende Bitte zukommen: Die Behörden sollten für größtmöglichen Schutz des DDR-Flüchtlings Werner Weinhold sorgen, der stehe auf einer »Abschussliste« des MfS. Stoph ging in seiner vertraulichen Botschaft für den Klassenfeind sogar noch weiter: Es sei bereits ein Killerkommando unterwegs, um den ehemaligen Soldaten der Nationalen Volksarmee durch einen »inszenierten Unfall« zu ermorden. »Mit der Mord-Aktion wolle das MfS potentielle Überläufer aus den Reihen der Grenztruppen abschrecken«, berichtete *Der Spiegel* ein Jahrzehnt später über die ungewöhnliche Maßnahme des DDR-Ministerpräsidenten.

Der mehrfach vorbestrafte NVA-Deserteur Werner Weinhold hatte sich am 19. Dezember 1975 nördlich von Coburg über die Grenze abgesetzt und dabei zwei blutjunge DDR-Grenzsoldaten mit einer Salve aus seiner Maschinenpistole getötet. Er fuhr zu Verwandten nach Marl, wurde dort verhaftet, nachdem die Umstände seiner Flucht von den DDR-Behörden publik gemacht worden waren. Als das Schwurgericht Essen ihn vom Vorwurf des zweifachen Totschlags freisprach, weil die Beweise für eine Verurteilung nicht ausreichten, brach in der DDR ein Sturm der Entrüstung los.

Nach einem Votum des Bundesgerichtshofes wurde das Verfahren neu aufgerollt und Weinhold im Oktober 1978 zu einer Haftstrafe von fünf Jahren und sechs Monaten verurteilt. Es gab keine Zweifel mehr, dass der ehemalige NVA-Soldat »nicht im Recht war, als er schoss«, wie es im neuerlichen Urteil hieß, die von ihm reklamierte Notwehrsituation existierte nicht, weil er den beiden Opfern gar keine Zeit gelassen hatte, zu ihren Waffen zu greifen.

Wegen guter Führung kam Weinhold im Juli 1982 auf freien Fuß. Er war in den letzten Monaten seiner Haftzeit noch mehrfach verlegt worden, weil es wiederholt Morddrohungen gegen ihn gegeben hatte. Sogar eine Entführung aus dem Gefängnis im sauerländischen Attendorn war geplant. Ein Mitgefangener offenbarte sich der Polizei, er sei von der Bonner DDR-Vertretung zur Mithilfe bei der Operation ermutigt worden. Das »Kopfgeld« für Weinhold wurde von zunächst 100000 Mark auf eine Million erhöht. Für die Zeit nach seiner Entlassung hatte das MfS schon neue Pläne geschmiedet: ein Verkehrsunfall, wie von Stoph angedeutet, oder vielleicht ein Absturz bei einem Bergspaziergang während eines Urlaubs in den österreichischen Alpen. Weinhold überlebte die ersten Jahre in Freiheit, aber das Ministerium für Staatssicherheit erneuerte immer wieder seine Exekutionspläne gegen den Mann, den sie »Terrorist« nannten. Im Mai 1985 wurde zum wiederholten Male von der Hauptabteilung 1 eine »Realisierungskonzeption des Operativvorgangs ›Terrorist‹« erarbeitet. Auf elf Seiten spielte das MfS drei verschiedene Mordpläne durch: »Zwei Genossen aus dem Bereich der HA 1« sowie »zwei operative Mitarbeiter« sollten Weinhold in ihre Gewalt bringen und dann ermorden: »1. Habhaft werden des ›Terrorist‹ und Vortäuschung eines Selbstmordes unter Nutzung der in unmittelbarer Nähe des Anmarschweges Wohnung–Arbeitsstelle gelegenen Gleisanlage des S-Bahn-Nahverkehrs Rhein-

Ruhr (Gleiskörper oder Stromfalle durch Ausnutzung des elektrifizierten Streckennetzes); 2. ... durch Erschießen mittels einer Handfeuerwaffe Beretta schallgedämpft – auf dem Anmarschweg Wohnung–Arbeitsstelle und nachfolgende Beseitigung von Spuren ... 3 .... durch Vortäuschung eines Raubüberfalls ...«.

Werner Weinhold überlebte alle Mordkomplotte. Nachsatz zu seiner Lebensgeschichte: Am 8. Januar 2005 schoss er in seiner Marler Stammkneipe »Bierkiste« zweimal auf einen Bekannten und verletzte ihn schwer. Das Landgericht Essen verurteilte ihn wegen gefährlicher Körperverletzung zu zweieinhalb Jahren Haft.

Mordpläne schmiedete die Staatssicherheit immer wieder auch gegen einen Mann aus den eigenen Reihen, den im Januar 1979 über den Bahnhof Friedrichstraße geflüchteten MfS-Offizier Werner Stiller. Mit seinen Aussagen und durch die Angaben in seinem Notizbuch legte er nicht nur weite Teile der DDR-Spionage in der Bundesrepublik, Österreich und Frankreich lahm, weil Agenten verhaftet wurden oder auf schnellstem Wege zurückgerufen werden mussten, sein Frontwechsel bedeutete vor allem eine Schmach für das MfS und die SED-Spitze. 1981 begann Stiller ein Leben mit neuer Identität, machte nach einem Wirtschaftsstudium im amerikanischen St. Louis Karriere als Investmentbanker in New York und London. Bis zum Ende der DDR versuchte eine bestens ausgestattete Gruppe von Zielfahndern der Stasi, Stiller ausfindig zu machen und zu töten. Vergeblich.

Es gibt weitere Todesfälle, bei denen bis heute unklar ist, ob Mordkommandos der Staatssicherheit beteiligt waren oder nicht: den des SED-Kritikers Bernd Moldenhauer, der im Juli 1980 von einem Busfahrer und IM der Stasi erdrosselt wurde (ein MfS-Mordauftrag ist hier eher unwahrscheinlich); der Tod des Fluchthelfers Kay Mierendorff, der 1982 durch eine Briefbombe schwer verletzt wurde und dessen Ehefrau, die ebenfalls betroffen war, an den Spätfolgen verstarb (Stasi-Beteiligung denkbar); der Tod des Fußballers Lutz Eigendorf, der sich 1979 in den Westen abgesetzt hatte und im März 1983 bei einem Autounfall ums Leben kam (Stasi-Beteiligung eher unwahrscheinlich).

Als der am besten dokumentierte Fall gilt der von Wolfgang Welsch, jenem Fluchthelfer, dessen Todesurteil im Mai 1980 von Erich Mielke persönlich abgesegnet worden war. Was für ein Leben: Der 1944 in Berlin geborene Welsch absolvierte zunächst eine Ausbildung zum Schauspieler in der DDR, wurde nach einem misslungen Fluchtversuch 1964 zu zwei Jahren Haft verurteilt, arbeitete nach seiner Entlassung als Assistent bei der DEFA und plante mit zwei Freunden einen Dokumentarfilm gegen das SED-Regime; er wurde verraten und erneut ins Gefängnis gesteckt, diesmal wegen Hochverrats für fünf Jahre. 1971 zählte Welsch zu den politischen Häftlingen, die auf Initiative von Willy Brandt freigekauft wurden; er studierte Politikwissenschaften an der Universität Gießen, promovierte in England, begann zeitgleich mit dem Aufbau einer Organisation, die am Ende insgesamt zweihundert DDR-Bürgern zur Flucht aus der DDR verhelfen sollte, vornehmlich Akademikern, um dem SED-Staat möglichst großen Schaden zuzufügen. Durch seine Aktivitäten geriet er erneut ins Visier der Staatssicherheit, die einen Vorgang anlegte, Mordpläne ersann und 1978 bei einem Ferienaufenthalt in Griechenland »IMF Alfons« als Zufallsbekanntschaft an ihn »heranspielte«: Peter Haack. Es handelte sich um eine nachrichtendienstliche Meisterleistung, denn mit Haack sollte ein »inoffizieller Mitarbeiter der inneren Abwehr mit Feindverbindungen zum Operationsgebiet«, wie das in der Stasi-Terminologie hieß, zum besten Freund der Zielperson Wolfgang Welsch werden. Des Opfers.

Mehr als ein Jahr später: Wolfgang Welsch und Peter Haack sind auf dem Weg nach England. Sie haben in Mannheim

An das Opfer »herangespielt«: Auf einem Campingplatz in Griechenland lernte Wolfgang Welsch (rechts) wie zufällig Peter Haack kennen, der für das MfS arbeitete.

einen Mercedes Kastenwagen von Hertz gemietet, um in der Grafschaft Kent, in der Nähe von Canterbury, bei einer alten Dame günstig Antiquitäten einzukaufen. Vorher wollen sie noch zum Sightseeing nach London, wo Haack eine kleine Wohnung hat. Sie nehmen die Autobahn Richtung Nordfrankreich, um mit der Fähre von Calais überzusetzen: »Am Terminal zur Englandfähre mussten wir etwa eine Stunde warten. Peter verschwand und tauchte erst nach einer halben Stunde wieder auf«, erinnert sich Welsch, und weiter: »Er habe etwas gegessen, erklärte er mir … Gegen fünfzehn Uhr kamen wir in Dover an und waren wenig später auf der Autobahn M 2 in Richtung London.«

Kurz vor der Reise hat sich Haack in Ost-Berlin mit MfS-Generalmajor Fiedler getroffen und ist mit ihm und seinen Leuten die Alternativen eines Mordanschlags durchgegangen. Die Idee eines Bombenanschlags bei einem erneuten Urlaub in Griechenland wird diskutiert und wieder verworfen. Fiedler bringt einen Scharfschützen ins Spiel, und plötzlich ergibt ein Wort das andere. Haack bietet an, seinen

Freund nach England zu locken, dort ergebe sich auf der M 2 doch sicherlich eine Möglichkeit. Er erschrickt kurz über den eigenen Vorschlag, dass Welsch hinter dem Steuer erschossen werden soll, doch Fiedler hat bereits zustimmend genickt. Das scheint ihm ein guter Plan, falls HVA-Chef Markus (»Mischa«) Wolf, Mielkes Stellvertreter, die Sache logistisch und technisch unterstützt. England ist schließlich Feindesland. Mischa sagt zu.

Während Welsch in Calais auf die Fähre wartet, telefoniert Haack heimlich – so wird sich später herausstellen – mit Ost-Berlin. Er gibt die Ankunftszeit des Schiffes durch und bekommt die verklausulierte Anweisung, fünf Meilen vor dem Autobahnkreuz Dartford dafür zu sorgen, dass der Kleinlaster nicht schneller als fünfzig Meilen pro Stunde fährt.

An der besagten Stelle bittet Haack seinen Freund, das Tempo wegen der Polizeikontrollen zu drosseln. »Ich nahm etwas Gas weg, und das Dieselgeräusch ging … in ein sonores Brummen über. Wenig Verkehr … Einen Moment ging ich ganz vom Gas. Ich wollte meine Pfeife aufheben. Die war schon vor einiger Zeit vom Sitz gerutscht und hatte mich die ganze Zeit am Boden gestört. Mit meinen Schuhen ertastete ich sie … Ich bückte mich, um die Pfeife aufzuheben. In diesem Moment tat es einen Schlag. Mit der Pfeife in der Hand tauchte ich wieder nach oben. Die Frontscheibe knisterte. Von dem kreisrunden Loch in der Windschutzscheibe breiteten sich scharfe Linien spinnennetzförmig nach allen Seiten aus«, schreibt Wolfgang Welsch in seinem Buch »Ich war Staatsfeind Nr. 1«.

Die Nachricht erreicht Generalmajor Fiedler noch am selben Tag. Der Anschlag ist gescheitert. Zu dumm. Wenigstens ist IMF Alfons nicht aufgeflogen. Es wird fast zwei Jahre dauern, bis die Staatssicherheit eine neue »todsichere« Idee hat: Gift. Der neue Operative Vorgang bekommt die Bezeichnung »Skorpion« (Reg-Nr. XV/3359/4). Nachdem Erich Mielke

Nach der Pfeife gebückt: Einem Anschlag, der Kugel eines Scharf-schützen der Stasi, entging Welsch auf dem Weg nach London nur durch Zufall. Das Foto zeigt Peter Haack unmittelbar nach dem Attentat.

im Mai 1980 seine Zustimmung erteilt hat, wird es noch einmal ein Jahr dauern, bis der Plan im Frühjahr 1981 in seine konkrete Phase tritt. Haack macht seinem Freund Wofgang eine Israelreise schmackhaft. Im Wohnmobil und in Beglei-tung seiner Frau und seiner Tochter könnten sie das biblische Land erkunden, schlägt der Stasi-Agent vor. Unterwegs soll IMF Alfons in der Bordküche Thallium unters Essen mi-schen, ein extrem toxisches Schwermetall. Mischa Wolfs HVA hat ein Wohnmobil in der Bundesrepublik gekauft und mit deutschem Kennzeichen nach Israel verschiffen lassen. Alles ist vorbereitet. Am 12. Juli treffen sie in Israel ein. In Jerusalem stellt Haack ihm seine neue Bekanntschaft Susan vor, sie will ebenfalls mitreisen. Bei ihr habe es sich mutmaß-lich um eine »hauptamtliche HVA-Agentin« gehandelt, meint Welsch, der bis heute auf ihrer Spur ist. Einen gewissen Hautgout bekommt die Aktivität der DDR-Spione auf isra-elischem Boden, weil es sich bei dem Judenstaat eigentlich um den Erzfeind schlechthin handelt; andererseits verfügte

Mischa Wolf über gute jüdische Kontakte, er wird sogar sehr viel später, lange nach der Wiedervereinigung, auf Einladung des ehemaligen Mossad-Agenten Gad Shimron Israel einen Besuch abstatten und dabei auch von den Kollegen des Geheimdienstes äußerst freundlich empfangen werden – als Profi unter Profis (siehe S. 101).

»Es war heiß. Peter und Susan begleiteten uns zur Klagemauer, zum Tempelberg, zur Knesset und beim Besuch der Gedenkstätte Yad Vashem. Obwohl wir in Urlaubsstimmung waren und meine siebenjährige Tochter allerlei Aufmerksamkeit auf sich zog, sprach Susan kaum ein Wort mit uns«, schreibt Wolfgang Welsch.

Ein paar Tage später, eine kleine Feriensiedlung südlich von Eilat. Es ist heiß, das Rote Meer lädt zum Baden ein. Peter schlägt vor, er werde einen Salat und Buletten machen, während der Rest der Gruppe sich abkühle. Niemand widerspricht. Vierzig Minuten später ruft er, alles sei zubereitet. Auf einem der Holztische vor dem Wohnmobil steht eine große Schüssel mit Buletten, eine weitere Schüssel mit Kopfsalat.

Welsch erinnert sich: »Ich ließ mich nicht lange bitten und griff zu. Die Buletten schmeckten ausgezeichnet, vielleicht auch deshalb, weil ich nach den Tagen des hitzebedingten Fastens einen Bärenhunger hatte. … Mit jedem Bissen nahm ich eine Dosis Thallium auf. Es hat die Eigenschaft, geruchs- und geschmacklos zu sein, und kann daher in jeder Dosis jedem beliebigen Essen beigemengt werden. Tatsächlich nimmt Welsch ein Vielfaches der tödlichen Dosis auf, seine Frau deutlich weniger. Doch noch zeigen sich keine Symptome. »IMF Alfons« soll so lange bei der Gruppe bleiben, bis sich untrügliche Anzeichen der Vergiftung zeigen. Sie kehren nach Jerusalem zurück, angeblich hat Haack dort seine Minox-Kamera liegen lassen. Später wird sich herausstellen, dass er von dort die sichere Nummer in Ost-Berlin anruft, um den Vollzug zu vermelden: Der Skorpion hat zugestochen.

Inzwischen merkt Wolfgang Welsch, dass etwas nicht stimmt, er beklagt ein Kribbeln in den Beinen, das sehr bald in Schmerzen übergeht. Dann auch ein Kribbeln in den Armen.

Als Haack sieht, dass das Gift Wirkung zeigt und die vorhergesagten Symptome eintreten, macht er sich unter einem Vorwand aus dem Staub. Sie bringen ihn noch zum Flughafen, dann fährt die Familie Welsch mit dem Wohnmobil zurück nach Eilat, sie wollen sich dort ausruhen und erholen. Haack hat versprochen, nach einigen Tagen zurückzukehren und wieder dazuzustoßen. Das ist natürlich eine Lüge, er fliegt nach Berlin, um Fiedler Bericht zu erstatten und die weitere Entwicklung abzuwarten. Auf der Strecke durch die Negev-Wüste werden die Schmerzen von Wolfgang Welsch unerträglich, er kann sich kaum noch bewegen. Unter größten Schwierigkeiten erreichen sie Eilat. Die Ärzte sind ratlos, sie können nur Schmerzmittel verschreiben. Eigentlich möchte er nur noch schnell nach Hause, doch alle Flüge sind ausgebucht. Die erste Möglichkeit besteht erst für den 8. August 1981. Eine Woche schwebt Welsch im Hotel in Eilat zwischen Leben und Tod. Mit letzter Kraft schaffen er und seine Familie es schließlich zurück zum Flughafen Tel Aviv und von dort nach Frankfurt.

Welsch begibt sich sofort in notärztliche Behandlung, wird an Fachärzte verwiesen, landet irgendwann in den Städtischen Krankenanstalten Mannheim. Dort wird schließlich eine akute Thalliumvergiftung diagnostiziert. »Giftaufnahme: 17. bis 20. 7. 81 während eines Israel-Urlaubs« steht auf dem ärztlichen Attest, das ihm genau vier Wochen nach der Tat ausgestellt wird.

Wolfgang Welsch überlebt auch diesen Mordanschlag auf sein Leben.

Kurz nach dem Fall der Mauer setzte Wolfgang Welsch die Strafverfolgung gegen seinen Freund Peter Haack durch. Die Berliner Staatsanwaltschaft beginnt sofort mit Ermittlungen,

Unterlagen aus dem Ministerium für Staatssicherheit scheinen seine Anzeige zu bestätigen. Am 28. November 1994 verurteilt das Landgericht Berlin Peter Haack wegen dreifachen Mordversuchs zu einer Freiheitsstrafe von sechseinhalb Jahren.

In einer der Verhandlungspausen trat Peter Haack im Gerichtssaal auf Welsch zu, das erste Mal nach der Verabschiedung auf dem Flughafen von Tel Aviv Ende Juli 1981.

»Plötzlich liefen ihm Tränen über die Wangen«, schreibt Wolfgang Welsch, »er ergriff meine Hand wie ein Bittsteller die seines Gönners. Einen Moment stand ich regungslos, ließ ihn gewähren … ›Ich möchte dich bitten, mir zu vergeben, ich bereue meine Handlungsweise zutiefst!‹ … Von Weinkrämpfen geschüttelt, brach er ab.« Haack bereute seine Tat wie Bogdan Staschinski.

Generalmajor Heinz Fiedler hatte sich im Vorjahr seiner Strafe entzogen. Er wurde am 1. Dezember 1993 in der Angelegenheit Welsch verhaftet und zwei Wochen später erhängt in seiner Gefängniszelle aufgefunden.

Saschas qualvoller Tod – der Fall Litwinenko

>»Sie [Putin] werden es vielleicht schaffen, mich zum Schweigen zu bringen, aber dieses Schweigen hat einen Preis. Sie haben sich als so barbarisch und rücksichtslos erwiesen, wie Ihre ärgsten Feinde es behauptet haben. … Aber der Protest aus aller Welt, Herr Putin, wird für den Rest des Lebens in Ihren Ohren nachhallen … Möge Gott Ihnen vergeben, was Sie getan haben, nicht nur mir angetan haben, sondern dem geliebten Russland und seinem Volk.«
>
> *Abschiedsbrief von Alexander Litwinenko vom 21. November 2006, zwei Tage vor seinem Tod*

>»Ich habe heute beschlossen, dass die Beweise, die uns von der Polizei übergeben wurden, genügen, um Andrej Lugowoi des Mordes an Herrn Litwinenko mittels absichtlichen Vergiftens zu beschuldigen … Ich habe die Rechtsvertreter des Crown Prosecution Service angewiesen, unverzüglich Schritte zu unternehmen, um die baldige Auslieferung von Andrej Lugowoi durch Russland zu erreichen.«
>
> *Sir Ken Macdonald, öffentlicher Ankläger, London, Mai 2007*

Am 28. Oktober 2006 landet ein geheimnisvoller Mann auf dem Flughafen Hamburg-Fuhlsbüttel. Er kommt mit einer Aeroflot-Maschine aus Moskau. Sein Name ist Dmitri Kowtun. Er hat in den achtziger Jahren die Elitehochschule des sowjetischen Militärs in Moskau absolviert und danach einen Job im neunten Direktorat des KGB erhalten, das damals für den Personenschutz hochrangiger Kreml-Offizieller verantwortlich war. Nach dem Fall des sowjetischen Imperiums wechselte Kowtun in Russland ins »private Sicherheitsgeschäft«, was eine ziemlich unpräzise Beschreibung von Aufgaben darstellt und eine ziemlich breite Palette von Tätigkeiten umfassen kann.

Als der frühere KGB-Mann aus dem Hamburger Terminal kommt, wird er bereits von einem BMW erwartet, vermutlich sitzt seine russisch-deutsche Ex-Ehefrau Marina W. am Steuer. Das Ziel ist ihre Wohnung in der Erzberger Straße in Hamburg-Ottensen, wo Kowtun auch übernachtet. Der

Russe besitzt in dem Mehrfamilienhaus sogar zwei Wohnungen, eine, in der W. wohnt, und eine weitere, die seit Jahren vermietet ist.

Wo immer sich Kowtun in diesen Tagen aufhält, hinterlässt er Spuren, extrem winzige zwar, die aber später eindeutig nachzuweisen sind: Polonium-210. Dabei handelt es sich um alles andere als einen Allerweltsstoff, Po-201 entsteht ausschließlich beim Betrieb von Kernkraftwerken und anderen Atomanlagen. Man kann es also nicht in einer Fachhandlung kaufen, allenfalls auf dem Schwarzmarkt. Solange man nur äußerlich mit Polonium in Berührung kommt, sind die Folgen begrenzt, weil die oberste Hautschicht aus abgestorbenen Zellen wie ein Schutzschirm wirkt. Gelangt der extrem radioaktive Stoff dagegen in den Körper, gibt es kaum noch Rettung. Die ersten Symptome entsprechen denen einer Strahlenkrankheit: Haarausfall, Diarrhoe, Anämie, Blutungen aus Nase und Mund; nach und nach werden die Organe angegriffen, der Betroffene wird immer schwächer, medizinische Hilfe kommt in diesem Stadium schon zu spät. Polonium-210 gilt, so gesehen, als tödliche Waffe, wenn es gelingt, das Gift in den Körper des Delinquenten zu schleusen.

Schon als Kowtun in Hamburg eintrifft, ist er mit Polonium »verseucht«. Als später seine Wege in der Hansestadt nachvollzogen werden, stoßen die Spezialisten des Bundeskriminalamts überall auf Spuren – in Autos, Kleidung, Mobiliar, mit denen er in Berührung gekommen ist. Es seien offenbar nicht nur oberflächliche Anhaftungen gewesen, erklärte der damalige Chef der Sicherheitsabteilung im Bundesministerium des Innern und spätere BND-Präsident, Gerhard Schindler, sondern der Russe sei erheblich kontaminiert gewesen und habe das Polonium über seine Poren ausgeschwitzt.

Am 1. November 2006 fliegt Kowtun um 6.40 Uhr mit ei-

C O N F I D E N T I A L SECTION 01 OF 02 HAMBURG 000085

SIPDIS
SIPDIS

EO 12958 DECL: 12/19/2016
TAGS KCRM, PTER, EAIR, PINR, PINS, KNNP, RS, GM, UK
SUBJECT: HAMBURG POLICE TRACK POLONIUM TRAIL

HAMBURG 00000085 001.2 OF 002

CLASSIFIED BY: Duane Butcher, Consul General, Consulate General Hamburg,
State. REASON: 1.4 (b)

1. (SBU) Summary: Hamburg State Police (LKA) confirmed December 14 that
Dmitry Kovtun had left positive traces of polonium 210 in Hamburg prior
to his departure from Hamburg for London on November 1. A senior
official in the Federal Interior Ministry in Berlin also confirmed the
reports and noted the ongoing investigation. Hamburg police continue to
examine where Kovtun was and what he did while in Germany, but are not
yet able to confirm if Kovtun was transporting polonium or if he had
been contaminated through contact with the substance prior to his
arrival in Hamburg on October 28. End Summary.

2. (SBU) Pol/Econ Off and FSN Investigator met Hamburg LKA Criminal
Investigation Department (CID) Officer and director of this special
investigation Thomas Menzel December 14. Menzel, who is also Director of
the Hamburg LKA Organized Crime Unit, explained that the Hamburg
investigation started because officers on his team drawing from press
reports recognized a connection between the Litvinenko case and the
flight from Hamburg to London and began to investigate whether Kovtun or
Andrei Lugovoi had been in Hamburg. They discovered that Kovtun was a
registered resident at the multi-family building at Erzberger Strasse 4
in Hamburg's Ottensen neighborhood and that he had flown to Hamburg on
October 28 on an Aeroflot flight from Moscow. Menzel reported Hamburg
authorities are working closely with the Federal Office of Criminal
Investigation (BKA) and is receiving assistance from the Federal Central
Support Unit and the Federal Office of Radiation Protection. Menzel
stated that Stuart Goodwin from Scotland Yard has been in Hamburg since
December 12 and that cooperation between the British and Hamburg police
has been excellent. While the BKA and various German agencies are
involved in the investigation, Menzel confirmed that Hamburg is leading
the inquiry.

Vertrauliche Nachricht: Bericht des amerikanischen Generalkonsulats in Hamburg an das State Department in Washington über die vom mutmaßlichen Attentäter Kowtun hinterlassenen Polonium-Spuren.

ner Frühmaschine nach London weiter. Ein paar Stunden später trifft er sich an der Pine Bar des Millenium Hotels in Mayfair mit zwei anderen Russen zum Tee: mit Alexander Litwinenko und seinem Jugendfreund Andrej Lugowoi, für dessen Sicherheitsdienste er tätig ist. Alle drei haben früher für das KGB gearbeitet, allerdings hat Litwinenko bereits acht Jahre zuvor begonnen, den Kreml und den russischen Nachfolge-Geheimdienst FSB öffentlich zu kritisieren, wohingegen Lugowoi und Kowtun offenbar noch immer in dessen großem Schattenreich agieren, auch wenn ihre Visitenkarten sie heute als Geschäftsleute ausweisen.

Der damals 37-jährige Alexander (»Sascha«) Litwinenko wurde im März 1999 in Moskau verhaftet, im November des Jahres freigesprochen, aber noch im Gerichtssaal erneut festgenommen. Nach seiner Entlassung begannen offenbar FSB-Offiziere, die Netzbeschmutzer gar nicht mögen, ihn zu schikanieren und zu bedrohen. Litwinenko floh nach London, ersuchte um politisches Asyl, das ihm und seiner Familie im Mai 2001 gewährt wurde. Er arbeitete in der Folgezeit als Journalist, verdingte sich offenbar auch beim britischen Auslandsgeheimdienst MI6, zog weiter öffentlich über den russischen Präsidenten Wladimir Putin her, verstieg sich dabei auch zu eher absurden Vorwürfen wie jenem, Putin sei pädophil. Im Oktober 2006, kurz vor seiner folgenschweren Verabredung in der Hotelbar, erhielt Litwinenko die britische Staatsbürgerschaft.

Worum es bei dem Treffen tatsächlich ging, ist bis heute nicht gesichert. Sicher dagegen scheint den britischen Ermittlungsbeamten, dass Lugowoi oder Kowtun, oder beide zusammen, ihrem Gesprächspartner das farb- und geschmacklose Polonium-210 in einer letalen Dosis in den Tee bugsierten. Möglicherweise gingen sie dabei ähnlich vor, wie es weiland der amerikanische Magier John Mulholland der Konkurrenz von der CIA beigebracht hatte (siehe S. 52).

Wenige Stunden nach der Begegnung mit Lugowoi und Kowtun zeigt Litwinenko erste Symptome, die sich in den nächsten Tagen verstärken. Am 17. November wird er in die Londoner Universitätsklinik eingeliefert, zunächst tippen die Toxikologen (wie bei Wolfgang Welsch) auf eine Thallium-Vergiftung. Die Antiterror-Einheit von Scotland Yard stellt ihn auf der Intensivstation unter Polizeischutz. Der russische Geheimdienst weist jeden Vorwurf zurück, er habe irgendetwas mit der Sache zu tun. Ein Italiener, mit dem Litwinenko nach dem Treffen in einer Sushi-Bar zu Mittag gegessen hat, nennt ihn und sich selbst geheimnisvoll eine hochgefährdete Person, ohne auf Details einzugehen. Am 21. November ahnt Litwinenko, dass es mit ihm zu Ende geht, er schreibt einen Brief an seinen Vater, voller Beschul-

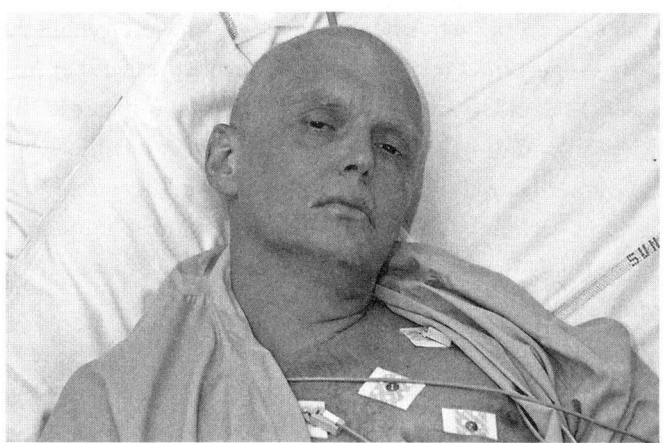

Ohne Überlebenschance: Der russische Dissident Alexander Litwinenko wurde im November 2006 mit dem extrem toxischen Polonium-210 vergiftet, das auch mit dem seltsamen Tod von Jassir Arafat genau zwei Jahre zuvor in Verbindung gebracht wird.

digungen an die Adresse Putins. Einen Tag später kommt es bei ihm zu einem plötzlichen Blutdruckabfall; der Chef der Intensivmedizin nennt seinen Zustand lebensbedrohlich, glaubt aber nicht mehr an eine Thallium-Vergiftung. Am 23. November 2006 um 21.21 Uhr Ortszeit stirbt Alexander »Sascha« Litwinenko. Erst wenige Stunden vor seinem Tod ist das radiotoxische Polonium-210 in hoher Konzentration in einer Urinprobe entdeckt worden.

Scotland Yard beginnt mit umfangreichen Ermittlungen. Der Albtraum der Toxikologen ist ein Traum für die Fahnder. Der Täter muss sich bei der Verabreichung des Giftes im Hotel oder schon vorher mit Polonium kontaminiert haben. Jedenfalls hat er eine unverwischbare Spur durch London hinter sich hergezogen, der die Polizei jetzt einfach folgen muss. Wo immer er sich aufhielt, in Hotelzimmern, Restaurants, Taxis, Flugzeugen, wann immer er Hände schüttelte, Lichtschalter bediente, mit Banknoten bezahlte, stets verteilte er winzigste Mengen des Stoffes. Scotland Yard kann den Weg des Killers aus Moskau nach London und seinen dortigen Aufenthalt gewissermaßen wie mit einem Geigerzähler rekonstruieren. Die entsprechenden Airlinetickets und Kreditkartenbelege weisen alle in die gleiche Richtung: Andrej Lugowoi. Mehr noch: Die um Hilfe gebetene amerikanische Bundespolizei FBI kann sogar das Muster von Verunreinigungen in jenem Polonium-210 identifizieren, mit dem Litwinenko umgebracht worden ist. Es stammt offenbar aus einem russischen Reaktor.

Zurück in Moskau, begeben sich auch Lugowoi und Kowtun in ärztliche Behandlung, weil sie kontaminiert sind. Allerdings erweist sich ihre Belastung als wenig gravierend, sie bleiben lediglich unter medizinischer Beobachtung. Beide dementieren energisch, etwas mit dem Mord zu tun zu haben. Wie aber sonst soll die Spur des radiotoxischen Poloniums-210 aus Moskau nach London (Lugowoi) und aus Moskau über Hamburg nach London (Kowtun) erklärt werden? Er bestreite die radioaktive Spur nicht, gibt sich Andrej Lugowoi im März 2007 in einem Interview mit der Zeitschrift *Stern* selbstbewusst, »trotzdem habe ich Litwinenko nicht umgebracht. Ich habe doch selbst zum ersten Mal gehört, was das überhaupt ist, Polonium«.

Die britische Justiz ließ sich von dem Wortgeklingel nicht beeindrucken. Im Mai 2007 verkündete Sir Ken Macdonald, Direktor der Anklagebehörde *Crown Prosecution Service*, es gebe ausreichende Gründe und ein starkes öffentliches Interesse, Andrej Lugowoi wegen Mordes an Alexander Litwinenko anzuklagen. Er verlangte die Auslieferung des Beschuldigten aus Russland. Die britische Regierung unterstützte das Ersuchen, was zu schweren diplomatischen Erschütterungen zwischen London und Moskau führte. Der Kreml war empört und lehnte das Ansinnen kategorisch ab. Die britische Regierung entschied daraufhin, vier russische Diplomaten auszuweisen. Russland zog nach und ließ überdies zwei zum Foreign Office gehörende Kultureinrichtungen schließen.

Ein Ermittlungsverfahren gegen Dimitri Kowtun in Hamburg wurde im November 2009 aus Mangel an Beweisen eingestellt. Der meldete sich daraufhin zu Wort, er sei erleichtert, dass die Gerechtigkeit gesiegt habe. Aber es handelte sich nur um einen Etappensieg. Im Februar 2012 entschied der *Crown Prosecution Service* aufgrund neuer Erkenntnisse, Kowtun sei Komplize bei dem Mord gewesen. Ein weiteres Ermittlungsersuchen wurde nach Moskau geschickt, von dort jedoch abgelehnt. Auch dieser Antrag wurde abgelehnt.

Die vorerst letzte Runde im diplomatischen Fingerhakeln kam dann im Dezember 2012. Hugh Davis, Ermittlungsleiter einer staatlichen Untersuchungskommission in London, die den Fall parallel zu den Ermittlungen der Staatsanwaltschaft aufklären soll, gab bekannt, die britische Regierung sei im Besitz von Dokumenten, mit denen sich »die Verwicklung des russischen Staates in den Tod von Alexander Litwinenko beweisen« lasse. Bei dem Polonium-Mord handele es sich offenbar um ein vom Kreml in Auftrag gegebenes Verbrechen.

ANHANG

Auf den folgenden Seiten werden israelische Hinrichtungen in der palästinensischen Westbank und im Gaza-Streifen sowie palästinensische Terroranschläge in Israel für verschiedene Phasen der letzten zwanzig Jahre gegenübergestellt. Aus dem Vergleich ergeben sich mehrere Erkenntnisse:

- Bis zum Ende der Zweiten Intifada im Jahre 2005 waren gezielte Tötungen der israelischen Streitkräfte oftmals Vergeltungsmaßnahmen für palästinensische Terroranschläge – und umgekehrt.
- Die Entscheidung des israelischen Supreme Court im Dezember 2006 führte nicht zu einer wesentlichen Änderung des israelischen Hinrichtungsprogramms.
- Nach 2008 ging die Zahl der israelischen Opfer durch palästinensische Terror- und Raketenanschläge drastisch zurück – ein Erfolg entsprechender Gegenmaßnahmen; die Zahl israelischer Exekutionen dagegen blieb hoch. Offenbar hatte sich das Motiv der Streitkräfte zwischenzeitlich von »Vergeltung« in Richtung »Vorbeugung« verschoben.

In weiteren Tabellen werden die bekannt gewordenen Exekutionen des Mossad sowie die Hinrichtungen durch Drohnenanschläge von CIA und Pentagon in Pakistan und im Jemen zusammengefasst.

Abkürzungen:

BM	Baitullah Mehsud
DFLP	Demokratische Front für die Befreiung Palästinas
ID	Islamischer Dschihad
IMU	Islamic Movement Usbekistan
PRC	Popular Resistance Committee (dt. Volkswiderstandskomitee)
PFLP	Volksfront zur Befreiung Palästinas
PLO	Palästinensische Befreiungsorganisation
NW	Nord-Waziristan
SW	Süd-Waziristan

Von den israelischen Streitkräften zwischen
Januar 1992 und September 2000 (Beginn der
Zweiten Intifada) exekutierte Palästinenser:

Name	Organisation	Datum
Abbas al-Mussawi	Hisbollah	16. 2. 1992
Hani Abed	ID	2. 11. 1994
Mahmud al-Khawaja	?	22. 6. 1995
Yehiya Ayyash	Hamas	6. 1. 1996

Durch palästinensische Anschläge zwischen Januar
1992 und September 2000 getötete Menschen:

Ort	Organisation	Datum	Todesopfer
Mehola	Hamas, ID	16. 4. 1993	1
Afula (Bus)	Hamas, ID	6. 4. 1994	8
Hadera	Hamas, ID	13. 4. 1994	5
Tel Aviv (Bus)	Hamas	19. 10. 1994	22
Netzarim	Hamas, ID	11. 11. 1994	3
Beit Lid	ID	22. 1. 1995	21
Kfar Da-rom (Bus)	Hamas	9. 4. 1995	8
Ramat Gan (bus)	Hamas	24. 7. 1995	6
Jerusalem (Bus)	Hamas	21. 8. 1995	4
Ashkelon	Hamas	25. 2. 1996	1
Jerusalem (Bus)	Hamas	25. 2. 1996	26
Jerusalem (Bus)	Hamas	3. 3. 1996	19
Tel Aviv	Hamas, ID	4. 3. 1996	13
Tel Aviv	Hamas	21. 3. 1997	3

Jerusalem	Hamas	30. 7. 1997	16
Jerusalem	Hamas	4. 9. 1997	5
Jerusalem	ID	6. 11. 1998	2

Von den israelischen Streitkräften zwischen
September 2000 (Beginn der Zweiten Intifada)
und Februar 2005 (Ende der Zweiten Intifada)
exekutierte Palästinenser:

Name	Organisation	Datum
Hussein Abayat	Fatah/al-Aqsa	9. 11. 2000
Anwar Hamran	ID	12. 11. 2000
Jamal Abdel Raziq	Fatah/Tanzim	22. 11. 2000
Ibrahim Karim Bani Odeh	Hamas	22. 11. 2000
Mahmoud Mugrabi	Fatah/al-Aqsa	10. 12. 2000
Ahmad Thabet	Fatah/al-Aqsa	31. 12. 2000
Massoud Ayyad	Fatah/Force 17	13. 2. 2001
Iyad Hardan	ID	5. 4. 2001
Jibril Rajoub	?	20. 5. 2001
Osama Jawabri	Fatah	24. 6. 2001
Mohammed Besharat	Hamas	1. 7. 2001
Jamal Mansour	Hamas	31. 7. 2001
Omar Mansour	Hamas	31. 7. 2001
Amer Mansour Habiri	Hamas	5. 8. 2001
Emad Abu Sneineh	Fatah/Tanzim	20. 8. 2001
Abu Ali Mustafa Zibri	PFLP	27. 8. 2001
Abed Rahman Hamad	Hamas	14. 10. 2001
Ahmad Marshoud	Hamas	15. 10. 2001
Iyad al-Akhras	Hamas	16. 10. 2001
Atif Abayyat	Fatah/al-Aqsa	18. 10. 2001
Jamil Jaddala	Hamas	31. 10. 2001
Yasser Atsida	Hamas	1. 11. 2001
Fahmi Abu Aisha	Hamas	1. 11. 2001

Mohammed Reihan	Hamas	12. 11. 2001
Mahmoud Abu Hanoud	Hamas	23. 11. 2001
Ayman Hashaykah	Hamas	23. 11. 2001
Yakub Aidkadik	Hamas	17. 12. 2001
Raed Mahmoud al-Karmi	Fatah/Tanzim	14. 1. 2002
Jasser Samaro	Hamas	22. 1. 2002
Nassim Abu Rus	Hamas	22. 1. 2002
Yousef Suraj	Hamas	22. 1. 2002
Karim Masarja	Hamas	22. 1. 2002
Adli Hamdan	Hamas	25. 1. 2002
fünf Unbekannte	DFLP	5. 2. 2002
Muhand Said Dirya	Fatah/Tanzim	5. 3. 2002
Fawzi Maher	Fatah/Tanzim	5. 3. 2002
Oman Kaidan	Fatah/Tanzim	5. 3. 2002
Abdel Rahman Ghadal	Hamas	6. 3. 2002
Mutasen Hamad	Hamas	6. 3. 2002
Maher Balbiti	Fatah/al-Aqsa	14. 3. 2002
Qais Adwan	Hamas	5. 4. 2002
Akram al-Atrash	Hamas	10. 4. 2002
Marwan Zaloum	Fatah/Tanzim	22. 4. 2002
Samir Abu Rajoub	Fatah/Tanzim	22. 4. 2002
Muhaned Taher	Hamas	30. 6. 2002
Imad Draoza	Hamas	30. 6. 2002
Jihad Amerin	Fatah/al-Aqsa	4. 7. 2002
Salah Shehada	Hamas	23. 7. 2002
Nasser Asida	Hamas	23. 7. 2002
Ali Ajouri	Fatah	6. 8. 2002
Assim Sawafta	Hamas	29. 10. 2002
Iyad Sawalha	ID	9. 11. 2002
Alah Sabbagh	Fatah/al-Aqsa , Hamas	26. 11. 2002
Imad Nasrti	Fatah/al-Aqsa , Hamas	26. 11. 2002
Shaman Hassan Subah	Hamas	23. 12. 2002
Mustafa Kash	Hamas	23. 12. 2002
Ibrahim Makdme	Hamas	8. 3. 2003

Nasser Asida	Hamas	18. 3. 2003
Said al-Arabid	Hamas	8. 4. 2003
Mahmoud Zatma	ID	9. 4. 2003
Yasser Alemi	Fatah/Tanzim	10. 4. 2003
Nidal Salameh	PFLP	29. 4. 2003
Iyad el-Bek	Hamas	8. 5. 2003
Tito Massoud	Hamas	11. 6. 2003
Soffil Abu Nahez	Hamas	11. 6. 2003
Jihad Srour	Hamas	12. 6. 2003
Yasser Taha	Hamas	12. 6. 2003
Muhammad Sider	ID	14. 8. 2003
Ismail Abu Shanab	Hamas	21. 8. 2003
Walid el Hams	Hamas	24. 8. 2003
Ahmed Eshtwi	Hamas	24. 8. 2003
Ahmed Abu Halala	Hamas	24. 8. 2003
Muhammad Abu Lubda	Hamas	24. 8. 2003
Khaled Massoud	Hamas	26. 8. 2003
Hamdi Khalaq	Hamas	28. 8. 2003
Abdullah Akel	Hamas	30. 8. 2003
Farid Mayet	Hamas	30. 8. 2003
Khader Houssre	Hamas	1. 9. 2003
Diab Rahim Shweike	ID	25. 9. 2003
Mustafa Sabah	Hamas	25. 12. 2003
Makled Hamid	ID	25. 12. 2003
Aziz Mahmoud Shami	ID	7. 2. 2004
Mahmoud Juda	ID	28. 2. 2004
Aiyman Dahduh	ID	28. 2. 2004
Amin Dahduh	ID	28. 2. 2004
Tarad Jimali	Hamas	3. 3. 2004
Ibrahim Diri	Hamas	3. 3. 2004
Omar Hassan	Hamas	3. 3. 2004
Nidal Salfiti	ID	16. 3. 2004
Shadi Muhana	ID	16. 3. 2004
Sheikh Ahmed Yassin	Hamas	22. 3. 2004

Abdel Aziz Rantisi	Hamas	17. 4. 2004
Imad Mohammed Janajra	Hamas	5. 5. 2004
Wael Nassar	Hamas	30. 5. 2004
Khalil Marshud	Fatah/al-Aqsa	14. 6. 2004
Nayef Abu Sharkh	ID	26. 6. 2004
Jafer el-Massari	ID	26. 6. 2004
Fadi Bagit	ID	26. 6. 2004
Sheikh Ibrahim	ID	26. 6. 2004
Hazem Rahim	ID	22. 7. 2004
Amr Abu Suta	Abu Reish Brigade	29. 7. 2004
Zaki Abu Rakha	Abu Reish Brigade	29. 7. 2004
vier Unbekannte	Hamas, ID	17. 8. 2004
Mahmud Abu Khalifa	Fatah/al-Aqsa	13. 9. 2004
Khaled Abu Shamiyeh	Hamas	20. 9. 2004
Nabil al-Saedi	Hamas	21. 9. 2004
Rabah Zaqout	Hamas	21. 9. 2004
Izz Eldine	Hamas	27. 9. 2004
Subhi Sheik Khalil	Hamas	27. 9. 2004
Ali al-Shaer	PRC	27. 9. 2004
Bashir Dabash	ID	6. 10. 2004
Zarees Alareer	ID	6. 10. 2004
Adnan al-Ghoul	Hamas	21. 10. 2004
Imad al-Baas	Hamas	21. 10. 2004
Ibrahim al-Samari	?	14. 4. 2005

Durch palästinensische Anschläge zwischen
September 2000 (Beginn der Zweiten Intifada)
und Februar 2005 (Ende der Zweiten Intifada)
in Israel getötete Menschen:

Ort	Organisation	Datum	Todesopfer
Jerusalem	Hamas	2. 11. 2000	2
Hadera	Hamas	22. 11. 2000	2
Vadi Ara	Hamas	1. 3. 2001	1
Netanja	Hamas	4. 3. 2001	3
Kfar Sava	Hamas	28. 3. 2001	2
Kfar Sava	Hamas, ID	22. 4. 2001	1
HaSharon/Netanja	Hamas	18. 5. 2001	5
Tel Aviv	Hamas	1. 6. 2001	21
Dugit/Gaza-Streifen	Hamas	22. 6. 2001	2
Binyamina	Hamas, ID	16. 7. 2001	2
Jerusalem	Hamas, ID	9. 8. 2001	15
Nahariya	Hamas	9. 9. 2001	3
Kibbutz Shluhot	ID	7. 10. 2001	1
Erez/Gaza-Streifen	Hamas	26. 11. 2001	2
Wadi Ara	ID, al-Aqsa	29. 11. 2001	3
Jerusalem	Hamas	1. 12. 2001	11
Haifa	Hamas	2. 12. 2001	15
Jerusalem	al-Aqsa, Hamas	27. 1. 2002	1
Karnei Shomron	PFLP	16. 2. 2002	3
Jerusalem	al-Aqsa	18. 2. 2002	1
Jerusalem	al-Aqsa	2. 3. 2002	11
Afula	Hamas	5. 3. 2002	1
Rehavia/Jerusalem	Hamas	9. 3. 2002	11
Wadi Ara	ID	20. 3. 2002	7
Jerusalem	al-Aqsa	21. 3. 2002	3
Netanja	Hamas, ID	27. 3. 2002	30
Jerusalem	Hamas	29. 3. 2002	2
Tel Aviv	al-Aqsa	30. 3. 2002	1

Baqa al-Gharbiya	?	30. 3. 2002	1
Haifa	Hamas	31. 3. 2002	15
Jerusalem	al-Aqsa	1. 4. 2002	1
Yagur	ID	10. 4. 2002	8
Jerusalem	al-Aqsa	12. 4. 2002	6
Rishon LeZion	Hamas	7. 5. 2002	15
Netanja	Hamas, PFLP	19. 5. 2002	3
Rishon LeZion	Hamas	22. 5. 2002	2
Petah Tikva	al-Aqsa	27. 5. 2002	2
Megiddo Kreuzung	ID	5. 6. 2002	17
Herzliya	Hamas	11. 6. 2002	1
Jerusalem	Hamas	18. 6. 2002	19
Jerusalem	al-Aqsa	19. 6. 2002	7
Emmanuel-Bnei	Hamas	16. 7. 2002	9
Tel Aviv	Hamas	17. 7. 2002	5
Jerusalem	Hamas	31. 7. 2002	9
Meron Kreuzung	Hamas	4. 8. 2002	9
Umm al-Fahm	ID	18. 9. 2002	1
Tel Aviv	Hamas	19. 9. 2002	6
Bar-Ilan	Hamas	10. 10. 2002	1
Carcur Kreuzung	ID	21. 10. 2002	14
Ariel/Westbank	Hamas	27. 10. 2002	3
Kfar Sava	ID	4. 11. 2002	2
Jerusalem	Hamas	21. 11. 2002	11
Tel Aviv	al-Aqsa, ID	5. 1. 2003	23
Haifa	Hamas	5. 3. 2003	17
Kfar Sava	PFLP	24. 4. 2003	1
Tel Aviv	Hamas, al-Aqsa	30. 4. 2003	3
Hebron/Westbank	Hamas	17. 5. 2003	2
Jerusalem	Hamas	18. 5. 2003	7
Afula	Hamas	19. 5. 2003	3
Jerusalem	Hamas	11. 6. 2003	17
Moshav Sdei Trumot	ID	19. 6. 2003	1
Kfar Yavetz	ID	7. 7. 2003	1

Ariel/Westbank	Hamas	12. 8. 2003	2
Rosh HaAyin	?	12. 8. 2003	1
Jerusalem	Hamas	19. 8. 2003	23
Tzrifin	Hamas	9. 9. 2003	9
Jerusalem	Hamas	9. 9. 2003	7
Haifa	ID	4. 10. 2003	21
Hanoun/Gaza-Streifen	Hamas	15. 10. 2003	3
Geha Kreuzung	PFLP	25. 12. 2003	4
Erez/Gaza-Streifen	al-Aqsa, Hamas	14. 1. 2004	4
Rehavia, Jerusalem	al-Aqsa, Hamas	29. 1. 2004	11
Jerusalem	al-Aqsa	22. 2. 2004	8
Erez/Gaza-Streifen	Hamas, ID	6. 3. 2004	3
Ashdod Hafen	al-Aqsa, Hamas	14. 3. 2004	10
Erez/Gaza-Streifen	al-Aqsa, Hamas	17. 4. 2004	1
Tel Aviv	Hamas	11. 7. 2004	1
Qalandia/Westbank	al-Aqsa	11. 8. 2004	2
Beersheba	Hamas	31. 8. 2004	16
Jerusalem	al-Aqsa	22. 9. 2004	2
Sinai Halbinsel	Iyad Saleh?	7. 10. 2004	34
Tel Aviv	PFLP	1. 11. 2004	3
Karni/Gaza-Streifen	Hamas	7. 12. 2004	1
Morag/Streifen	ID	12. 1. 2005	1
Karni/Gaza-Streifen	al-Aqsa, PRC	13. 1. 2005	6
Gush Katif/ Gaza-Streifen	Hamas	18. 1. 2005	1

Von den israelischen Streitkräften zwischen
Februar 2005 (Ende der Zweiten Intifada)
und heute exekutierte Palästinenser:

Name	Organisation	Datum
Mohammad Safwat al-Assi	ID	14. 7. 2005
Assem Marwan Abu Ras	Hamas	15. 7. 2005
Adel Ghazi Hania	Hamas	15. 7. 2005
Saber Abu Assi	Hamas	15. 7. 2005
Amjad Anour Arafat	Hamas	15. 7. 2005
Samer Dawahka	?	15. 7. 2005
Mohammad Ahmad Mer'e	?	15. 7. 2005
Mohammad Ayash	?	15. 7. 2005
Mou'ath Abu Siemeh	?	15. 7. 2005
Sayid Isa	Hamas	17. 7. 2005
Jabar Tziam	Hamas	17. 7. 2005
Said Seyam	?	17. 7. 2005
Ibrahim Abahreh	?	19. 7. 2005
Warrad Abahreh	?	19. 7. 2005
Mo'ayad Fathi Moussa	?	28. 7. 2005
Sheikh Mohammed Khalil	ID	25. 9. 2005
Shadi Mehana	ID	27. 10.2005
Hassan Madhoun	Fatah/al-Aqsa, Hamas	1. 11. 2005
Fawzi Abu Kara	Fatah/al-Aqsa, Hamas	1. 11. 2005
Mahmoud Arkan	PRC	7. 12. 2005
Ayad Nagar	Fatah/al-Aqsa	8. 12. 2005
Ziyad Qaddas	Fatah/al-Aqsa	8. 12. 2005
Sayid Abu Gadian	ID	2. 1. 2006
Adnan Bustan	ID	5. 2. 2006
Hassan Asfour	Fatah/al-Aqsa	6. 2. 2006
Rami Hanouna	Fatah/al-Aqsa	6. 2. 2006
Mohammed Abu Shariya	Fatah/al-Aqsa	7. 2. 2006
Suheil Al Bakker	Fatah/al-Aqsa	7. 2. 2006
Munie Mahmed Sukhar	ID	6. 3. 2006

Iyad Abu Shalouf	ID	6. 3. 2006
Mohammed Dahdoh	ID	20. 5. 2006
Majdi Hamed	PRC	5. 6. 2006
Eiman Assiylia	PRC	5. 6. 2006
Jamal Abu Samhadana	PRC	9. 6. 2006
Hamoud Wadiya	ID	13. 6. 2006
Shawki Sayklia	ID	13. 6. 2006
Ismail al-Masri	Hamas	2. 7. 2006
Osama Attili	ID	9. 8. 2006
Mohammed Atik	ID	9. 8. 2006
Drei Unbekannte	Hamas	12. 10. 2006
Ein Unbekannter	Fatah/al-Aqsa	14. 10. 2006
Ahmed Awad	Hamas	8. 11. 2006
Abdel Khader Habib	Hamas	20. 11. 2006

Entscheidung des Supreme Court Israel 13.12.2006

Imad Shabanah	Hamas	17. 5. 2007
Omar Abd el-Halim	Fatah/al-Aqsa	29. 5. 2007
Fawzi Abu Mustafa	ID	1. 6. 2007
Ziad Maleisha	ID	20. 6. 2007
Ibrahim al-Latif Abed	ID	20. 6. 2007
Hussan Khalil al-Hur	ID	24. 6. 2007
Mubarak al-Hassanat	Hamas	23. 10. 2007
Majed Harazin	ID	17. 12. 2007
Nidal Amudi	Fatah/al-Aqsa	13. 1. 2008
Ein Unbekannter	PRC	17. 1. 2008
Ahmad Abu Sharia	Fatah/al-Aqsa	21. 1. 2008
Abu Said Qarmout	PRC	4. 2. 2008
Ibrahim Abu Olba	DFLP	14. 4. 2008
Nafez Mansour	Hamas	30. 4. 2008
Maataz Dagmesh	al-Qaida	17. 6. 2008
Mahmud Shandi	al-Qaida	17. 6. 2008
Muhamad Asaliya	al-Qaida	17. 6. 2008
Shihab al-Natsheh	Hamas	27. 7. 2008

Omar al-Qawasmeh	irrtümliches Opfer	7. 1. 2010
Awad Abu Nasir	ID	11. 1. 2010
Issa Batran	Hamas	30. 7. 2010
Mohammed Namnam	al-Qaida	4. 11. 2010
Mohammed Najar	ID	11. 1. 2011
ein Unbekannter	ID	30. 3. 2011
drei Unbekannte	Hamas	2. 4. 2011
Kamal Nirab	PRC	18. 8. 2011
Imad Hamed	PRC	18. 8. 2011
Khaled Shaat	PRC	18. 8. 2011
Ismael al-Asmar	ID	24. 8. 2011
Khaled Sahmoud	PRC	6. 9. 2011
Ahmed al-Sheikh Khalil	ID	29. 10. 2011
Isam Subahi Batash	Fatah/al-Aqsa	9. 12. 2011
Zuhir Mussah Kaisi	PRC	9. 3. 2012
Mahmud Ahmed Hananni	PRC	9. 3. 2012
Nadi Okhal	PRC	5. 8. 2012
Anis Abu el-Anin	Hamas, PRC	20. 9. 2012
Ashraf Mahmoud Salah	Hamas, PRC	20. 9. 2012
Hisham al-Saedini	PFLP	13. 10. 2012
Fayek Abu Jazar	PFLP	13. 10. 2012
Yasser Mohammad al-Atal	PFLP	13. 10. 2012
Ezzedine Abu Nasira	Hamas	14. 10. 2012
Ahmad Fatayer	Hamas	14. 10. 2012
Ahmed Jabari	Hamas, ID	14. 11. bis 19. 11. 2012*
Hab's Hassan Us Msamch	Hamas, ID	14. 11. bis 19. 11. 2012*
Muhammad Abu-Jala	Hamas, ID	14.11. bis 19. 11. 2012*
Khaled Shaer	Hamas, ID	14.11. bis 19. 11. 2012*
Muhammas Kalb	Hamas, ID	14.11. bis 19. 11. 2012*
Ramz Harb	Hamas, ID	14.11. bis 19. 11. 2012*

Yunis Shaluf	Hamas, ID	14.11. bis 19.11.2012*	
Hithem Ziad Masshal	?	30. 4. 2013	

Durch palästinensische Anschläge zwischen Februar 2005 (Ende der Zweiten Intifada) und heute in Israel getötete Menschen:

Ort	Organisation	Datum	Todesopfer
Tel Aviv	al-Aqsa, Hisbollah	25. 2. 2005	5
Netanja	ID	12. 7. 2005	5
Hadera	ID	26. 10. 2005	7
Netanja	ID	5. 12. 2005	5
Tulkarem/ Westbank	?	29. 12. 2005	3
Kedumim/ Westbank	al-Aqsa	30. 3. 2006	4
Tel Aviv	ID	17. 4. 2006	11
Eilat	ID	29. 1. 2007	3
Dimona	Hamas, al-Aqsa	4. 2. 2008	1
Netiv Ha'asara	? (Rakete)	18. 3. 2010	1
Kissufim/ Gaza-Streifen	Hamas (Rakete)	26. 3. 2010	1
Negev	Hamas (Rakete)	7. 4. 2011	1
Süd-Israel	Hamas (Rakete)	24. 8. 2011	1
Ashkelon	Hamas (Rakete)	26. 10. 2011	1
Kiryat Malachi	Hamas (Rakete)	15. 11. 2012*	3
Jerusalem	Hamas (Rakete)	16. 11. 2012*	2

Quellen: B'Tselem; www.jewishvirtuallibrary.org/jsource/Terrorism/ hits.html; »Martyrs list in al-Aqsa Intifada March–July 2005« (www. phrmg.org/aqsa/July_05_Eng.htm); Asaf Zussman and Noam Zussman, »Assassinations: Evaluating the Effectiveness of an Israeli Counterterrorism Policy Using Stock Market Data«, *Journal of Economic Perspectives*, Vol. 20, No.2, S.193-206.

* während der Operation »Pillar of Defense«

Vom Mossad seit 1962
(mutmaßlich) exekutierte Personen:

Name	Tatigkeit
Heinz Krug	deutscher Raketenforscher für Ägypten
5 Ingenieure	Mitarbeiter in ägyptischer Raketenfabrik
Herbert Cukurs	Lettischer NS-Verbrecher
Mehdi Ben Barka	marokkanischer Politiker
Ghassan Kanafani	PFLP-Kommandeur
Wael Zwaiter	Aktivist des »Schwarzen September« ?
Mahmoud Hamshari	»Schwarzer September«
Hussein al-Bashir	PLO
Basil al-Kubaisi	PFLP
Kamal Nasser	PLO
Mahmoud al-Najjer	PLO
Kemal Adwan	PLO
Zaiad Muchasi	PLO
Mohammed Boudia	PFLP
Ahmed Bouchiki	Kellner (falsche Zielperson)
Said Hammami	PLO
Dr. Wadi Haddad	PFLP
Ezzedine al-Qalak	PLO
Hamad Adnan	PLO
Ali Hassan Salameh	Operationschef »Schwarzer September«
Zuheir Mohsen	PLO
Ali Salem Ahmed	PLO
Ibrahim Abdul Aziz	PLO
Yehia El Meshad	ägyptischer Atomwissenschaftler im Irak
Marie-Claude Magal	Prostituierte
Naim Khadr	PLO
Majed Abu Sharar	PLO
Nazeyh Mayer	PLO

Ort	Datum	Anmerkung
München	11. 9. 1962	Entführung, Leiche nie gefunden
Heluan	28. 11. 1962	Briefbomben
Montevideo	23. 2. 1965	erschlagen
Paris	15. 11. 1965	erschossen, Leiche nie gefunden
Beirut	8. 7. 1972	Autobombe
Rom	16. 10. 1972	erschossen
Paris	8. 12. 1972	mit Sprengstoff präpariertes Telefon
Nikosia	24. 1. 1973	Bombe im Hotelzimmer
Paris	6. 4. 1973	erschossen
Beirut	9. 4. 1973	erschossen
Beirut	9. 4. 1973	erschossen
Beirut	9. 4. 1973	erschossen
Athen	12. 4. 1973	Bombe im Hotelzimmer
Paris	28. 6. 1973	Autobombe
Lillehammer	21. 7. 1973	erschossen
London	4. 1. 1978	erschossen
Bagdad	28. 3. 1978	Gift
Paris	1. 8. 1978	erschossen?
Paris	3. 8. 1978	erschossen?
Beirut	22. 1. 1979	Autobombe
Cannes	25. 7. 1979	erschossen
Nikosia	15. 12. 1979	erschossen
Nikosia	15. 12. 1979	erschossen
Paris	13. 6. 1980	Kehle durchschnitten
Paris	12. 7. 1980	vor Auto gestoßen
Brüssel	1. 6. 1981	??
Rom	6. 10. 1981	??
Rom	17. 6. 1982	erschossen

Name	Tatigkeit
Kamal Hussain	PLO
Fadl Dani	PLO
Mamoun Meraish	PLO
Khaled Ahmed Nazal	PLO/DFLP
Munzer Abu Ghazala	PLO
Mohammed Tamimi	PLO
Marwan Kayyali	PLO
Mohammed Buheis	PLO
Khalil El Wazir (»Abu Jihad«)	PLO, Arafat-Stellvertreter
Gerald Bull	kanadischer Raketenforscher
Atef Bseiso	PLO
Fathi Shiqaqi	ID
Elie Hobeika	Anführer der christlichen Miliz Libanon
Jihad Ahmed Jibril	PFLP-GC
Ardeshire Hassanpour	iranischer Atomwissenschaftler
Imad Mughniyeh	Hisbollah
Mohammed Suleiman	syrischer Atomwissenschaftler
Masoud Alimohammadi	iranischer Atomwissenschaftler
Mahmoud al-Mabhouh	Hamas
Majid Shariari	iranischer Atomwissenschaftler
Darioush Rezaeinejad	iranischer Atomwissenschaftler
Mostafa Roshan	iranischer Atomwissenschaftler

Ort	Datum	Anmerkung
Rom	17. 6. 1982	Autobombe
Paris	23. 7. 1982	Autobombe
Athen	21. 8. 1983	erschossen
Athen	10. 6. 1986	erschossen
Athen	21. 10. 1986	Autobombe
Limassol	14. 2. 1988	Autobombe
Limassol	14. 2. 1988	Autobombe
Limassol	14. 2. 1988	Autobombe
Tunis	16. 4. 1988	erschossen
Brüssel	22. 3. 1990	erschossen
Paris	8. 6. 1992	erschossen
Malta	26. 10. 1995	erschossen
Beirut	24. 1. 2002	Autobombe
Beirut	20. 5. 2002	Autobombe
Isfahan	15. 1. 2007	Kohlenmonoxidvergiftung?
Damaskus	12. 2. 2008	Autobombe
Tartus	1. 8. 2008	erschossen
Teheran	12. 1. 2010	Autobombe
Dubai	19. 1. 2010	mit Kopfkissen erstickt
Teheran	29. 11. 2010	Autobombe
Teheran	23. 7. 2011	erschossen
Teheran	11. 11. 2011	Autobombe

Mit Ausnahme von Lillehammer 1973, Tunis 1988 und vielleicht Dubai 2010 kann kein Mord als bewiesen gelten, weil keiner der Täter erwischt wurde und sich der Mossad nie zu den Anschlägen bekannte; dennoch existieren vielfältige Indizien. Mehr noch: Es dürfte eine ganze Reihe von Personen geben, die angeblich natürlichen Todes starben, tatsächlich aber Opfer eines unentdeckten Mossad-Attentats wurden. Zweifel tauchten auch am Tod Jassir Arafats auf; die Untersuchung seiner sterblichen Überreste hat bis zur Drucklegung dieses Buches noch nicht zu veröffentlichten Ergebnissen geführt.

US-Drohnenangriffe in Pakistan

Datum	Organisation	Zahl der Todesopfer	Ort
7. 6. 2013	unklar	7	Mangroti in NW
29. 5. 2013	Taliban	4–7	Miranshah in NW
17. 4. 2013	Taliban	5	Sararogha in SW
14. 4. 2013	unklar	4	Manzar Khel, Datta Khel in NW
22. 3. 2013	unklar	4	Datta Khel in NW
10. 3. 2013	unklar	2	Muhammad Khel in NW
8. 2. 2013	al-Qaida, Taliban	7–9	Babar Ghar in SW
6. 2. 2013	unklar	3–5	Spin Wam in NW
10. 1. 2013	unklar	4–5	Heso Khel in NW
8. 1. 2013	unklar	5	Mir Ali in NW
8. 1. 2013	unklar	3	Essokhel in NW
6. 1. 2013	Taliban	12–17	Babar Ghar in SW
3. 1. 2013	Taliban	4–5	zw. Miran Shah und Mir Ali in NW
2. 1. 2013	Maulvi Nazir	9	Angoor Adda in SW
2012			
28. 12. 2012	unklar	4–10	Gurbuz in NW
21. 12. 2012	unklar	3–4	Hisukhel in NW
6. 12. 2012	al-Qaida	2–3	Mubarak Shahi in NW
1. 12. 2012	al-Qaida	3–4	Sheen Warsak in SW
29. 11. 2012	al-Qaida	0–7	Sheen Warsak in SW
24. 10. 2012	al-Qaida	1–5	Tappi in NW
11. 10. 2012	Taliban	16–26	Bulandkhel in Orakzai
10. 10. 2012	unklar	5	Hurmuz in NW
1. 10. 2012	unklar	2–3	Khaider Kel, Mir Ali in NW
24. 9. 2012	al-Qaida	4–5	Datta Khel in NW
22. 9. 2012	Taliban	3–4	Datta Khel in NW
1. 9. 2012	Taliban	4–6	Degan in NW
24. 8. 2012	Taliban	5–6	Darray Nashtar in NW

21. 8. 2012	Taliban	4–9	Shanakhora in NW
19. 8. 2012	Taliban	4–7	Mana in NW
19. 8. 2012	Taliban	2–3	Mana in NW
18. 8. 2012	Haqqani	5–12	Shwedar in NW
29. 7. 2012	unklar	4–7	Khushhali Turikhel in NW
23. 7. 2012	Taliban	9–14	Shawal in NW
6. 7. 2012	unklar	9–21	Datta Khel in NW
1. 7. 2012	Taliban	6–8	Dre Nishtar in NW
26. 6. 2012	Taliban	4–6	Shawal in NW
14. 6. 2012	unklar	3–4	Miranshah in NW
12. 6. 2012	unklar	2–4	Isha in NW
4. 6. 2012	unklar	8–15	Hassokhel in NW
3. 6. 2012	unklar	5–10	Wacha Dana in SW
2. 6. 2012	unklar	2–4	Khawashi Khel in SW
28. 5. 2012	unklar	3–4	Hassokhel in NW
28. 5. 2012	unklar	5–8	Datta Khel in NW
26. 5. 2012	Taliban	2–4	Miranshah in NW
24. 5. 2012	IMU	5–10	Mir Ali in NW
23. 5. 2012	unklar	4	Datta Khel Kalai in NW
5. 5. 2012	Taliban	8–10	Shawal in NW
29. 4. 2012	Taliban	3–6	Miranshah in NW
30. 3. 2012	Taliban	4	Miranshah in NW
13. 3. 2012	Maulvi Nazir	5–7	Uthghalai in SW
13. 3. 2012	unklar	6–8	Shawal in NW
9. 3. 2012	unklar	8–13	Makin in SW
8. 3. 2012	unklar	6	Nishpa in SW
16. 2. 2012	unklar	5–6	Spalga in NW
16. 2. 2012	unklar	7–15	Mir Ali in NW
9. 2. 2012	al-Qaida	3–5	Miranshah in NW
8. 2. 2012	Haqqani	9–10	Spalga in NW
23. 1. 2012	al-Qaida	4–5	Degan in NW
13. 1. 2012	unklar	4–8	New Aadda in NW
10. 1. 2012	al-Qaida	1–4	Miranshah in NW

2011

Date	Group	Number	Location
17. 11. 2011	unklar	4–7	Shawal in NW
16. 11. 2011	Taliban	12–22	Babar Ghar in SW
15. 11. 2011	Taliban	6–7	Miranshah in NW
3. 11. 2011	Haqqani	2–3	Darpa Khel Sarai in NW
31. 10. 2011	unklar	2–4	Mubarak Shan in NW
30. 10. 2011	unklar	3–6	Datta Khel in NW
27. 10. 2011	Taliban	4–6	Azam Warsak in SW
27. 10. 2011	Taliban	4–5	Mir Ali in NW
26. 10. 2011	Taliban	13–22	Bobar in NW
15. 10. 2011	Haqqani	3–6	Angoor Adda in SW
14. 10. 2011	Haqqani	3–4	Miram Shah in NW
13. 10. 2011	Haqqani	3–6	Dande Darpa Khel in NW
13. 10. 2011	Taliban	4	Angoor Adda in SW
30. 9. 2011	Taliban	3–4	Angoor Adda in SW
27. 9. 2011	Taliban	0–4	Azam Warsak in SW
23. 9. 2011	unklar	3–6	Mir Ali in NW
11. 9. 2011	al-Qaida	2–4	Hisokhel in NW
22. 8. 2011	unklar	4–5	Mir Ali in NW
19. 9. 2011	unklar	4	Shin Warsak in SW
16. 8. 2011	unklar	4	Miram Shah in NW
10. 8. 2011	Haqqani	18–23	Miram Shah in NW
2. 8. 2011	unklar	4	Miram Shah in NW
1. 8. 2011	Taliban	3–6	Azam Warsak in SW
12. 7. 2011	Taliban	5–13	Malik Shahi in SW
12. 7. 2011	unklar	8–15	Bray Nishtar in NW
12. 7. 2011	unklar	3–8	Bray Nishtar in NW
12. 7. 2011	unklar	1	Neway Adda in NW
11. 7. 2011	Taliban	7–25	Gorwick in NW
5. 7. 2011	unklar	3–4	Mir Ali in NW
27. 6. 2011	Taliban	12–21	Mantoi in SW
27. 6. 2011	Taliban	3–12	Bray Nishtar in SW
20. 6. 2011	Haqqani	5–7	Khardand in Kurram

376

15. 6. 2011	Taliban	3–5	Wana in SW
15. 6. 2011	unklar	5–10	Tapi in NW
8. 6. 2011	Taliban	4	Zawal Narai in NW
8. 6. 2011	Taliban	15–23	Zawal Narai in NW
6. 6. 2011	unklar	7–9	Shalam Raghzai in SW
6. 6. 2011	Taliban	7–8	Wacha Dana in SW
6. 6. 2011	unklar	3–5	Bray Nishtar in SW
3. 6. 2011	al-Qaida, Taliban	9	Laman in SW
23. 5. 2011	unklar	4–7	Machikhel in NW
20. 5. 2011	unklar	4–6	Tappi in NW
16. 5. 2011	unklar	4–6	Mir Ali in NW
13. 5. 2011	unklar	3–5	Doga Madakhel in NW
12. 5. 2011	unklar	3–8	Datta Khel in NW
10. 5. 2011	unklar	3–5	Baghar in SW
6. 5. 2011	al-Qaida	8–16	Datta Khel in NW
22. 4. 2011	Taliban	23–29	Mir Ali in NW
13. 4. 2011	Taliban, Haqqani	4–6	Angoor Adda in SW
17. 3. 2011	Taliban, unklar	45–49	Datta Khel in NW
16. 3. 2011	unklar	4–6	Datta Khel in NW
14. 3. 2011	unklar	3–6	Malik Jashdar in NW
13. 3. 2011	Taliban	0–4	Azam Warsak in SW
13. 3. 2011	Taliban	3–6	Spalga in NW
11. 3. 2011	unklar	5–6	Spinwam village in NW
11. 3. 2011	unklar	4–10	Ghorski in NW
8. 3. 2011	unklar	4–5	Ismailkhel in NW
8. 3. 2011	unklar	5	Landidog in SW
24. 2. 2011	Taliban	4–5	Mohammed Khel in NW
21. 2. 2011	unklar	5–8	Spalga in NW
20. 2. 2011	al-Qaida	4–7	Kaza Panga in SW
23. 1. 2011	unklar	3–4	Doga Mada Khel in NW
23. 1. 2011	unklar	6	Mando Khel in NW
18. 1. 2011	unklar	4–5	Asar in NW
12. 1. 2011	Taliban	3–4	Haiderkhel in NW

7. 1. 2011	unklar	4–5	Ghar Laley in NW
1. 1. 2011	Taliban	7–9	Mandi Khel in NW
1. 1. 2011	Taliban	4–5	Ghoresti in NW
1. 1. 2011	unklar	4	Boya village in NW

2010

31. 12. 2010	Haqqani	4–8	Ghulam Khan in NW
28. 12. 2010	unklar	10	Nawab village in NW
28. 12. 2010	unklar	5–8	Ghulam Khan in NW
27. 12. 2010	Taliban	18–20	Shera Tala in NW
27. 12. 2010	Taliban	4–6	Machikheli in NW
17. 12. 2010	Taliban	4–7	Sangana in Khyber
17. 12. 2010	Taliban	8–15	Nakai village in Khyber
17. 12. 2010	Taliban, al-Qaida	4–34	Sippah village in Khyber
16. 12. 2010	unklar	7	Spin Drand in Khyber
14. 12. 2010	unklar	4	Spalga in NW
10. 12. 2010	al-Qaida	4	Khadar Khel in NW
6. 12. 2010	unklar	3–8	Khysore village in NW
28. 11. 2010	unklar	3–4	Hasan Khel in NW
26. 11. 2010	unklar	4	Pir Keley in NW
22. 11. 2010	unklar	4–6	Khushali in NW
21. 11. 2010	unklar	4–9	Khaddi in NW
19. 11. 2010	Taliban, Haqqani	3–4	Naurak in NW
16. 11. 2010	unklar	16–20	Ghulam Khan in NW
13. 11. 2010	unklar	4–5	Ahmad Khel in NW
11. 11. 2010	Haqqani	6–7	Gulli Khel village in NW
7. 11. 2010	unklar	4–6	Moizer in NW
7. 11. 2010	unklar	8–9	Ghulam Khan in NW
3. 11. 2010	unklar	4	Pai Khel village in NW
3. 11. 2010	unklar	3–4	Khaso Khel in NW
3. 11. 2010	unklar	4–5	Qutub Khel in NW
1. 11. 2010	unklar	5–6	Hyder Khel in NW
28. 10. 2010	unklar	4–11	Ismail Khel in NW

378

27. 10. 2010	Haqqani	3–4	Deegan in NW
27. 10. 2010	unklar	2–5	Spin Wam in NW
18. 10. 2010	unklar	5–7	Sanzali in NW
15. 10. 2010	unklar	6	Aziz Khel in NW
15. 10. 2010	unklar	3–5	Machi Khel in NW
13. 10. 2010	Taliban	3–11	Inzarkas village in NW
10. 10. 2010	unklar	7–8	Spin Wam in NW
8. 10. 2010	unklar	4–9	Charkhel in NW
7. 10. 2010	unklar	2–4	Khaisoori in NW
6. 10. 2010	unklar	3–5	Mir Ali in NW
6. 10. 2010	unklar	3–6	Miram Shah in NW
4. 10 2010	unklar (Tod Bünyamin E.)	5–12	Mir Ali in NW
2. 10. 2010	Taliban	8–9	Inzarkas in NW
2. 10. 2010	Taliban, Haqqani	6–10	Asar in NW
28. 9. 2010	unklar	4	Zeba in SW
27. 9. 2010	unklar	2–4	Khush Hali in NW
26. 9. 2010	unklar	5	Tarmanu Road in NW
26. 9. 2010	unklar	3–4	Lawara Mandi in NW
26. 9. 2010	Haqqani	3–4	Sherani in NW
25. 9. 2010	al-Qaida	3–4	Datta Khel in NW
21. 9. 2010	Taliban	5–7	Azam Warsak in SW
21. 9. 2010	Taliban	6–7	Khund, an der afghanischen Grenze
20. 9. 2010	unklar	8–9	Darazinda in NW
19. 9. 2010	unklar	4–5	Deghan in NW
15. 9. 2010	unklar	4–7	Payekhel in NW
15. 9. 2010	Haqqani	11–14	Dargah Mandi in NW
14. 9. 2010	Haqqani	3–4	Qutabkhel in NW
14. 9. 2010	unklar	7–12	Bushnarai in NW
12. 9. 2010	Taliban	4–6	Datta Khel in NW
9. 9. 2010	unklar	4–6	Miram Shah in NW
8. 9. 2010	Haqqani	4–10	Danday Darpa Khel in NW

8. 9. 2010	unklar	4	Ambor Shaga an der afghanischen Grenze
8. 9. 2010	unklar	4–6	Dargha Mandi in NW
6. 9. 2010	unklar	3–6	Khar Qamar in NW
4. 9. 2010	unklar	4–8	Datta Khel in NW
4. 9. 2010	unklar	5–6	Miramshah in NW
3. 9. 2010	unklar	2–7	Datta Khel in NW
3. 9. 2010	unklar	5–25	Miram Shah in NW
27. 8. 2010	Taliban, Haqqani	3–4	Shahidano in Kurram
23. 8. 2010	Taliban, Haqqani	7–20	Danday Darpa Khel in NW
23. 8. 2010	unklar	5	Derga Mandy in NW
21. 8. 2010	unklar	4–6	Kutabkhel in NW
14. 8. 2010	Taliban	7–13	Issori in NW
25. 7. 2010	Taliban	4	Landikhel in SW
25. 7. 2010	unklar	4–7	Tabbi Tolkhel in NW
25. 7. 2010	Taliban	4–14	Shaktoi in SW
24. 7. 2010	unklar	16–18	Dwasarak in SW
15. 7. 2010	unklar	7–14	Sheerani in NW
29. 6. 2010	Taliban, al-Qaida	6–10	Lamal in SW
27. 6. 2010	unklar	2–6	Tabbi Tolkhel in NW
26. 6. 2010	Taliban	2–3	Khushali Khel in NW
19. 6. 2010	Taliban, al-Qaida	11–16	Sokhel in NW
11. 6. 2010	Taliban	8–9	Datta Khel in NW
29. 6. 2010	unklar	2–3	Khaddi in NW
28. 5. 2010	Taliban	8–12	Mizai Nari in SW
21. 5. 2010	Taliban	6–12	Asadabad in NW
15. 5. 2010	unklar	5–15	Ragha in Khyber
11. 5. 2010	unklar	7–10	Gorwek, afghanische Grenze
11. 5. 2010	unklar	14	Doga area in NW
9. 5. 2010	unklar	6–10	Inzarkas in NW
3. 5. 2010	unklar	2–6	Marsi Khel in NW
28. 4. 2010	unklar	4–6	Khushali Toorkhel in NW

24. 4. 2010	unklar	7–8	Machi Khel in NW
16. 4. 2010	unklar	4–6	Toorkhel in NW
14. 4. 2010	unklar	3–5	Ambur Shaga in NW
12. 4. 2010	Taliban	5–13	Boya in NW
31. 3. 2010	unklar	4–6	Tapi in NW
28. 3. 2010	unklar	4	Hurmaz in NW
23. 3. 2010	unklar	4–6	Machis in NW
21. 3. 2010	Taliban, Haqqani	5–8	Lowari Mandi in NW
17. 3. 2010	Taliban	3–6	Mada Khel in NW
17. 3. 2010	Taliban	3–5	Hamzoni in NW
16. 3. 2010	Taliban	8–11	Datta Khel in NW
10. 3. 2010	unklar	12–21	Mizar Madakhel in NW
8. 3. 2010	al-Qaida	3–5	Maley Khan Sirai in NW
24. 2. 2010	Taliban, Haqqani	3–9	Dargi Mandi in NW
18. 2. 2010	Haqqani	3–4	Dandey Darpa Khel in NW
17. 2. 2010	Taliban	2–4	Tabi Tolkhel in NW
15. 2. 2010	al-Qaida	3–4	Tapi in NW
14. 2. 2010	unklar	8–9	Mir Ali in NW
4. 2. 2010	Taliban	2–7	Toor Narai in NW
2. 2. 2010	Taliban	2–7	Pai Khel in NW
2. 2. 2010	Taliban	2–7	Muhammad Khel in NW
2. 2. 2010	Taliban	4–8	Deegan in NW
29. 1. 2010	Taliban, Haqqani	5–15	Muhammad Khel in NW
19. 1. 2010	Taliban, Haqqani	3–6	Deegan in NW
17. 1. 2010	Taliban, IMU	12–20	Nizba Village in SW
15. 1. 2010	Taliban	3–5	Zanini in NW
15. 1. 2010	Taliban	4–6	Bichi in NW
14. 1. 2010	Taliban	10–18	Shaktoi in NW
9. 1. 2010	unklar	4–5	Ismael Khel in NW
8. 1. 2010	Taliban	3–8	Tapi in NW
6. 1. 2010	Taliban	5–25	Sanzali in NW

381

3. 1. 2010	unklar	2–5	Mosakki in NW
1. 1. 2010	unklar	2–3	Ghundikala in NW

2009

31. 12. 2009	al-Qaida	2–6	Machi Khel in NW
26. 12. 2009	Taliban	3–14	Babar Raghzai in NW
18. 12. 2009	Taliban	3–8	Babrak Ziarat in NW
17. 12. 2009	Haqqani, Taliban	2–12	Godaivalla in NW
17. 12. 2009	Taliban	4–14	Deegan in NW
8. 12. 2009	Taliban, al-Qaida	2–3	Aspalga in NW
20. 11. 2009	Taliban	8	Palooseen in NW
18. 11. 2009	Taliban	4	Shanakhora in NW
5. 11. 2009	Taliban	4	Norak in NW
24. 10. 2009	Taliban	15–24	Damadola Bajaur in Khyber
21. 10. 2009	Taliban, al-Qaida	4	Spalaga in NW
15. 10. 2009	Haqqani	4	Dandey Darpa Khel in NW
30. 9. 2009	Taliban	5–9	Norak in NW
29. 9. 2009	Taliban	5–6	Sararogha in SW
29. 9. 2009	Taliban	5–7	Danda Darpakhel in NW
24. 9. 2009	Haqqani	3–12	Mir Ali in NW
14. 9. 2009	Taliban	3–8	Toori Khel in NW
8. 9. 2009	unklar	9–10	Dargamandi in NW
7. 9. 2009	al-Qaida	4–7	Machi Khel in NW
27. 8. 2009	Taliban, al-Qaida	4–8	Tapar Ghai in SW
21. 8 2009	Haqqani	12–21	Darpa Khel in NW
11. 8. 2009	Taliban	10–14	Kani Guram in SW
5. 8. 2009	BM	4	Zangra in SW
17. 7. 2009	BM	4–5	Gariwan in NW
10. 7. 2009	BM	3–5	Painda Khel in SW
8. 7. 2009	BM	6–10	Laddha in SW
8. 7. 2009	BM	17–40	Karwan Manza in SW
7. 7. 2009	BM	12–16	Jangara in SW

3. 7. 2009	BM	0–10	Mantoi in SW
3. 7. 2009	Taliban	6–35	Zamarai Nairai in SW
23. 6. 2009	BM	2–6	Neej Narai in SW
23. 6. 2009	BM	40–80	Makeen in SW
18. 6. 2009	Taliban	1–11	Shah Alam in SW
18. 6. 2009	Taliban	1–9	Raghzai in SW
14. 6. 2009	BM	3–5	Mardar Algad in SW
16. 5. 2009	unklar	10–40	Khesoor in NW
12. 5. 2009	BM	8–10	Sara Khwara in SW
9. 5. 2009	BM	5–40	Tabbi Langar Khel in SW
29. 4. 2009	BM, al-Qaida	6	Kaniguram in SW
19. 4. 2009	Taliban	0–8	Gangi Khel in SW
8. 4. 2009	Taliban	3–4	Wana in SW
4. 4. 2009	Taliban	11–15	Datta Khel in NW
1. 4. 2009	Taliban	12–14	Khadezai in Orakzai
26. 3. 2009	al-Qaida	4–5	Sokhel in NW
25. 3. 2009	BM	7	Makeen in SW
15. 3. 2009	unklar	2–5	Jani Khel in Khyber
12. 3. 2009	Taliban	11–24	Barjo in Kurram
1. 3. 2009	Taliban	7–12	Sararogha in SW
16. 2. 2009	Taliban	15–31	Sur Pul in Kurram
14. 2. 2009	BM, al-Qaida	16–30	Narsikhel in SW
23. 1. 2009	Taliban	9–10	Zharki (Zera) in NW
23. 1. 2009	unklar	7–10	Dilfaraz oder Ghangi Khel in SW
2. 1. 2009	BM	3–4	Ladha in SW
1. 1. 2009	al-Qaida, Taliban	2–5	Karikot in SW

2008

22. 12. 2008		3–5	Ghwakhwa in SW
22. 12. 2008	unklar	2–3	Azam Warzak in SW
15. 12. 2008	unklar	2–3	Tapi Tool in NW
11. 12. 2008	unklar	6–7	Azam Warzak in SW
5. 12. 2008	unklar	3–4	Katira in NW
29. 11. 2008	unklar	2–3	Chashma in NW

22. 11. 2008	unklar	4–5	Ali Khel in NW
19. 11. 2008	Taliban	4–6	Jani Khel in Khyber
14. 11. 2008	unklar	11–13	Garyom in NW
7. 11. 2008	unklar	13–14	Kumsham in NW
31. 10. 2008	al-Qaida	8–15	Mir Ali in NW
31. 10. 2008	Taliban	7–12	Wana in SW
26. 10. 2008	Taliban	7–20	Shakai in SW
23. 10. 2008	unklar	4–10	Danda Darpa Khel in NW
16. 10. 2008	al-Qaida	4–5	Taparghai in SW
11. 10. 2008	al-Qaida, Taliban	4–5	Miram Shah in NW
9. 10. 2008	Taliban	6–9	Tati in NW
3. 10. 2008	Haqqani	3	Datta Khel in NW
3. 10. 2008	unklar	8–21	Mohammad Khel in NW
1. 10. 2008	unklar	4–5	Khusali Toorikhel in NW
17. 9. 2008	Taliban	5–7	Baghar Cheena in SW
12. 9. 2008	unklar	12	Tol Khel in NW
8. 9. 2008	al-Qaida	17–25	Danda Darpa Khel in NW
5. 9. 2008	unklar	5–12	Gurwak in NW
4. 9. 2008	Haqqani	4–7	Char Khel in NW
31. 8. 2008	unklar	6–8	Tappi in NW
30. 8. 2008	Taliban	5–6	Korzai in SW
27. 8. 2008	unklar	0	Ganghikhel in SW
20. 8. 2008	al-Qaida, Taliban	5–10	Wana in SW
12. 8. 2008	Taliban	9–12	Bhagar in SW
28. 7. 2008	al-Qaida	6–15	Zeralita in SW
14. 6. 2008	BM	1	Makeen in SW
14. 5. 2008	al-Qaida	12–18	Damadola in Bajaur
16. 3. 2008	al-Qaida, Taliban	7–20	Dhook Pir Bagh in SW
28. 2. 2008	al-Qaida, Taliban	8–13	Azam Warzak in SW
29. 1. 2008	al-Qaida	12–13	Mir Ali in NW

2007

Date	Group	Casualties	Location
2. 11. 2007	Taliban	5–9	Miram Shah in NW
19. 6. 2007	al-Qaida, Taliban	20–34	Mami Rogha in NW
27. 4. 2007	Taliban	3- 4	Danda Saidgai in NW
16. 1. 2007	al-Qaida, Taliban	20–30	Salamat Keley in SW

2006

Date	Group	Casualties	Location
30. 10. 2006	al-Qaida, Taliban	80–82	Chenagai in Bajaur
6. 1. 2006	al-Qaida	8–18	Damadola in Bajaur

2005

Date	Group	Casualties	Location
1. 12. 2005	al-Qaida	4–5	Patasi Adda in NW
5. 11. 2005	al-Qaida	8	Haisori in NW
8. 5. 2005	al-Qaida	2	Toorikhel in NW

2004

Date	Group	Casualties	Location
19. 6. 2004	Taliban	4–9	Wana in SW

2001

Date	Group	Casualties	Location
16. 11. 2001	al-Qaida	1	bin Laden-Berater Mohhamed Atef in Afghanistan

Quelle:
The National Security Studies Program,
New America Foundation,
Stichtag: 15. 6. 2013

US-Drohnenangriffe im Jemen

Datum	Todes-opfer	Zielperson	Ort
1. 6. 2013	7		al-Mahfad
20. 5. 2013	2		Khobza
18. 5. 2013	4		Al Mahfid
29. 4. 2013	5	Hamid al-Radmi, al-Qaida	Wessab
21. 4. 2013	2		Wadi Abida
23. 1. 2013	6–8		Jahana
23. 1. 2013	0–7		
22. 1. 2013	3–4		Boka'a
21. 1. 2013	2–4	al-Ziadi, al-Qaida (?), Qasem und Ali Tuaiman, von den jemenitischen Behörden aus dem Gefängnis entlassene Islamisten	Nakhla
19. 1. 2013	4–10		Wadi Abida
3. 1. 2013	3	Moqbel Ebad Al Zawbah	Rada'a
2012			
29. 12. 2012	3–4		al-Manaseh
28. 12. 2012	2	Abdullah Bawazir, Chefplaner eines Gefängnisausbruchs 2011, bei dem Dutzende militante Islamisten freikamen	Ash Shehr
24. 12. 2012	2–6		
7. 11. 2012	1–3	Adnan al Qadhi, gesucht für Bomben-anschlag auf die US Botschaft in Sana'a	Sayyan
28. 10. 2012	3–4		Jbara
21. 10. 2012	3–4	Sanad Abdulla al-Aqili	Ma'rib
18. 10. 2012	7–9	al-Qaida-Anführer	Ja'ar
4. 10. 2012	4–5		al-Saeed

10. 10. 2012	7–16	Said al-Shihri, zweiter in Kommandostruktur von al-Qaida in der Region	al-Ain
8. 9. 2012	4	Abdulraoof Ahmad Nasser al-Thahab	Rada'a
5. 9. 2012	5–6	Murad Ben Salem, al-Qaida	al-Ain
2. 9. 2012	5		Radda
31. 8. 2012	5–8	Khaled Batis (gesucht wegen Bombenanschlags auf Öltanker »Limburg« 2002)	Hawra
29. 8. 2012	5–7		al-Qatn
28. 8. 2012	2		Marib
7. 8. 2012	2–3		Region Zoukaika
6. 8. 2012	7	Abdullah al-Masri	Rada
4. 8. 2012	3–5		al -Qotn
3. 7. 2012	2–5	Fahd Saleh al-Anjaf und Hassan Ali al-Ishaqi	Bayhan
25. 6. 2012	3		Aden
13. 6. 2012	27–30		Azzan
13. 6. 2012	9	unbekannt	Azzan
1. 6. 2012	11–12	unbekannt	al-Mahfad
28. 5. 2012	6–7	unbekannt	al-Mukalla
28. 5. 2012	5	Qaid al-Dahab	Rada'a
19. 5. 2012	2	unbekannt	unbekannt
17. 5. 2012	2–3	unbekannt	Shibam
15. 5. 2012	11–33	unbekannt	Ja'ar
12. 5. 2012	6–7	unbekannt	unbekannt
12. 5. 2012	4–10	unbekannt	unbekannt
10. 5. 2012	7–10	unbekannt	Zinjibar
10. 5. 2012	8	Jallad	Ja'ar
6. 5. 2012	2	Fahd al-Quso	Rafd
2. 5. 2012	13–15	unbekannt	Ja'ar
30. 4. 2012	3–13		Zinjibar
29. 4. 2012	3	unbekannt	NordostJemen

26. 4. 2012	3		Mudiyah
23. 4. 2012	3		Nasab
22. 4. 2012	3–4	Mohammed al-Umda (wegen des Bomben-anschlags auf den Öl-tanker »Limburg« 2002)	Sanda
16. 4. 2012	5–6	unbekannt	Kharama
14. 4. 2012	3–11	unbekannt	
11. 4. 2012	10–12	unbekannt	Lawdar
8. 4. 2012	8	unbekannt	
8. 4. 2012	16		al-Kawd
7. 4. 2012	0–8	unbekannt	
1. 4. 2012	38–43	unbekannt	al-Rahha
30. 3. 2012	6	unbekannt	Azzan
22. 3. 2012	9–30	unbekannt	Zinjibar
18. 3. 2012	14–16	unbekannt	Zinjibar
13. 3. 2012	4–5	unbekannt	al-Baitha
11. 3. 2012	3–6	unbekannt	Ja'ar
10. 3. 2012	34–40	unbekannt	Wadi al-Makhnaq und Ja'ar
9. 3. 2012	25–30	Abdulwahhab al-Homaiqani	Bayda
30. 1. 2012	9–15	unbekannt	Lawdar

2011

23. 12. 2011	1	Abdulrahman al-Wuhayshi	Zinjibar
14. 10. 2011	7–24	Ibrahim al-Bana, Abdul Rahman al-Awlaki	zw. Azzan u. Rowda
5. 10. 2011	5–10	unbekannt	Ja'ar
30. 9. 2011	4	Anwar Al-Awlaki, Samir Khan	
21. 9. 2011	10	Saeed al-Shehri, al-Qaida	al-Mahfad
1. 9. 2011	6	unbekannt	zw. Shaqra u. Zinjibar

1. 9. 2011	20–30	unbekannt	bei Zinjibar
1. 8. 2011	15	Naser al-Shadadi	zw. Zinjibar u. Ja'ar
27. 7. 2011	5	unbekannt	Zinjibar
14. 7. 2011	8	Hadi Mohammad Ali	al-Wadiya
18. 6. 2011	0	unbekannt	Ja'ar
12. 6. 2011	3	unbekannt	Ja'ar
3. 6. 2011	8–12	Abu Ali al-Harithi	Zinjibar
5. 5. 2011	2	unbekannt	Jahwa

2010

| 24. 5. 2010 | 4–6 | unbekannt | Wadi Abeida |

2009

| 24. 12 2009 | 30 | unbekannt | unbekannt |
| 17. 12. 2009 | 14–55 | unbekannt | al-Ma'jalah |

2002

| 1. 8. 2002 | 6–10 | Qaed Salim Sunian al Harithi und Ahmed | Ma'ri Hijazi |

Quelle:
The National Security Studies Program,
New America Foundation,
Stichtag: 15. 6. 2013

Quellen

Richten ohne Richter – die Mordkampagnen der Geheimdienste

Jo Becker und Scott Shane, »Secret ›Kill List‹ Proves a Test of Obama's Principles and Will«, *The New York Times* v. 29.5.2012; Karen De Young and Peter Finn »U.S. acknowledges killing of four U.S. citizens in counterterrorism operations«, *The Washington Post* v. 22.5.2013; Adam Liptak, »Secrecy of Memo on Drone Killing Is Upheld«, *The New York Times* v. 2. 3. 2013; Interview with Supreme Justice Haim Cohn, *Mabat* 1997; Thomas B. Hunter, »Targeted Killing«, 2009; Avery Plaw, »Targeting Terrorists«, Hampshire/Burlington 2008; Raymond Murray, »The SAS in Ireland«, London 1990; Mark Urban, »Big Boys' Rules«, London 1992.

Die US-Geheimdienste

Tötet Osama!

Mark Owen, Kevin Maurer, »Mission erfüllt« (»No Easy Day«), München 2012; Mark Bowden, »Killing Osama« (»The Finish«), Berlin 2012; Peter L. Bergen, »Die Jagd auf Osama Bin Laden« (»The Manhunt«), München 2012; Chuck Pfarrer, »Codewort Geronimo« (»SEAL Target Geronimo«), Kulmbach 2012; Martin Wilhelm, »Enttarnter Navy Seal steht auf der Abschussliste«, *Basler Zeitung* v. 27. 8. 2012; »Mark Owen, Navy SEAL In Bin Laden Raid, Condemns Those Who Politicize Raid; ›Shame On Them‹«, *Huffington Post* v. 30. 8. 2012; Julie Bosman and Eric Schmitt, »Chronicler of Bin Laden Raid Is Unmasked«, *New York Times* v. 24. 8. 2012; Pete Williams, »Ex-Navy-SEAL faces legal jeopardy for writing about bin Laden raid«, *NBC-News* v. 23. 8. 2012; Daniel Klaidman, »A SEAL's Most Daring Mission«, *Newsweek* v. 10. 9. 2012. Am 3.9.2012 bereits auf thedailybeast.com

Ein Ratgeber

»A Study of Assassination«, Training File of PBSuccess, 79-01025A, Box 73, Folder 4; »National Archives to Open CIA Guatemalan Materials«, New Release v. 22. 5. 1997; Tim Weiner, »CIA in 1950's Drew Up List of Guatemalan Leaders to Be Assassinated«, *New York Times* v. 28. 5. 1997; Memorandum CIA Headquarters v. 31. 3. 1954, Subj: Selection of individuals for disposal by Junta Group; Gerald K. Haines, »CIA and Guatemala Assassination Proposals 1952–1954«, CIA History Staff Analysis, Juni 1995; www.foia.cia.gov/r/pa/ho/frus/ike/guat; Tim Weiner, »Legacy of Ashes – The History of the CIA«, New York 2007; Dan Raviv, Yossi Melman, »Spies Against Armageddon«, New York 2012.

Der Taschenspieler

Michael Edwards, »The Sphinx and The Spy. The Clandestine World of John Mulholland«, *Genii* v. 2. 4. 2001; Memorandum for Deputy Director CIA v. 13. 4. 1953, *John Marks' files*, National Security Archives Washington; Schreiben von John Mulholland an Sidney Gottlieb v. 20. 4. 1953, *Michael Edwards' files*; Memorandum Project MK ultra, Subproject 4, von Sidney Gottlieb v. 4. 5. 1953; Schreiben von John Mulholland an die Herausgeber *The Sphinx* v. 29. 6. 1953; Schreiben von John Mulholland an Sidney Gottlieb v. 20. 4. 1953, 11. 5. 1973 und 11. 11. 1953; Egmont R. Koch, »Die magische Hand der CIA«, *Süddeutsche Zeitung Magazin* v. 3. 5. 2002; John Mulholland, »Mulholland's Book of Magic«, New York 1963.

Das Komitee

Summary Report on CIA Investigation on MK Naomi, Joint Hearings Before the Subcommittee to Study Governmental Operations with Respect to Intelligence Activities (Church-Komitee), Sitzungen v. 10., 12. 9., 9. 10. und 7. 11. 1975; Ed Regis, »The Biology of Doom«, New York 1999; »The Congo 1960 – State Terrorism and Foreign Policy«, US-Senate, Report of Proceedings, 1975; Ted Gup, »The Coldest Warrior«, *Washington Post Magazine* v. 16. 12. 2001; G.J.A O'Toole, »Honorable Treachery: A History of U.S. Intelligence«, New York 1991; Egmont R. Koch, Michael Wech, »Deckname Artischocke«, München 2002; Charles Baier, »Red Tide and

Shellfisch Poisoning: Toxic Products of Marine Algae«, Principles of Environmental Toxicology, University of Idaho, December 2000; Ludo De Witte, »L'assassinat de Lumumba«, Paris 1999; Tim Weiner, »Legacy of Ashes – The History of the CIA«, New York 2007; »Conclusions de la commission d'enquete sur les circonstances de la mort de Patrice Lumbumba«, Brüssel 2001; Steve Weissman, »Opening the Secret Files on Lumumba's Murder«, *Washington Post* v. 21. 7. 2002; Avery Plaw, »Targeting Terrorists«, Hampshire/Burlington 2008; Michael Schmitt, »State-sponsored Assassination in International and Domestic Law«, International Law Sudies 1992; »Ermittlungen zum Fall Lumumba«, *Süddeutsche Zeitung* v. 14. 12. 2012; Amy Zegart, »A Plot to Assassinate Castro was Approved by CIA Director Allen Dulles«, *New York Times* v. 26. 6. 2007; Marita Lorenz und Wilfried Huismann, »Lieber Fidel«, München 2000; Don Bohning, »The Castro Obsession, U.S. Covert Operations Against Cuba«, 2005; Warren Hinckle und William W. Turner, »The Fish is Red: The Story of the Secret War Against Castro«, New York 1981; Henry Kissinger, »Years of Renewal«, New York 2000; Keith Hitchens, »The Trial of Henry Kissinger«, London 2002; Dale Andradé, »Ashes to Ashes: The Phoenix Program and the Vietnam War«, Lanham 1990; Mark Moyar, »Phoenix and the Birds of Prey«, London 2007; Executive Order 12333 v. 4. 12. 1981, 46 FR 59941, 3 CFR, 1981, S. 200; Nils Melzer, »Targeted Killings in International Law«, Oxford 2008.

Die Jagd beginnt

Robert Baer, »Der Niedergang der CIA«, München 2002; Avery Plaw, »Targeting Terrorists«, Hampshire/Burlington 2008; Ronen Bergman, »The Secret War With Iran«, New York 2008; Peter L. Bergen, »Die Jagd auf Osama bin Laden«, München 2012; Mark Bowden, »Killing Osama«, Berlin 2012; Samueal M. Katz, »Relentless Pursuit«, New York 2002; »Adress to the Nation by the President«, White House Press Secretary v. 20. 8. 1998; Tim Weiner, »Legacy of Ashes – The History of the CIA«, New York 2007; Jeffrey T. Richelson, »When Kindness Fails: Assassination as a National Security Option«, *International Journal of Intelligence and Counterintelligence*, 2002; Catherine Lotrionte, »The Just War Doctrine and Covert Responses to Terrorism«, *Georgetown Journal of International Affairs*, 2002; Richard A. Clarke, »Against All Enemies«, New York 2004; Donald Goddard and Lester K. Coleman, »Trail of the Octopus«, New York 1994; Nils Melzer, »Targeted Killings in International

Law«, Oxford 2008; Jason Burke, »Al-Qaeda«, London 2003; Bob Woodward, »Bush at War«, New York 2002; John F. Burns, »A Nation Challenged: The Manhunt«, *New York Times* v. 17. 2. 2002.

Phoenix revival

John Sifton, »A Brief History of Drones«, *The Nation* v. 27. 2. 2012; Marc W. Herold, »The Problem With the Predator«, Whittemore School of Business & Ecocomics, University of New Hampshire, Studie v. 12. 1. 2003; »Defense Department onf Zhawar Kili Attack«, US Department of State Pressemitteilung v. 11. 2. 2002; Avery Plaw, »Targeting Terrorists«, Hampshire/Burlington 2008; Seymour M. Hersh, »Manhunt«, *The New Yorker* v. 23. und 30. 12. 2002; William Banks, »Legal Sanctuaries and Predator Strikes in the War on Terror«, in: Denial of Sanctuary, London 2007; Marianne Kunnen-Jones, »Scouting Out Al Qaeda: Researcher Develops New Methods of Counter-Terrorism«, University of Cincinnati Publ. v. 30.10. 2002; Nils Melzer, »Targeted Killings in International Law«, Oxford 2008; Tara Mckelvey, »Inside the Killing Machine«, *Newsweek, The Daily Beast* v. 13. 2. 2011; John Goetz, Tobias Matern und Nicolas Richter, »American Airlines«, *Süddeutsche Zeitung* v. 3.2.2012; Peter Bergen, Katherine Tiedemann, »The Year of the Drone«, *Foreign Policy* v. 26. 4. 2010; Christian Wernicke, »Der kleine Krieg und seine Opfer«, *Süddeutsche Zeitung* v. 4. 10. 2011; Hasnain Kazim, »US-Spitzenjuristen kritisieren Obamas Drohnenkrieg«, *Spiegel-online* v. 25. 9. 2012; Kai Ambos, »Drohnen sind Terror«, *Süddeutsche Zeitung* v. 17. 10. 2012.

Der Mossad

Die verbotene Stadt

Dan Raviv, Yossi Melman, »Spies Against Armageddon«, New York 2012; Egmont R. Koch, »Lizenz zum Töten – Wie Israel seine Feinde liquidiert«, *ARD* v. 3. 4. 2013, 23.45 Uhr; Interview mit Gad Shimron am 27.3.2012; Gespräche mit Moti Kfir am 17.1.2012. 24.3.2012, 26. 3. 2012, 23.5.2012; »Veil lifts on Mossad«, *The Washington Times* v. 15. 7. 2009; Michael Bar-Zohar, Nissim Mishal, »Mossad: The Greatest Missions of the Israeli Secret Service«, New York 2012.

www.irantravelingcenter.com/valfajr8_persian_gulf.htm; www.ir-
antravelingcenter.com/transportation_ferry_iran.htm; Schreiben
von Mr. Nazer, Al Hili Marine Services, Sharjah, UAE, v. 8. 5. 2012;
http://gulfnews.com/news/gulf/uae/crime/al-mabhouh-assassina-
tion-most-wanted-1.588338; »Australian passport holder Adam
Korman denies involvement in Hamas killing«, *The Australian* v.
25. 10. 2010; »Parents of Aussies named as suspects in the assassination of a Hamas militant fear their children's lives are in dan-
ger«, *Herald Sun* v. 25. 10. 2010; »Shock for unlikely bunch of killers«, *The Australian* v. 26. 2. 2010; »›Assassin‹ Nicole McCabe alone
and scared in a world of lies, spies and killers«, *The Daily Telegraph*
v. 27. 10. 2010; »In Global Hunt for Hit Men, Tantalizing Trail Goes
Cold«, *The Wall Street Journal* v. 8. 10. 2010; Dan Raviv, Yossi Melman, »Spies Against Armageddon«, New York 2012; Mark Perry,
»False Flag«, Foreign Policy v. 13. 1. 2012; Dieter Bednarz und Ronen Bergman, »Mossad Zeros in on Tehran's Nuclear Program«,
Spiegel online v. 17. 1. 2011; Gespräche mit Moti Kfir am 17. 1. 2012.
24. 3. 2012, 26. 3. 2012, 23. 5. 2012; www.keshetei.org.il/?s=1102;
http://gulfnews.com/news/gulf/uae/crime/al-mabhouh-assassina-
tion-most-wanted-1.588338; diverse Gespräche und Interviews mit
Gad Shimron 2005, 2009, 2012; Ronen Bergman, »The Dubai Job«,
GQ, 1/2011.

Ein lauter Hit – der Fall Mabhouh

Ronen Bergman, »The Dubai Job«, GQ, 1/2011; Dan Raviv, Yossi
Melman, »Spies Against Armageddon«, New York 2012; »Auge um
Auge, Mord um Mord«, Der Spiegel v. 17.1.2011; »The murder of
Mahmoud Al Mabhouh«, CCTV-footage provided by Dubai Police,
gntv, February 2010; diverse Gespräche und Interviews mit Gad
Shimron 2005, 2009, 2012; Cable US-Embassy Abu Dhabi (10AB-
UDHABI47) v. 31. 1. 2010 (secret/noforn); Cable US-Consulate Dubai (10DUBAI19) v. 17. 2. 2010 (secret); Cable US-Consulate Dubai
(10DUBAI29) v. 25. 2. 1010 (confidential/noforn); http://gulfnews.
com/news/gulf/uae/crime/popular-lebanese-singer-found-dead-in-
dubai-marina-1.32214; Cable US-Consulate Dubai (10DUBAI19) v.
17. 2. 2010 (secret); »Interpol issues Red Notices to assist in identi-
fication of 11 Dubai murder suspects«, Interpol v. 18. 2. 2010; Rory
McCarthy, »Dubai murder: The British-Israelis who had their iden-
tities stolen«, *The Guardian* v. 17. 2. 2010; Chip Cummins und Alis-

tair MacDonald, »The Global Hunt for Hit Men, Tantalizing Trail Goes Cold«, *The Wall Street Journal* v. 8. 10. 2010; »Who is Christopher Lockwood?«, *The Middle East Monitor* v. 12. 10. 210; »Report: Suspect in Dubai assassination used identity of fallen IDF soldier«, *Haaretz* v. 10. 10. 2010; »Mabhouh killer used fallen IDF soldier's identity«, *ynetnews* v. 10. 10. 2010; »Broadening Dubai murder investigation sees Interpol join international task force as it issues 16 additional Red Notices«, Interpol v. 8. 3. 2010; Dubai Police names 26 suspects in Al-Mabhouh murder case«, Dubai Police News v. 25. 2. 2010; »Al Mabhouh was sedated before he was killed«, Dubai Police News v. 28. 2. 2010; Yaakov Lappin, »Mabhouh hit too costly to be considered a success«, *The Jerusalem Post* v. 26. 2. 2010; Yossi Melman, »Israel has nothing to worry about over Dubai killing«, *Haaretz* v. 17. 2. 2010; diverse Gespräche und Interviews mit Gad Shimron 2005, 2009, 2012; Philip Alston, »Study on Targeted Killings«, UN Human Rights Council, A/HRC/14/24/Add.6 v. 28. 5. 2010; Interview mit Philip G. Alston am 5. 6. 2012; »Mutmaßlicher Komplize in Warschau verhaftet«, *Spiegel online* v. 12. 6. 2010; »Dreiste Nummer«, *Der Spiegel* v. 23. 6. 2010; »Israeli in Polen verhaftet«, *Süddeutsche Zeitung* v. 14. 6. 2010; »Brodsky claimed refugee father«, *The Jerusalem Post* v. 22. 6. 2010; »Polish court to decide on Brodsky«, *The Jerusalem Post* v. 5. 7. 2010; »Polen liefert mutmaßlichen Mossad-Agenten aus«, *Spiegel online* v. 5. 8. 2010; »Mossad-Helfer bleibt Spionageanklage erspart«, *Spiegel online* v. 5. 8. 2010; »Dubai bat USA um Hilfe bei Aufklärung des Mossad-Mordes«, *Spiegel online* v. 15. 1. 2011; »Dubai police chief says Mossad behind death threats«, *Haaretz* v. 30. 9. 2010; Michael Bar-Zohar, Nissim Mishal, »Mossad: The Greatest Missions of the Israeli Secret Service«, New York 2012.

Bombe im Brockhaus – der Fall Adenauer

Henning Sietz, »Attentat auf Adenauer«, Berlin 2003; »Verantwortlicher von Adenauer-Attentat gestorben«, *israelnetz.com* v. 7. 2. 2011; *Jerusalem Post* v. 28. 3. 1952; Yigal Sarna, »Chancellor on the sight«, *Yediot Aharonot* v. 31. 7. 1987; Henning Sietz, »Im Auftrag des Gewissens«, *Frankfurter Allgemeine Zeitung* v. 12. 6. 2006; »Historiker haben Scheuklappen«, Interview mit Henning Sietz, *Spiegel online* v. 14. 6. 2006; Henning Sietz, »Liebesgrüße für Adenauer«, *einestages, Spiegel online*; Nachman Ben-Yehuda, »Political Assassinations by Jews«, New York 1993; Yigal Sarna, »Chancellor on the sight«,

Yediot Aharonot v. 31. 7. 1987; *New York Times* v. 21. 9. 1952; *Süddeutsche Zeitung* v. 2. 10. 1952; *France Soir* v. 5. 4. 1952; Eckart Conze u. a., »Das Amt und die Vergangenheit«, München 2010; www.auswaertiges-amt.de/DE/AAmt/PolitischesArchiv/AusstellungTag-DerOffenenTuer/LuxemburgerAbkommen_node.html.

Operation Damokles – der Fall Kleinwächter

»Heidi und die Detektive«, *Spiegel* 13/1963; Ian Black, Benny Morris, »Israel's Secret Wars: A history of Israel's Intelligence Services«, New York 1991; Akten zur Auswärtigen Politik der Bundesrepublik Deutschland«, 2. Halbjahr 1963, München 1994; Janusz Piekalkiewicz, »Israels langer Arm«, Frankfurt 1975; Ulrich Luboschik, »Nachruf auf Prof. Dr.-Ing. Hans Kleinwächter«, *Sonnenenergie* 1/1998; Dan Raviv, Yossi Melman, »Spies Against Armageddon«, New York 2012; Isser Harel, »The crisis of the German Scientists 1962–1963«, *Sifriat Ma'ariv*, Tel Aviv 1982; Dan Raviv, Yossi Melman, »Spies Against Armageddon«, New York 2012; Avery Plaw, »Targeting Terrorists«, Hampshire/Burlington 2008; Nachman Ben-Yehuda, »Political Assassinations by Jews«, New York 1993; »36, 135 und 333«, *Der Spiegel* 19/1963; Ephraim Kahana, »Historical Dictionary of Israel Intelligence«, Oxford 2006; www.sosjmalta.org/assets/1998%20-%20Tihany%20-%20HUNGARY.pdf; Curriculum Vitae »Grand Commander Otto F. Joklik S.O.S.J«, www.sosjmalta.org/assets/Dr.%20Otto%20F.%20Joklik.pdf; Otto Franz Joklik, »Einführung in die Strahlungstechnik«, *Technische Rundschau* Nr. 19, Bern 1959; Otto Franz Joklik, »Anwendung radioaktiver Gammastrahlen in der Verfahrenstechnik«, Transcontinental Monographien 2, Karlsruhe 1957; Dan Greenberg, »Goods for the good«, *New Scientist* v. 26. 4. 1973; Otto F. Joklik und Peter Kolbusch, »Kurzfassungen von UNIDO-Projekten, die sich auf die Verwertung von pflanzlichen Roh- und Abfallstoffen beziehen«, Wien 1977; www.oiucm.org/group2.htm; Schreiben von Michael Joklik vom 21. 2. 2013.

Gemetzel im Strandhaus – der Fall Cukurs

Anton Künzle, Gad Shimron, »Der Tod des Henkers von Riga«, Gerlingen 1999; Henning Sietz, »Attentat auf Adenauer«, Berlin 2003; »Verantwortlicher von Adenauer-Attentat gestorben«, *israelnetz.com* v. 7. 2. 2011; Efraim Zuroff, »The death of a Nazi-hunter«,

The Jerusalem Post v. 5. 7. 2012; Moti Kfir, Ram Oren, »Sylvia Rafael: Mossad-Agentin«, Zürich-Hamburg 2012; »Zvi Aharoni and Yaakov Meidad«, *Telegraph* v. 16. 8. 2012; »Eichmann Unit Linked To Death Commandos«, *The Evening Star* v. 5. 5. 1961; Gaby Weber, »Der Bluff des Rächers«, *Deutschlandradio* v. 1. 2. 2008; Joe Heydecker, »Wer ermordete den Mörder?«, *Quick* v. März 1965, S.11; CIA-Report for Secretary of State v. 14. 5. 1955, subject: Cukurs, Herberts«, Records of CIA, NARA, RG 263, IWG, Box 10; Efraim Zuroff, »Herberts Cukurs: Certainly Guilty«, Wiesenthal-Center f. 7. 6. 2005; Gaby Weber, »Geschichtsfälschung des Mossad – Ein mysteriöser Mordfall in Montevideo«, www.gabyweber.com/dwnld/artikel/mossad/cukurs_de.pdf.; Gaby Weber; »Israeli Envoy Linked to Killing of Latvian Nazi in Montevideo«, *New York Times* v. 9. 3. 1965; »Mysterious Death Spans 7.000 Miles«, AP, *The Tuscaloose News* v. 19. 3. 1965; Michael Bar-Zohar, Nissim Mishal, »Mossad: The Greatest Missions of the Israeli Secret Service«, New York 2012; Peter Reichel, »Vergangenheitsbewältigung in Deutschland«, München 2001; Anica Sambale, »Die Verjährungsdiskussion im Deutschen Bundestag«, Strafrecht in Praxis und Forschung Bd. 9, Hamburg 2002; Rolf Vogel (Hrsg.) »Ein Weg aus der Vergangenheit. Eine Dokumentation zur Verjährungsfrage und zu den NS-Prozessen«, Frankfurt 1969.

Der Zorn Gottes – der Fall »Schwarzer September«

Moti Kfir, Ram Oren, »Sylvia Rafael: Mossad-Agentin«, Zürich–Hamburg 2012; Gespräche mit Moti Kfir am 17. 1. 2012. 24. 3. 2012, 26. 3. 2012, 23. 5. 2012; Aaron J. Klein, »Striking Back«, New York 2005; Dan Raviv, Yossi Melman, »Spies Against Armageddon«, New York 2012; Janet Venn-Brown (Hrgb.), »For A Palestinian – A Memorial to Wael Zuaiter«, London 1984; Urteil des Assize Court of Rome v. 17. 12. 1980; David B. Tinnin, »Vergeltungskommando«, Frankfurt 1976; Egmont R. Koch und Nina Svensson, »Ihre Antwort war Mord«, Focus v. 16. 1. 2006.

Das Fiasko – der Fall Bouchiki

David B. Tinnin, »Vergeltungskommando«, Frankfurt 1977; David B. Tinnin, »the Wrath of God«, *Playboy*, August 1976; Aaron J. Klein, »Striking Back«, New York 2005; Dan Raviv, Yossi Melman, »Spies

Against Armageddon«, New York 2012; Interview mit Lasse Qvigstad am 9. 1. 2006; Egmont R. Koch und Nina Svensson, »Die Killer
des Mossad«, *Focus-TV-Reportage* Januar 2006; Moti Kfir, Ram Oren,
»Sylvia Rafael: Mossad-Agentin«, Zürich-Hamburg 2012; Interview mit Dagny Brink am 8. 1. 2006; Interview mit Yigal Eyal am
15. 12. 2005; Gespräche mit Moti Kfir am 17. 1. 2012. 24. 3. 2012,
26. 3. 2012, 23. 5. 2012.

Giftige Pralinen – der Fall Haddad

Bassam Abu Sharif, Uzi Mahnaimi, »Mein Feind, mein Freund«,
London 1995; Interview mit Bassam Abu Sharif am 27. 3. 2010;
Horst Zimmermann, »Krebstod, Märtyrertod oder ›scheintot‹?«,
Hamburger Abendblatt v. 3. 4. 1978; Interviews mit Peter-Jürgen
Boock am 29. 3. 2009 und am 5. 3. 2010; Tim Geiger, »Die Landshut
in Mogadischu«, *Vierteljahreshefte für Zeitgeschichte* 3/2009; MfS
XV/1630/81 »Spezialist«, BStU-Registratur 7901/91 Band Nr. 2;
Christopher Andrew und Vasili Mitrokhin, »The World Was Go-
ing Our Way – The KGB And The Battle For the Third World«, New
York, Cambridge 2005; Director of Central Intelligence, »Soviet
Support for International Terrorism and Revolutionary Violence«,
SNIE 11/2-81; Thomas Skelton Robinson, »Im Netz verheddert«, in
Wolfgang Kraushaar (Hg), »Die RAF und der linke Terrorismus«,
Hamburg 2006; Dan Raviv, Yossi Melman, »Spies Against Armageddon«, New York 2012; Thomas Skelton Robinson, »Israel's War-
ning to President Anwar Sadat of a Libyan-PFLP Assassination
Plan«, Notizen v. 3. 5. 2010; Stewart Steven, »The Spymasters of Israel«, New York 1980; David Hirst, Irene Beeson, »Sadat«, London
1981; Stefan Aust, »Der Baader-Meinhof-Komplex«, Hamburg
2008; Klaus Pflieger, »Die Rote Armee Fraktion RAF«, Baden-Baden
2007: UK Archives FCO 8/2838; David A. Yallop, »Die Verschwörung der Lügner – Die Jagd nach dem Top-Terroristen Carlos«,
München 1993; MfS, Abteilung XXII/8 v. 1. 4. 1985, »Informationen
zur Lage der Gruppe ›Separat‹«; John Schmeidel, »My Enemy's
Enemy: Twenty Years of Co-operation between West Germany's
Red Army Faction and the GDR Ministry for State Security«, Intelligence and National Security, Vol. 8, Nr. 4; Gespräch mit Magdalena Kopp am 2. 3. 2010; Aviation Safety Network; Flug JAL 472
vom 28. 9. 1977; MfS, Major Fiedler, IM »Mischa« 335/77 v. 22. 12.
1977; Bundeskriminalamt TE/SO-6885, »Sachstandsbericht Entführung Schleyer« v. 24. 10. 1977; Interview mit Dr. Wolfgang Steinke

am 11. 5. 2010; Egmont R. Koch, »Tödliche Schokolade«, ARD-Dokumentation v. 7. 7. 2010; Thomas Skelton Robinson, »The Arrest of Monika Haas, Thomas Reuter and Brigitte Schulz in Nairobi on 27. 1. 1976«, Notizen v. 22. 6. 2010; Interview mit Hans-Joachim Klein am 26. 3. 2010; Steve Posner, »Israel undercover«, New York 1987; Fernschreiben Nr. 293 (114-11721/77 geheim) v. Botschafter Fischer, Tel Aviv, an das Auswärtige Amt v. 30. 3. 1977; Fernschreiben Nr. 332 (114-119381/77 geheim) v. Botschafter Fischer, Tel Aviv, an das Auswärtige Amt v. 21. 3. 1977; Archiv des Auswärtigen Amtes RK 511 Schulz/Reuter, B83 2427 bis 2429, B83 2596; Gespräch mit Botschafter a. D. Rüdiger Reyels am 25. 5. 2010; Gespräch mit Amnon Strashnov, Brigade-General a. D., stellvertretender Militär-Generalstaatsanwalt a. D. am 21.5.2012 in Tel Aviv; Patricia Sullivan, »David Kimche dies: Israeli spy involved in Iran-Contra scandal«, *Washington Post* v. 10. 3. 2010.

Der rote Prinz – der Fall Salameh

Wilhelm Dietl, »Die Agentin des Mossad«, Düsseldorf 1992; »Assassination of Abu Hassan of PLO and other officials« (secret), UK National Archives, FCO 93/2056; David Ignatius, »Penetrating Terrorist Networks«, Washington Post v. 16. 9. 2001; Moti Kfir, Ram Oren, »Sylvia Rafael: Mossad-Agentin«, Zürich-Hamburg 2012; Fax von Mohammed Oudeh (Abu Daoud) v. 9. 1. 2005; Aaron J. Klein, »Striking Back«, New York 2005; Egmont R. Koch und Nina Svensson, »Ihre Antwort war Mord«, Focus v. 16. 1. 2006; Dan Raviv, Yossi Melman, »Spies Against Armageddon«, New York 2012; Victor Ostrovsky, »Der Mossad«, Hamburg 1990; Michael Bar-Zohar und Eitan Haber, »The Quest for The Red Prince«, New York 1983; Tim Weiner, »CIA – die ganze Geschichte«, Frankfurt 2008; »Diskrete Art«, *Der Spiegel* v. 14. 3. 1983; Neil C. Livingstone und David Halevy, »Inside the PLO«, New York 1990; David Ignatius, »Penetrating Terrorist Networks«, *Washington Post* v. 16. 9. 2001; David Ignatius, »Agents of Inocence«, New York 1997; Nachman Ben-Yehuda, »Political Assassinations by Jews«, New York 1993; Ian Black, Benny Morris, »Israel's Secret Wars: A history of Israel's Intelligence Services«, New York 1991; »Record of a Meeting …« v. 8. 3. 1979 (»secret«), UK National Archives, FCO 93/2056; Memorandum »Assassination of Abu Hassan« Mr J. C. Mober, PS/Mr Judd v. 14. 2. 1979 UK National Archives, FCO 93/2056; Brief von Frank Judd, Foreign and Commonwealth Office v. 12. 2. 1979, UK

National Archives, FCO 93/2056; Telex v. C. D. Powell (»secret«) v. 9. 3. 1979, UK National Archives, FCO 93/2056; Memorandum (»secret«) von John C. M. Mason, British Embassy Tel Aviv, v. 31. 5. 1979, UK National Archives, FCO 93/2056.

Der Wissenschaftler und die Prostituierte – der Fall Meshad

Victor Ostrovsky, »Der Mossad«, Hamburg 1990; Gordon Thomas, »Gideon's Spies«, New York 1999; Dan Raviv, Yossi Melman, »Spies Against Armageddon«, New York 2012; Nachman Ben-Yehuda, »Political Assassinations by Jews«, New York 1993; Ian Black, Benny Morris, »Israel's Secret Wars: A history of Israel's Intelligence Services«, New York 1991; Amos Perlmutter, Michael Handel, Uri Bar-Joseph, »Two Minutes over Bagdad«, London 1982; Nachman Ben-Yehuda, »Political Assassinations by Jews«, New York 1993; Shlomo Nakdimon, »Tammuz in Flames«, Jerusalem 1986.

Spritzer ins Ohr – der Fall Meshal

Interview Margot Dudkevitch mit Mishka Ben-David in *infolive.tv*, o. D. 2008 (www.youtube.com/watch?v=0TEFR1Fn6LE); Ronen Bergman, »I saved Khaled Mashaal«, Interview mit Mishka Ben-David, *ynetnews.com* v. 17. 6. 2005; Dan Raviv, Yossi Melman, »Spies Against Armageddon«, New York 2012; Ronen Bergman, »The Secret War With Iran«, New York 2008; Paul McGeough, »Kill Khalid«, New York 2009; Gespräch mit Mishka Ben-David am 16. 1. 2012; Alan Cowell, »The Daring Attack That Blew Up in Israel's Face«, *New York Times* v. 15. 10. 1997; Ronen Bergman, »The Secret War With Iran«, New York 2008; Gordon Thomas, »Gideon's Spies«, New York 1999; Michael Ross with Jonathan Kay, »The Volunteer«, Toronto 2007; Robert Fox, »Parallels between this assassination and the 1997 attempt to kill Khaled Meshaal«, *The First Post* v. 17. 2. 2010; Joel Greenberg, »Hamas leader Khaled Meshal says group will never recognize Israel«, *Washington Post* v. 8. 12. 2012; »Hamas Leader Khaled Meshaal«, *Time* v. 4. 1. 2009.

Der Kickboxer – der Fall Fashi

Karl Vick und Aaron J. Klein, »Who Assassinated an Iranian Nuclear Scientist? Israel Isn't Telling«, *Time* v. 13. 1. 2012; Dieter Bednarz und Ronen Bergman, »Mossad Zeros in on Tehran's Nuclear Program«, *Spiegel-online* v. 17. 1. 2011; Gordon Thomas, »Mossad: was this the chief's last hit?«, *Telegraph* v. 5. 12. 2010; »Report: Israel's Mossad scales back covert operations in Iran«, *Haaretz* v. 31. 3. 2012; »How Mossad killed an Iranian Scientist«, »Iran Today«, *TV Press*, (www.youtube.com/watch?v=SkZQiOlHBzg); Gabriel Lerner, »Azeri Jews: Centuries of coexistence in Azerbaijan«, *Jewish Journal* v. 11. 1. 2008; »Azerbeijan granted Israel access to air bases on Iran border«, *Haaretz* v. 29. 3. 2012; Grove Thomas, »Azerbeijan eyes aiding Israel against Iran«, *Reuters* v. 30. 9. 2012; William Tobey, »Nuclear scientists as assassination targets«, *Bulletin of the Atomic Scientists* v. 12. 1. 2012; Dan Raviv, Yossi Melman, »Spies Against Armageddon«, New York 2012; »Is the Mossad targeting Iran's nuclear scientists?« *Time* v. 30. 11. 2011; David Sanger and William Broad, »Survivor of attack leads nuclear efforts in Iran«, *New York Times* v. 22. 7. 2011; Ulrike Putz, »Todesengel mit Magnetbomben«, *Spiegel-online* v. 11. 1. 2012; »Iranischer Atomforscher durch Autobombe getötet«, *Spiegel-online* v. 11. 1. 2012; »Tracking the Secret War on Iran«, *Mother Jones* v. 9. 2. 2012; Nicholas Blanford, »The Mystery Behind a Syrian Murder«, *Time* v. 7. 8. 2008; Hugh Macleod und Ian Black, »Top Assad aide assassinated at Syrian resort«, *The Guardian* v. 5. 8. 2008; »How Israel Destroyed Syria's Al Kibar Nuclear Reactor«, *Der Spiegel* v. 2. 11. 2009; Interview mit Gad Shimron am 27. 3. 2012; Interview mit Eliezer Tsafrir am 23. 5. 2012; Interview mit Ephraim Asculai am 22. 5. 2012; Interview mit Philip G. Alston am 5. 6. 2012; Egmont R. Koch, »Lizenz zum Töten – Wie Israel seine Feinde liquidiert«, *ARD* v. 3. 4. 2013, 23.45 Uhr; Cable 07TELAVIV2652 an State Department v. 31. 8. 2007; *ABC News Exclusive*: The Secret War Against Iran v. 3. 4. 2007, http://abcnews.go.com/blogs/headlines/2007/04/abc_news_exclus/; »Jundallah Terrorist Organization in Iran«; »US lists Iran group Jundallah as terrorists« *BBC*-News v. 3. 11. 2010; Seymour M. Hersh, »Annals of National Security: Preparing the Battlefield«, *The New Yorker* v. 7. 7. 2008; Mark Perry, »False Flag«, *Foreign Policy* v. 13. 1. 2012; »Israeli Mossad agents posed as CIA spies to recruit terrorists to fight against Iran«, *Haaretz* v. 13. 1. 2012; Amir Oren, »Israeli official: Report of Mossad agents posing as CIA spies ›absolute nonsense‹«, *Haaretz* v. 14. 1. 2012; Richard Silverstein, »Israeli Intelligence

Source Denies Jundallah False Flag Story«, OpEd v. 15. 1. 2012, www.eurasiareview.com; »Iran death penalty for ›Israeli spy‹ Majid Jamali Fashi«, *BBC*-News v. 28. 8. 2011; Alan Cowell, »Iran Executes Man Accused as Israeli Spy and Assassin«, *The New York Times* v. 15. 5. 2012; »Mutmaßlicher Mossad-Agent im Iran hingerichtet«, *Focus* v. 15. 5. 2012; Dieter Bednarz, »Mysterious Assassination in Iran: Who Killed Masoud Ali Mohammadi?«, *Spiegel-online* v. 18. 2. 2010.

Israelische Inlandsgeheimdienste

Tödlicher Irrtum – der Fall Qawasmeh

»Wilful Killing of Umar Qawasmi«, *Al-Haq Press Release* v. 15. 1. 2001; Interview mit Dr. Shawan Jabarin, Generaldirektor Al-Haq am 24. 3. 2012 in Ramallah; Interview mit Al-Haq Field Officer Hisham Sharabati, am 29. 3. 2012 in Hebron; »Joint written statement submitted by Al-Haq and others«, UN General Assembly, Human Rights Council, 16th session, A7HRC/16/NGO/91 v. 25. 2. 2011; Press Statement Palestinian Authority Cabinet Meeting v. 11. 1. 2011; Interview mit Subiyeh al-Qawasmeh am 29. 3. 2012 in Hebron; Interview mit Sana al-Bitar, Statement v. 7. 1. 2011 in Al-Haq-Videobericht »The Wilful Killing of Umar Qawasmi«; Interview mit Maher al-Qadi am 29. 3. 2012 in Hebron; »IDF regrets civilian death in Hebron, but defends operation«, *Haaretz* v. 9. 1. 2011; »PA says it holds Hams prisoners to keep them, safe«, *Jerusalem Post* v. 7. 1. 2011; »Palestinian slain by Israeli troops in a case of mistaken identity «, *Washington Post* v. 8. 1. 2011: »Israel's Unquenchable Thirst for Blood«, *Pal Telegraph Jordan* v. 11. 1. 2011; »Suicide Attack in Israel Kills One«, *New York Times* v. 5. 2. 2008; »Hamas claims Dimona attack, says bombers came from Hebron«, *Haaretz* v. 4.2.2008; »Israeli troops in Hebron kill Hamas man behind Dimona attack«, *Haaretz* v. 27. 7. 2008; »IDF kills terror mastermind in Hebron«, *news.com* v. 27. 7. 2008; »PA says it holds Hamas prisoners to keep them safe«, *Jerusalem Post* v. 8. 1. 2011; IDF-Statements v. 7. 1. 2011 und v. 19. 1. 2011; IDF-Stellungnahme an den Autor v. 10. 6. 2012; Interview mit Asa Kasher am 22. 5. 2012; Amos Yadlin, »Ethical Dilemmas in Fighting Terrorism«, Jerusalem Center for Public Affairs, Vol. 4, No. 8 v. 25.11.2004; Reuven Pedatzur, »The Israel army's house philosopher«, *Haaretz* v. 24. 2. 2004; »Das Töten ist nicht der moralische Kern«, Interview mit Asa Kasher, *Die Zeit* v. 31. 3. 2009; »The philosopher who gave the IDF moral justification in Gaza«, *Haaretz* v. 6. 2. 2009; Uri Avnery, »The Johnny Procedure« v. 18. 7. 2009, http://zope.gush-shalom.org/home/en/channels/avnery/1247930861; Interview mit Majed Ghanayem am 22. 5. 2012 in Jerusalem; The Palestinian Human Rights Monitor, www.phrmg.org/monitor1997/jan97-6.htm.

Plan B – der Fall Mussawi

Dan Raviv, Yossi Melman, »Spies Against Armageddon«, New York 2012; Ronen Bergman, »The Secret War With Iran«, New York 2008; Gal Luft, »The Logic of Israel's Targeted Killings«, *The Middle East Quarterly* 1/2003; Arik Ninio, Bezalel Academy Jerusalem, Video-Animation der Hinrichtung von Abbas Mussawi, Basis waren Recherchen des israelischen Journalisten Ronen Bergman (http://vimeo.com/9453764); Interview mit Iftach Spector am 25. 3. 2012; Iftach Spector, »Loud and Clear«, Minneapolis 2009; Interview mit Asa Kasher am 22. 5. 2012; Na'ama Yashuvi, »Activity of the Undercover Units in the Occupied Territories«, B'Tselem, Jerusalem 1992.

Vorsorge, nicht Vergeltung

Benjamin Netanjahu, »«Fighting Terrorism«, New York 1995, 1996, 2001; Thomas B. Hunter, »Targeted Killing – Self-Defense, Preemption, and the War on Terrorism«, 2009; Philip Alston, »Study on Targeted Killings«, UN Human Rights Council, A/HRC/14/24/Add.6 v. 28. 5. 2010; »On Intelligence, Ethics And Law«, Interview with Supreme Justice Haim Cohn, *Mabat* 1997; Stellungnahme von Colonel Daniel Reisner, IDF Legal Division,am 15. 11. 2000; Amos Harel u. Gideo Alon, »IDF Lawyers Set ›Conditions‹ For Assassination Policy«, *Haaretz* v. 2. 2. 2002; Nils Melzer, »Targeted Killings in International Law«, Oxford 2008; Avi Kober, »Targeted Killings during the Second Intifada: The Quest for Effectivness«, *The Journal of Conflict Studies*, Summer 2007.

Exekutions-Algebra – der Fall Yassin

»Shehade was high von Israel most-wanted list«, *CNN* v. 23. 7. 2002; »The high and the mighty«, *Haaretz* v. 21. 8. 2002; Yuval Yoaz, »State Commission to examine civilian deaths in 2002 Shehade assassination«, *Haaretz* v. 19. 9. 2007; »Findings of the inquiry into the death of Salah Shehade«, Statement Government of Israel v. 21. 8. 2002; »In Fact: The Israeli Peace Movement Takes Flight«, *The Nation* v. 23. 9. 2003; »We're air force pilots, not mafia. We don't take revenge«, *The Guardian* v. 3.12.2003; Interview mit Iftach Spector am 25. 3. 2012; Iftach Spector, »Loud and Clear«, Minneapolis 2009; Laura Blumenfeld, »In Israel, a Divisive Struggle Over Targeted Killing«, *Washington Post* v. 27. 8. 2006; »Israeli Military Operations against Gaza, 2000-2008«, *Journal of Palestine Studies*, Vol. 38, No. 3, S.122–138; Paul McGeough, »Kill Khalid«, New York 2009; »Sharon Ordered and Monitored Assassination of Shaikh Yassin«, Special Report *Aljazeerah* v. 22. 3. 2004; The Israeli operation against the leader of the Hamas terrorist organization«, Israel Ministry of Foreign Affairs v. 22. 3. 2004; »IDF strike kills Hamas leader Ahmed Yassin«, Israel Ministry of Foreign Affairs v. 22. 3. 2004; Khaled Hroub, »Hamas after Shayk Yasin and Rantisi«, *Journal of Palestine Studies*, Vol. 33, No.4, S. 21–38; »Commission Holds Special Sitting on Situation in Occupied Palestinian Territory Following the Killing of Sheikh Yassin«, Statement v. 24. 3. 2004; UN Security Council Document S-2004-240 v. 24. 3. 2004; UNSC Verbotim Report meeting v. 25. 3. 2004; »Source: Israel to end targeted killings«, *CNN* v. 4. 2. 2005; Avery Plaw, »Targeting Terrorists: A License to Kill?«, Aldershot 2008.

Supreme Court

Avery Plaw, »Targeting Terrorists: A License to Kill?«, Aldershot 2008; »On Intelligence, Ethics And Law«, Interview with Supreme Justice Haim Cohn, *Mabat* 1997; Mordechai Kremnitzer, »Are All Actions Acceptable in the Face of Terror?« o. D.; Mordechai Kremnitzer, »Targeted killing policy: Insufficiently limited«, Manuskript Frühjahr 2007; The Public Committee against Torture in Israel vs. The Government of Israel, HJC 769/02, Urteil v. 13. 12. 2006; Asaf Zussman und Noam Zussman, »Assassinations: Evaluating the Effectiveness of an Israeli Counterterrorism Policy Using Stock Market Date«, *Journal of Economic Perspectives*, Vol. 20, No. 2, Frühjahr 2006, S.193; Gespräch mit Asaf Zussman am 23. 3. 2012 in Jerusalem; Philip Alston, »Study on Targeted Killings«, UN Human Rights Council, A/HRC/14/24/Add.6 v. 28. 5. 2010.

Auf offener Straße – der Fall Halim

Sam Bahour, »Another assassination in Ramallah's city center«, *The Electronic Intifada* v. 29. 5. 2007; »Israeli Forces Carry Out Targeted Assassination of Palestinian in Ramallah« *Al-Haq Press Release* v. 30.7.2007; Mustafa Barghouti, Kommentar in *New York Times* v. 8.6.2007; NGO-Monitor: Mattin Group, http://www.ngo-monitor. org/article/mattin_group; Interviews mit Sam Bahour, Anita Abdullah und Salwa Duaibes am 28. 3. 2012; Interview mit Samer Burnat am 28. 3. 2012; Al-Haq-Akte über Fall Omar Abd el-Halim inklusive Skizze des Tatorts; Interview mit Dr. med. Iyad Illiyah am 29. 3. 2012; ärztlicher Bericht über Leichenuntersuchung Omar Abd el-Halim v. 29. 5. 2007; Interview mit Friseur in der Rukab Street am 28. 3. 2012 in Ramallah; Schreiben an Shai Chakimi, Presseprecher der Grenzpolizei Magav v. 11. 6. 2012 und 25. 6. 2012; Interview mit Eyal Benvenisti am 25. 3. 2012; Interview mit Asa Kasher am 22. 5. 2012; Gideon Levy, »The Shin Bet scandal that never died«, *Haaretz* v. 2. 10. 2011.

Staatsgeheimnisse – der Fall Maleisha

Uri Blau, »IDF ignoring High Court on West Bank assassinations«, *Haaretz* v. 26. 11. 2008; Uri Blau, »License to kill«. *Haaretz* v. 27. 11. 2008; Gespräch mit Uri Blau am 23. 5. 2012; Uri Blau »IDF ignoring High Court on West Bank assassinations«, *Haaretz* v. 26. 11. 2008; »Rice: All Alone on Middle East Peace«, *Time Magazine* v. 27. 3. 2007; Gespräch mit Mordechai Kremnitzer am 16. 1. 2012: Mordechai Kremnitzer, »Are All Actions Acceptable in the Face of Terror?«, o. D.; Uri Blau, »This isn't just a war for my freedom but for Israel's image«, *Haaretz* v. 9. 4. 2010; »Israeli leak suspect held in secret house arrest«, *The Independent* v. 30. 3. 2010; »Israeli journalist Anat Kamm under secret house arrest since December«, *The Guardian* v. 2. 4. 2010; »Debate in Israel on Gag Order in Security Leak Case, *New York Times* v. 7. 4. 2010; »The real moral of the Anat Kamm story«, *The Guardian* v. 8. 4. 2010; »Stamp of approval from attorney-general«, *The Jerusalem Post* v. 13. 4. 2010; »Journalist on the run from Israel, is hiding in Britain«, *The Independent* v. 2. 4. 2010; »Case involving military documents roils Israel«, *Los Angeles Times* v. 14. 10. 1010; »Haaretz regrets move to charge Uri Blau for ›doing his work as a journalist‹«, *Haaretz* v. 24. 3. 2011; »Shin Bet grills Haaretz reporter Uri Blau over leaked IDF papers«, *Haaretz* v. 27. 10. 2010; »Haaretz journalist Uri Blau found guilty under plea bargain of holding secret IDF info«, *Haaretz* v. 24. Juli 2012.

Das Töten der Anderen

Nasse Sachen – der Fall Staschinski

Urteil des Bundesgerichtshof gegen Bogdan Staschynskij, Az: 9 StE 4/62 v. 19. 10. 1962; Karl Anders, »Mord auf Befehl«, Tübingen 1963; Martin Rath, »Als extralegale Hinrichtungen einmal vor Gericht kamen«, *Legal Tribune* v. 8. 5. 2011; »Ein Prozeß mit vertauschten Rollen – Ist das Geständnis des Agenten Staschynskij glaubhaft?«, *Die Zeit* v. 19. 10. 1962.

Picadilly – der Fall Markow

Christopher Andrew und Vasili Mitrokhin, »The World Was Going Our Way«, New York 2005; Jack Hamilton, Tom Walker, »Dane named as umbrella killer«, *The Sunday Times* v. 5. 6. 2005; Klaus Brill, »Gift direkt vom Diktator«, *Süddeutsche.de* v. 11. 5. 2010; Nick Paton Walsh, »Markov's umbrella assassin revealed«, *The Guardian* v. 6. 6. 2005; Jonathan Brown, »Poison umbrealla murder case is reopened«, *Independent* v. 20. 6. 2008; »Wie Moskau mit vergiftetem Regenschirm mordete«, *Die Welt* v. 6. 9. 2008.

Mielkes Mörderbande – der Fall Welsch

Wolfgang Welsch, »Ich war Staatsfeind Nr.1«, München 2003; Manfred Schell und Werner Kalinka, »Stasi und kein Ende«, Berlin 1992; Peter Siebenmorgen, »Staatssicherheit der DDR«, Bonn 1993; John O. Koehler, »Stasi – The Untold Story of The East German Secret Police«, Boulder 1999; Werner Stiller, »Im Zentrum der Spionage«, Mainz 1986; »Das Chaos war gewaltig«, *Der Spiegel* v. 30. 3. 1992; »Werner Weinholds Weg in den Westen«, *Spiegel-online* v. 9. 8. 2002; »Wir finden dich überall!«, *Der Spiegel* v. 20. 8. 1990; »Das Objekt liquidieren«, *Der Spiegel* v. 8. 6. 1992; »Der Fussball, die Stasi und ein Mordrätsel«, *Die Welt* v. 6. 3. 2013; »Erschießen, Erstechen, Verbrennen, Strangulieren…«, *Die Welt* v. 28. 9. 2003.

Saschas qualvoller Tod – der Fall Litwinenko

Cable des US-Konsulats Hamburg an das State Department v. 19. 12. 2006 (»confidential«) 06HAMBURG85; »Haben Sie Litwinenko vergiftet?«, Interview mit Andrej Lugowoi, *stern.de* v. 1. 3. 2007; »Der langsame Tod des Alexander Litwinenko«, *Spiegel-online* v. 24. 11. 2006; »Ein sadistischer, langsamer Mord«, *Spiegel-online* v. 24. 11. 2006; »Polonium-Spuren in Hamburg«, *Zeit-online* v. 9. 12. 2006; »CPS statement on Litvinenko«, *BBC-News* v. 22. 5. 2007; Ian Cobain, »The polonium-210 trail that police say led to Moscow«, *The Guardian* v. 23. 5. 2007; »Verfahren gegen Hauptverdächtigen eingestellt«, *Spiegel-online* v. 11. 11. 2009; Luke Harding, »Alexander Litvinenko poisoning: move to extradite second murder supsect«, *The Guardian* v. 29. 2. 2012; »Russland soll für den Tod von Litwinenko verantwortlich sein«, *Spiegel-online* v. 13. 12. 2012; »Russland offenbar in Mord an Litwinenko verwickelt«, *Die Welt* v. 14. 12. 2012.

Bildnachweis

General Atomics (Herstellerfotos) 18, 19
Picture Alliance 23, 63, 119, 163, 187, 193, 267, 305
The Nation Security Studies Program 29
National Security Archives 39, 41
United Photographers International 95
Gad Shimron 101
Privatarchiv des Autors 278, 280, 315, 317
Matthias Kind 102, 117, 195
Dubai Police 113
Interpol 126
Henning Sietz 131, 138
Moti Kfir 175
BStU 201
Flash 90 301 (Foto: Abir Sultan), 325 (Foto: Yonatan Sindel)
Antoine Gyori/Sygma, Corbis 304
Wolfgang Welsch 343, 345
Getty Images 353 (Foto: Natasja Weitsz)

Trotz intensiver Recherchen ist es uns nicht in allen Fällen gelungen, die Rechteinhaber ausfindig zu machen. Berechtigte Ansprüche bitten wir an den Verlag zu richten.

FAWWAZ HADDAD
Gottes blutiger Himmel
Roman
Aus dem Arabischen von Günther Ort
352 Seiten
Gebunden
ISBN 978-3-351-03522-8
Auch als E-Book erhältlich

»Einer der kühnsten arabischen Autoren.« SYRIA TODAY

»Wenn Gott auf der Seite von al-Qaida steht, bin ich bereit, mit dem Teufel zu paktieren«, sagt Haddads Erzähler und begibt sich auf der Suche nach seinem Sohn direkt in die Hölle: Er fasst den verzweifelten Entschluss, sich selbst entführen zu lassen, um endlich zu al-Qaida und damit zu seinem Sohn vorzudringen.

Einfühlsam und genau schildert Haddad ein persönliches Drama vor dem Hintergrund der vielleicht größten politischen Tragödie unserer Zeit. Und er zeigt, dass, wo immer Gewalt herrscht, die Linie zwischen Opfern und Tätern quer durch alle Lager und alle Konfessionen verläuft.

»Haddad prangert die politische Kultur seines Landes und ihre verheerenden Auswirkungen auf das Leben der Bürger an.«
DEUTSCHLANDRADIO KULTUR

Mehr Informationen erhalten Sie unter www.aufbau-verlag.de oder in Ihrer Buchhandlung

YORAM KANIUK
1948
Roman
Aus dem Hebräischen von Ruth Achlama
248 Seiten
Gebunden
ISBN 978-3-351-03523-5
Auch als E-Book erhältlich

Israels Schatten der Vergangenheit

»Wir waren wie Kinder ... Einfaltspinsel waren wir, Partisanen.«
Dies ist die Geschichte eines jungen Mannes, der voller Heldenmut
die Schule verlässt und kurz darauf dem Tod über den Weg läuft. Der
im Mut die Sinnlosigkeit erkennen muss, die historische Schuld bei
allem Recht, die Naivität im Heroismus.
Fünf Jahrzehnte konnte der große israelische Schriftsteller Yoram
Kaniuk nicht über seine Erlebnisse im Unabhängigkeitskrieg von
1948 schreiben. Jetzt erzählt er in unwiderstehlich schönen Bildern
und schockierenden Momentaufnahmen von dem Kampf, der zur
Entstehung des Staates Israel führte.
Mit historischer Karte, Zeittafel, Glossar und einem Porträt des Autors.

*»Kaniuk hat sich nie gescheut, bis an die Grenze des Sagbaren zu gehen,
und manchmal darüber hinaus.«* FAZ

Mehr Informationen erhalten Sie unter www.aufbau-verlag.de
oder in Ihrer Buchhandlung

Verändert euch!
Das Manifest zur Energiewende
240 Seiten
ISBN 978-3-351-02742-1

Zur aktuellen Debatte

Nach der Katastrophe von Fukushima steht die Welt an einem Wendepunkt. Der energiepolitische Neubeginn ist unvermeidlich und kann nur gelingen, wenn es eine Abkehr von wirtschaftlichem Wachstum auf Kosten der nächsten Generationen gibt. Christa Wolf, Sven Giegold, Günter Kunert, Hans Leyendecker, Robert Misik, Landolf Scherzer, Friedrich Schorlemmer, Richard David Precht, Jakob Augstein, Egmont R. Koch u.v.a. schreiben darüber, wie wir uns und die Welt ändern können, um besser zu leben. Dieses Buch liefert alle Argumente für ein gesellschaftliches Umdenken, zeigt einen realistischen Weg für dieses entscheidende Zukunftsprojekt auf – und dass deshalb keineswegs alle Lichter ausgehen werden.

**Mehr Informationen erhalten Sie unter www.aufbau-verlag.de
oder in Ihrer Buchhandlung**

STÉPHANE HESSEL
An die Empörten dieser Erde!
Vom Protest zum Handeln
127 Seiten. Mit Abbildungen
ISBN 978-3-351-02758-2
Auch als E-Book erhältlich

Vom Protest zum Handeln

Da hinter Hessels Appellen ein ganzes Leben an Erfahrung, an Empathie und tiefem Nachdenken steht, entfalten seine Thesen ihren Reichtum am deutlichsten im Dialog mit den Adressaten. Eine Grundsatzrede und dieser Dialog mit seinem Publikum sind im vorliegenden Buch zusammengeführt und erschließen sehr konkret das Denkgebäude des Stéphane Hessel. Und vor allem: wie kann und muss im Sinne einer Erziehung zu Mitgefühl und globaler Verantwortung gehandelt werden? In einer Zeit der Sinnsuche und des Werteverlustes findet Hessel millionenfach Gehör – ganz besonders bei der Jugend.

»Seine Leichtfüßigkeit hat etwas vom Götterboten, vom Hermes mit den Flügeln. Sein Leben ist ein Kunstwerk.«
MANFRED FLÜGGE ÜBER STÉPHANE HESSEL

Mehr Informationen erhalten Sie unter www.aufbau-verlag.de
oder in Ihrer Buchhandlung

MANFRED FLÜGGE
Stéphane Hessel – ein glücklicher Rebell
271 Seiten. Gebunden
ISBN 978-3-351-02744-5

Das Phänomen Stéphane Hessel

Manfred Flügge zeichnet den geistigen und politischen Kosmos des
Stéphane Hessel nach: Als Résistancekämpfer 1944 nach Buchenwald
deportiert, überlebte er dank eines Identitätsaustauschs. Fortan stellte
er sein Leben in den Dienst der Menschenrechte. Innerhalb der UNO
setzte er sich für eine Welt ohne Totalitarismus, Konzentrationslager,
Atombomben ein. Er wirkte am ersten Teil der Menschenrechtscharta
mit, vermittelte in politischen Konflikten und unterstützte die Ent-
kolonialisierung. Bis heute gibt der Globalisierungskritiker und Huma-
nist Hessel unermüdlich in Büchern und weltweiten öffentlichen Auf-
tritten seine Botschaft von Recht und Gerechtigkeit, Verantwortung
und Zivilcourage weiter.

*»Seine Leichtfüßigkeit hat etwas vom Götterboten, vom Hermes mit den
Flügeln. Sein Leben ist ein Kunstwerk.«* MANFRED FLÜGGE ÜBER
STÉPHANE HESSEL

Mehr Informationen erhalten Sie unter www.aufbau-verlag.de
oder in Ihrer Buchhandlung